国家体育总局科教司统编教材

篮球教练员岗位培训教材
（高级）

国家体育总局科教司　审定

崔鲁祥　主编

人民体育出版社

图书在版编目（CIP）数据

篮球教练员岗位培训教材：高级/国家体育总局科教司审定. -- 北京：人民体育出版社, 2019（2024.6重印）
ISBN 978-7-5009-3829-3

Ⅰ.①篮… Ⅱ.①国… Ⅲ.①篮球运动—教练员—岗位培训—教材 Ⅳ.①G841.25

中国版本图书馆CIP数据核字(2017)第322055号

*

人民体育出版社出版发行
三河兴达印务有限公司印刷
新 华 书 店 经 销

*

787×1092　16开本　23.5印张　583千字
2019年8月第1版　2024年6月第4次印刷

*

ISBN 978-7-5009-3829-3
定价：80.00元

社址：北京市东城区体育馆路8号（天坛公园东门）
电话：67151482（发行部）　　邮编：100061
传真：67151483　　　　　　　邮购：67118491
网址：www.psphpress.com

（购买本社图书，如遇有缺损页可与邮购部联系）

编审委员会

主　任：信兰成　李金生　姚　明

委　员：王　玄　白喜林　胡加时　隆胜军　宫鲁鸣　叶庆晖

主　编：崔鲁祥

执笔人（按姓氏笔画排序）：

马　骥　阮永福　李　征　李丹阳　李成梁　辛良伟　张　戈　岳冀阳
荣　霁　徐　培　崔鲁祥　霍子文

专家顾问（按姓氏笔画排序）：

王守恒　王贺立　刘玉林　李　实　李光琦　张勇军　陈　钧　杨茂功
杨昆普　郭士强　郭永波　展淑萍　魏丕来

前　言

为了综合提高我国篮球教练员指导训练、管理队伍和指挥比赛等职业能力，中国篮球协会于1992年举办了第一期全国篮球教练员岗位培训高级班，迄今为止，已举办了20期高级教练员岗位培训班、19期高级教练员岗位培训继培班和13期中级教练员岗位培训班。每期的篮球教练员岗位培训班均聘请国内外优秀专家授课，向教练员传授了执教篮球的先进理念、方法、手段等。中国篮球协会也因此积累了大量的授课视频和文字资料。为了快速提高我国青年教练员的执教水平，借国家体育总局科教司组织编写教练员岗位培训教程的契机，受中国篮球协会委托，沈阳体育学院组织全国部分篮球专家编写了《篮球教练员岗位培训教材（高级）》（以下简称《教材》）。

《教材》是在2001年出版的中国体育教练员岗位培训教材《篮球》和2007年出版的《中国篮球教练员岗位培训A级教程》编写内容的基础上，提炼了近十年来中国篮球协会举办的中高级篮球教练员培训班国内外授课专家内容的精髓编写而成。为了确保教材编写的质量，编写组由执笔人和专家顾问两部分人员组成。执笔人和专家顾问均是参与岗培教研组工作或者给岗位培训班授课的专家，执笔人负责根据自己的授课经验和近十年来岗培授课资料撰写相关专题，专家顾问负责对执笔人撰写的相关专题进行审定。崔鲁祥和魏丕来负责本书的总体设计、列目、修改和串稿。执笔人具体分工：崔鲁祥（第八章、第九章、第十章第一节～第五节和第七节～第八节、第十一章第一节～第五节和第七节～第八节），岳冀阳（第二章），张戈（第一章、第三章、第四章），李征（第五章），徐培（第六章），李丹阳、马骥（第七章），辛艮伟（第十二章），霍子文（第十三章），李成梁（第十四章），荣霁（第十章第八节、第十一章第八节），阮永福（第十章第六节和第十一章第六节）。专家顾问成员分工为：刘玉林、王贺立、王守恒、魏丕来、郭永波、陈钧、李实负责全部专题的总体审定，杨茂功和杨昆普负责第十二章审定，郭士强、张勇军、展淑萍、李光琦负责第八章、第九章、第十章和第十一章的审定。

本《教材》编写设计，是从篮球发展史入手，以篮球教练员执教理念为先导，详细阐述了篮球教练员科学训练、指挥比赛、管理球队的最新理论知识和实践经验，尤其是围绕篮球技、战术阶梯训练方法和篮球攻防战术体系的构建等内容结合以往岗培专家授课资料进行了系统论述。

本《教材》的内容体系突出基础性、实用性和创新性：基础性表现在介绍了篮球教练员必须掌握的篮球基础理论知识；实用性表现在介绍了篮球教练员必须掌握的篮球前沿知识；创新性表现在介绍了篮球教练员执教理念形成的思路和具体操作方法。

　　本《教材》是在国家体育总局科教司的领导下，在中国篮球协会的组织指导下，在人民体育出版社的帮助下，在沈阳体育学院的大力支持下，由参编教材的篮球专家通力协作编写而成。

　　尽管执着努力，但水平有限，望尊敬的读者海涵作者的不足，赐教宝贵的意见！

《篮球教练员岗位培训教材（高级）》编写组

2017年6月25日

目　录

第一章　篮球运动发展简史 ··· 1

　　第一节　世界篮球运动发展简史 ··· 1
　　　　一、世界篮球运动起源与演进 ·· 1
　　　　二、世界篮球运动现状与发展特点 ·· 3
　　第二节　中国篮球运动发展简史 ··· 8
　　　　一、中国篮球运动的起源 ·· 8
　　　　二、中国篮球运动的演进过程 ·· 8
　　　　三、中国篮球运动发展战略性对策 ·· 10

第二章　篮球教练员执教理念的形成与发展 ··································· 13

　　第一节　篮球教练员的执教理念 ··· 13
　　　　一、篮球教练员执教理念的认识 ·· 13
　　　　二、篮球教练员执教理念的构成 ·· 14
　　第二节　篮球教练员执教理念的形成与发展 ································ 21
　　　　一、篮球教练员执教理念的形成 ·· 21
　　　　二、篮球教练员执教理念的发展 ·· 24

第三章　篮球训练工作计划制订 ·· 27

　　第一节　篮球训练工作计划概述 ··· 27
　　　　一、篮球训练工作计划及其意义 ·· 27
　　　　二、制订篮球训练计划的运动训练学理论 ······························· 28
　　　　三、常见篮球训练计划分类 ··· 29
　　　　四、制订篮球训练计划的基本步骤 ·· 30
　　第二节　一个大周期篮球训练计划的制订 ·································· 33
　　　　一、训练大周期时间的确定 ··· 33
　　　　二、大周期训练计划要点 ·· 34
　　第三节　制订不同类型训练计划的案例 ····································· 38
　　　　一、某女篮备战WCBA联赛阶段训练计划制订案例 ···················· 38
　　　　二、某队周训练计划的制订案例 ·· 40
　　　　三、课时训练计划制订案例 ··· 41

第四节　CBA联赛主客场赛季制训练计划的制订 …………………………… 43
　　一、CBA主客场赛季制的特点 …………………………………………… 43
　　二、主客场赛季制训练原则 ……………………………………………… 43
　　三、CBA主客场赛季制年度训练周期划分 ……………………………… 44
　　四、CBA训练计划各阶段内容安排 ……………………………………… 44

第四章　篮球运动员的疲劳与恢复 ……………………………………………… 47
　第一节　运动性疲劳与过度训练 ………………………………………… 47
　第二节　篮球运动员疲劳症状及诊断方法 ……………………………… 48
　　一、疲劳的症状 …………………………………………………………… 48
　　二、疲劳的诊断 …………………………………………………………… 49
　第三节　篮球运动员疲劳的恢复 ………………………………………… 54
　　一、运动中的恢复 ………………………………………………………… 54
　　二、运动后的恢复 ………………………………………………………… 55
　　三、过度训练时的恢复方法 ……………………………………………… 57

第五章　篮球教练员竞技参赛理论与实践 ……………………………………… 59
　第一节　赛前准备 ………………………………………………………… 59
　　一、赛前侦察——情报收集与分析 ……………………………………… 59
　　二、制订比赛计划 ………………………………………………………… 61
　　三、组织赛前训练 ………………………………………………………… 63
　　四、召开赛前会议 ………………………………………………………… 65
　第二节　临场指挥 ………………………………………………………… 67
　　一、临场指挥的构成部分 ………………………………………………… 68
　　二、换人 …………………………………………………………………… 71
　　三、暂停 …………………………………………………………………… 73
　　四、与裁判员及球员的沟通 ……………………………………………… 74
　　五、每节比赛结束阶段的策略 …………………………………………… 75
　　六、教练员在比赛中的行为 ……………………………………………… 76
　第三节　赛后工作 ………………………………………………………… 80
　　一、赛后对运动员与教练员自己情绪的控制 …………………………… 80
　　二、赛后评价与总结 ……………………………………………………… 81
　　三、赛后收集材料 ………………………………………………………… 82

第六章　篮球运动员心理能力训练 ……………………………………………… 84
　第一节　篮球运动员心理能力训练简介 ………………………………… 84
　　一、篮球运动员心理能力训练的重要性 ………………………………… 84
　　二、篮球运动员心理能力训练的基本方法 ……………………………… 85

第二节 充分的准备 ··· 85
一、自信来自充分的准备 ······································ 85
二、适宜的目标 ··· 86

第三节 篮球运动员表象训练 ····································· 90
一、表象训练的作用 ··· 90
二、表象训练的基本条件 ····································· 90
三、表象训练的方法与程序 ··································· 91

第四节 篮球运动员紧张应激控制 ································· 93
一、环境控制的方法与策略 ··································· 93
二、身体放松技术 ··· 95
三、认知干预方法 ··· 97

第五节 篮球运动员注意训练 ····································· 98
一、篮球运动员的注意特点 ··································· 98
二、篮球运动员注意训练方法 ································· 100

第七章 篮球运动员体能训练理论与实践 ···························· 104

第一节 现代篮球体能训练概述 ··································· 104
一、现代体能训练发展论点 ··································· 104
二、篮球运动员体能特征 ····································· 107

第二节 篮球运动员体能测试与评价 ······························· 107
一、篮球运动员体能测试与评估需要考虑的问题 ·················· 108
二、美国篮球体能测试方法简介 ······························· 108
三、我国篮球运动员体能测试方法简介 ························· 109

第三节 篮球运动员体能训练计划制订 ····························· 110
一、动作准备 ··· 112
二、抗阻训练计划制订 ······································· 113
三、能量代谢系统训练计划制订 ······························· 120
四、快速伸缩复合训练计划的制订 ····························· 123
五、灵敏性及多向速度训练计划制订 ··························· 125

第四节 青少年体能训练理论 ····································· 127
一、长期运动发展模型 ······································· 128
二、发展青少年运动员的力量和爆发力 ························· 129

第八章 篮球技术阶梯训练 ······································· 131

第一节 投篮技术阶梯训练 ······································· 131
一、投篮技术要点 ··· 132
二、投篮技术运用 ··· 134
三、投篮技术阶梯训练的原则和要求 ··························· 137

四、投篮技术阶梯训练的方法 ………………………………………… 138
第二节　运球技术阶梯训练 …………………………………………………… 142
　　一、运球技术关键 ………………………………………………………… 142
　　二、运球技术运用 ………………………………………………………… 142
　　三、运球技术阶梯训练的原则和要求 …………………………………… 145
　　四、运球技术阶梯训练的方法 …………………………………………… 146
第三节　传接球技术阶梯训练 ………………………………………………… 147
　　一、传接球技术关键 ……………………………………………………… 148
　　二、传接球技术运用 ……………………………………………………… 149
　　三、传接球技术阶梯训练的原则和要求 ………………………………… 151
　　四、传接球技术阶梯训练的方法 ………………………………………… 153
第四节　抢篮板球技术阶梯训练 ……………………………………………… 154
　　一、抢篮板球技术结构 …………………………………………………… 155
　　二、抢篮板球技术运用 …………………………………………………… 156
　　三、抢篮板球技术阶梯训练的原则和要求 ……………………………… 157
　　四、抢篮板球技术阶梯训练的方法 ……………………………………… 158
第五节　外线队员进攻技术阶梯训练 ………………………………………… 160
　　一、外线队员进攻基础技术动作 ………………………………………… 161
　　二、外线无球队员摆脱接球 ……………………………………………… 162
　　三、外线队员持球进攻 …………………………………………………… 164
　　四、外线队员运球进攻 …………………………………………………… 165
　　五、外线队员进攻技术阶梯训练 ………………………………………… 166
第六节　内线队员进攻技术阶梯训练 ………………………………………… 168
　　一、内线队员进攻基础技术动作 ………………………………………… 168
　　二、内线队员抢位技术 …………………………………………………… 169
　　三、内线队员接球技术 …………………………………………………… 171
　　四、内线队员接球后进攻投篮技术 ……………………………………… 171
　　五、内线队员进攻技术阶梯训练 ………………………………………… 173
第七节　个人防守技术阶梯训练 ……………………………………………… 175
　　一、外线有球一对一防守 ………………………………………………… 176
　　二、外线无球一对一防守 ………………………………………………… 179
　　三、内线有球一对一防守 ………………………………………………… 181
　　四、内线无球一对一防守 ………………………………………………… 181
　　五、个人防守技术阶梯训练原则与要求 ………………………………… 182
　　六、个人防守技术阶梯训练 ……………………………………………… 183

第九章　篮球战术基础配合阶梯训练 …………………………………………… 188
　第一节　挡拆配合阶梯训练 …………………………………………………… 188
　　一、挡拆配合的技术要求 ………………………………………………… 189

二、挡拆配合的形式与变化 …………………………………… 191
　　三、挡拆配合进攻策略 …………………………………… 193
　　四、挡拆配合阶梯训练 …………………………………… 194
第二节　突分配合阶梯训练 …………………………………… 196
　　一、突分配合的要求 …………………………………… 197
　　二、突分配合的形式和方法 …………………………………… 197
　　三、突分配合阶梯训练方法 …………………………………… 199
第三节　策应配合阶梯训练 …………………………………… 200
　　一、策应配合的要求 …………………………………… 200
　　二、策应配合的形式和方法 …………………………………… 201
　　三、策应配合阶梯训练方法 …………………………………… 203
第四节　传切配合阶梯训练 …………………………………… 204
　　一、传切配合的要求 …………………………………… 204
　　二、传切配合的形式和方法 …………………………………… 205
　　三、传切配合阶梯训练方法 …………………………………… 207
第五节　防守挡拆配合阶梯训练 …………………………………… 208
　　一、防守挡拆配合的技术要求 …………………………………… 208
　　二、防守挡拆配合的形式和方法 …………………………………… 209
　　三、防守挡拆配合阶梯训练 …………………………………… 213

第十章　篮球进攻战术体系的构建 …………………………………… 216

第一节　篮球进攻战术体系的演变与构建理念 …………………………………… 216
　　一、篮球进攻战术体系的演变 …………………………………… 216
　　二、篮球教练员进攻战术体系构建的理念 …………………………………… 217
第二节　转换进攻 …………………………………… 220
　　一、快攻 …………………………………… 221
　　二、衔接段进攻 …………………………………… 224
　　三、半场阵地进攻 …………………………………… 226
　　四、转换进攻阶梯训练方法 …………………………………… 230
第三节　进攻全场紧逼人盯人防守 …………………………………… 231
　　一、进攻全场紧逼人盯人的要求 …………………………………… 232
　　二、进攻全场紧逼人盯人方法 …………………………………… 233
　　三、进攻全场紧逼人盯人防守阶梯训练方法 …………………………………… 235
第四节　进攻全场区域紧逼防守 …………………………………… 236
　　一、进攻全场区域紧逼的要求 …………………………………… 236
　　二、进攻全场区域紧逼的方法 …………………………………… 237
　　三、进攻全场区域紧逼防守阶梯训练方法 …………………………………… 239
第五节　进攻半场紧逼人盯人防守 …………………………………… 239
　　一、进攻半场人盯人防守战术的要求 …………………………………… 239

    　　二、进攻半场人盯人防守战术的方法 ················ 240
    　　三、进攻半场人盯人防守战术的阶梯训练方法 ········ 244
    第六节　进攻半场区域联防 245
    　　一、进攻区域联防的基本要求 ···················· 245
    　　二、进攻区域联防战术的方法 ···················· 246
    　　三、进攻区域联防阶梯训练方法 ·················· 249
    第七节　进攻半场混合防守 249
    　　一、进攻半场混合防守的基本要求 ················ 250
    　　二、进攻半场混合防守的配合方法 ················ 250
    　　三、进攻半场混合防守阶梯训练方法 ·············· 251
    第八节　特殊情况下进攻战术 251
    　　一、篮球比赛特殊情况下的进攻要求 ·············· 251
    　　二、比赛特殊情况下进攻战术的方法 ·············· 252
    　　三、特殊情况下进攻战术阶梯训练方法 ············ 256

第十一章　篮球防守战术体系的构建 259
    第一节　篮球防守战术体系的演变与构建理念 ········ 259
    　　一、篮球防守战术体系的演变 ···················· 259
    　　二、篮球教练员防守战术体系构建的理念 ·········· 261
    第二节　转换防守 263
    　　一、转换防守理念教育 ·························· 264
    　　二、转换防守中以少防多的理念和要领 ············ 265
    　　三、转换防守综合理念和要领 ···················· 266
    　　四、转换防守阶梯训练方法 ······················ 267
    第三节　全场紧逼人盯人防守 268
    　　一、全场紧逼人盯人防守战术的要求 ·············· 269
    　　二、全场紧逼人盯人防守战术的方法 ·············· 270
    　　三、全场紧逼人盯人防守战术阶梯训练方法 ········ 272
    第四节　全场区域紧逼防守 273
    　　一、全场区域紧逼防守的基本要求 ················ 273
    　　二、全场区域紧逼防守的方法 ···················· 273
    　　三、全场区域紧逼防守阶梯训练方法 ·············· 276
    第五节　半场紧逼人盯人防守 277
    　　一、半场紧逼人盯人防守的要求 ·················· 277
    　　二、半场紧逼人盯人防守的方法 ·················· 278
    　　三、半场紧逼人盯人防守阶梯训练方法 ············ 280
    第六节　半场区域联防 281
    　　一、区域联防的基本要求 ························ 281

二、区域联防的方法 ·· 283
　　三、区域联防阶梯训练方法 ·· 286
第七节　半场混合防守 ·· 287
　　一、半场混合防守的要求 ·· 287
　　二、半场混合防守的方法 ·· 288
　　三、半场混合防守阶梯训练方法 ···································· 290
第八节　特殊情况下防守战术 ·· 290
　　一、特殊情况下防守战术的要求 ···································· 290
　　二、特殊情况下防守战术方法 ······································· 291
　　三、特殊情况下防守战术阶梯训练方法 ··························· 295

第十二章　篮球竞赛规则与技战术训练 ································· 297
　第一节　球场和器材规则解释与训练提示 ····························· 297
　　一、规则条款1 ·· 297
　　二、规则条款2 ·· 297
　　三、规则条款3 ·· 298
　第二节　球队规则解释与训练提示 ····································· 298
　　一、规则条款1 ·· 299
　　二、规则条款2 ·· 299
　　三、规则条款3 ·· 300
　第三节　比赛通则解释与训练提示 ····································· 300
　　一、规则条款1 ·· 300
　　二、规则条款2 ·· 301
　　三、规则条款3 ·· 301
　　四、规则条款4 ·· 302
　　五、规则条款5 ·· 302
　　六、规则条款6 ·· 303
　　七、规则条款7 ·· 303
　　八、规则条款8 ·· 304
　第四节　违例规则解释与训练提示 ····································· 304
　　一、规则条款1 ·· 304
　　二、规则条款2 ·· 305
　　三、规则条款3 ·· 305
　　四、规则条款4 ·· 306
　　五、规则条款5 ·· 306
　　六、规则条款6 ·· 307
　　七、规则条款7 ·· 307
　　八、规则条款8 ·· 308

九、规则条款9 ·· 308
　第五节　犯规规则解释与训练提示 ·························· 309
　　　一、规则条款1 ·· 309
　　　二、规则条款2 ·· 310
　　　三、规则条款3 ·· 310
　　　四、规则条款4 ·· 311
　　　五、规则条款5 ·· 311
　　　六、规则条款6 ·· 312
　　　七、规则条款7——撞人/阻挡 ····························· 312
　　　八、规则条款8 ·· 313
　　　九、规则条款9 ·· 314
　　　十、规则条款10 ··· 314
　　　十一、规则条款11——违反体育运动精神的犯规 ········ 315

第十三章　篮球比赛临场表现分析策略与方法 ················· 317
　第一节　篮球比赛临场表现分析的理论概述 ················ 317
　　　一、概念 ··· 317
　　　二、性质 ··· 317
　　　三、意义 ··· 318
　　　四、特征 ··· 319
　第二节　FIBA指标的系统解读 ································· 320
　　　一、FIBA指标分解 ··· 321
　　　二、FIBA指标整合 ··· 324
　　　三、FIBA指标系统解读的发展思路 ····················· 330
　第三节　篮球比赛临场表现分析实践与案例 ················ 330

第十四章　篮球教练员球队管理 ··································· 337
　第一节　规章管理者 ··· 337
　　　一、季前 ··· 337
　　　二、季中 ··· 338
　　　三、季后 ··· 338
　第二节　信息管理者 ··· 338
　　　一、季前 ··· 338
　　　二、季中 ··· 340
　　　三、季后 ··· 341
　第三节　人事管理者 ··· 341
　　　一、季前 ··· 341
　　　二、季中 ··· 344

三、季后 …… 344
　第四节　训练管理者 …… 345
　　　一、季前 …… 345
　　　二、季中 …… 345
　　　三、季后 …… 346
　第五节　活动和赛事管理者 …… 346
　　　一、季前 …… 346
　　　二、季中 …… 347
　　　三、季后 …… 348
　第六节　后勤管理者 …… 348
　　　一、季前 …… 349
　　　二、季中 …… 350
　　　三、季后 …… 350
　第七节　人际关系管理 …… 350
　　　一、人际关系处理技巧 …… 350
　　　二、特殊关系处理技巧 …… 354
　　　三、自我训练：控制自己的愤怒 …… 358

第一章 篮球运动发展简史

【导语】：一名优秀的教练员只有清晰地了解与掌握世界篮球运动发展的趋势和特点，以及我国篮球运动的发展现状，才能更好地执教篮球。篮球运动作为一项由游戏发展而来的竞技体育运动，其场地、规则、技战术等的发展变化规律会给予教练员执教良好的启示。本章重点介绍了世界篮球运动和中国篮球运动的发展简史。学习目标是帮助我国教练员了解世界篮球运动的发展趋势和特征，认清我国篮球运动发展存在的问题，更新自身的篮球执教理念。

第一节 世界篮球运动发展简史

篮球运动经历百余年的发展，已经成为世界性的体育项目，全世界两百多个国家和地区数以亿计的篮球爱好者积极地参与这项运动或热心观赏篮球比赛，篮球运动也已成为现代社会的一种文化现象。参加篮球运动，不仅可以健身益智，提高人的竞争力、创造力，还可以提高团体意识和互助精神，培养良好的品质和高尚的道德情操，塑造完美的人格。

一、世界篮球运动起源与演进

（一）世界篮球运动的起源

美国是现代篮球运动的发源地。詹姆斯·奈史密斯1890年到美国马萨诸塞州斯普林菲尔德市基督教青年会训练学校任体育教师，在体育部主任卢瑟·古利克（Luther Halsey Gulick）委派下于1891年设计发明了这种适宜冬季在室内进行的篮球游戏。1898年他到美国堪萨斯大学（University of Kansas）工作，并成为该大学第一位篮球教练员，后来被评为体育教授，直到退休。1936年第11届奥运会，他曾被邀请为首场篮球比赛开球，并被授予"国际篮球联合会名誉主席"称号。为了永远纪念他，1941年美国篮球圣地——春田大学建造了著名的奈史密斯篮球纪念馆。美国最杰出的篮球运动员和篮球界著名人士的事迹被陈列在馆内，至今墙上还刻着他生前的座右铭："我的一生中，留给世界的东西应比得到的多。"国际篮球联合会（简称国际篮联）在1950年第1届世界男子篮球锦标赛期间，决定把世界男子篮球锦标赛的金杯命名为"奈史密斯杯"。

（二）世界篮球运动的演进

奈史密斯发明篮球运动时，场地大小没有限制，以当时流行的英式A式足球作为统一比赛用球，最初的球篮是装桃的篮子。1892年1月奈史密斯编制了篮球比赛的5项原则和13条规则。1893年，球篮开始使用圆形的桶，桶底为铁丝网，同年改为铁圈，规则增加到21条。1895年，篮球运动传入中国、英国。1896年，美国官方成立了"篮球规则委员会"，负责研究规则问题。1898年，美国成立了世界上第一个职业篮球组织——国家篮球联盟（NBL），并开始举办最早的职业篮球联赛。同年篮球运动传入捷克斯洛伐克，1901年传入日本和伊朗，1904年，美国青年男子篮球队在第3届奥运会上第一次举行了篮球表演赛。1905年传入俄国（现俄罗斯），之后又传到南美、东欧、中东等一些国家和地区，从此篮球运动在世界广泛开展起来。1908年美国制定了全国统一的篮球竞赛规则，并有多种文字出版，发行于全世界。

1932年，在瑞士的日内瓦，由葡萄牙、罗马尼亚、瑞士、意大利、希腊、拉脱维亚、捷克斯洛伐克、阿根廷共8个国家出席会议，成立了国际业余篮球联合会（FIBA），瑞士的莱昂·布法尔为首任主席。在这次代表大会上首次制定出国际篮球竞赛规则，决定每四年对规则修改一次，最终篮球场地面积确定为26米×14米，增加了5.8米×1.8米的进攻限制区，增加了3秒钟规则。1935年第1届欧洲男子篮球锦标赛在瑞士举行，1936年第11届奥运会上男子篮球运动被正式列为比赛项目。同年，国际业余篮联出版了第一部国际统一的篮球规则，正式确定每队上场人数为5人，取消投中后在中圈跳球的规定，改由对方在端线外发球继续比赛。1938年第1届欧洲女子篮球锦标赛在意大利举行。1946年6月6日美国11家冰球老板联合成立了全美篮球协会（BAA），最初只有11支职业篮球队。1949年，BAA吞并NBL，改名为NBA（美国职业篮球协会），NBA正式成立。随后，在20世纪40年代末至50年代初进攻限制区扩大为5.8米×3.6米。

1950年和1953年第1届世界男、女篮球锦标赛分别在阿根廷和智利举行。随着篮球运动技、战术水平的不断提高，出现了大批2米以上的高大队员，高度成为决定篮球比赛胜负的重要因素。1956年，进攻限制区进一步扩大为5.8米×6米的梯形，增加了一次进攻限定为30秒和持球队员在前场被严密防守达5秒应判争球的规定。1960年和1965年第1届亚洲男、女篮球锦标赛分别在菲律宾和韩国举行。1972年，增加了球回后场和全队10次犯规的规则。1976年，在第21届奥运会上女子篮球被正式列为比赛项目。1980年，全队每半场犯规次数由10次改为8次。为了鼓励外线队员投篮，防止比赛都密集在篮下致使比赛失去活力，1984年增加了三分投篮区，球场面积扩大为28米×15米，球场上空高度增加为7.5米，全队每半时犯规由8次改为7次。1989年，FIBA取消了对职业篮球运动员参加国际大赛的限制，允许职业球员参加国际大赛。1990年为了保护运动员和规范球场规格，规则将篮板下沿提高至距离地面2.9米，篮板大小为1.05米×1.80米。在1992年第25届奥运会上，美国男篮开始组建"梦之队"参赛，标志着现代篮球运动发展的新趋势。1998年，FIBA允许选择4×10分钟或4×12分钟的比赛时间，增加了违反体育运动精神犯规的规定。2000年，一次进攻时间修改为24秒；后场推进到前场的时间由10秒改为8秒。从2000年奥运会开始，比赛时间一律改为四节制，每节10分钟，并采用三人制裁判。2010年三分投篮区域进一步扩大，由原来的半径6.25米扩大到6.75米；进攻限制区扩大为5.8米×4.9米，并在限制区内设立无撞人半圆区域。

2012年1月，国际篮联宣布每四年举行的世界男、女篮锦标赛更名为篮球世界杯，参赛队伍由原来的24支扩大到32支。2014年首届男篮世界杯、2018年首届女篮世界杯举办地均落户西班牙。2019年男篮世界杯在中国8个城市举行，各队成绩排名决定参加2020年东京奥运会的资格。2015年10月2日，国际篮球联合会和亚洲篮球联合会公布了全新的竞赛系统，亚锦赛更名为"亚洲杯"，举办时间从两年一届更改为四年一届，澳大利亚和新西兰两支大洋洲队伍加入赛事体系，赛制计划采用主客场双循环制，男篮16支队伍第一轮分四组进行主客场双循环，每小组前三名12支队伍入选第二轮，分两组进行主客场双循环，每组前三名和成绩最好的第四名，共7支队伍晋级世界杯。2017年首届男、女篮亚洲杯采用赛会制分别在黎巴嫩和印度举行。

二、世界篮球运动现状与发展特点

（一）世界篮球运动现状

从2008年、2012年、2016年奥运会篮球比赛和2006年、2010年、2014年（首届篮球世界杯）世界篮球锦标赛的成绩看，美国仍是当今世界篮球运动第一强国。欧洲各队实力迅速提高，其中塞尔维亚、法国、立陶宛、西班牙和克罗地亚等国实力接近，均能与美洲区的巴西、阿根廷等国展开前八名抗衡，与美国的差距逐渐减小。澳大利亚和新西兰迅速崛起，实力可与欧美抗衡。亚、非区整体水平在第三层次，成绩在8~16名徘徊。亚洲女队经过一个时期的特殊训练，尚有可能从中、日、韩中跃出强队，回升到世界前四名行列；男子则少有队伍能突破前六名，若中国男队通过努力，可保持8~10名的位置，在一定特殊条件下有可能进入更靠前的名次。

从历届世界男子篮球锦标赛前三名国家名次排列看（表1-1），男子从1950年第1届开始到2014年第17届为止，共产生冠、亚、季军51块奖牌，除亚洲区菲律宾队在早期获两次季军外，其余奖牌均被欧美区国家包揽。美洲区的美国队获5次冠军、3次亚军、4次季军，巴西队获2次冠军、2次亚军、2次季军，阿根廷队获1次冠军、1次亚军，智利队获1次季军。美洲区获奖国4个，共获奖牌21块。欧洲区的俄罗斯（苏联）队获3次冠军、5次亚军和2次季军，南斯拉夫队获5次冠军、3次亚军、2次季军，西班牙队获得1次冠军、1次亚军，希腊和土耳其各获得1次亚军，立陶宛获得1次季军，法国获得1次季军，克罗地亚队获1次季军，德国队获1次季军。欧洲区获奖国9个，共获28块奖牌。

表1-1 历届世界男子篮球锦标赛前三名国家名次排列

时间	届次	地点	第1名	第2名	第3名	备注
1950年	1	阿根廷	阿根廷	美国	智利	
1954年	2	巴西	美国	巴西	菲律宾	
1958年	3	智利	巴西	美国	菲律宾	

(续表)

时间	届次	地点	第1名	第2名	第3名	备注
1963年	4	巴西	巴西	南斯拉夫	苏联	
1967年	5	乌拉圭	苏联	南斯拉夫	巴西	
1970年	6	南斯拉夫	南斯拉夫	巴西	苏联	
1974年	7	波多黎各	苏联	南斯拉夫	美国	
1978年	8	菲律宾	南斯拉夫	苏联	巴西	中国第11名
1982年	9	哥伦比亚	苏联	美国	南斯拉夫	中国第12名
1986年	10	西班牙	美国	苏联	南斯拉夫	中国第9名
1990年	11	阿根廷	南斯拉夫	苏联	美国	中国第14名
1994年	12	加拿大	美国	俄罗斯	克罗地亚	中国第8名
1998年	13	希腊	南斯拉夫	俄罗斯	美国	
2002年	14	美国	南斯拉夫	阿根廷	德国	中国第12名
2006年	15	西班牙	西班牙	希腊	美国	中国第15名
2010年	16	土耳其	美国	土耳其	立陶宛	中国第16名
2014年	17	西班牙	美国	西班牙	法国	

从历届世界女子篮球锦标赛前三名国家名次排列（表1-2）看，女子自1953第1届开始到2014年第17届为止，共产生冠、亚、季军51块奖牌。美洲区的美国队获8次冠军、2次亚军、2次季军，巴西队获1次冠军、1次季军，智利队获1次冠军，加拿大队获2次季军，古巴队获1次季军。美洲区获奖国5个，共获奖牌18块。欧洲区的俄罗斯（苏联）队获6次冠军、5次亚军，西班牙获得1次冠军、1次亚军、1次季军，捷克（捷克斯洛伐克）获3次亚军、4次季军，保加利亚队获1次亚军、1次季军，南斯拉夫队获1次亚军，法国队获1次季军。欧洲区获奖国6个，共获奖牌25块。亚洲区的韩国队获2次亚军，中国队获得1次亚军、1次季军，日本队获1次亚军。亚洲区获奖国3个，共获奖牌5块。澳大利亚获得3次季军。可见女子篮球运动的优势依然在欧美国家，但亚洲的中国队和大洋洲的澳大利亚队具有冲击决赛的实力。

表1-2 历届世界女子篮球锦标赛前三名国家名次排列

时间	届次	地点	第1名	第2名	第3名	备注
1953年	1	智利	智利	美国	法国	
1957年	2	巴西	美国	苏联	捷克斯洛伐克	
1959年	3	苏联	苏联	保加利亚	捷克斯洛伐克	韩国第8名
1964年	4	秘鲁	苏联	捷克斯洛伐克	保加利亚	韩国第8名
1967年	5	捷克斯洛伐克	苏联	韩国	捷克斯洛伐克	日本第5名
1971年	6	巴西	苏联	捷克斯洛伐克	巴西	韩国第4名

(续表)

时间	届次	地点	第1名	第2名	第3名	备注
1975年	7	哥伦比亚	苏联	日本	捷克斯洛伐克	韩国第7名
1979年	8	韩国	美国	韩国	加拿大	日本第5名
1983年	9	巴西	苏联	美国	中国	韩国第4名
1986年	10	苏联	美国	苏联	加拿大	中国第5名
1990年	11	马来西亚	美国	南斯拉夫	古巴	中国第9名
1994年	12	澳大利亚	巴西	中国	美国	韩国第10名
1998年	13	德国	美国	俄罗斯	澳大利亚	中国第12名
2002年	14	中国	美国	俄罗斯	澳大利亚	中国第6名
2006年	15	西班牙	西班牙	俄罗斯	美国	
2010年	16	捷克	美国	捷克	西班牙	
2014年	17	土耳其	美国	西班牙	澳大利亚	中国第6名

从历届奥运会男子篮球比赛前三名国家名次排列看（表1-3），自1936年—2016年男子篮球共进行了19届奥运会篮球赛，产生冠、亚、季军57块奖牌。美洲区的美国队获15次冠军、1次亚军、2次季军，阿根廷队获得1次冠军、1次季军，加拿大队获1次亚军，巴西队获3次季军，乌拉圭队获2次季军，墨西哥队和古巴队各获1次季军。美洲区获奖国7个，共获奖牌28块。欧洲区的俄罗斯队（苏联）获2次冠军、4次亚军、4次季军，南斯拉夫队获1次冠军、4次亚军、1次季军，法国队获2次亚军，西班牙队获得3次亚军、1次季军，意大利队获2次亚军，克罗地亚队获1次亚军，塞尔维亚队获1次亚军，立陶宛队获3次季军。欧洲区获奖国8个，共获奖牌29块。可见，奥运会篮球赛前三名均被欧美区国家包揽，成对抗态势。

表1-3 历届奥运会男子篮球比赛前三名国家名次排列

时间	届次	地点	第1名	第2名	第3名	备注
1936年	11	德国	美国	加拿大	墨西哥	
1948年	14	英国	美国	法国	巴西	
1952年	15	芬兰	美国	苏联	乌拉圭	
1956年	16	澳大利亚	美国	苏联	乌拉圭	菲律宾第7名
1960年	17	意大利	美国	苏联	巴西	
1964年	18	日本	美国	苏联	巴西	
1968年	19	墨西哥	美国	南斯拉夫	苏联	
1972年	20	联邦德国	苏联	美国	古巴	
1976年	21	加拿大	美国	南斯拉夫	苏联	
1980年	22	苏联	南斯拉夫	意大利	苏联	

（续表）

时间	届次	地点	第1名	第2名	第3名	备注
1984年	23	美国	美国	西班牙	南斯拉夫	
1988年	24	韩国	苏联	南斯拉夫	美国	澳大利亚第4名
1992年	25	西班牙	美国	克罗地亚	立陶宛	
1996年	26	美国	美国	南斯拉夫	立陶宛	澳大利亚第4名，中国第8名
2000年	27	澳大利亚	美国	法国	立陶宛	澳大利亚第4名，中国第10名
2004年	28	希腊	阿根廷	意大利	美国	中国第8名
2008年	29	中国	美国	西班牙	阿根廷	中国第8名
2012年	30	英国	美国	西班牙	俄罗斯	
2016年	31	巴西	美国	塞尔维亚	西班牙	澳大利亚第4名，中国第12名

从第21~31届奥运会女子篮球比赛前三名国家名次排列看（表1-4），女子篮球自1976年第21届奥运会被列为正式项目，到2016年第31届为止共进行了11届奥运会篮球赛，产生冠、亚、季军33块奖牌。美洲区的美国队获8次冠军、1次亚军、1次季军，巴西队获1次亚军、1次季军。美洲区获奖国2个，共获奖牌12块。欧洲区俄罗斯队（苏联、独联体）获3次冠军、3次季军，保加利亚队获1次亚军、1次季军，南斯拉夫队获1次亚军、1次季军，法国获1次亚军，西班牙获1次亚军，塞尔维亚获1次季军。欧洲区获奖国6个，共获奖牌13块。亚洲区中国队获1次亚军、1次季军，韩国队获1次亚军。亚洲区获奖国2个，共获奖牌3块。澳大利亚队获3次亚军、2次季军。

表1-4 历届奥运会女子篮球比赛前三名国家名次排列

时间	届次	地点	第1名	第2名	第3名	备注
1976年	21	加拿大	苏联	美国	保加利亚	日本第5名
1980年	22	苏联	苏联	保加利亚	南斯拉夫	
1984年	23	美国	美国	韩国	中国	
1988年	24	韩国	美国	南斯拉夫	苏联	澳大利亚第4名
1992年	25	西班牙	独联体	中国	美国	
1996年	26	美国	美国	巴西	澳大利亚	中国第9名
2000年	27	澳大利亚	美国	澳大利亚	巴西	韩国第4名，中国未入围
2004年	28	希腊	美国	澳大利亚	俄罗斯	中国第9名
2008年	29	中国	美国	澳大利亚	俄罗斯	中国第4名
2012年	30	英国	美国	法国	澳大利亚	中国第6名
2016年	31	巴西	美国	西班牙	塞尔维亚	中国第10名

综上可见，现代篮球运动中欧洲和美洲具有传统优势，而大洋洲队（澳大利亚、新西兰）则奋起直追。历届奥运会和世界男子篮球锦标赛成绩表明，美国是当今世界篮球运动的第一强国。第二层次强国欧洲队居多数，如塞尔维亚、俄罗斯、西班牙、法国、克罗地亚、立陶宛、德国。亚、非区整体水平在第三层次，女子篮球队中，个别队伍在第二层次上。

（二）世界篮球运动发展特点

现代篮球运动的发展特点表现为：队伍大型化、队员技术全面、位置趋于模糊、进攻速度和攻守转换速度快、更加注重进攻节奏、防守凶狠、身体接触频繁、防守阵型变换多、中锋活动范围大、战术打法更加灵活。世界篮球运动职业化和产业化的发展方向使篮球运动员的技术、战术、体能、智能条件与要求逐步向篮球运动专项特征靠拢；篮球规则围绕"智、高、壮、快、准、悍、全、巧、变"不断地完善与补充，激励攻守技术、战术的不断创新发展，推动攻守对抗的速度、力量、准确性、技巧性的全面提高和拼争强度的加大，使得篮球运动更具魅力。

从洲际区域技战术特点看，美洲作为现代篮球运动的起源地，整体水平最高，各国打法基本相似。以技巧与特殊的身体体能条件相结合，形成以个体作战和几个人简单配合为主体的打法，体现了高、快、准、巧，基础技术好、个体水平高、整体实力强等特点。其中以美国队为代表，阿根廷、巴西、乌拉圭、波多黎各、加拿大、古巴和智利等国名次虽有更迭起伏，但实力均衡，是不同时期内世界性比赛前十名的争夺对象。欧洲球队整体运动水平接近，基本趋向是以粗犷、凶悍、整体作战为主体，体现了高、狠、准，富有力量性，讲究整体实力，其中塞尔维亚和西班牙最具典型性和抗衡实力，而法国、立陶宛、克罗地亚、希腊、德国、意大利、捷克、保加利亚等都具较高水平，在不同时期内曾分别获得世界两大赛事前八名。亚洲区除东亚外，西亚已有明显提高，但实际水平与美、欧国家相比有较大差距，在国际大赛中成绩起伏较大。韩国、日本、约旦、伊朗等队已有实力与中国抗衡，其打法是以快、灵、准的整体性为主，但受传统篮球观念、身体条件与训练水平所限，整体实力不均衡，名次不稳定。澳大利亚篮球具有争夺世界两大赛事前四名的实力，其基本打法类似欧洲型和美洲型的结合。非洲区篮球运动发展较滞后，普及面不广，运动水平较低，与欧美各国有明显差距，其基本打法尚未显出明显特征，但个体攻击意识强，其中安哥拉、塞内加尔、尼日利亚、埃及等国的水平正在日益提高，其中有些国家球队会成为与亚洲区国家抗衡的对象。

美国、西班牙、俄罗斯等世界篮球强队之所以能始终处于世界最高水平，其根本的原因之一就是能深刻认识与把握篮球运动的专项特征及基本规律，认为篮球运动主要特征就是在特定时间限制条件下，在凶悍的拼抢对抗中将球准确地投进篮圈。因此，篮球训练必须抓住"高"字，突出"准"字，强调"悍"字，重视"对抗"二字，并围绕着"高""准""悍""对抗"进行深入研究，制定训练指导思想，从而形成进攻要"快"，拼斗要"悍"，技术要"全"，战术要"精"，打法要"变"，队伍有"星"，身材要"高"，体能要"强"，球场上的一切行动要"准"的执教理念。

总之，21世纪无论是男子还是女子篮球运动都继续沿着一个共同的方向发展：智博谋深、身高体壮、凶狠顽强、积极快速、机敏多变、全面准确，不同流派与风格的打法融合、创新发展，充分体现智勇、高壮、全面、快巧、精准、多变的发展趋势。高智慧、高身材、高体能、高速度、高强度、高技术、高比分仍是21世纪高水平球队比赛的特点，呈现出智在充实、狠在凶悍、高在制空、快在敏捷、特在绝招、全在拓宽、巧在技艺、准在提高、精在扎实、变在机动的风格特点，它们的内涵和外延都将更加丰富，体现出21世纪世界篮球运动发展的新趋势。

第二节　中国篮球运动发展简史

一、中国篮球运动的起源

现代篮球运动于1895年由来会理（David Willard Lyon）博士带入我国。来会理于1870年出生于中国杭州，少年时代随父去美国。1891年，他到芝加哥麦克密神学院学习，在那期间掌握了篮球运动。1895年9月来会理回到中国，在天津创办了一个青年基督教会并担任总干事，开始普及推广篮球运动。天津青年会于1896年1月11日举行了我国第一次正式篮球比赛。随后，篮球运动又传入北京、上海的青年基督教会。

二、中国篮球运动的演进过程

篮球运动在我国传播分为三个阶段进行论述：中华人民共和国成立前篮球运动发展阶段；中华人民共和国成立后篮球运动发展阶段；1995年篮球职业化改革发展阶段。

（一）中华人民共和国成立前篮球运动的发展

篮球运动传入中国初期，主要在天津市、上海市及北京市等几个城市的基督教青年会组织和某些中等以上学校的少数学生中开展。1910年，男子篮球被列为第1届全国运动会（即全运会）表演项目，1914年列为正式比赛项目，1930年在杭州市举行的第4届全运会上女子篮球被列为正式比赛项目。至1948年共进行6次全运会篮球比赛，国际交流仅限于1913年以后的10次远东运动会篮球比赛和两次奥运会篮球比赛。我国男子篮球队仅在1921年上海市举行的第5届远东运动会获得过冠军。1936年中国加入了国际业余篮球联合会，男子篮球队先后参加过第11、14届奥运会的篮球比赛。

（二）中华人民共和国成立后中国篮球运动的发展

中华人民共和国成立初期，我国篮球运动处于低水平状态。1950年12月，中华人民共和国成立后第一支来访的外国强队——苏联国家男子篮球队，带来了当时的新技术、新战术、新打法、新经验，对促进我国篮球运动水平的提高有较大的影响。为了迅速提高我国篮球运动的技术水平，我国于1951年选拔成立了男、女篮球国家队。1952年全军运动会后成立了"八一"男、女篮球队。随后几年,全国各省、自治区、直辖市和部分行业先后组建了篮球队,进行有计划的正规训练。

1955年,确定了我国篮球运动应坚持"积极、快速、灵活、准确"的训练方针。1956年建立了全国联赛的竞赛制度,并开始试行运动员、教练员、裁判员的等级制度。这些制度的实施,对我国篮球运动的促进与提高具有深远意义。1958年中国退出国际篮联。1959年,在北京举行的中华人民共和国成立后的第1届全运会篮球比赛,四川男队和北京女队分别获得冠军。当时我国篮球在技术和战术上逐步形成了以"快攻""跳投""紧逼防守"为制胜法宝的独特风格。1963年我国男、女篮在新兴力量运动会上双获冠军。

至1966年"文革"前夕,我国篮球运动已接近世界先进水平,战胜了不少欧洲强队,后因十年"文革"影响而处于停滞状态,从而拉大了与国际强队的距离。1972年国家体委(现国家体育总局)在北京召开了篮球训练工作会议,提出了"积极主动、勇敢顽强、快速灵活、全面准确"的技、战术风格。1974年国际业余篮球联合会通过决议,恢复了中国篮球协会的合法席位,1975年中国篮球协会在亚洲业余篮球联合会取得了合法席位,中国男、女篮首次参加亚洲篮球锦标赛,并双双获得冠军。

1981年,中国篮球协会确立了"以小打大""以快制高""以巧胜大"的指导思想,制定了"女篮先上,男篮跟着上"的战略方针。我国女篮在1983年第9届世界女篮锦标赛中获得第3名,1984年在第23届奥运会篮球比赛中获第3名,在1992年第25届奥运会和1994年第12届世界锦标赛上分获亚军,也是至今中国篮球运动在世界大赛中的最佳名次,涌现出了郑海霞、宋晓波等优秀女子篮球运动员。这一时期我国男篮在世界大赛上取得了历史性突破,在1986年第10届世界男子篮球锦标赛上获得第9名,1994年第12届世界男子篮球锦标赛上获得第8名,涌现了巩晓彬、阿的江等优秀男子篮球运动员,中国男、女篮进入辉煌时期。

(三)1995年职业化以来篮球运动的发展

1995年我国男子篮球进行竞赛体制改革,全面推进职业化进程。1996年中国男篮在第26届奥运会篮球比赛中获得第8名,取得了奥运会参赛史上最好成绩。1997年我国男篮在亚洲篮球锦标赛上失利,未能取得世界篮球锦标赛的入场券。1999年我国女篮在亚洲篮球锦标赛上失利,获第4名,跌入50年最低谷,未能取得悉尼奥运会的参赛资格;我国男篮在1997年日本举行的亚洲篮球锦标赛上获冠军,取得了2000年悉尼奥运会篮球比赛的入场券。2002年首届WCBA女篮联赛举行,实行女篮联赛主客场制,中国女篮在同年第14届亚运会女篮比赛中获得了近16年来的第一块亚运会女篮金牌,再次站上了亚洲篮球的最高领奖台。男女篮双双获得2004年雅典奥运会篮球比赛的入场券。

2004年雅典奥运会,中国男篮聘请了当时NBA达拉斯小牛队教练戴尔·哈里斯担任主教练,立陶宛国家队原主教练尤纳斯担任助理教练,与阿的江、闵鹿蕾共同组成教练员队伍,第二次打入奥运会篮球赛前八名,创造当时国内篮球比赛历史总分最佳纪录。而中国女篮惨败于新西兰后无缘女子篮球奥运会八强。为备战2008年奥运会,中国篮协聘请了汤姆·马赫担任女篮国家队主教练,尤纳斯担任男篮国家队主教练,最终中国女篮获得第四名,中国男篮第三次冲进八强。2008年北京奥运会后,中国男篮更换教练员为郭士强,但是其由于2009年亚洲篮球锦标赛上惨败给伊朗而下课。2010年4月美国人鲍勃·邓华德接任了主教练一职，在2011年武汉亚洲篮球锦标赛上夺取冠军，带领男篮国家队参加了2012年伦敦奥运会，最终五战全败，未能小组出线，而中国女篮在主教练孙凤武的带领下取得第6名的成绩。2013年希腊著名教练员扬纳基斯被聘任为国家男篮主教练，带领球队参加在菲律宾举办的第27届亚洲男篮锦标赛，最终成绩第5名，创造了男篮一队自1975年以来的最差战绩。2014年汤姆·马赫再次担任中国女篮主教练，带领女篮在土耳其女篮世锦赛获得第6名，在2016年巴西里约奥运会仅获得第10名。中国男篮聘任宫鲁鸣为主教练，于2015年亚锦赛再次夺冠直接获得2016年巴西里约奥运会入场券，但在奥运会上获得奥运历史最差战绩第12名。

2017年2月姚明当选中国篮球协会主席，对中国篮球实施系列改革。为了备战2019年在我国举办的第2届男篮世界杯，男篮建立了红、蓝两支国家队，分别聘请了年轻的李楠和杜锋担任两支国家队的主教练员，各自独立参加国际比赛，最后合并参加2019年男篮世界杯，在2017年8月份黎巴嫩举办的首届男篮亚洲杯的比赛中，由杜锋带领的国家篮球队仅获得第5名。女篮聘请了许利民担任主教练，在2017年7月份印度举办的首届女篮亚洲杯的比赛中，半决赛憾负日本队，最终获得第3名，晋级2018年在西班牙举行的首届女篮亚洲杯。

三、中国篮球运动发展战略性对策

（一）统一认识，更新篮球观念

全面推进篮球运动领域内的综合改革，在改革中建立指导全国篮球训练工作的管理体系和秩序。当前，中国篮球竞技领域从观念到体制、运行机制、管理模式、竞技训练仍不适应社会的整体改革趋势。只有正确认识中国篮球运动内外环境的现实与差距，特别是各线队伍的整体实力，才能提高水平。为此，要重视对现代篮球运动观、管理观、史实观、训练观、市场观、学科观和篮球竞技与竞赛观等理论问题的深入研究，树立改革发展的新观念，特别是要提高对现代篮球竞技本体特征规律的认识，要积极鼓励创新，在法律范围内允许多渠道、多形式的发展和竞争。

（二）确立中国特色的篮球训练工作的指导思想

我国篮球运动在总结多年实践经验的基础上，从实际出发，审视篮球运动发展特征与趋势，在立足于以我为主的基础上，倡导"勇敢顽强、积极主动、快速灵活、全面准确"的指导思想，坚持"三从一大"科学训练原则，在原有基础上应进一步贯彻"以我为主、以小打大、以快制高、以巧克强、以智应变、以悍拼搏、以准取胜"的训练指导思想，并在完善"智、快、灵、准、全、特、悍"的技、战术风格的基础上，坚持"从小抓起、系统训练、打好基础、强化体能和勇于创新"的方针。

（三）建立符合中国特色的篮球运动管理新模式

中国篮球运动职业化体制改革的根本目的是迅速提高篮球竞技运动水平，在国际大赛中取得最好成绩，提高篮球人文气息，促进优秀后备人才成长，形成中国特色的篮球文化。一切决策与归宿都在于提高竞技水平和建立符合中国特色社会主义篮球市场规律为准则的竞赛市场。为此，要继续大力扶植职业篮球俱乐部，理顺管理层次职能，明晰产权，支持俱乐部模式，促进篮球市场的开发和产业化进程。

为了充分行使转变后的管理职能，中国篮球协会要加强自身建设，深化协会实体化改革。要继续以赛制改革为龙头，以制度建设为重点，以职业俱乐部建设为前提，推进中国篮球职业化、产业化改革的具体设想，并强调对目前尚未规范化的不同性质和形式的俱乐部进行宏观管理，规范职业化俱乐部建制，推动我国篮球竞技运动有序地与国际接轨，逐步形成中国特色的职业化、产业化模式。

（四）全面培养高素质的教练员、运动员、裁判员队伍

要重视教练员、运动员和裁判员三支队伍的合理结构，认真研究世界优秀教练员、运动员和裁判员的成才规律，培养对篮球运动理解深刻、经验丰富、理念先进、职业道德高尚、基本功扎实、心理素质过硬、执着敬业和具有丰富篮球运动实践经历的高水平篮球教练员、运动员和裁判员。要建立高素质的教练员、运动员和裁判员队伍关键是要有规划、有层次、有重点、有具体方法和手段，从严抓好三支队伍的综合建设。关键是抓好国家级男女篮和各级别教练员、运动员和裁判员的选拔、培训、教育、管理和聘用，特别是要有计划地组织、安排他们更多地参加国际间高层次训练、比赛实践和理论实习，并严格管理与考核制度。

（五）构建多元化篮球后备人才培养体系

加强"体教结合"，建立起体育系统、社会系统和教育系统三线并举的后备人才培养体系。当前应与学校融合，完善原有的三级训练网络体系，特别是篮球传统项目学校和业余体校，以生动活泼的形式吸引青少年参与，培养他们对篮球运动的兴趣，促使人才梯队结构合理，逐步形成以篮球学校和体育运动学校为龙头，以篮球基层布局单位和业余体校为重点，以篮球传统项目学校为基础的社会性篮球一条龙后备人才训练体制，辅之建立以大学为龙头（CUBA、SCBA联赛）、以中学为重点、以小学为基础的教育系统人才培养网络，最终形成高层次以国家篮球队为龙头、以多支国家青年队和希望队为重点、以俱乐部为基础、以各类基层青少年队为源泉的全国大网络。

（六）坚持贯彻"三从一大"科学训练原则

"三从一大"科学训练原则是我国竞技工作者通过长期实践总结出来的制胜经验，其核心是"从实战出发"，就是要将世界性大赛场上残酷性的拼争体现在平时训练中。贯彻"三从一大"科学训练原则的关键是教练员现代训练理念的确立和自身科技文化知识的提高，其重点是要突出篮球本质规律性的核心内容，其训练指标及达到指标的身体负荷必须

量化，以数字表述，决不能将"大运动量"训练与实战脱节，或把"大运动量"训练同科学训练与技术创新割裂开来。实践证明，要大运动量训练，就要提倡吃苦耐劳，要摸索训练负荷极限，只有量的积累，才能达到质的飞跃。

因此，当前必须加深篮球科研水平的认识，要采取非常措施，把院校篮球工作者与篮球竞技训练工作者两支队伍有机地结合起来，协同发展，并设计由国家体育总局篮球协会到基层省市俱乐部、科研单位、高等院校共同参与的科研攻关网络，针对我国篮球竞技运动中暴露出的问题，分轻重缓急确立科研方向和科研重点课题，并给予人力、财力和实验、检测条件的保证，定时召开全国性、系统性的科研成果交流与展示活动。对确有新意和对运动实践有指导意义的成果，要给予积极鼓励，并提供机会到运动实践中应用，从而逐步通过科学研究，在篮球理论和技术、战术训练手段、方法及其他篮球有关领域中，形成高层次的中国篮球运动科学理论与实践体系，从而更好地指导篮球运动实践。

思考题：

1. 您认为篮球竞赛规则变化对篮球技战术发展产生了哪些影响？
2. 请阐述世界男、女篮球运动发展变化格局。
3. 请结合最近一届世界男、女篮世界杯比赛情况，阐述世界篮球运动发展的特点。
4. 请列举我国男、女篮自1974年以来在世界赛场上曾经取得过的优异成绩。
5. 请阐述当前我国男、女篮发展面临的困境和战略性发展策略。

参考文献：

［1］杨改生.中国篮球运动发展研究［M］.郑州：河南大学出版社，2014.

［2］陈文彬.探索中国篮球发展之道——中国篮球理论与实践［M］.中国篮球博物馆，2009.

［3］中国篮球协会.中国篮球教练员岗位培训A级教程［M］.北京：人民体育出版社，2007.

［4］孙民治.现代篮球高级教程［M］.北京：人民体育出版社，2004.

［5］刘玉林.现代篮球运动研究［M］.北京：人民体育出版社，2006.

［6］王家宏.新中国篮球运动发展史［M］.北京：人民体育出版社，2005.

［7］李辅材，文福祥，董尔智，等.中国篮球运动史［M］.武汉：武汉出版社，1991.

第二章　篮球教练员执教理念的形成与发展

【导语】：一名优秀的教练员具有明确的理念是非常重要的。理念蕴涵了教练员对过去的看法、对现在的见解和对将来的期望。教练员为了获得一种明确的理念，必须审视对自己了解的深度，对所执教运动员了解的深度，对这项运动了解的深度，以及作为一名教练员的目的、角色等。本章借助典型案例，分析了篮球教练员理念的构成要素与形成规律。通过本章的学习，篮球教练员将对自己的工作有更加清晰的认识，有助于尽快形成明确的篮球执教理念。

第一节　篮球教练员的执教理念

《辞海》对"理念"一词的解释有两条：一是"看法、思想，思维活动的结果"；二是"观念，通常指思想，有时亦指表象或客观事物在人脑里留下的概括的形象"。教练员的理念，广义上讲，可以理解为教练员的看法、思想、观念，是教练员在长期的运动实践和学习研究中，结合执教球队的具体情况对篮球运动所形成的个人观点和理性认识；狭义上讲，就是教练员的训练指导思想，即教练员按照既定目标指导球队训练和比赛的全过程。

一、篮球教练员执教理念的认识

NBA小牛队前助理教练员小尼尔森首次来中国讲学时就提出："美国篮球训练的手段千差万别，但大家有一个共同的哲学理念，那就是通过篮球运动培养全面发展的人。"所以美国篮球训练无不教运动员如何做一个完整的人，做一个对社会有责任感的人，教运动员在训练场上如何去思考，这不仅对运动员的篮球技艺有帮助，更能使他们在以后的生活中从中受益匪浅。伍登教练在UCLA大学执教时对他的队员说过："你们来这里首先是来接受教育的，其次才是篮球……"反观我们国内的教练员，唯恐训练时间不够，采取"能挤则挤"的态度把学生的学习时间占得所剩无几。中、美学生和运动员训练、上课的本质区别在于：在美国，他们是"主动练"，而在中国，运动员和学生是"被动练"。导致这种结果的原因之一就是教练员对篮球理念理解的不同。美国的篮球教练员或教师的目的是培养、激励运动员和学生主动获取知识与技能的动机。中国的部分教练员往往将当前利益放在首位，过度训练、过早地对青少年进行专项训练，葬送了他们成年后进一步发展的潜力，甚至以虚报年龄、打假球为代价来换取暂时的荣誉。

美国篮球教练员的执教理念在内容上大致有篮球的教育作用、队员的训练态度、获胜的信心、教练和队员的关系、如何组建篮球队伍等几个方面。我国教练员提到的执教理念，更多的是指队伍组建及训练指导思想。

二、篮球教练员执教理念的构成

美国篮球名人堂著名教练员约翰·伍登在为年轻教练员讲课时认为，教练员首先必须是教育家，同时必须具备以下条件：

（1）熟悉并精通篮球专业；
（2）自身具有较高的文化教育水平；
（3）掌握训练的教法、技巧；
（4）热爱自己的篮球专业；
（5）良好的自我约束，并教育队员严格遵纪守法；
（6）具备组织工作的能力；
（7）良好的人际关系；
（8）与同行和运动员始终保持互相稳定的关系；
（9）对同事要热情；
（10）有自我提高、自我修养的强烈愿望。

教练员可以称为工程师、雕塑家。他在整个运动员成长的过程中，充当了多种角色。俗话说"玉不琢，不成器"。运动员成才的过程就是雕塑家进行艺术创作的过程。对于这样一个复杂的过程，优秀的教练员积累了许多先进的方法与理念，并将这些经验归纳为育人之道、训练之道、指挥之道、管理之道。

（一）育人之道

训练过程就是在教练员的统一指挥和操控下进行的，从而达到提高运动员技术水平的过程。教练员负责全队的训练、竞赛和日常管理。这包括向运动员灌输训练理论与实践知识，以及技术信息、资料情报的传输。教练员要像教师那样给运动员传道、授业、解惑，同时还要负责培养运动员的思想品德、道德情操，教育运动员健康成长。

1. 树立目标，确立通向成功之路

教练员既是教育者，也是设计师。他要为运动员的成才进行精心的设计，以使运动员能在成长的过程中少走弯路。约翰·伍登通过对多年的训练和教育工作的总结，设计了一名运动员成材的金字塔，并对运动员提出了以下要求：

（1）"勤学苦练""始终不渝""热情"是成功的基础。
（2）"运动技能""集体精神"是心脏。
（3）"坚定性""信仰"是重要的，因为前进的成功之路不会一帆风顺，所以这两点位于成功之巅的左右两侧。

2. 育人于情感之中

世界篮坛最具影响力的教练员之一，多次获得NBA"最佳教练员"称号的菲尔·杰克逊对运动员的教育非常具有典型性，并取得了良好的效果，具有一定的借鉴意义。

（1）慈悲精神，关爱之心。菲尔·杰克逊坚信，"爱是克服一切的力量"。他认为慈悲可能不是篮球队员的首要素质，但是修炼愈深，就愈能体会敞开心胸打球的重要性。他的执教工作从慈悲观点出发，尽量与队伍产生共鸣。比赛时，他规定不准侮辱对手，不准做轻视他人的动作等，要尊重对手。

（2）超脱精神，平静之心。菲尔·杰克逊认为，保持一个平静的心态比拥有一个聪明的头脑更为重要。不管是教练员还是球员，都应在繁杂中找到单纯，在混乱中找出和谐。为此，菲尔·杰克逊采用了各种办法让球员在比赛中保持清醒、平和的心态。他还把球员的住所布置得典雅、和谐，让球员感到这儿是他们调整身心、抛开新闻界和外界严酷现实的好地方。他常常用东方佛学的一些观点来看待事务。因此，他也被人们称作"禅宗大师"。在短短的暂停时间里，他经常鼓励球员设想自己在一个自然、安全的地方，目的是让球员的心理得到短暂的休息，帮助球员减少焦虑，使他们回到球场后能够集中精神。在球场上，菲尔·杰克逊教导球员攻不施暴、守不发怒，愤怒只会助长愤怒，最终必然会引起暴力。即使对方采用粗暴的行为，也要保持清醒，仔细观察，找出对手的弱点，做到能智取则不可力敌。

（3）团队精神，忘我之心。菲尔·杰克逊执教球队的一个非常重要的目标是建立一支具有崇高团队精神的球队。他认为，在球员之间只有相互信赖，能够牺牲小我、完成大我的时候，好的球队才会变成杰出的球队。他曾和乔丹谈道：优秀的球员不是单凭其个人得分多少，而是看其能使其他球员提高多少。他要求乔丹能为球队做些牺牲，依靠十名球员打球，力求让每名球员都能担当重要角色。

3. 培养艰苦努力的精神

每一名优秀队员的成长，都要付出巨大的精力，通过长期艰苦的奋斗与努力，才能练出一手绝招，优秀运动员是练出来的。20世纪50—80年代，苏联功勋教练员被尊称为"俄罗斯篮球之父"。1995年，以"欧洲第一教练"的身份进入"美国篮球名人堂"的戈麦尔斯基，在训练苏联男篮主力后卫谢·别洛夫时，让他用很长时间练习跳投技巧，细心琢磨投篮动作的技巧，磨练每一次投篮动作，最后练出一手独特的跳投技巧，使他进入了世界优秀运动员行列。成功绝非只源自超强的天赋。在NBA联盟历史上有许多拥有顶级天赋却无法取得成功的球员，这样的例子有很多。例如，休斯敦火箭队前队员麦迪，空有一身天赋却态度不端正，导致竞技状态起伏不定从而过早加入了退役行列，而同期的科比、雷·阿伦、卡特等人却长盛不衰，更是证明了平日的刻苦训练到底有多重要。

（二）训练之道

教练员的训练之道是教练员对训练过程认识与总结的升华。每支球队的风格、打法上的差异取决于每位教练员的不同训练之道。优秀的教练员总是善于对自己的训练方法进行总结，在训练中不断完善、提高，并根据自己队伍的实际情况，在训练中实施，从而取得了较好的成绩。

训练过程是包括选材、训练、竞赛等环节在内的综合系统。选材是教练员在对队伍整体的发展的基础上进行的，也是教练员训练思维的具体体现。整个训练过程始终体现教练员的执教理念，体现教练员的专业能力，只有达到了对本专业训练的深刻认识，才能在训练中把握规律。所有优秀篮球教练员对篮球专业知识都有深刻的认识和准确的把握。这种认识和把握经过实践的总结和升华形成了教练员的训练之道。

1. 精于钻研

在执教的过程中，优秀教练员大多精于钻研世界篮球技术的发展趋势，研究篮球运动的制胜规律。菲尔·杰克逊平时非常注重潜心研究篮球业务，认真收集和分析对手的情报资料，每个赛季都撰写训练、比赛日记和比赛总结。他认为，了解每一名队员的细节（包括对方球员）是取胜的第一要素。细心研究所用战术，并正确运用到实践中，是获胜的关键。

2. 善于总结计划

"凡事预则立，不预则废。"这句话的意思是，不论做什么事，事先有准备，就能取得成功，不然就会失败。篮球训练和比赛的过程也是同样的道理。戈麦尔斯基在执教苏联中央体育俱乐部队时，每打完一个赛季，他就像解剖人体一样，对上一个赛季的比赛作出总结，提出新的任务，并在新训练周期开始前召开全队会议，会议的议程有三点：

（1）在会上总结上个赛季全队整体及每名队员个体的表现。

（2）要求每名队员都要以自我批评的态度来总结自己的表现，再给同伴提出意见，队员们互相交换自己的战术观点，甚至提出改变全队打法的建议。这种争论、交流要给予鼓励，因为这是提高队员理论水平最好的手段，它在很大程度上加快了队员的成长速度。

（3）教练员要做总结，并对会上争论的问题表明自己的看法，然后再提出新周期训练计划，这个计划不是简单地谈谈身体、技术、战术的训练方向，而是在总结上个周期的基础上，提出带有技术指标训练工作的具体计划。当然，还要提出下个赛季所要达到的具体名次。

新周期训练开始后，教练员要经常注意每名队员完成个人训练计划的进程。设专人负责监控队员的个人计划完成情况。比赛前通过模拟训练来让队员熟悉主要对手、熟悉主要打法。比赛期间，分析比赛临场技术统计表，从这些统计的数据中可以清楚地看出每名队员在强弱队比赛时场上的表现和在全队的排名情况，并得出全队的攻防数据，为调整战术、调动队员做参考。

3. 控制训练质量

执教于高水平的篮球队需要教练员具有很强的控制训练质量的能力。在这一点上戈麦尔斯基的体会是：

（1）激发队员训练情趣。

一些技术水平较高的队员，他们往往不满足现状，总希望在技术上或是在战术打法上得到提高和学到一些新的东西。因此，教练员必须认真地对待训练，力求安排一些能够引起球员兴趣的内容，来激发队员的训练情绪。

（2）课前认真备课。

为了提高训练的质量，教练员对自己要有高标准的要求。对于每一次训练，教练员都必须认真准备，事先考虑好练习的顺序和内容，每次课的内容安排应当有计划，课前需要明确训练任务。在教案中不仅要列出练习内容，而且要写明完成练习的要求和时间。

（3）上好每一堂课，不吝惜自己的精力。

这种高度的责任心和工作热情，队员们是会感受到的。如果教练员的工作态度是冷漠消极的，那么队员们也会以同样的方式对待训练。教练员上好一堂课后不仅能够得到精神上的满足，而且同队员一样，可以在训练中得到提高。这样对自己已经做过的工作往往会有成就感，如果教练员没有这种满足感，那就说明他的训练工作水平还有待提高。

4. 创新取胜

篮球运动本身就是一个自主创新的运动，教练员的工作更是如此。一支球队是由不同性格、不同文化和不同教育水平的运动员组成的集体，对他们的培养就要采取不同的方法，如针对队员的弱点来安排技术练习，利用新仪器设备来改进技术动作，利用队员的生理生化指标的变化控制训练强度与量。仅凭经验训练的模式已不能满足需要，因此教练员要掌握更多的知识，由经验型向知识型转变。

5. 坚持以我为主，形成自己的风格

教练员要注重把全队风格的建立与日常的训练相结合，在训练中形成本队的特点和风格。蒋兴权在执教生涯的三十多年里，建立了以防为主、以快和准为主的技战术风格。因为防守训练相对于进攻训练是枯燥的，所以在平时的训练中，他非常注重多练防守，通过防守训练提高全队整体实力和战斗作风。

教练员花多少时间和精力去安排训练，决定了训练质量。对训练计划的制订通常有以下要求（摘自Jim Harrick在第八期全国篮球教练员岗位培训继续班授课资料）：

（1）每天不要灌输太多知识，保持内容简单易懂；

（2）让球员自行做伸展运动，这样节省时间；

（3）以一个热身运动开始训练；

（4）以一个整体训练项目结束训练；

（5）每天制定不同的训练项目以防止枯燥，安排2～3个训练项目进行同一技巧的训练项目；

（6）让训练有可比性；

（7）准时开始和结束训练；

（8）利用球场上的计时器为训练计时；

（9）不要把每项训练安排得太长——每项不超过10分钟，个人训练不超过7分钟；

（10）如果需要延长一个训练的时间，就把它分成两部分，如20分钟训练可以分为两个10分钟训练；

（11）在训练的开始部分传授新的知识；

（12）把新的东西反复练，直到结果令人满意为止；

（13）在难度较大的训练内容后面安排些简单的内容；

（14）在跑动的训练内容后面安排投篮训练；

（15）每天安排一个5分钟加时赛的训练；

（16）以一句积极的话结束训练；

（17）要让所有球员参与到训练中来；

（18）给每个训练内容起名字，然后要球员记住这些名字；

（19）用1～2个小时安排训练；

（20）在安排训练时考虑到你的助理教练员；

（21）让每个教练在训练时有一个训练计划；

（22）如果训练不能在两个半小时内完成，那就说明训练规划得不当；

（23）随着赛季的进展，缩短训练时间；

（24）使用分解—整体—分解训练的规则；

（25）在传授新知识时，必须反复地训练；

（26）要用球员听得懂的语言传授知识；

（27）篮球场就是教室；

（28）教练员在训练时应该和比赛时一样；

（29）你必须要求将比赛时的细节做到完美；

（30）向球员解释每个训练内容的目的。

（三）指挥之道

只有在面对强队的竞赛中，才能充分体现出教练员的素养和水平。战局的变化难以预料，战机稍纵即逝，因此临场指挥的决断性尤为重要，这要靠经验，靠判断、分析能力和预见性。教练员只有在临场时保持快速的反应，冷静、清醒的头脑并敢于下决心，才能及时抓住战机，获得比赛场上的优势。

篮球比赛的指挥工作就是指比赛双方的教练员以本队训练水平和实力为基础，在力量的配备和使用上争优势、争主动的斗智过程。指挥球队和队员打好比赛往往是教练员众多工作的集中体现，比赛的胜负在很大程度上取决于比赛指挥工作的成效和艺术性的高低。此外，篮球战术的发展、阵型的不断演变，为篮球教练员在比赛场上排兵布阵创造了更多的机会和可能。临场指挥是教练员根据场上的变化，在准确了解本队实际情况的前提下，通过战术布置、人员的调换等手段攻击对方的破绽，从而使本方获得优势。由于场上机会稍纵即逝，所以需要教练员有敏锐的观察力和果断的决策能力。

教练员要具备抗干扰的能力，在临场指挥的过程中要集中注意力，头脑要保持清醒、冷静、镇定，对场上观众的喊叫和裁判员的误判、错判等，必须冷静对待。抗干扰能力是一位优秀教练员所必备的。

教练员要善于使用具有不同特点的运动员，使场上每名运动员都能正确地认识自身的价值。具体表现为在特定的比赛中、特定的时间里、特定的比分情况下，使用特定的战术和具有某种特点的运动员，以改变战局和取得胜利。正确处理比赛处于领先、相持、落后的三种局面，如在比赛保持阶段应冷静、清醒，随时调整战术和人员，以应对场上的变化。

指挥能力是最能体现教练员水平的教练员素养之一，指挥能力也是平时教练员训练经验积累和沉淀的体现。由于不同的教练员所执教的队伍类型不同，遇到的问题、积累的经验也有差异，所以指挥的风格就有差别。

（四）管理之道

当前我国运动队管理主要采用三种体制：一是领队负责制；二是主（总）教练负责制；三是队委会领导下的分工负责制。三种运动队管理模式带有明显的时代特征。由于篮球项目属于集体项目，教练员既要考虑技术训练，又要抓好战术训练，还要重视体能训练，因此，篮球项目更应选择队委会领导下的分工负责制，发挥复合型团队的优势，利用集体的力量解决问题。

1. 新形势下专业运动队管理工作的特点

随着我国社会主义市场经济体制的建立，我国篮球职业俱乐部、省市专业队、篮球运动学校的管理工作出现了一些新的问题、特点，需要认真研究和对待。

（1）运动员的主体意识和利益诉求意识已经觉醒。

当运动员由于参加比赛而得到丰厚的奖金和广告报酬时；当运动员逐渐有了对生活的憧憬，有了对自己生涯的规划时；当运动员把自己的付出与获得的经济回报看得越来越重要时，那种试图通过运动场上教练员角色的权威、军阀式作风、家长式管理，全面控制运动员的想法和做法，将会显得霸道和尴尬。当人与人之间的关系逐渐把利益视为重要纽带时，传统的仅靠人情、奉献思想来管理的做法显然落伍了。

（2）市场经济条件下的社会分工及其角色定位成为常态。

当任何事情必须树立角色明晰的概念时，市场经济条件下的社会分工及其角色定位就会成为常态。此时，再由主教练员几乎包揽运动员的一切已不合时宜，也没有良好的效率了。领队、翻译、队医、科研人员等必然会分割掉运动员管理的部分权限。

2. 专业运动队在新形势下管理工作的对策

训练出成绩，管理出人才。运动队的管理是指为了保证运动员（队）能夺取最佳运动成绩而进行管理的全过程。

（1）运动队管理制度化。

职业体育俱乐部是市场经济的产物，而市场经济的实质是法制经济。职业体育俱乐部市场化、法制化、产业化的运作方式，要求改革原有专业运动队的有关制度，以适应职业体育俱乐部活动范围广、独立性强、经济色彩明显的要求。要避免出现以政府行政手段代替法律手段的现象；运动队管理要克服教练员的军阀式作风、家长式管理；要遏制克扣队员收入、体罚运动员等现象。

（2）坚持以人为本。

管理者应理解和区分运动员心理的共性和个性特征，在管理中贯彻以人为本的思想。管理者要从根本上坚持重在管人，在实际工作中尊重人、相信人、关心人、培养人，用发展的眼光看待人，才能抓住训练中管理教育的根本。要根据运动队管理的复杂性，实施弹性和刚性相结合的管理办法，既严格要求，又耐心帮助和教导。采用有针对性的说服教育和心理疏导，塑造运动员优秀的思想品德和人格个性，在统一思想和强调纪律的同时，也给运动员适度自由，以便进行更加人性化的教育和管理。

（3）坚持以情为基础。

感情因素在运动队的管理中起着非常重要的作用，绝大多数运动员、教练员是崇尚情义的。在实际调查中发现：教练员对运动员付出的感情越多，运动员对教练员的信赖度越高。只有"动之以情，晓之以理"，才能达到最佳的管理、教育、训练效果。

（4）重视队员思想建设。

随着我国体育职业化步伐的不断加快，运动员获得高额奖金和巨大商业利益的诱惑也随之而来，与此同时竞争的压力也随之加大。面对这样的变化，运动员由于心理储备不足和知识结构上的欠缺，容易导致竞技水平和思想境界失衡的状况。这种"非技战术素质"的培养，在职业化趋势下不仅是当务之急，也是中国高水平运动员培养过程上必须解决的问题。

（5）对特殊运动员的管理。

尖子运动员在运动队中具有特殊的作用，加强对他们的管理，注重调动他们的积极性，发挥他们在集体中的特殊作用，培养他们的组织能力和训练能力，无疑会对比赛、训练等产生积极的影响。充分发挥尖子运动员在运动队中的模范作用，避免搞特殊化和滋长自满思想。正确认识运动员与同龄青少年的异同。因为青少年长时间参加训练，不同程度地耽误了文化课程的学习，所以，文化水平较同龄青少年低。另外，青少年运动员还受到竞赛任务的压力、伤病等因素的影响。因此，教练员必须站在时代发展的角度看待运动队的管理工作。

（6）坚持"一长制"原则。

球队中队员之间、队员与教练员之间发生矛盾、意见相左是非常正常的事。为了迅速平息或制止事态的恶性发展，教练员要迅速控制局面，一定要坚持"一长制"原则和不允许队员议论教练员的决定，特别是在练习过程中，或者是在比赛中发生冲突的情况下。

总之，教练员这一职业是体力和智力的有机结合，集多种职能于一身，社会、时代、体制、竞技水平的发展对教练员这一职业也提出了更高的要求。教练员不仅要负责球队的一切专务，而且要不断学习、不断创新，通过学习国内外优秀教练员的执教之道，使教练员在思维和思想上获得启示和升华。

第二节　篮球教练员执教理念的形成与发展

一、篮球教练员执教理念的形成

美国教练员鲍勃·希尔在其《篮球教练员成功之道》中写道："我的篮球理念是在作为一名高中篮球队员时开始形成的，通过大学的篮球运动生涯、14年的大学篮球教练员、1年的国际篮球教练员及13年的NBA执教的经历，我的篮球理念得到了进一步发展，并且吸取了众多优秀教练员及优秀运动员的经验。而我本人的篮球运动生涯和执教经历是篮球理念形成的关键。"

理念不能从任何一种渠道获得，它来自一个人所拥有的经历。一个人的生活理念通常会影响到他的执教理念。篮球教练员的执教理念是从作为运动员时就初步形成的。从运动员成为教练员，开始并不会意识到自己的篮球理念，当对篮球运动发表自己独特的看法时，这种篮球理念才会表现出来，并随着对篮球运动认识的不断深化，其篮球理念也将进一步发展。不论何种类型的理念，其形成与确立的过程都是一致的，一般要经过以下三个阶段（图2-1）。

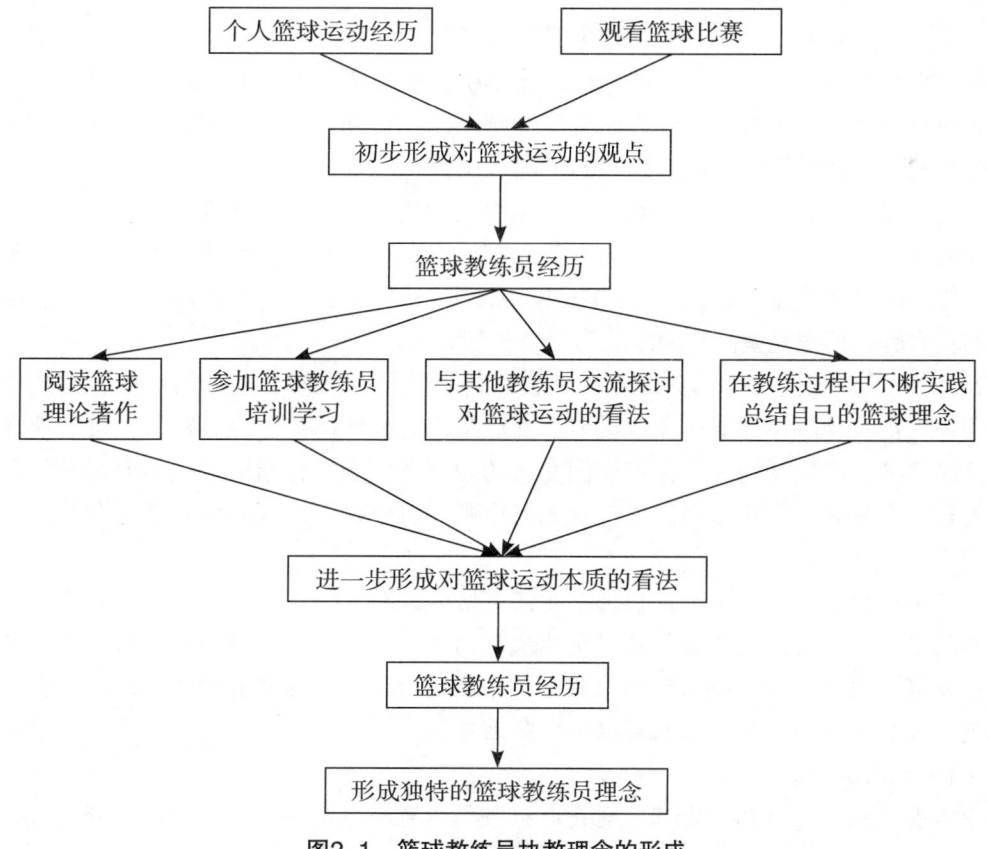

图2-1　篮球教练员执教理念的形成

（一）初步认识与启示阶段

在这一阶段，从事训练实践的教练员或是在自己思考和经验总结的基础上形成一种初步判断和看法，或是从理论学习或经验介绍中获得一些新的启示与看法。对于广大教练员来说，多学习、多借鉴与多思考、多总结自己的经验同样重要。

（二）感悟验证与完善阶段

这一阶段就是要在实践中寻找例证，在头脑中反复比较、证明，有意去检验已形成的初步认识，并不断完善或认可。由于运动员的个体多样性、训练和竞赛影响因素的多样性、训练理论的多学科交叉性，以及训练理念主体的思维方式、经验、知识储备等方面的差异，人们的执教理念在这一阶段的形成过程中具有明显的反复性、多义性和个体性。这一过程的时间长短也不一，但绝不是一天、两天就可以完成的，需要在执教实践中用心感受其真伪或按着初步形成的"理念"去实践，看看是否能取得预期的效果。必要时还要对早期形成的认识或别人的理念加以改造，以使其更加准确、更加先进。

（三）确定并指导行为阶段

这一阶段指的是执教理念在人们的头脑中牢固地树立起来，达到了坚定不移的程度，并对人们的训练实践自动地产生了约束和指导作用。这一过程形成的标志有两个：一是能够明确地用简洁的语言将执教理念表达出来；二是本人的相关言行与理念的内容相一致。作为一支篮球队的教练员，首要的任务是对篮球队的建设要有一个整体规划。运动员只有充分理解教练员的篮球理念，才能在篮球比赛中贯彻教练员的战略思想和战术方法，而教练员必须对自己的战略战术思想做出合理的解释，并得到核心队员的认可与支持。这种解释就是对篮球运动本质、特征、趋势的正确认识。

中国女篮前主教练汤姆·马赫，曾率领中国女篮获得2008年北京奥运会第四名，曾作为澳大利亚女篮的主教练，率领澳大利亚女篮接连夺得了1996年亚特兰大奥运会女篮铜牌和2000年悉尼奥运会女篮银牌。2000年成为WNBA（美国女子职业篮球联赛）华盛顿神秘人队的主教练。他也是登陆WNBA的第一个外籍教练。

2005年3月，汤姆·马赫到北京后就去联赛看队员的表现，还专门给中国女篮全体队员写了一封信，请翻译译成中文，说要等女篮集训时发给队员，人手一份。看了信之后，我们能够清楚了解到汤姆·马赫带中国女篮的理念是什么，他建队的七条原则是什么，最重要的是，在随后的三年多时间里，这七条原则一直坚持到2008年北京奥运会结束，从未改变过。

以下是这封信的内容（节选自《李元伟篮坛风云路》）：

毋庸置疑，成功只能来自拼搏。集体项目的成功，只能通过集体的努力，它包括努力工作和积极奉献，全身心投入和加倍付出，才能成功。只有这样我们才能以一个良好的精神面貌去代表队友们，代表家人和祖国参加比赛。

（1）球队定位。

中国女篮队伍有自己的定位。它是取得成功不可分割的一部分，除此之外，当然还要包括身体、运动、精神、情感四个方面的内容。

我们的定位不仅是我们通向成功的蓝图，也是自我评估的基础。因此，我们的队员要牢记它们并身体力行：

①中国女篮要成为有强健体魄的团队。

作为一个基本准则，我要求队员的皮下脂肪测试值在80毫米左右。队员必须要有强壮的身体去参与对抗，我们要测试力量等级。队员必须能在场上"奔跑起来"。我们要求折返跑体能测试的成绩不低于11分。

②中国女篮要成为具有顽强意志力的团队。

万里长征从第一步开始。这就是对顽强意志力的要求。我希望大家永不放弃，不要给自己留退路。成功属于那些能把自己全身心地投入做事情的人，而不是那些纸上谈兵靠侥幸赚取成功的人。

③中国女篮要成为一支能面对逆境的团队。

在不利的或不如我们所愿的情况下，我希望大家仍能沉住气，集中精力。当面对逆境时，沉着自信，并积极地进行自我调节和自我鼓励，把压力看成是挑战而不是威胁，把压力变成前进的动力。有一句格言，逆境能让人认清自己。所以逆境也是一个大发展的机遇。

④中国女篮要成为一支坚定自信的团队。

成功的运动员勇于为自己的事业承担责任。她们应具备自我管理的能力，要成为自己最重要的领队、教练员、队医、心理医生和生理医生。她们接受挑战甚至主动出击。中国女篮需要这样的队员：她们对软弱说"不"；她们拥有真正的防守技巧。换言之，那些过于柔弱、娇气以至于无法和队员有效沟通或者无法在关键时刻做出决定的人是不合格的运动员。为了练就情感方面的自我控制技巧，我们必须学会通过自我暗示的方式进行积极的自我诱导，比如告诉自己这样的格言：冠军偏爱敢打硬仗的人。

⑤中国女篮要成为一支技术全面的队伍。

中国女篮需要"能里能外"的队员，既能够低位单打自己对手的小个儿队员，又能够从外线投篮或传球的大个队员。我希望我们所有的队员能够防住三分线附近或内线队员，我希望队员能够进行有效地、顽强地紧逼。毫无疑问，最重要的要求就是能够做到在场上"不停地跑动"。

⑥中国女篮要成为一支防守出众的队伍。

中国著名军事家孙子写道："不可胜者，守者；可胜者，攻也。"我希望大家要从体能和精神上准备好去打真正的防守战。我要求大家具备对必备技能训练的自觉性和在比赛中始终保持规范动作的习惯。好的防守队员会利用她们的想象力来预测换位或协防，来及时调整从而适应半场防守或全场防守中的不同情况。

我们防守的基本规则是：做一切你的对手不想让你做的事。我们防守的目标就是：迫使对手只能在外线，并且在干扰下投篮。

⑦中国女篮要成为一支"团队主义者"的队伍。

态度也可以像技术一样得到训练。我们的队伍必须由"团队主义者"而不是个人主义者组织。这样一支队伍的重要标志是：球员们互敬互爱、崇尚奉献，而没有求全责备、分帮结派的现象。嫉妒、目空一切，或者严于律人、宽于待己的态度是中国女篮所不需要的。

领队、教练、队医、翻译、队友都是自己知心的朋友，信任和尊重他们，就是信任和尊重自己。

（2）总体准则。

做正确的事，竭尽全力为祖国争光。

（3）一般准则。

①实现球队的定位；

②做任何事情都要准时；

③在比赛和训练的各个方面都要全力以赴；

④发展队友之间的良好关系；

⑤及时向队医报告伤病情况。

（4）训练准则。

①爱护我们的训练器材和装备；

②完美的训练才能有完美的比赛，没有捷径；

③当进行有记分的分组训练时，尽可能做到精准，不要开玩笑；

④锻炼自己的情绪控制力，如控制你对裁判员判罚的反应、对身体接触的反应等；

⑤运用自己的头脑，学会积极主动地聆听；

⑥鼓励队友，让她们知道你信任、支持她们；

⑦积极地投入训练和比赛。你越努力地指挥训练，你的队员的竞技水平提高得越快；

⑧记住"训练"是一天里最重要的部分，时刻准备着以最饱满的热情，积极主动、全力以赴地参加训练。

（5）比赛准则。

永远不要放弃！团结就是力量！

二、篮球教练员执教理念的发展

对于人生的职业生涯，古人用"奴、徒、工、匠、师、家、圣"七个层次来演绎人生道路，有一定道理。

①奴：非自愿工作，需要别人监督鞭策；

②徒：能力不足但自愿学习；

③工：按规矩做事；

④匠：精于一门技术；

⑤师：掌握规律，并传授给别人；

⑥家：有一个信念体系，让别人生活得更美好；

⑦圣：精通事理，通达万物，为人立命。

理念决定行为。理念更新是推动教练员有效执教的积极动因，发展新理念才有新的执教行为，执教行为需要先进的理念指引。执教理念是教练员执教的基础，对具体的训练和竞赛行为具有直接支配作用，是教练员管理、学习与行为促进的根本，也是执教行为的根据和先导，贯穿于其执教的各个方面。没有先进的运动训练理念，具体的训练目标就会因决策的随意性、主观性而顾此失彼，从而导致执教行为的偏颇或失误，影响训练目标的实施、推进、达成。由于执教行为的实施受到具体条件和环境的制约，所以执教理念与执教行为存在着相互影响、相互制约和相互改造的关系。执教理念影响制约执教行为的方向和效果，执教行为对执教理念有修正、补充、完善和检验的作用。

事物之间是相互联系、相互发展的。执教风格是教练员在对项目运动规律认识的基础上加上自身个性的特征在执教过程中逐渐形成和发展起来的。执教行为作为教练员执教过程的实施手段，是教练员执教风格的体现。执教理念与执教行为存在着相互影响、相互制约、相互改造的关系，继而影响执教风格的形成、发展与完善。同时，执教风格是执教理念的表现方式，两者之间存在着统一性（图2-2）。

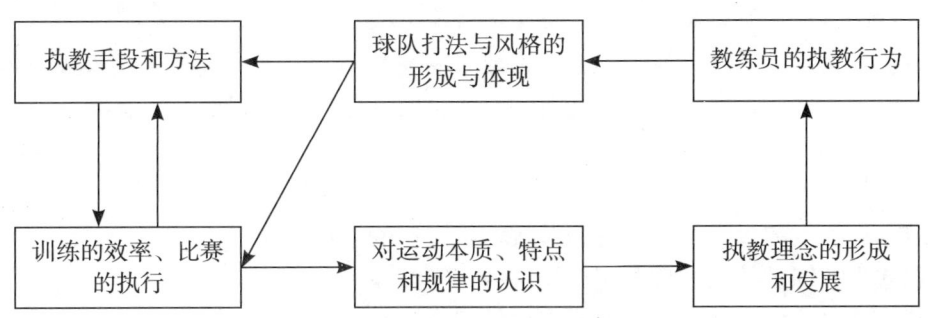

图2-2　执教理念的指导作用

尤纳斯·卡兹劳斯卡斯1954年出生于立陶宛纳威西斯市。1972—1977年毕业于维尔纽斯大学数学系，有长期的运动员和执教经历，训练严格、强调防守、临场指挥水平高，享有"欧洲恺撒"的美称。2004年，他作为戴尔教练员的助教，勤奋努力，很受队员们欢迎，曾带领中国男篮在2008年北京奥运会上成功挺进八强。

尤纳斯执教理念（节选自《中国男篮备战奥运会训练方法选编》）：

①倡导篮球要开放，不断地交流、借鉴和发展。希望中国有更多的优秀选手能在NBA或欧洲球队中得到锻炼和提高。

②扬长避短，取二者精华，合中国、立陶宛风格为一体，将中国队和立陶宛队的长处结合起来并有所突破，才能获得更大的进步。中国男篮内线优势突出，锋线也有不少优秀队员，要尽量利用并发挥这些优势。目前，存在的最大问题是组织后卫差距较大。中国队在"1对1"防守上已有很大的提高，但全队防守还存有漏洞，是目前亟须解决的问题。

③期盼中国篮球向文化方向提升，使之成为第一运动。虽然篮球在中国非常流行，但与立陶宛不同的是，在立陶宛，篮球更像是一种信仰。

④有姚明但不依靠姚明，清晰认识本队的发展方向。每个队员都应该清楚不能单靠姚明取胜，激励中国男篮其他位置的队员努力提高自身的攻防能力，使中国男篮成为一支攻守兼备、进攻点多、进攻面广的球队。

⑤禁区是你的家，内线的攻守好比是战争。现代篮球无论进攻或防守都朝着更加积极、主动、凶狠的方向发展，内线争夺近于肉搏，说明强对抗是现代篮球技战术发展的核心。

⑥现代篮球是技术、体能与智力的完美结合。既要强调按篮球的概念和基本原则采取不同的策略，又要根据临场情况而不断变化；强调篮球运动的集体性、整体性和多变性，要求队员在场上要大声呼应、互相沟通和交流。

⑦位置模糊、频繁穿插、连续掩护、内外结合、以内为主、多点进攻。他根据这一战术理念教授了数十套进攻战术，既结合中国队员实际，又符合篮球运动的发展趋势。他说："对中国男篮立刻灌注所有理念很困难，但必须按照我的战术意图来做。"

⑧怎样打好和分析本队比赛、提高训练水平？要认真、细致、分段分析比赛攻、守过程中的具体情况，找出症结，进行针对性训练予以解决。首先要做好防守，如果我们防守很成功，决不能让对手得90分，本队一定要得90分以上才能赢球。要做到30分靠个人进攻、30分靠快攻、30分靠全队配合。赛后针对快攻、个人进攻及配合上出现的问题，抓好快攻、"1打1"对抗能力及"5对5"的攻守训练。

⑨力量、速度、弹跳力等身体素质是非常重要的因素。篮球并不只是投篮，体能是取胜的重要因素，这些只有靠训练来提高，身体状况有保障，进训练馆才有效果。

思考题：

1. 结合您执教的对象，请阐述您对教练员工作的认识。
2. 您认为教练员的执教理念应包括哪些内容？
3. 请阐述当前您在执教过程中所面临的困惑。

参考文献：

［1］罗纳德·B.伍兹.体育运动中的社会学问题［M］.田慧，译.北京：人民体育出版社，2011.

［2］李·H.路斯.篮球手册——运动员、教练员获胜必读［M］.郭永波，王武年，窦海波，等，译.北京：人民体育出版社，2010.

［3］鲍勃·希尔.篮球教练员成功之道［M］.谭朕斌，译.北京：人民体育出版社，2004.

［4］唐煜章.现代篮球训练方法新探［M］.北京：人民体育出版社，2005.

［5］田麦久.高水平竞技选手的科学训练与成功参赛［M］.北京：人民体育出版社，2014.

［6］国家体育总局.中国体育教练员岗位培训教材（篮球）［M］.北京：人民体育出版社，2001.

［7］中国篮球协会.中国篮球教练员岗位培训A级教程［M］.北京：人民体育出版社，2007.

［8］岳冀阳，宋君毅.篮球训练体系理论的构建［M］.北京：人民体育出版社，2013.

［9］刘青.运动训练管理教程［M］.北京：人民体育出版社，2007.

第三章　篮球训练工作计划制订

【导语】：想问题做事情前，需要对事物有全面的认识，并对如何实施计划通盘考虑。篮球训练工作牵涉诸多因素，本章就制订训练计划的核心因素加以概括和分析。本章主要讲述：篮球训练工作计划及其意义；制订篮球训练计划的运动训练理论即运动分期理论（基础和普通）和板块理论（高水平）；常见训练计划分类；全程训练计划简述；一个大周期篮球训练计划的制订；案例形式周训练计划、案例形式课时训练计划（教案）；CBA联赛主客场赛季制训练计划的制订。学习目标是使教练员能够设计科学合理的篮球训练计划，提高训练效果。

第一节　篮球训练工作计划概述

一、篮球训练工作计划及其意义

篮球运动训练涉及人、赛制、篮球项目规律等方面。从训练内容的主体构成上来看是培养运动员竞技能力和参赛时的最佳竞技状态，并取得优异成绩。在这个过程中训练参与者应遵循篮球项目规律、人体生理规律、心理认知规律和参赛规律，按照运动训练原则科学组织训练并成功参赛。换句话说，取得优异成绩是一个系统工程。

篮球训练计划是指对未来训练在时间维度上预先做出的理论设计，规划运动员由现实向目标转移的路径、内容、负荷、手段、方法等。制订训练计划能体现出教练员的篮球理论功底、管理能力和训练能力。

从宏观运动训练全程观察，图3-1可以清晰看出运动训练计划所处的层次和位置。运动训练计划在目标与训练结果，以及理论与实践之间起着重要的中介和桥梁作用。

运动训练计划不但为教练员、运动员提供了一个科学的训练目标体系，而且提供了具有可操作性的实现运动训练目标的行动方案。通过计划的制订，提高教练员掌握和控制训练过程的能力，有利于对教练员训练工作做出科学、客观的评价，随时监控训练过程的实施情况，有利于训练目标的最终实现。按照计划确立的训练模型，有利于统一参与训练活动的教练员、运动员、科研人员和其他方面人员的认识和行动，积累训练过程的资料，有利于对训练过程进行系统的分析、总结和研究。

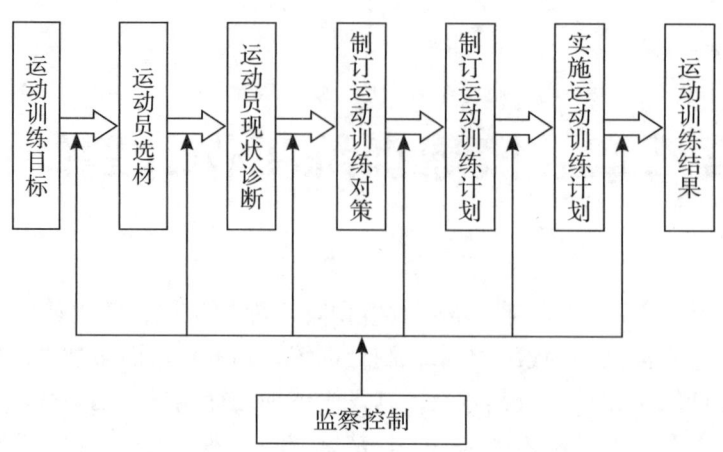

图3-1 运动训练过程的一般模式

二、制订篮球训练计划的运动训练学理论

长期以来，以马特维耶夫为代表的学者提出的周期训练理论得到了国内普遍的认同。他们在运动员竞技状态的形成具有"训练水平上升阶段、竞技状态保持阶段和训练水平下降阶段"并循环往复的周期性特点的基础上，对各个阶段的训练内容（一般训练与专项训练）和负荷状况（负荷量和负荷强度的比例和相互关系）进行训练学分析和总结，把运动训练过程以参加主要比赛时间跨度为单位作为训练的周期，分为准备期、比赛期和恢复期三个时期并组织训练。同时针对不同时期的特点提出各个时期的训练目标、训练任务和训练内容。人们一般围绕四年一次的奥林匹克竞赛和两年一次的锦标赛等重大国际比赛，把训练过程分为区间性周期，以自然年度为基本单元形成年度周期，在年度训练周期内以要参加重要比赛获得满意成绩为目标，再以运动员竞技状态发展过程的阶段性特征为主要依据而确定和划分为两到三个周期。运动员的竞技能力（体能、技能、心理、战术能力与知识能力等多方面竞技子能力）在每一个细分周期内循环往复、发展提高。细分的周期由若干个中周期组成，中周期是由3~6个小周期组成，一般持续1个月，中周期分为基础中周期和竞赛中周期，强调基础中周期和竞赛中周期是贯穿整个训练过程的核心周期，基础中周期是准备期（一般和专项）的主要周期类型。小周期持续1周，由单个的训练日组成。小周期的训练分为基本训练周、赛前训练周、比赛周、赛间训练周以及恢复周5种基本类型。

由于体育的商业化与职业化的推进，竞赛体制的改变，传统运动训练分期理论在对高水平运动员的训练实践中的指导作用越来越受到质疑。譬如，多种能力混合训练产生低训练刺激；生理反应的冲突与矛盾；过度疲劳的积累；没有能力参加多站比赛。越来越多的人认为经典周期理论是马特维耶夫在教育学和方法论层面对部分体能类项目（游泳、举重、田径等）的训练计划进行总结而得出的经验性知识，缺乏具体的生理生化等基础理论的支持。

以维尔霍山斯基为代表的一批学者提出了"板块"理论，他们从专项的角度讨论不同项目需要的具体素质和能力，以及相应的训练安排方法，并根据生物适应规律和高水平运动员的训练特点提出了"集中负荷效应"的训练方法，即通过对一些对专项成绩有关键影响和运动员自身相对薄弱的素质以板块的形式集中训练和优先发展，实现专项成绩的突破。鉴于此，我们可以将"板块"理论理解为一种高度专项化集中安排训练负荷的训练模式。相对于传统训练分期理论中准备期平衡发展各项身体素质而言，"板块"理论根据项目的特征集中在3~4周内有选择性地确定1~2项素质和能力集中训练，使高水平运动员在相对集中的时间内，接受单一或两个较深的训练刺激，并对每个训练板块中身体素质、生理、生化、医学等内部负荷进行效果考核评定，这可以说是板块理论的核心。

三、常见篮球训练计划分类

按照篮球运动训练计划的时间跨度，篮球运动训练计划分为多年运动训练计划、年度运动训练计划、一个大周期训练计划、阶段运动训练计划、周运动训练计划和课时运动训练计划。在本节里我们简述全程多年训练计划，以便教练员全面了解、把控整体的训练过程。大周期训练计划是常见计划，我们予以讲解；阶段训练计划、周训练计划、课时训练计划以案例形式予以示范。另外，中国职业篮球联赛训练计划我们予以介绍。下面我们开始介绍全程多年训练计划（表3-1）。

表3-1 运动训练计划的类型

特征			训练计划类型	适用范围	组成
战略的	框架的	稳定的	多年训练计划	系统训练	2年以上
			年度训练计划	系统训练	若干阶段
			阶段训练计划	阶段训练及中短期集训	若干周
			周训练计划	训练实施	7天或3~20次课时
现实的	具体的	多变的	课时训练计划	训练实施	0.5~4小时

全程性多年训练是指从启蒙训练开始，直到停止运动训练活动这一完整的系统训练全过程。一般划分为四个阶段，即基础训练阶段、专项提高阶段、最佳竞技阶段、竞技保持阶段。通过科学设计、组织有序的竞技运动训练活动，能够实现运动员竞技能力状态的定向转移。为了保证运动员竞技能力的持续发展，多年训练的全过程应是连续进行的，中间没有明确的时间节点。与此同时，运动员竞技能力发展的全过程又具有阶段性的特点。在运动训练过程中，紧密相连的各个训练阶段所要实现的最终目标是一致的，但由于阶段性的训练目标和训练任务不同，所选择的训练内容、训练负荷、训练方法等总是有着不同程度的差异（表3-2）。

表3-2　全程性多年训练过程的规划

训练阶段	主要任务	训练的重点内容及顺序	负荷特点
基础训练阶段	发展多种运动能力	协调能力，基本运动能力 多项基本技术 一般心理品质 基本运动素质	循序渐进 留有余地
专项提高阶段	提高专项竞技能力	专项技战术 专项运动素质	逐年增加 逼近极限
最佳竞技阶段	创造专项优异成绩	专项心理品质 训练理论知识	在高水平 区间起伏
竞技保持阶段	努力保持专项竞技水平	心理稳定性 专项运动素质 专项技、战术 训练理论知识	保持强度 明显减量

全程性多年训练计划的负荷安排在不同的训练阶段，为了实现阶段性的训练目标，需要在训练计划中有针对性地安排适宜的训练负荷。其中在基础训练阶段，考虑到青少年运动员竞技水平发展的长期性以及身体能力的局限性，要避免施加过大的训练负荷，需要根据项目特点进行循序渐进的安排。在专项提高阶段和最佳竞技阶段，参加高水平赛事的竞技需要要求运动员接受更大负荷的训练，而此时运动员的身体已经具备了承受更高水平训练负荷的能力。因此在这两个阶段的训练中，训练负荷应逐渐增加；也正是在这个过程中，运动员的机体受到更高水平的训练刺激，竞技能力逐渐达到更高水平。至于到了高水平保持阶段，训练负荷更需要结合运动员的实际状况来设计，训练的强度可以保持很高的水平，但是总体的负荷量应适当减少。

在各个训练阶段中，比赛活动都是运动员竞技发展历程的重要组成部分。组织者需要结合各个阶段运动员的发展特点，合理设定比赛的水平和次数，使得训练和比赛成为有机的统一体。

四、制订篮球训练计划的基本步骤

制订篮球训练计划的第一步是要制订一份多年度篮球训练计划。在对运动员现实状态诊断后，确定训练任务或目标，并划分训练阶段和各阶段任务，选择训练内容和比例。例如，备战2021年全运会U18组篮球比赛，第一、第二年训练重点不应放在运动成绩上，而是应放在发展有助于提高比赛成绩的各种技能上，第三年的训练重点应放在比赛阶段和获得最佳专项竞技表现上。第四年年度计划的主要目标是获得最高水平的竞技表现和运动表现。第二步是在制订多年度训练计划后，就要在过渡期内对上一年度训练计划总结和思考后制订出年度训练计划，编制年度训练计划首先应列出年度所有计划的比赛，并确定比赛的优先级，以确定达到最佳竞技状态的最佳时机。第三步是根据比赛确定大周期的数量，并把每个大周期分为准备期、比赛期和过渡期。第四步是把每个大周期分为若干个中周期，并确定中周期（2~6周）时间的长短和每个中周期的负荷模式。第五步是制订单个小周期（1周），重点放在各个训练要素上。第六步是指一旦确定好小周期的框架，就要规划设计单个训练课（表3-3）。具体设计案例见表3-4某男子青年篮球队年度训练计划（春季大周期）。

表3-3 制订篮球训练计划的基本步骤

步骤	目标
1	①确定运动员的长期目标，以便制订一份多年度训练计划（一般设计4年） ②勾勒出该多年度训练计划的基本结构
2	①确定年度训练计划所针对各个主要目标的优先顺序 ②评估上一年度的训练计划，包括成绩，并就训练计划与运动员或团队协商 ③根据运动员或团队的成绩要求确定下一年度训练计划的组织结构 ④确定该年度训练计划中大周期的持续时间
3	①根据比赛日程将年度训练计划分为准备期、比赛期和过渡期 ②将准备期划分为一般准备期和专项准备期 ③将比赛期确立为赛前阶段和主要比赛阶段 ④将测试日穿插在年度训练计划中的关键时间点上
4	①确定每个中周期的持续时间 ②选择中周期的各个结构并进行排序，从而编排成年度训练计划 ③为每个中周期的各个训练要素的重点划分先后顺序 ④确立中周期的负荷安排模式，并决定如何在各个大周期内逐步加大负荷
5	①建立各个小周期 ②根据运动员的发展水平和总体目标将小周期划分为多个训练日和恢复日 ③确定每个训练日的训练内容和每个训练日包括训练课的次数 ④确立整个小周期所采用的负荷结构
6	①设计单个的训练课程 ②确定训练课的负荷结构 ③选择训练计划的各项训练活动
7	①实施该训练计划 ②不断监测和评估训练及其过程

我国篮球青年联赛的安排一般分为两个阶段，即第一阶段和第二阶段，如2016年李宁全国男子青年篮球联赛第一阶段于3月21—27日举行，第二阶段于9月5—11日举行。因此，全年训练计划根据比赛安排分为两个大周期（第一阶段可称为春季大周期，第二阶段可称为秋季大周期），每个大周期分为准备期、比赛期和过渡期，准备期又分为一般准备期（表3-4列出了某男子青年篮球队伍年度训练计划中春季大周期的具体安排，秋季大周期略）。一般来说，一份分期得当的训练计划可以通过以一种有序和统一的方式控制包括训练强度、训练密度、训练量和训练重点等在内的各种训练因素来将运动过度和受伤的风险降到最低程度。由于通过训练干预所产生的训练效果或机体适应显示了持续时间不一的稳定性和不同的消退速度，因此分期训练计划中的每个阶段不必针对每一种训练因素进行训练。对于中高级运动员来说，汇总式小周期模式是制订有序训练计划中周期的有效模

表3-4 某男子青年篮球队年度

日期	月	1月				2月				3月			
	结束周	10	17	24	31	7	14	21	28	7	14	21	28
比赛	比赛名称											3/28 青年联赛	3/28 青年联赛
分期	训练阶段	准备期1											
	子阶段	一般准备期							专项准备期			赛前	
	大周期	大周期1											
	中周期	1				2				3			
	小周期	1	2	3	4	5	6	7	8	9	10	11	12
	峰值指数	5	5	5	5	4	4	4	4	5	5	5	4
	测试日	T											
	恢复周				R				R				R
抗阻训练	训练重点	力量和耐力				基础力量				力量和爆发力			
	力量和耐力	M	M	M	L	L	L	L	—	L	L		
	基础力量	L	L	L	L	M	M	M	L	M	M	M	L
	力量和爆发力	—	—	—	—	L	L	L	—	H	H	H	M
	最高												
耐力、速度和灵敏	训练重点	耐力				速度和灵敏				速度耐力			
	耐力	H	H	H	—	—	—	—	—	L	L	L	L
	速度和灵敏	—	—	—	—	M	H	H	M	—	—	—	L
	速度和灵敏、耐力	L	M	M	M	M	L	L	L	M	M	M	L
技战术训练	技术	M	M	M	M	H	H	H	M	L	L	L	M
	战术	L	L	L	L	M	M	M	M	H	H	H	H

训练量（柱状图，纵轴 0–100）

缩写	峰值指数
H=高关注程度	1=最高准备水平
M=中等关注程度	2
L=低关注程度	3
R=恢复周	4
U=无负荷	5=最低准备水平

式。汇总式小周期的典型结构是基于一种为期四周的训练单元或中周期，从宽松型运动负荷向密集型运动负荷发展，紧接着是一个短暂恢复期。它是中周期单元中四个相互衔接的小周期各自负荷安排方式和训练因素的整合。

训练计划（春季大周期）

日期	月	4月					5月				6月
	结束周	4	11	18	24	25	2	9	16	23	30	6
比赛	比赛名称	4/4 青年联赛	4/5 青年联赛	4/18 青年联赛	4/25 青年联赛							
分期	训练阶段	竞赛期1					过渡期1		准备期2		
	子阶段	赛前	比赛				过渡期		一般准备期		
	大周期	大周期1							大周期2		
	中周期	4					5		6		
	小周期	13	14	15	16	17	18	19	20	21	22	23
	峰值指数	2	2	2	2	5	5	5	5	5	5	5
	测试日					T						
	恢复周					U	R	R	R			R
抗阻训练	训练重点	力量和爆发力				恢复			力量和耐力			
	力量和耐力	M	M	L	—	—	—	—	M	H	H	M
	基础力量	H	H	M	L	—	—	—	L	L	L	L
	力量和爆发力	M	M	H	M	—	—	—	—	—	—	—
	最高				H							
耐力、速度和灵敏	训练重点	速度和灵敏				恢复			耐力			
	耐力	—	—	—	—	—			M	M	M	M
	速度和灵敏	M	H	H	L	—					L	L
	速度和灵敏耐力	M	L	L	L	—			L	M	M	M
技战术训练	技术	M	M	L	L	—			L	L	L	L
	战术	M	M	H	H	—			L	L	L	L

第二节　一个大周期篮球训练计划的制订

一、训练大周期时间的确定

训练大周期是以成功参加重大比赛为目标而设计的。其时间的确定通常采用体现目标控制思想的"倒数时"充填式方法，以主要比赛日期为标定点，向回程方向依次确定主要比赛阶段和比赛时期，再添加准备阶段和恢复阶段从而形成完整的训练周期（表3-5）。

表3-5 确定训练大周期日程的"倒数时"充填式工作程序

步　骤	做　法	时　间	图　示
1. 主要比赛日期	依竞赛日程		主要比赛日
2. 主要比赛阶段	在主要比赛日后约1周结束	4~6周	主要比赛阶段
3. 比赛时期	前加4~6周的热身比赛阶段	8~12周	比赛时期
4. 训练大周期	前加6~16周的准备时期，后加2~4周恢复时期	14~32周	准备时期　恢复期

二、大周期训练计划要点

我们以年度双周期训练安排中的一个半年训练大周期为例，概括归纳一个完整大周期中的时期和阶段的划分、各阶段的主要任务、比赛及负荷的总体规划、采用的方法与手段、恢复及检查评定的要点等基本内容和要求。半年训练大周期中各时期阶段的训练学特征如表3-6所示。

（一）准备时期的训练计划

1. 训练任务

准备时期训练的基本任务是要提高运动员的竞技能力，并逐渐提高运动员的竞技状态。运动员的竞技能力能否获得有意义的提高，是准备时期训练成功与否的第一个衡量标准。

通过有计划的训练，可以对运动员的各个竞技子能力（技能、体能、战术能力、心理能力和知识能力）的发展产生良好的影响。由于运动员专项竞技能力的结构表现出层次性的特点，它的发展和提高必须由低到高、由一般到专项、由局部到整体逐步实现。因此，运动员在准备时期应着重发展基础性的能力。

表3-6 历时半年的训练大周期中各时期阶段的训练学特征

时期	准备期		比赛期		恢复期
阶段	一般准备	专门准备	赛前准备	集中比赛	
时间	3个月		2~2.5个月		0.5~1个月
	1.5~2个月	1~1.5个月			
任务	增进健康，发展素质，学习或改进基本技术，掌握新战术，增强意志品质		发展专门素质，熟练完善技术，提高战术技巧，发展稳定的竞技状态，创造好成绩		积极恢复，消除生理和心理疲劳；总结经验，制订新计划
	提高一般训练水平，改进技术环节，提高个人战术能力	提高专项技术水平，逐步过渡到完整技术，改进多人或全队战术配合	发展专项素质，发展竞技状态，参加热身比赛	保持最高竞技状态，参加重要比赛，创造优异成绩	
比赛	没有或少	少	中	多	
负荷 量	中 →	最大或大 →	中 →	中或小 →	小或中
强度	小 →	小或中 →	中或大 →	大或最大 →	最小
方法 发展素质	以持续法、间歇法为主	以间歇法、重复法为主	以重复法、间歇法为主	以比赛法、重复法为主	以游戏法、持续法、变换法为主
改进技术	以分解法为主	分解法、完整法	以完整法为主	以完整法为主	—
手段	在进行专项练习的同时辅以多种多样的一般练习	以专项身体练习为主，练习手段相对集中	以专项形式相近的练习为主，仍保持一定专项身体练习	比赛，一般性积极恢复性练习	改变环境及练习形式，增加一般身体练习比重
恢复	注意负荷节奏，采用各种积极的与自然的恢复措施		注意负荷节奏，采用各种积极的与自然的恢复措施		减少负荷，变换负荷的形式、地点与组合
检查评定	负荷及机体适应情况		负荷及机体适应情况、技战术水平		心理、生理恢复状况

至准备时期结束时，运动员应已具备较好的竞技状态，主要表现在准备时期前期所提高的基础竞技能力开始向专项需要的方向转化和集中。此时可参加少量比赛，以促进竞技状态的进一步发展。

在体能方面，要努力增进健康水平，发展运动素质，并有效地发展身体主要生理系统的功能。

在技战术能力方面，首先要着眼于熟练掌握新的战术配合所需要的技术基础，然后由个人技术训练逐步过渡到两三个人配合的战术训练，再逐步过渡到全队的整体战术训练。

在心理、智能方面，完善运动员认知过程，进一步提高运动员的逻辑思维、认识分析能力，使其理解与掌握本队战术指导思想、打法。

2. 准备期的时间

准备时期的时间不应少于1.5~2个月。双周期安排中，每个训练大周期的准备时期不同。在我国通常第一个大周期，即冬春大周期的准备期较长，可达4~5个月，第二个大周期，即夏秋大周期的准备期常常只有一个半月左右。为了更好地组织训练过程，人们一般把准备时期进一步划分为两个或更多的训练阶段。

3. 训练方法、手段和负荷特点

准备时期的运动素质训练以持续训练法和间歇训练法为主，这两种训练方法的特点是负荷的量较大，强度为中、小水平，这有益于发展耐力类运动素质、有氧代谢的能力。

准备时期的技战术训练，以分解法为主。由于拥有较充裕的时间，在破坏了旧的技术动力定型之后，还有时间重新建立起新的技术动力定型，因此允许运动员对自己的技术动作进行较大的"改造"。运动员首先着力于改进或完善技术中主要存在问题的部分，然后在这一基础上逐步向完善技术过渡。

在战术训练中依据本队战术指导思想，为了掌握和发展新的战术配合，运动队要安排较多时间进行2~3人的战术配合训练，以便为全队战术配合训练做好准备。从战术活动的整体来看，这种预先进行的训练，也是一种分解练习。这种分解练习主要安排在准备时期进行。

（二）比赛时期的训练计划

1. 训练任务

比赛时期的训练任务包括发展运动队的专项竞技能力和使运动队在比赛中充分表现出已有的竞技能力水平两个方面。

进入比赛时期后运动队应努力发展专项的竞技能力。球队此时应深入了解对手信息、加强训练的针对性、增加全队战术训练的内容，把对队伍竞技能力影响最大、表现最集中的方面置于训练的首位，把最主要的精力用于发展这些能力上去。

比赛时期训练的第二个任务，也是最重要的任务，就是做好充分准备参加比赛，最大限度地发挥自己的已有水平，创造优异的运动成绩，达到预定的训练目标，同时，也不能忽视运动员的心理训练。

2. 训练时间

为了保证训练任务的完成，比赛时期的时间一般也不应短于一个半月。运动队要在准备时期训练的基础上进一步发展专项竞技能力，特别是要在比赛中创造优异的成绩，则必须经历一定数量的比赛，才有可能抓住主客观条件都处于适宜状态的机遇，充分发挥自己的竞技水平。

从计划的安排上要注意做到以下几点：

（1）安排好负荷的节奏，使运动员的体能变化在比赛时处于超量恢复阶段。

（2）技术、战术的掌握达到高度熟练和自动化，但又不因过多的专项技战术练习导致中枢神经系统对专项技术动作的学习带来消极影响。

（3）通过适当的热身赛和其他适应性比赛，可以激发运动员强烈的竞赛欲望，但又不能因过多的比赛引起运动员的厌烦，甚至对比赛产生恐惧。

（4）采取各种措施激励运动员的进取动机，但又不能造成过高的兴奋状态，应使运动员保持适宜的兴奋水平，以求既能最大限度地动员机体的潜力从而高水平地参加比赛，又能保持高度的自控能力，有效地排除内外消极因素的干扰。

3. 训练方法、手段和负荷特点

比赛时期训练发展体能主要采用重复法，发展技能主要采用完整法，并较多地采用比赛法，以便综合地发展与竞赛密切相关的体能、技能、战术能力、知识能力和心理能力，与此同时，仍要根据需要适当地运用间歇训练法及分解训练法以获取最佳训练。

在比赛时期，运动员在连续参加了大量比赛的情况下，要特别注意组织好赛间训练。用短暂的赛间间歇，力求某些在短时间内能有效改善的方面，获得新的训练效应。

比赛时期，负荷的安排应做到负荷强度大而负荷量较小。

（三）恢复时期的训练计划

1. 训练任务和时间

运动员在几个月的紧张训练和比赛中，无论心理还是生理上都长期处于高度动员状态，有机体的保护性机制会提出进行休整调节的强烈要求。训练大周期的恢复时期，就是为满足这一要求而组织实施的训练阶段。

恢复手段可分为自然恢复和积极恢复两类。恢复时期所要求的不是单纯的休息或睡眠式的自然恢复，而是保持一定训练活动的积极恢复。通过负荷内容、量度、组织形式及训练环境的改变，达到从心理上和生理上消除疲劳的目的。

恢复时期的另一项重要任务是认真总结全年训练的经验与教训，并制订下一年度的训练计划。

双周期训练安排的每一个周期的恢复时期，应持续2~3周。

2. 训练方法、手段和负荷特点

为了达到恢复的目的，在恢复时期宜多采用游戏法、变换法进行训练。这些练习能大大提高运动员的兴趣，运动员在新的环境以新的组织形式完成新的内容和练习，中枢神经系统会得到良好的调节，同时又能保持一定的体能水平。

恢复时期训练负荷的突出特点是要降低练习强度，可以根据运动员的具体情况保持一定的训练量，在训练中应多采用持续训练法，如慢速越野跑、较长时间的球类运动、自行车远行及划船等。

第三节 制订不同类型训练计划的案例

一、某女篮备战WCBA联赛阶段训练计划制订案例

（一）队伍基本情况

××女篮目前共注册队员12人，实际上队内只有11人，其中1人在国家队集训，1人手术后在北京康复训练，3名老队员目前还在调整恢复，因此参加训练的只有6人，为了保证良好的训练氛围拟临时从××借调两名队员，从××体校借调两名队员，勉强凑够10名队员参加训练，最大的33岁，最小的只有18岁。队员的技战术水平参差不齐，特别是一些年轻队员的基本技术还很不扎实，在身体素质、耐力、投篮、突破、传球、防守战术意识、球权的争夺上还是要下大力度去提高，所以训练方面要区别对待，针对性训练很重要。

（二）训练的任务和目标

根据××女篮球队人员结构现状，全年训练的主要任务有以下几个方面：①老队员主要保证训练的系统性，提高体能储备。②基于年轻队员技战术能力差的问题，主要解决规范基本功，提高投篮、传球、突破、防守脚步移动、争抢篮板球的意识和能力。③提高全队整体对抗的质量。④提高全队对球权的争夺意识和能力。全年训练的目标是确保打进女篮联赛前4名，力争获取最好成绩。具体训练计划如表3-7所示。

表3-7 训练计划表

阶段 2016	任务	心理训练与作风建设主要内容	体能、技术、战术训练主要内容与比例	负荷量与强度
4.14—6.10	调整、恢复训练量	罚球练习、连续投篮命中练习、技术动作结合语言强化练习	体能方面：速度与耐力训练、弹跳与爆发力训练、大力量与各部位小肌肉群练习、小力量训练、腹背肌训练 技术方面：基本技术训练、位置技术训练、全队攻守转换速度的练习、提高顶抢篮板球的能力、练习身体对抗能力 战术方面：全队的进攻战术、全队防守战术和防守体系 三者比例：4:3:3	小、中负荷量 小、中强度
6.10—6.16	参加全国女篮锦标赛第一阶段比赛			
6.17—7.20	训练期	罚球练习、连续投篮命中练习、技术动作结合语言强化练习	体能方面：速度与耐力训练、弹跳与爆发力训练、大力量与各部位小肌肉群练习、小力量训练、腹背肌训练	中、大负荷量 中、大强度

(续表)

阶段 2016	任务	心理训练与作风建设主要内容	体能、技术、战术训练主要内容与比例	负荷量与强度
			技术方面：基本技术训练、位置技术训练、全队攻守转换速度的练习、提高顶抢篮板球的能力、练习身体对抗能力 战术方面：全队的进攻战术、全队防守战术和防守体系 三者比例：4∶3∶3	
7.20—7.26	参加全国女篮锦标赛第二阶段比赛			
7.27—8.25	训练期			
8.26—8.31	WCBA联赛预选赛			
9.7—9.28	训练期		参加篮管中心组织的大集训及比赛，同时参加体测和技术测试	
10.1—10.21	赛前训练	比赛场景设计练习，如时间还剩3秒，比分落后1分、2分或3分等场景设计，如何合理安排战术赢得比赛	体能方面：速度与耐力训练、弹跳与爆发力训练、大力量与各部位小肌肉群练习、小力量训练、腹背肌训练 技术方面：基本技术训练、位置技术训练、全队攻守转换速度的练习、提高顶抢篮板球的能力、练习身体对抗能力 战术方面：全队的进攻战术、全队防守战术和防守体系 三者比例：4∶3∶3	大负荷量 大、中强度

（三）训练的指导思想

抓好队伍的思想教育，要严格管理、严格要求，培养队伍顽强拼搏的战斗作风，重点抓好"体能和技术"两个基础训练，坚持贯彻"三从一大"的科学训练原则，注重训练实效，把上赛季联赛中暴露出技战术的不足渗透到每堂训练课当中去，有针对性地去解决，提高训练整体水平。

（四）训练的基本要求

严格执行篮管中心（即国家体育总局篮球运动管理中心）的训练指导思想，狠抓队伍管理，严格要求。在生活方面，要求队员严格自律，不允许抽烟喝酒，要养成良好的生活习惯，每天按时休息，训练原因之外造成的伤病（感冒、发烧、拉肚子等），要给予不同程度的处罚。训练过程中不允许迟到、早退，每天训练结束后要求每名运动员总结训练感受，并形成文字。教练员要以身作则，严格自律，要求队员做到的自己首先要做到。

（五）实施全年计划的措施和要求

①严格执行训练计划中的指导思想，狠抓队伍管理，培养团队意识和竞争意识，严格执行训练和作息时间。教练员要每晚按时点名查房，不请假不允许离开驻地。

②每周日晚上开队会，总结本周训练和生活状况，检查每名运动员的训练日记。

③严格做好伤病预防工作，要用科学的训练手段减少伤病的发生，保证队伍训练人员和训练计划的落实。

④训练中要培养队员顽强拼搏的作风，从难、从严、从实战出发，打造一支敢打敢拼，勇于担当，以防守反击带动进攻为主要打法特点的女篮队伍。

二、某队周训练计划的制订案例

以准备期一个周训练计划为例（表3-8）。

表3-8 周训练计划表

××队××周训练计划表					××年××月××日至××年××月××日		
训练任务	①提高绝对力量、一般耐力和专项速度 ②改进技术动作和提高动作质量及运用能力 ③提高顶抢和冲抢篮板球的意识和能力 ④提高掩护配合质量 ⑤学习和提高整队的攻防战术				训练时间（小时） 训练负荷（大、中、小）		
	周一	周二	周三	周四	周五	周六	周日
早操	准备活动 一般耐力训练	体操 柔韧	体操 柔韧	一般耐力 专项脚步	体操 柔韧、灵活性	体操 柔韧	
上午	队务会	专项速度 投篮 行进间传接球 一对一 二对二 三对三 掩护配合 全队攻防战术	投篮 运球突破 篮板球 个人防守 三对三 掩护配合 全队攻防战术	学习	投篮 攻防脚步 个人防守 三对三 攻防转换 篮板球 全队攻防战术	力量 专项速度 个人防守 投篮 三对三 篮板球 全队攻防战术	篮板球 投篮 三对三 个别对待训练
下午	力量 投篮 传接球 二对二 篮板球 掩护配合 比赛	攻防转换 投篮 二对二 三对三 篮板球 行进间传接球 全队攻防战术 比赛	力量 投篮 行进间传接球 三对三 抢篮板球 全队攻防战术 比赛	投篮 攻防转换 一对一 二对二 个人防守 篮板球 全队攻防战术 比赛	投篮 攻防脚步 个人防守 篮板球 攻防转换 三对三 全队攻防战术 比赛	对外比赛	休息
运动负荷	中	大	大	小	中	大	小
本周小结							

三、课时训练计划制订案例

以中国和美国准备期课时训练计划为例（表3-9至表3-11）。

表3-9　中国少女篮球课时训练计划表

训练任务：巩固传接球和防守脚步技术，把防守、篮板球、进攻的意识训练融入实际的对抗训练中，提高运动员实战中运用技术的能力。

主教练：×××		球队名称：国少女篮	人数：15人	上课时间：90分钟
阶段	时间（分钟）	训练设计与安排		
		具体内容	要求	强度
准备部分	20	热身、准备活动	拉伸到位，有幅度、力度	中
基本部分	80	1. 动态拉伸 2. 防守脚步训练 ①迎上防持球 ②迎上防运一次球 ③迎上防运两次球 ④迎上防死球	重心低，手扬起，嘴呼应，脚步移动要快	中
		3. 运传球训练（10分钟） 底线—罚球线—三分线	运球用力，急停转身重心控制稳定，传球快速准确	中大
		4. 全场超人上篮40次（10分钟）	篮板球一传要快，接应人主动呼应，推进快速，注意观察，传球准确及时，全速上篮	中大
		5. 全场折线"一对一"（10分钟）	防守队员始终面对球，堵中放边，进攻人注意保护球	中
		6. 半场二打一（10分钟）	进攻队员决策合理，防守队员抢到篮板球后传球准确、及时	中
		7. 全场三打二追防转三打三（10分钟）	进攻队员推进要快，注意观察得分机会；追防队员全力以赴，抢篮板球后的反击保持层次和空间	中大
		8. 半场6点传球转选位冲顶抢篮板球再转换反击（10分钟）	传球快速准确，防守选位合理，冲顶篮板球凶猛，反击速度快	中大
		9. 全场24秒进攻加退守（10分钟）	位置拉开、推进衔接速度快，退守选位合理	中大
		10. 3分钟3点投篮（10分钟）	注意力集中，接球前做好投篮准备动作	中
结束部分	20	静态拉伸、放松、小结		
课后小结				

表3-10　美国杜克大学课时训练计划

时间	训练内容
3：30—3：45	准备活动（个人练习：脚步动作、接球转身、抢位挡人等练习）
3：45—4：00	拉伸练习
4：00—4：10	2人练习，包括"之"字形运球攻防练习
4：10—4：15	接球——转身面向球篮练习
4：15—4：25	内线队员：高大队员策应、跳步急停、观察对手练习
4：25—4：35	2攻2练习：传球后掩护、转身切入（挡拆）练习
4：35—4：45	5对5攻防练习
4：45—4：50	快攻、罚球练习
4：50—5：20	菲尼克斯练习系列：从"5对0"到"5对5"攻防练习
5：20—5：25	快攻、罚球练习
5：25—5：30	4名教练员传球，4名队员"V"形摆脱切入练习
5：30—5：40	内线队员：快速移动—进攻区域联防、沿端线移动进攻 外线队员：抢位挡人练习
5：40—6：00	进攻2-3区域联防和突破1-2-2区域联防

表3-11　北卡罗来纳大学课时训练计划

时间	训练内容
1：30	力量训练
2：05	在球场练投篮姿势
2：10	个人动作
2：22	讨论
2：26	三人快攻、五人快攻
2：29	衔接段进攻：regalur（正常）—kickball（回传）—early（挡拆）—dribble（运球）
2：35	防守者在2：30换screen on ball（挡拆）、rear screen（后掩护）、lateral screen（横挡）
2：43	抄球—协防—抄球—快滑步
2：52	换组
2：57	换组
3：02	防守底线发球战术
3：10	喝水及投篮
3：16	衔接段进攻：regalur（正常）—kickball（回传）—early（挡拆）—dribble（运球）
3：22	自由进攻—注意空间，帮助队友制造空当
3：34	分两边：三对三卡位篮板，边线1对1防守
3：42	带来击半场盯人防守
3：52	卡位篮板及快攻
4：04	全场三人小组快攻上篮4分10秒进110个球
4：09	体能训练（折返3趟来回，28秒完成，共四组）

注：具体练习方式不详述。

第四节　CBA联赛主客场赛季制训练计划的制订

一、CBA主客场赛季制的特点

①赛季时间长，准备期短。
②一周多赛，比赛数量增多。
③异地客场比赛，旅途劳累。
④主场优势，胜率高。
⑤竞技状态呈波浪形。

二、主客场赛季制训练原则

（一）小周期训练安排原则

对主力队员来说，由于1周要承受多场比赛，赛季中的总体训练负荷不宜太大，负荷强度应以中等为好，为了避免伤病，要考虑主力队员轮休。对非主力队员来说，其负荷安排不一定受制于比赛日程，小周期训练可以是7天，并应有相对稳定的周训练计划。

（二）针对性训练原则

一是各队根据不同对手采取不同战术，并加以演练。二是根据自己队员的技术特点和位置，有针对性地选择不同训练内容和方法，以强化和发展队员的特长技术。三是根据队员的年龄和在队中所起的作用，有区别地安排训练负荷，对年轻的非主力队员来说，由于比赛负荷小，在赛季中承受的训练负荷应大于其他队员。

（三）以赛带练、赛练结合原则

针对比赛中暴露的问题，采取积极措施予以改进，针对性训练效果可以在比赛中及时检验，有利于提高球队的战斗力。

（四）竞技状态调控原则

运动员整个赛程中不可能长时间保持良好的竞技状态，会出现低潮和消退现象，这就必须调整赛季期间的训练负荷，如加强心理恢复、合理调配阵容等措施调整运动员的竞技状态，使竞技状态波动保持在适宜范围内，尽可能长时间保持稳定。

（五）适时恢复训练原则

联赛期间每队的比赛场次均较多，运动员很容易产生过度疲劳，适时恢复对预防运动损伤尤为重要。准确判别疲劳程度，是适时恢复的重要前提。运动员疲劳程度的判别通常是根据自我感觉和外部观察来进行的，在条件允许的情况下可用一些比较准确的生理和心理测试方法（血乳酸、血红蛋白、血睾酮及心理量表测试等）。

三、CBA主客场赛季制年度训练周期划分

CBA主客场赛季制训练周期结构也分为准备期、比赛期和恢复期。赛季于每年11月份开始至次年4月底结束，历时5个多月，然后进入调整期，一般调整一个月左右时间进入下个赛季的准备期，准备期在6月初至10月底，准备期期间还要参加系列比赛，因此周期的安排属于一个大周期训练中包含许多小周期训练安排。

四、CBA训练计划各阶段内容安排

（一）准备期的训练安排

1. 训练任务和内容

准备期的训练任务是尽快地提高篮球运动员的竞技能力，并培养和促进竞技状态的形成。

篮球运动属于以无氧代谢为主的速度与爆发力项目，体能训练由开始以有氧代谢为主的耐力训练向以无氧代谢为主的耐力训练过渡，力量训练由增肌为主向发展最大力量和爆发力过渡，全程贯穿速度、灵敏和协调素质训练。技战术训练内容主要是进一步巩固提高个人攻、守技术，熟练掌握局部二三人配合技术，提高全队的整体战术质量，强调"针对性"战术训练。心理训练主要是提高自我控制和抗干扰能力，把心理训练融入身体、技术和战术训练当中。

2. 训练方法和手段

准备期的身体训练方法，主要以持续训练法和间歇训练法为主。通过间歇训练可发展篮球运动员比赛所需要的爆发力，提高运动员的速度和耐力。身体训练手段主要有中长跑、变向跑、变速跑、200米间歇跑、折线跑、脚步练习、器械力量及有球的身体素质练习等。准备期力量训练每周一般安排3~4次，次数逐渐减少，重量逐渐增加。技、战术训练方法主要有分解法、完整法、重复法、变换法、持续法以及比赛法等方法。例如，八一男篮技术训练手段运用较多的为快攻急停跳投、强度投篮、有规定时间和投中次数的自投自抢式投篮，以及1对1、2对2、3对3和分组全场攻守对抗练习等。战术训练运用的手段主要是提高各个位置的局部战术配合质量，熟练掌握全队主要战术配合及其变化，着重提高

战术运用能力和特殊情况下的打法等。篮球心理训练方法主要有：结合体能的心理训练、结合技术的心理训练和结合战术的心理训练。

3. 训练负荷

一般来说，准备期第一阶段先加大负荷量，达到最高值以后，到第二阶段逐渐减量而加强度。整个准备期负荷量和负荷强度的变化呈波浪形。目前，多数CBA球队准备期每周训练都达到12次，每天训练5个小时左右，负荷量安排上基本合理，但负荷强度安排偏低。CBA多数球队小周期的大强度训练安排在周三、周五和周日，基本适应竞赛期"一周三赛"的负荷节奏。

（二）竞赛期的训练安排

1. 训练任务和内容

发展运动员的专项竞技能力，在长竞赛期中努力保持和调控竞技状态，使运动员在比赛中充分表现已具有的竞技能力。这段时间为5个月左右。

身体训练主要以专项身体训练为主，重点抓大强度力量训练，每周保持两次力量训练。力量训练一般安排在比赛前1~2天。技术训练主要强调提高对抗能力及在激烈对抗条件下技术的准确性，提高在不同比赛条件下运用技巧的应变能力。战术训练旨在提高全队战术配合质量，内容以实战演练为主，针对性要强。CBA各球队赛季期间周训练内容安排，一般在比赛日的上午以投篮训练和针对性战术训练为主，在比赛日次日上午进行小结、调整，下午进行身体和技、战术训练。

2. 训练负荷

由于每周三场比赛的负荷已经相当大，训练应以中低负荷为宜，无论负荷量还是负荷强度，都应小于赛季前训练阶段。CBA各队周训练负荷安排为每周训练5~7次，每次训练时间为1.5~2.5小时，训练负荷比准备期明显减少。

3. 竞技状态调整

CBA各队调控竞技状态采用的主要方法有：

（1）根据各队的不同目标、主要竞争对手的实力，努力调控不同运动员的竞技状态，使竞技状态的高潮出现在适宜的队、人员和时机上。

（2）调整周训练负荷，降低训练强度，注意加强心理调整，使运动员在生理、心理方面均处于良好的状态。

（3）合理调配队员阵容组合。集体竞技状态的形成必须做到每个人都以最佳的方式组合在一起，若某局部组合不佳就会影响集体竞技状态的形成。

（4）恢复训练。恢复手段主要有训练学恢复手段，医学、生物学恢复手段，营养学恢复手段和心理学恢复手段四种。CBA大部分球队都采用训练学、营养学两种恢复手段，部分球队采用心理学恢复手段。

（三）恢复期的训练安排

1. 训练任务和内容

恢复期主要任务就是消除疲劳，使运动员有机体得以全面地恢复。恢复时期的时间与训练大周期的长短有着密切的关系。联赛结束后，球队一般会安排一个月左右的恢复训练，各队安排不尽相同。多数球队安排放假，但是仍然要安排一定体能训练，主要是一般耐力训练和力量训练，以保持体能状态。

2. 训练方法手段和负荷特点

恢复期训练以不使运动员的身体和心理产生沉重负担为原则，要降低练习负荷强度，限制篮球专项训练的量度，专项训练的分量不超过训练总时间的15%~20%。在训练中多采用持续训练法，如慢速越野跑、较长时间的球类游戏等。

思考题：

1. 传统运动训练分期理论和板块训练理论的区别有哪些？
2. 简述运动训练全过程。
3. 结合具体比赛制订一个完整的大周期训练计划。
4. 简述CBA联赛比赛赛间如何训练。

参考文献：

［1］田麦久.运动训练学［M］.第2版.北京：人民体育出版社，2000.

［2］田麦久，刘大庆.运动训练学［M］.北京：人民体育出版社，2012.

［3］杨桦，李宗浩，池建.运动训练学导论［M］.北京：北京体育大学出版社，2007.

［4］道格拉斯 B.麦基.运动医学与科学手册 篮球［M］.孙欢，等，译.北京：人民体育出版社，2008.

［5］李少丹."周期"训练理论与"板块"训练理论的冲突——训练理论变迁的哲学思考［J］.北京体育大学学报，2008（5）：679-681.

［6］尹龙，李芳，陈君，等.传统训练分期理论和板块周期训练理论的比较研究［J］.南京体育学院学报：社会科学版，2014（2）：105-109.

［7］练碧贞.CBA主客场赛季制训练的理论探索与实证研究［D］.北京：北京体育大学，2005.

第四章　篮球运动员的疲劳与恢复

【导语】：机体能够对训练刺激产生反应，长期训练能使体机对负荷不断产生适应是运动训练的生理本质；篮球运动员在运动中疲劳的产生和消除（恢复）是运动员每天都要面对的事情。本章主要讲述：运动性疲劳和过度训练的概念；运动员疲劳症状和主客观诊断方法；运动恢复理论和方法（运动中和运动后）；常用过度训练后的恢复方法。学习的目标是使教练员、运动员了解篮球训练的生理本质，对运动员的疲劳与恢复能够进行科学评价和监督。

第一节　运动性疲劳与过度训练

第五届国际运动生物化学会议把由运动引起的人体工作能力暂时下降的现象称为运动性疲劳，并将它定义为"机体不能将它的机能保持在某一特定的水平或不能维持某一特定的运动强度"。篮球比赛中运动员在高强度大负荷和激烈对抗中完成技战术，机体承担着极大的负荷，因此运动员的机体必然会产生运动性疲劳。日常训练中没有疲劳的训练就是无效训练。疲劳之后的恢复是训练的另一环节，恢复不好就可能出现伤病，而伤病是对运动员最大的威胁！"没有恢复就没有训练，从某种意义上讲，恢复比训练更重要。"疲劳与恢复对运动成绩的取得起着重要的作用。

在篮球运动的训练和比赛中，运动员的机体承担的负荷有三种情况。第一种，当运动量和强度超过了运动员已适应的负荷时，运动员会产生疲劳。但适时和充分的恢复方法可以使运动员的机体产生超量恢复。在这种负荷下，运动员机体产生的疲劳是生理疲劳，通过适当的恢复可予以消除。第二种，当运动量和运动强度不足时，运动员的机体得不到足够的刺激，不会出现疲劳，因此也就不会出现超量恢复。在这种负荷下，训练的效益很低。第三种，当运动量和运动强度过大，超过了机体的承受能力，又没有适时进行足够的恢复。如果长时间处在这种状态下，就会导致疲劳的积累，从而造成过度训练。过度训练会使运动员的运动能力持续降低，甚至产生伤病。

与训练相关的过度训练的早期症状包括：竭力运动后异常的肌肉酸痛，随训练进行得不到缓解；以前可以轻松完成的训练内容，现在不能完成或很困难；小强度运动后大腿"沉重"；恢复期显著延长；运动能力进行性降低或出现"平台"；厌训或逃避训练。

第二节　篮球运动员疲劳症状及诊断方法

运动性疲劳主要表现在机体能量物质的消耗和机体器官生理功能的变化。教练员凭职业经验可以观察到，运动员凭自己机体反应也可以感觉到。机体器官生理功能发生的变化，通过相关指标测试、化验，可以进行客观的诊断、评价。

运动员的疲劳恢复过程是有先后的。疲劳先从神经系统的大脑皮层开始，恢复也首先是从神经系统开始，然后是心血管系统和呼吸系统，最后才是肌肉的恢复。在运动员疲劳诊断时，首先是对肌肉疲劳的诊断。如果肌肉疲劳已经恢复，一般情况下不再采取其他的诊断手段。

一、疲劳的症状

（一）生理方面

1. 骨骼

由于篮球运动是长时间的大强度运动，脚步移动变化多样而且突然、迅速，因而篮球运动员运动支撑器官的疲劳极为常见，最为突出的是脚踝、膝关节和小腿的胫骨、腓骨，严重的甚至会引发踝部腱鞘炎、髌骨劳损、疲劳性骨膜炎等。

2. 肌肉

现代篮球运动中，更加强调防守的攻击性，比赛中的上肢对抗更加激烈。激烈的上肢对抗容易造成三角肌、肱二头肌、胸大肌、背阔肌、肩胛肌等肌肉的疲劳，骨骼肌系统疲劳主要表现为肌力下降和肌肉围度增加。

（二）心理方面

一场正式篮球比赛耗时1个小时左右。职业联赛的一个赛季，比赛场次多，攻守对抗激烈，运动员在场上斗智斗勇，极易造成运动员心理上的疲劳，而篮球运动员多发生急性疲劳，这时运动员主要表现为不冷静、自我控制能力下降、行动迟缓、动作无力、技术动作完成的效率低、技巧性差、技战术意识下降、与队友的配合减少、投篮命中率和传球的准确性明显下降、失误增多、错误的技术动作开始出现、对抗能力和对抗意识下降等。

二、疲劳的诊断

（一）主观指标

1. 教练员的观察

在训练和比赛中，教练员可通过对运动员的观察判断出运动员的身体状况。如运动员行动迟缓，步伐缓慢，面色苍白，嘴唇发紫，技术运用效果差，投篮命中率下降，失误增多，反应迟钝，精神萎靡不振，疲倦等，可认为运动员身体疲劳。

2. 运动员自我感觉

①在训练中的自我感觉。

在训练中，运动员自我感觉呼吸困难、两腿发沉、腿抬不起来、全身乏力等症状。当前被大家公认的是瑞典生理学家冈奈尔·鲍格（Borg）在1973年研制的主观体力感觉等级表（RPE），如表4-1所示。

表4-1 主观体力感觉等级表（RPE）

自我感觉	等级
	6
非常轻松	7
	8
	9
很轻松	10
	11
尚轻松	12
	13
稍累	14
	15
累	16
	17
很累	18
	19
精疲力竭	20

他认为："在运动时来自肌肉、呼吸、疼痛、心血管系统各方面的刺激，都会传到大脑，而引起大脑感觉系统的应激。"RPE的具体使用方法是，"在运动现场，放一张RPE

表，运动员在训练过程中，指出自我感觉是第几号，以此来判断疲劳程度。用RPE相对应的编号乘以10，所得即完成这种负荷的心率数"。

②运动后的自我感觉。

在运动后，运动员自我感觉有肌肉酸胀、四肢无力、出汗、心悸、头晕、恶心、胸痛、睡眠不佳、失眠、多梦等症状，也可填写自我感觉表，记录自己的疲劳反应（表4-2）。

表4-2 运动自我感觉评价表

姓名： 填表日期： ____年__月__日

主观感觉	精神状态	良好	一般	不好	
	运动心情	渴望训练	愿意训练	不愿训练	
	不良感觉	肌肉酸痛、心悸、头晕、头痛			其他
	睡眠	良好	一般	不好	
	食欲	良好	一般	不好	厌食
	排汗量	较多	一般	不好	夜间盗汗

表内主观感觉包括以下六点。

精神状态。精神状态反映了整个机体的功能状态，尤其是中枢神经系统的状态。身体健康者，精神状态好、精力充沛、心情愉快、积极性高；患病或过度训练者，常会感到精神萎靡不振、疲倦、乏力、头晕及容易激动等。在进行记录时，如果自觉精神饱满、心情愉快，可记为"良好"；如果有精神不振、疲倦等不良感觉时，记为"不好"；如果精神状态一般，但又未出现上述不良现象时，可记为"一般"。

运动心情。身体健康、精神状态良好的人，总是乐于参加体育运动。如果出现对运动不感兴趣，表现为冷淡、厌倦，或特别厌烦与运动有关的场地、器材、人物和语言，可能是训练方法不当或疲劳的表现，也可能是过度训练的早期征象。根据个人的运动心情，可填写为渴望训练、愿意训练、不愿训练等。

不良感觉。不良感觉是指运动训练或比赛后肌肉酸痛、关节疼痛、四肢无力等。在剧烈运动或比赛后，由于机体疲劳，大部分人会产生一些不良的感觉，但这些现象经过适当休息后就会消失，而且训练水平越高，这些现象消失得越快。但是，在运动中或运动后，除了出现上述现象外，还伴有心悸、头晕、头痛、气喘、恶心、呕吐、胸痛或其他部位的疼痛时，则表示运动负荷过大或健康状况不良，在自我监督记录时应写清具体感觉。

睡眠。经常参加体育活动的人，睡眠应该是良好的，表现为入睡快、睡得熟、少梦或无梦，醒后精神良好。如果长时间睡眠不佳，如出现失眠、易醒、睡眠不深、多梦、嗜睡或清晨醒后精神不佳等症状，一般是健康状况不佳、对运动负荷不适应或是过度训练的早期表现，记录时可填写睡眠的时间、睡眠状况。

食欲。健康的青少年学生和运动员食欲应当良好。在参加体育运动过程中，能量消耗较多，故食欲应该更好些。如果在正常进食时间内食欲减退，表明健康状况不良或有过度训练倾向，应做进一步检查及调整训练计划，记录时可填写食欲良好、一般、不好、厌食等。

排汗量。排汗量的多少既与气温、湿度、饮水量、衣着有关，又与训练水平、身体机能状况、神经系统紧张程度、运动负荷等有关。如果在适宜的外界条件和适宜的运动负荷下大量出汗或安静时出汗，甚至出现夜间盗汗的症状时，表明身体机能状况不良、健康状况下降或近期运动负荷过大。训练良好的运动员，在同样条件下大量出汗，可能是过度训练的征象或极度疲劳。在高温环境中或大运动负荷下出汗减少可能是机体脱水的征象，会引起体温升高、中暑等。记录时可填写出汗正常、减少、增多、夜间盗汗等。

3. 触摸法

当感到疲劳时，肌肉的症状反应是酸、痛。用手触摸，感到肌肉很硬。有经验的运动保健医生用手可触摸出哪块肌肉或肌肉的哪个地方有硬块，并可诊断出肌肉疲劳的程度。

4. Anderson短问卷测试法

每天早上要求运动员回答6个问题，当运动员6个问题总得分高于20分，说明他们恢复充分可以进行后继训练。但如果得分低于20分，则要求他们休息或者进行难度较小的训练直至得分提高（表4-3）。

表4-3 运动员运动能力监测计分表

题目	完全不同意	不同意	中立	赞同	完全赞同
我昨晚睡眠很好	1	2	3	4	5
我期望今天有好的训练表现	1	2	3	4	5
我对以后的运动表现非常乐观	1	2	3	4	5
我浑身充满活力	1	2	3	4	5
我的食欲良好	1	2	3	4	5
我肌肉有点酸痛	1	2	3	4	5

（二）客观指标测定

1. 脉搏

经常从事运动的人，特别是从事耐力性项目的运动员，由于迷走神经紧张性增高，安静时脉搏较缓慢。训练水平越高，身体机能状况越好，脉率越低。

（1）训练课或比赛前后脉搏对比。

先在训练课或比赛前测出安静时1分钟脉搏次数。待训练课后或比赛后10分钟再次测出1分钟脉搏次数，如果后比前快6~9次以上，说明机体疲劳。

（2）晨脉。

在自我监督中，常用晨脉来评定训练水平和身体机能状况。晨脉是早晨醒来后起床之前测得的每分钟脉搏数。因为晨脉反映了基础代谢的脉搏，健康人的晨脉是基本稳定的。早上未起床前，在安静状态测出1分钟脉搏次数，连续几天测试取得运动员晨脉基数。训练或比赛后的次日晨测脉搏，如果晨脉同前，说明运动负荷合理；如果每分钟脉搏次数增加10次或10次以上，表明机体功能状况不良，如睡眠不佳、患病或过度疲劳尚未恢复，如果晨脉经常在较快水平，可能与过度训练有关。晨脉还随训练水平的提高呈缓慢减少的趋势。在测量脉搏时，除注意频率外，还应注意脉搏的节律，如果发现节律不齐，表示可能有心肌损害，应进一步做心电图、超声心动图检查。记录时应写明每分钟脉搏数和心律是否整齐。

2. 心功指数

布兰奇心功指数可以全面地反映心脏和血管的功能，计算公式如下：

$$心功指数 = \frac{心率（安静时）\times（收缩压+舒张压）}{100}$$

心功指数在100~160为正常。如果超过200，可能有运动疲劳症状。

3. 血红蛋白

血红蛋白的数量反映了机体红细胞携带氧的能力。我国男子正常指标是120~160克/升，女子是105~150克/升。血红蛋白是评定运动员身体机能状况的一个重要生理指标。在训练期间，血红蛋白正常，成绩提高，说明机体功能状况好；如果男子血红蛋白低于120克/升，女子低于105克/升，称为运动性贫血，此时一般均有运动成绩下降、自我感觉不良等症状，说明机体功能状况不良，可能过度训练和过度疲劳，应当注意调整训练，并应注意在饮食中多补充铁和蛋白质以弥补运动训练中过多地消耗。

4. 心电图

心电图反映了心肌的生物电变化，与心肌的自律性、兴奋性和传导性有关，能较敏感地反映心肌的电生理变化。心电图既是临床上检查心脏疾病的一种重要方法，又是观察运动员机能状况的重要指标。

经长期运动训练后，心电图可表现出迷走神经张力增高，如窦性心动过缓、房室传导阻滞等，表明心脏泵血功能较好，是心脏对长期运动的适应。但少数情况下，训练过度、运动负荷过大、心脏功能不良时也会出现上述变化，这时运动员自我感觉不良，会伴有胸闷、乏力等症状。

如果心电图出现多发性前期收缩、显著窦性心律不齐、ST段及T波变化等现象时，说明运动员有过度训练、过度疲劳等引起的心肌损害、心功能下降等症状。此时运动员往往会有更明显的不良感觉，应进一步做临床检查，调整训练计划或暂停训练。

5. 五次连续肺活量

肺活量和最大通气量是肺通气功能中意义较大的指标，数值的高低反映了运动员训练水平和有氧能力水平。在训练期间，数值的变化还反映了训练负荷和机体功能状态。如果训练后所测得的值比训练前明显减少，或者在恢复期逐渐下降，说明训练课的运动负荷过大，运动员过度疲劳。当运动员机能水平下降或过度训练时，肺活量和最大通气量也会下降。如果训练期间数值稳步上长，说明训练计划和运动负荷适宜，机体功能状态良好。连续五次测肺活量，每次间隔30秒，如果肺活量值明显逐次下降，说明出现了运动性疲劳。

6. 尿蛋白

正常人每日尿中排出蛋白质总量在150毫克以下。运动性尿蛋白中蛋白质主要来自血浆蛋白，如安静时尿蛋白中血浆蛋白占57%，运动后可增至82%，运动后尿蛋白量比安静时增多。运动后尿蛋白增加的原因是运动时肾上腺素、去甲肾上腺素、肾素-血管紧张素系统和激肽释放酶分泌增加，使肾血管收缩，血流量减少，肾小球毛细血管压力上升，使肾小球滤过较大分子量的蛋白质增多；运动时肾小管的重吸收已处于饱和状态，同时对某些小分子量的蛋白质的分泌加强，所以，运动性尿蛋白是肾小球-肾小管混合性尿蛋白，但以肾小球尿蛋白为主。

安静状态下，运动员的尿蛋白含量与一般常人无差别。运动引起尿蛋白增加的现象，称为运动性蛋白尿。运动性蛋白尿出现率及恢复情况与运动训练的强度、运动负荷、训练水平和机能状况有关。如果运动后尿蛋白排泄率比以往高，说明训练时运动强度大或身体机能状况不良。训练后第二天尿蛋白排泄率仍很高，特别是训练期间晨尿中蛋白排泄率高，说明训练课运动负荷太大或身体机能状况不良，应及时调整训练计划，加强休息及营养，以防过度训练、伤害身体。运动性蛋白尿经休息、调整负荷后会逐渐减少、消失。如仍不消失，甚至不运动仍有蛋白尿，可能是病理性蛋白尿，可能患肾炎等疾病，此时应停止训练，并做进一步检查。

运动性尿蛋白与病理性尿蛋白的主要区别如下。

（1）运动性尿蛋白与运动训练有密切关系，运动性尿蛋白出现在训练后的第一次尿中，且在运动后数小时内消失，一般不超过24小时。

（2）运动性尿蛋白出现时，运动员多没有不良感觉，且预后良好。

（3）病理性尿蛋白的出现多与运动训练关系不密切，即使在安静状态也有尿蛋白，而且运动后排出增加，具有持续性、长久性的特点。

（4）病理性尿蛋白存在时，患者除尿蛋白外，还伴有不良感觉及症状，如血尿、管型尿、浮肿、高血压等。

7. 反应时

由于长时间剧烈运动后，肌肉会出现疲劳，反应就会变得迟缓。因此，测定肌肉的反应时可用于判断运动性疲劳。疲劳发生时，反应时延长。

8. 肌力测定

运动引起肌肉疲劳后最显著的变化是肌肉力量的下降，一般以绝对肌力为依据，运动后肌力不能及时恢复，可视为疲劳。用握力器、背力器测试，早晚各测1次。如次日晨测肌力下降，说明机体产生疲劳。

准确区分生理疲劳和病理性疲劳时，一般采用多种方法综合评定。

第三节　篮球运动员疲劳的恢复

篮球运动员的恢复与其他运动项目一样，包括在运动中和运动后，运动中的恢复应和运动后的恢复相辅相成，任何一方都不能忽视。

运动中，负荷和恢复（也就是说疲劳和恢复）始终是两个紧密相连的过程。关键在于负荷量和负荷强度的调整、间歇时间的控制和训练内容及手段的采用和安排。

运动后，机体疲劳的程度和恢复得快慢与运动时负荷量的大小、负荷强度、持续时间、运动性质、运动员的训练水平和年龄、各器官系统的机能状态及恢复措施的采用等因素密切相关。

一、运动中的恢复

（一）能量物质的恢复

篮球运动中，磷酸原系统（ATP-CP系统）、乳酸能系统和脂肪有氧代谢系统三种供能方式都存在。在运动中，这三种能量根据运动的特点，不断地消耗，也在不断地分解合成。ATP-CP系统的恢复需要2~3分钟，乳酸的恢复最少需要30分钟，脂肪有氧代谢恢复的时间更长。运动时不可能待能量完全恢复再开始下一次练习。有学者在研究中提出了"半时反应"。即在运动中，当恢复至原数量1/2时，就可以维持预定的运动强度。

①10秒全力运动的半时反应时间为20~30秒，最适宜休息间歇不应短于30秒；
②30秒全力运动的半时反应时间为60秒，最适宜休息间歇为60秒左右；
③1分钟全力运动的半时反应时间为3~4分钟，休息时间为4~5分钟；
④最大乳酸生成的成组练习为4×100米跑后，半时反应时间是15分钟左右，活动性休息有助于乳酸的消除。

（二）心血管功能的恢复

篮球运动员在训练或比赛中，其心率最高可达每分钟220次左右，每搏输出量可达212毫升，血压随着运动的变化在变化。心血管系统的反应是为了保证机体运输各种物质。

高强度运动后，心率下降得很快，然后慢慢地恢复平稳。当高强度运动心率每分钟达220次左右时，运动后其心率在2分钟后能下降到每分钟120次左右。一般训练间歇安排是在运动员的心率达每分钟120~132次，即10秒钟20~22次时开始下次练习。

（三）呼吸功能的恢复

在高强度的篮球运动中，运动员运用技术都是在憋气或供氧不足的情况下完成的。呼吸功能的恢复手段是利用间歇，在间歇时要深呼气。只有把肺中的废气呼出去，才能收进大量的氧气，偿还运动中的氧亏，加速机能的恢复。

（四）肌肉功能的恢复

运动中肌肉功能的恢复，主要是改变肌肉用力的部位。不断地变换肌肉用力的部位，使疲劳的肌肉得以恢复。同时，由于不断地变换用力部位，使肌肉的运动神经兴奋点转移，借助负诱导的作用，使支配疲劳肌肉的神经得到更深的抑制，加快了疲劳的消除速度，从而得到更好的恢复效果。

改变肌肉用力的部位实际上也包含了训练方法的改变。大负荷量的训练或激烈的比赛后，根据大负荷量的训练课的性质和运动员身体状况，适当地调整后续训练课的负荷量，要比静止性休息更有利于机体疲劳的恢复。大量研究证明，大负荷运动后，适当的运动（主要是调整负荷的强度）有利于肌肉中蛋白质的合成，且合成的速度比完全静止性休息快。负荷强度的调整和训练内容的调整，对大脑皮层起到负诱导作用，有利于疲劳恢复，如练防守主要是下肢用力（降低身体重心，不停地滑步等），此时的注意力也在下肢。之后安排投篮，即使是移动投篮，主要注意力在上肢，下肢可以适当地休息。

二、运动后的恢复

（一）静力拉伸和整理活动

1. 静力拉伸

运动后的静力拉伸练习越来越被重视。这种方法对大负荷运动后肌肉的恢复有很好的效果，能显著地促进骨骼肌超微结构变化的恢复，同时缓解延迟性肌肉酸痛，对疲劳的肌肉起到梳理作用，有利于肌蛋白的合成。

静力拉伸的方法一定要采用静力，拉伸的时间一般是30秒，拉伸的幅度可以加大，但不能使肌肉韧带出现过于疼痛的感觉。

2. 整理活动

整理活动是训练课或比赛后的恢复练习。整理活动有利于肌肉中和血液中乳酸的消除；有利于运动员从激烈的训练状态和比赛状态快速地恢复到安静状态。练习方法是适当地变换肢体活动部位和强度，起到负诱导作用，使机体更快地消除疲劳。方法有慢跑3~5分钟、走路、投篮、罚球等。

（二）能量物质补充

篮球运动是一项高强度间歇性运动，对身体素质要求很高。频繁的训练和比赛，加之场外训练及体能训练会使运动员筋疲力尽。针对篮球运动的间歇特点，碳水化合物是最重要的能量来源，一旦机体内碳水化合物的供应耗竭，球员在训练比赛中就会疲劳，伴随而来的是速度、反应时间明显减慢及耐力、判断力、注意力显著下降，充足的碳水化合物供给和持续的再补充对篮球运动员维持运动能力来说非常重要。营养补充的重点在于满足训练与比赛后充足的能量需求，保证其良好的运动表现与及时恢复。

1. 碳水化合物补充

篮球运动的特性决定了其主要能量来源是碳水化合物。为了能在整个比赛过程中拥有高水平的体能，运动员需要摄入足够的热量，而大多数的卡路里来自含有大量碳水化合物的食物。

大多数碳水化合物都来源于谷类、豆类、水果和蔬菜等。含糖丰富的食物有香蕉、橘子、胡萝卜、豌豆、烤土豆、面包、麦片等。一般人群的推荐量是成人每天130克，运动员的推荐量可以每天每千克体重7~8克。来自水果、蔬菜和谷类的碳水化合物是篮球运动员运动前最基本的能量来源，大负荷运动后（最好不要超过6个小时）补充适量的糖，可以促进疲劳的消除。糖可以在运动前的1.5~2小时，以运动饮料形式适量补充；在运动中每隔15~30分钟适当地以饮料补充，既可延缓疲劳出现，又利于疲劳消除。由于碳水化合物的重要性，比赛中球员要尽量避免低糖类食品的摄入。

2. 水的补充

篮球运动员最大的挑战之一就是维持理想的水合状态。脱水会严重影响运动员的肌肉力量、速度、耐力和注意力。运动员要学会按时喝水，而不是只在口渴时喝水。同时还要学会监控身体水分状况，推荐方法有：

（1）在训练和比赛期间，准备液体并保证可用；

（2）鼓励饮用运动饮料及食用高水分食物；

（3）合理安排饮水时间。球员应该在训练和比赛前两个小时饮用450毫升的运动饮料。训练或比赛前30分钟球员应该再摄入100~250毫升水或运动饮料；

（4）训练前后称重，记录出汗情况，确定运动中的水分丢失量。运动员每天应该补充至少50%的水分丢失量；

（5）指导运动员观察尿液的量和颜色；

（6）将补液作为比赛的一部分。

3. 维生素、矿物质补充

虽然篮球运动员对于维生素和矿物质的需求量更高，但仍然可以通过饮食来补足。运动员没有必要摄入过多的维生素和矿物质补剂。维生素的确能够帮助人体消化、促进新陈代谢，但它不是人体能量的直接来源。维生素可以通过食物补充，如动物的肝脏，鱼肝油、鸡蛋、花生、大豆、红色、橙色和深绿色蔬菜等。

（三）淋浴、盆浴

淋浴冲洗可以洗去汗水使运动员身心轻松愉快。盆浴浸泡，放松全身。盆浴浸泡以10分钟为宜，长时间会产生疲劳。

（四）按摩

采用自我按摩、互相按摩、医生按摩或器械按摩的方法，对全身或局部按摩。使疲劳的机体和肌肉放松，疲劳恢复。

（五）心理恢复

采用自我暗示，放松训练，听音乐或利用业余爱好或其他文化生活转移训练比赛带来的精神紧张，使心理疲劳得到恢复。

（六）睡眠

睡眠是自然消除疲劳的最好方法。睡眠时，使机体各器官系统的消耗降到最低，而合成代谢最旺盛。成年运动员每天应保证8~9个小时睡眠，青少年应保证10个小时的睡眠。大运动负荷后或比赛期间可适当增加睡眠时间。

（七）水疗法

水疗法（普通队伍可以用木桶来实现）是利用不同温度的水对机体进行交替刺激以促进恢复的方法。冷、热水各1分钟交替，共7次。冷水水温一般为15℃，热水水温一般为38℃。这种方法不仅对疲劳恢复有很好的效果，而且对膝关节保健、肌酸激酶浓度恢复正常水平都有较好的帮助。

三、过度训练时的恢复方法

注意避免训练内容的单一性，如长期只重复练习一种训练内容或运动方式很容易由于中枢神经系统对训练适应而造成运动能力平台现象，另外还可以采用下列手段辅助恢复。

（一）针刺

针刺主要是针对肌肉治疗。有时运动员反映、表现出来的是关节或韧带部位的疼痛或不舒服感，实质上是肌肉疲劳或过度疲劳而引发的。针刺能显著地促进大负荷运动后骨骼肌超微结构改变的恢复，同时缓解延迟性肌肉酸痛。在针刺后几秒、几十秒或两三分钟之内，就会出现条索软化（指肌肉）、疼痛缓解、功能恢复的明显疗效。

（二）理疗

理疗的方法有很多。如红外线理疗，蜡疗，热、电磁理疗，倒挂牵引（主要用于放松关节肌肉，消除背痛，消除疲劳，促进全身状况改善），负氧离子（调节神经，改善大脑皮层功能，改善睡眠，降低血压）等。

（三）药物

在医生指导下内服外用针对性药物。中医药治疗病理性疲劳有优势。我国在这方面的研究有悠久的历史和独特的方法。如中医提出的补肾、益气、助阳、滋阴理论，常用人参、冬虫夏草、刺五加、鹿茸、绞股蓝等药物进行治疗。用药物治疗时切记禁用国际奥委会规定的兴奋剂药物。

运动员的恢复越来越被重视。篮球教练员应从每次训练课开始直至全年乃至多年训练，有计划地、系统地在训练安排、医务监督、恢复手段的采用等方面抓好疲劳恢复工作。同时在恢复过程中，注意恢复手段的综合运用，以避免单一的恢复手段导致效果不佳。

思考题：

1. 运动性疲劳和过度训练的区别有哪些？
2. 简述常用运动疲劳客观评价指标。
3. 结合自身训练经验谈谈过度训练疲劳恢复常用方法的运用。
4. 简述篮球运动员膳食营养注意事项。

参考文献：

[1] 王瑞元，苏全生.运动生理学[M].北京：人民体育出版社，2012.

[2] 道格拉斯 B.麦基.篮球[M].北京：人民体育出版社，2008.

[3] 王瑞元.运动生理学[M].北京：人民体育出版社，2002.

[4] 曲绵域，于长隆.实用运动医学[M].4版.北京：北京大学医学出版社，2003.

第五章　篮球教练员竞技参赛理论与实践

【导语】：篮球竞技参赛是指篮球运动员、教练员及其团队为了在比赛中取得理想成绩，达到竞技参赛目的而实施的有目的、有计划、有组织的竞赛活动。在整个过程中，教练员发挥着无可替代的作用。本章重点介绍了竞技参赛的赛前准备、赛中指挥、赛后总结三个阶段。学习目标是使教练员明晰比赛过程中三个阶段的流程，以及每个阶段工作的内容、各自的特点、注意事项，并结合比赛实际情况掌握各阶段的工作重点与技巧。贯穿始终的是教练员个人的行为，通过恰当、合理的行为与工作，影响并且带领球队与球员朝着既定的目标前行。

第一节　赛前准备

在篮球比赛中，球员与其掌握的技能是追求成功的关键，但是赛前准备是另一个不可忽略的重要因素。赛前准备的目标是最大化自己球队的天赋，并最小化对手天赋对比赛的影响。赛前准备包括赛前侦察——情报收集与分析、制订比赛计划、组织赛前训练、召开赛前会议。

一、赛前侦察——情报收集与分析

赛前侦察的重点是对手的情报收集与分析。然后，根据搜集到的信息，运用专门的分析软件，全面分析对手的比赛指导思想、身体和心理特点、技战术特点与风格、主要队员的特点、阵容配备及人员替换的规律，基本战术打法和特殊时刻打法等情况。

（一）赛前侦察的内容

通过收集对手资料，可以帮助这些球员做好心理准备，及早适应，力争在比赛中争得先机。赛前侦察内容包括以下8点。①对方主教练临场指挥的性格、品德、主要生活经历和主要指挥经历等，这对于了解对方的主要战术风格和意志特征有至关重要的意义。②对方全队进攻的特点，包括进攻的风格是"快"，还是节奏感强；快攻、衔接段抢攻、阵地进攻的各自比例；快攻的发动形式、参与人数、结束方式等；对方常用的前场边线、端线界外球战术配合；在阵地进攻时是以外围远投为主，还是以篮下强攻为主；基础配合运用情况。③对方全队防守的特点。包括其主要的防守方式和变化，是否有全场防守与扩大防守；阵地防守是以人盯人防守、联防为主，还是随时变换。盯人防守时如何防守挡拆、是否有夹击是重点内容。联防常用防守阵形是什么？个人防守能力情况，哪一点是其致命弱点？④对方的战术暗号。根据对手的战术口头呼叫与手势，结合比赛回放观看当时战术变化来进行确认。一些教练员会隐藏或伪装他们的战术暗号，以防止被侦察，分析时应观看教练员发出战术信号时，同时看到控球后卫的行为。⑤对方主要得分手的技术特点、投篮方式，他的弱点是什么？他脾气如何，是否容易发怒？⑥对方中锋的特点，他怎样移动接球及其接球的地点、区域，主要投篮方式，他与其他队员的主要配合方式，他惯有的进攻动作和假动作，他的弱点是什么？⑦对方核心组织者的技术特点，进攻能力，性格特征及主要弱点等。⑧对方常用首发阵容与替补轮换情况。

（二）赛前侦察的方法与手段

理想的状态是球队配备足够多的情报人员。但是，青少年球队一般面临赛前侦察人手不够的问题，这时可以充分调动球员、家长的积极性，动员、安排他们去收集情报。同时与同行交换情报，最好是刚打过比赛的同行。

搜索信息可以通过各种来源。最好的球探方法是让主教练或助理教练实际观看比赛。获得侦察信息的第二种方法是从视频中寻找相关信息。通过多次回放，从视频中搜寻更多的信息。同时结合比赛的技术统计进行全面分析。如果不能去现场侦察一个特定的对手，并且不能得到它的一个比赛的视频，还可以依靠第三个侦察策略：和此前与其交手的其他队的教练员沟通，获取信息。

（三）球探报告

球探报告是成为一名成功篮球教练员所必备的一个重要能力。撰写报告没有普遍的方法，很多取决于主教练的愿望及自己执教球队吸收和应用需要执行的能力。每个教练员都有不同的模板或做事的方式，所以，球探报告的深度和广度完全基于主教练的执教理念。一些教练员认为需要在报告中包括对手的每一个细节，而另一些教练员可能只是希望了解基本趋势。一般应包括对对手三个方面倾向的分析。

1. 防守倾向

侦察对手的防守，寻找他们的优势和弱点，然后才知道如何去攻击它。

（1）每节比赛中对方运用的防守是什么？
（2）对手最好的防守是什么？
（3）对方运用最多的防守是什么？
（4）对方从什么地方开始紧逼？
（5）对方如何对两翼进行防守？
（6）对方如何防守低位与高位？
（7）对手如何防守挡拆？
（8）对手是紧逼还是松动人盯人防守？
（9）对手寻找什么位置进行夹击？
（10）对手是否会运用特殊的防守？

（11）关键时刻及比赛结束阶段的防守。

（12）暂停后的防守变化。

2. 进攻倾向

安排助理教练侦察对方的进攻和边线球、端线球战术，因为他负责防守，可以尽早准备防守对方进攻的最好方法。

（1）他们在紧张的时候是否会依靠某一特定的球员来进攻？

（2）对方由谁来发动固定配合？

（3）他们是否会运行某些连续掩护？

（4）在某些特殊时刻，如暂停后、我方罚篮后、某节比赛的开始与结束时间，对方会运用哪些特殊的进攻打法？

（5）对方最好的得分手。

（6）转换（快攻，衔接段进攻）进攻比例、效果。

（7）如何进行半场进攻（盯人、联防）？

（8）常用前场端线界外球战术是什么？

（9）常用的前场边线球战术是什么？

（10）如何破"紧逼"？

3. 队员个人倾向

（1）进攻队员是否有倾向，如沿端线一侧运球？向左侧运球突破？先做假动作再运球突破？球向篮筐时低头？

（2）防守队员是否有协防意识与能力？是否容易被球吸引注意力？内线防守队员喜欢绕前防守还是在进攻队员身后防守？

（3）个人（包括身高和体重）及其倾向。

（4）后卫线、前锋线、内线的第一替补。

（5）对方最好队员的犯规情况。

球探报告通过文字、数据、视频提供了一个全面的对手信息，包括他们的优势和弱点。这些信息回答的真正问题是对手球队最喜欢做什么？然后，在比赛中不让他们这样做，打破他们的习惯，让他们远离习惯的东西，使他们发挥不出平时的水平。

二、制订比赛计划

参赛计划制订是指对竞技参赛各个方面工作所设计的预案和部署。其要素包括对比赛树立正确的态度、确立参赛目标、控制赛前行为和参赛方案制订。

（一）对篮球比赛树立客观、建设性、积极的态度

与训练过程一样，执教年轻球员的教练员应该对篮球比赛抱有客观的、建设性的和积极的态度。①客观的。因为他们应该客观评价球员可以做什么（比赛之前），他们正在做

什么（在比赛过程中）和他们已经做了什么（比赛后）。②建设性的。因为无论在比赛期间发生什么，教练员应该利用它，使自己的球员和球队均有所收获，进而对他们的运动生涯及人生产生影响。③积极的。因为在不失去客观性的情况下，比赛不是对错误进行深入分析的时刻，而是强调球员们的积极行为，鼓励他们做事情而不害怕失败。

当球员犯了完全正常的错误时，许多教练员失去了他们在比赛期间应该具有的恰当地观察问题的角度和自我控制。他们理应专注于此，并应该充分加以利用而提高球员改正错误的能力；相反地，他们通过向球员讲非建设性的评价而向球员施压，增加球员们的不安全感，把比赛变成一个厌恶的体验。事实上，许多年轻球员开始热衷于参加篮球活动，然后失去了这种热情，更有很多人退出了篮球活动。原因是比赛带给他们非常紧张的体验，超过了他们的可接受程度。教练员的行为是避免这个问题和使比赛成为积极体验的一个重要因素。

教练员还应该根据实际情况建设性地使用比赛的经验：既要强调积极的方面，让球员们能加以保持；又要观察什么出了问题，什么是在实际中可以改进的，以便在以后的训练中解决它。

教练员唯有对比赛抱有了客观、建设、积极的态度以后，方能对球员们提出合理的期望，进而建立切实可行的参赛目标。

（二）确立参赛目标

参赛目标是教练员对本队参赛所期望的成果。作为一名青少年队的教练员，将本队的参赛目标定位在取得最佳成绩，培养更多的球员，还是二者有所取舍或兼顾，这与教练员所承担的训练任务及其执教理念有关。有的教练员对于培养球员非常感兴趣，并且不太在乎赢得比赛。那么，这些教练员更感兴趣的是球员们是否尽了最大的努力（不管他们是否赢得比赛），并帮助他们提高。然后基于球员学习和努力的情况提供奖励和激励，而不在乎赢或输。确立参赛目标还取决于团队的动态，球员的信心，每个球员特定的需求等。教练员应根据球队的情况和动态，以对球员们发展最好或者是最利于球队取得成绩为依据，恰当地确立参赛目标。

（三）控制赛前行为与对待球员的方式

关于教练员的赛前行为，应在下一场比赛前提前准备好，应遵循以下规定：决定自己球队的比赛目标和计划；预计最可能出现的问题；并决定如果出现这些问题后你会做什么。教练员还应该注意他们对球员的态度。教练员对球员们说什么？教练员如何控制对球员们的期望？教练员如何避免使球员认为比赛比实际更重要？这些问题都是需要教练员考虑清楚的，可以参考以下建议。

总的来说，重要的是教练员帮助球员对于比赛保持平稳的态度。比赛以前谈论太多不是一个好主意；同样，不好的谈论也应避免，如有可能得多少分，或者说另令球员有压力的语句，如"下一场比赛赢定了"。

教练员也可以告诉球员，无论发生什么，重要的是球员们要提高自己，所以他们应该集中精力做他们必须做的事情，忘记得分。"不管发生什么，我们做我们的事情。"在这样的时刻，教练员必须改变球员对控制的看法。为了做到这一点，教练员应该避免提及他们不能直接控制的方面（最终得分），而应该集中在可控方面，即基本上是他们已经掌握的行为。因此，球队在比赛前的目标应该只是表现之类的目标，教练员的指导和评论应该仅仅关注球员的行为。

此外，在比赛之前，教练员应该记住，球员往往在比赛的开始时是紧张的、焦虑的。在此状态下，他们的注意力会大大降低，所以教练员应该避免传输太多的或复杂的信息。

（四）参赛方案制订

参赛方案是教练员在赛前根据对己方和对手情况的周密调查，以及在力量对比分析的基础上做出的策划、动员和部署。比赛计划是比赛的依据，其目的是为运动队（运动员）在赛场上充分发挥运动能力和竞技潜力、发挥主观能动性和创造性提供计划和依据，是比赛中教练员和运动员行动的指导方针。参赛计划中要明确在比赛中所要采用的主要防守形式，以及在比赛中需要变换防守形式时可以使用的备用防守方案。依据对方的主要进攻特点，以内线还是外线为主，重点人是谁，确定如何防守对手的主要进攻战术打法；根据对手主要队员技术特点和习惯动作，确定防守的策略。进攻方面，根据对方的人员和习惯的防守战术方法，避开防守的强点，利用其弱点确定本方的主要进攻方向和进攻战术打法，并且要在思想和心理上做好比赛的准备。然而，在具体的比赛实践中，任何周密、高明的计划都不可能包含和预见千变万化的赛场情况，在比赛中教练员适时调整计划和队员机动灵活地执行计划对取得比赛的胜利十分重要。

三、组织赛前训练

赛前训练组织是指赛前为调整运动员竞技状态而进行的专门性的训练活动。其要素包括训练内容、训练方法手段和训练负荷安排。

（一）赛前训练内容

1. 自我能力提升

赛前侦察只是一个阶段，甚至不是为你的下一个对手做准备的最重要阶段。教练员应持续、长期提升球队的能力。找到最适合自己球队人才状况的主要进攻和防守技战术，努力完善它。教练员对准备比赛的重视始终是自己的优势，通过更加努力地工作，在最好的方面取得更好的成绩。教练员应关心球队在进攻、防守和在特殊情况下做什么，而不是对手做什么，做到以我为主。正如著名教练约翰·伍德所言，他不喜欢做很多侦察，因为他觉得如果知道对手太多，会使他过度自信或僵化，还是应当调动球员的积极性，了解对手，当他的球队讨论对手情况时，他的球员对对手知道得很多。

2. 针对对手的训练

通过赛前侦察对手，会让你知道将面临什么样的对手。查看对手的策略以及个人优势和弱点。通常在比赛日的热身投篮练习之前球员会集中在休息室，这时主教练主要会讲一些与对手有关的情况，比如对方首发五人的特点。在正式比赛的训练前，教练员带领球员观看剪切好的视频。教练员需要呈现球探分析的主要部分，以及应对本场比赛的策略与计划。这通常包括播放一个20~25个片段组成的对手比赛视频集，持续10~15分钟。在查看了进攻的视频并快速讨论了球队的倾向之后进入练习场。

3. 关键时刻打法

关键时刻打法必须要进行训练，否则在比赛中就没法应对。这包括半场、全场的攻防、端线界外球、边线界外球及最后一攻的防守。同时训练球员在犯规的情况下也能贯彻执行。比赛结束前正确、合理的决定是必要的。活球、死球状态下的防守都要训练。如果没有对可能出现情形的预案与训练，那么比赛中可能不会达到想要的效果。

4. 适当的心理准备

由于比赛的性质、对手、场地、观众和气候等情况的不同，运动员会产生各种不同的心理反应。如遇到强队可能会产生畏惧的心理，遇到弱队可能产生麻痹、轻视对方的心理，年轻球员由于缺乏比赛经验，容易情绪紧张。所以适当的心理辅导是必要的，教练员在比赛前要做好球员心理管理等事项。

（二）训练方法

模拟比赛是最好的训练方法与手段，可以通过技术训练来发展体能。篮球运动中更多的是5~30秒的短时间、高强度特征的训练，所以要在训练中针对性地解决，可以在训练的前一半时间练习技术，后一半时间以比赛的速度练习技术，达到发展专项体能之目的。快攻3打2、2打1，可以在发展基本功的同时锻炼冲刺能力，球员们乐此不疲。体能结合技战术去练习效果好，球员的反馈也是如此。

赛前训练应根据此前的情报侦察罗列出训练项目或者是前一场比赛中自己做不好的项目，采用消极对抗的情形进行练习。把计时表打开，模拟比赛情形，通过改变比分、犯规、谁有球权等设立特殊情形。球员们学会了如何应对不同情形，教练员也知道了球员们的能力。

（三）调整球员体能与技术状况

良好竞技状态的标准是：机体能力达到最高程度，适应性强，高强度比赛后恢复较快；运动素质和专项技术密切配合，并达到最佳状态；情绪高涨，渴望比赛；意志顽强、拼搏、自控能力强。

因此，由平时训练到临场比赛的状况调整，是教练员在比赛前要做好的管理事项，也是一门很深的学问。例如比赛期的速度、耐力调整，必须融入技术训练中执行，强度、频率、组数都要与篮球运动的特性相似。后卫比前锋组数多，前锋又比中锋组数多。如强调爆发力的力量训练，在比赛期是项目逐渐减少，次数也少。而有些项目组数要多，比赛期的训练频率也要降低。如心肺耐力的训练，在比赛期可由过去每周2~3次的频率，降低到每周一次，强度则需要更高。如技术性训练，在比赛期种类要减少而投篮技术练习时间要增加。

四、召开赛前会议

赛前，经过情报侦察、分析、训练等准备妥当后，主教练先和教练团组（含领队、助理教练、队长等）开会，确定相关事宜以后，再和所有球员开会宣布，确认所有比赛策略。

（一）教练组内部会议

1. 确定比赛节奏

主教练对比赛节奏有什么方案，提出来让教练团队了解。

试图让比赛进入自己球队最适应的节奏；如果是满场飞奔、压迫式的队伍，而对手是喜欢"控制速度落阵地"的球队；那么在进攻时候要加强推进的速度，在防守的时候要加强压迫性，给对手以当头一棒。如果你的球队是半场阵地球队（球队速度不足，控球能力一般）；进攻上球的移动要更有目的性（包括运球和传球），而防守上要以最快速度退回后场防守阻止对方发动快攻。如果你的对手是一支很好的快攻型球队，那么最好留一名甚至两名后卫，在后面随时准备回防；而你的"大个子们"高举双臂，阻碍对方抢得篮球板的视线，防止对方进行长传球。

2. 明确防守的种类

主教练对比赛的防守有什么策略？提出来让教练团队了解。

你的球队最拿手的防守战术是什么？人盯人还是区域防守？你的球员是否是迅速、灵活的优秀防守队员（倾向于打人盯人防守）？或者你的球员是一些速度偏慢的防守队员（也许要打联防）？很多球队经常在两者之间切换；这些只有教练员能决断，下面是一些值得参考的策略。

如果对手有很好的外线射手，那么就使用盯人来保持对射手们的压迫。

如果对手的强项是在内线单打，那么在防守区域的同时，弱侧的低位防守队员可以过来协防、包夹。这种情况下，只要球传到低位，你的低位防守队员需要尽力防止对方向底线的转身；并且你的弱侧防守队员，要迅速到低位来阻止他向外转身，或者你也可以收缩小的2-1-2或者2-3联防来保护限制区；但是这样会使得你的外线防守更加脆弱。在比赛中，如果意识到对手更多地将球传到内线，教练员会切换成2-1-2联防来使得限制区变得拥挤，然后观察对方是否有外线投篮能力；如果他们在外线不能持续投篮得分，那么2-1-2联防就是对付他们最好的方法了。

如果他们是靠控球后卫和两名翼位球员打球的话（3外2内），我们可以试一试1-2-2区域联防。

什么时候应该由人盯人转变成区域联防，什么时候应该由区域联防转成人盯人呢？这有很多种做法，有些教练员喜欢不停地切换防守来迷惑对手，前提是你自己的球队不要先被自己迷惑就行了。有些教练员喜欢一种成功的防守方式一守到底，直到对手被打败。如果现在的防守很成功，有些教练员将保持下去，直到这种防守露出败象。如果你在某一位置对位防守处于劣势时，或者队员陷入犯规麻烦的时候，你也可以让盯人换成区域联防，这样能够保护他们不暴露在犯规麻烦下。

3. 确定紧逼的起始节点

紧逼人盯人防守取决于球队的速度、耐力和板凳球员深度，以及快节奏是否适合你的球队。一些球队会在全场比赛都采用紧逼防守，因为，这适合他们的速度，而且他们的替补球员有能力支持这一打法。另一些球队会在比赛开始阶段使用，来争取好的开局，每节比赛结束前几分钟也可能"守紧逼"，因为这之后将有一段休息时间。还有球队会在对手得分之后守紧逼，或是只在比赛末段自己落后的时候紧逼。开场的紧逼尽力创造优势，而在之后的某段时间里，再次以紧逼作为奇招使用；或者在某个关键时刻，例如，一些迅速地抢断后上篮能够改变比赛结果的时候，也会使用紧逼战术。如果在比赛还有两三分钟就结束且领先10分的时候，一般会放弃紧逼，压下节奏，在半场阵地防守中让对手出手感到别扭，并且消耗时间。

（二）和球员共同进行讨论的赛前会议

经过教练组内部会议后，球队进攻与防守大致都有共同方向；因此，以下的球队会议，多数情况下是帮助球员了解即将到来的比赛重点问题，让球员在心理上有所准备。

1. 防守方面

（1）防守战术与变化、人盯人防守的对位、联防的阵形。对于对方重点人物（得分手、控球手、内线球员）的防守与配合安排。

（2）防守篮板球。

（3）防守外线球员。

（4）对内线球员的防守。

（5）协防与夹击。

（6）对挡拆的防守，确定以某种防守配合为主，如挤过、夹击运球者、第三者协防、延误等。

2. 进攻方面

（1）进攻战术：注意对方采取人盯人防守，还是联防为主。对方是否有全场以及扩大防守，如何应对。

（2）转换快攻：如果防守球员回防慢条斯理或者低头防守时；我方应注意防守篮板、控球后卫移动接应、有层次地快下创造机会轻松得分。

（3）成功率：不论是自己还是球队战术所创造机会，每一次投篮必须在充满自信、责任感的前提下出手。

（4）对方守盯人时，明确我方优势在哪里，如何攻。对方守联防时，我们的投篮区域在哪里。

（5）注意进攻篮板球所投入的人数与防守对方快攻的平衡。

3. 决定比赛的关键点

（1）球员体力与态度、拼抢精神。刺激球员们在比赛过程中集中注意力。
（2）对重点人物的防守。
（3）我方内线球员的防守与篮板。
（4）变化防守的时机与目的。
（5）球员犯规情况与板凳深度。
（6）双方球员的心理变化及把控与调整。

（三）决定先发球员

在不同比赛情况下，比赛前一天，主教练必须依据所有球员的体能、技术状况，决定先发的五位球员，以便让球员能够做好心理准备应付比赛。当然，事先决定先发球员，有时候隔天比赛也会出状况，所以教练员还必须要交代可能替补的球员做好心理准备，替补上场时防守对象是谁、进攻的路线与位置。比赛前确定首发阵容，是最好的、最有利比赛开局的，不一定是最好的球员。这当然是基于赛前侦察基础之上的。

（四）明确的交代助理教练的任务

训练的时候要有分工，有观察进攻的，有观察防守的，主教练要看全面。主教练要主动寻求助理教练员的帮助，一般来说，防守教练员在底线，进攻教练员在上线，主教练在中场。在训练休息的片刻，教练员们要集中在一起做短暂的交流和沟通。有时候主教练做得太多，而事实上主教练要更加相信自己的团队。如果球队拥有很好的队员，而教练员却没有进行很好的组织，那也很难在比赛中获得胜利。

比赛时也有分工，就助理教练员的职责之一来说，尽可能与主教练和其他教练员共同工作，该协助时协助，该带头做时带头。如在比赛期间为球员安排旅社住宿房间。主教练必须将助理教练员的工作划分清楚。人员充足的话可以安排一位助理教练员负责观察对方的进攻与防守；一位负责观察本方的进攻与防守，并在比赛时适时提供意见给主教练；一位助理教练负责替换上场或被换下场球员的指示；一名训练师负责登记本方攻守记录；另一位训练师负责登记对方攻守记录，并适时提供给本方球员、对方球员犯规次数，得分位置的咨询给主教练。

第二节　临场指挥

教练员临场指挥是指在比赛规则的允许下，教练员对运动员赛场上的表现所进行的指导。其要素包括赛场观察能力、分析决策能力和语言表达能力。临场指挥能力是衡量教练员水平的重要标志，也是构成制胜系统整体战斗力的重要因素。教练员通过观察错综复杂、概率模糊和风险倍出的比赛表面，发现隐藏其内的比赛规律和即将出现的比赛局面，从而做出正确的分析、决策，再运用适宜的肢体语言或口头语言，简明、准确、及时地传递指挥信息。

一、临场指挥的构成部分

（一）临场指挥的内容

教练员临场执教的内容丰富，依照运用时间的行为方式包括赛前准备、中场间歇调整和比赛期间的调整（包括换人、暂停的使用，对球员、裁判员语言及行为的运用等）。教练员能够通过临场执教对比赛的很多方面施加影响从而达到掌控比赛的目的。换句话说，临场执教既是构成教练员执教能力的重要组成部分，也是体现教练员执教能力最重要的表现形式。

当代优秀篮球教练员临场执教的内容主要有把握球队攻防节奏，通过对球员的体能调配、情绪控制保持场上阵容的效率，发现对手漏洞后的针对性打击，关键时刻的决策等。通过临场执教的效果分析发现，不同优秀篮球教练员在阵容使用方面各自有不同习惯，但特点鲜明，变化富有针对性，优秀教练员的暂停后综合效果优势明显，同时，优秀教练员在关键时刻的决策和谋略是其临场执教能力的又一重要体现。

教练员的临场指挥还体现在对球员心理的控制方面。把一次比赛过程划分为几个相互联系的时期，即：赛前期、比赛初期、比赛中期和结束期。在运动竞赛的赛前、赛中以及赛后阶段，运动员的心理会呈现出不同的特征。其中，赛前心理状态主要表现为过分激动状态、赛前淡漠状态、盲目自信状态以及战斗准备状态四种特征；赛中心理状态则会因比赛中各种因素的影响表现出正常与不良两种心理特征；赛后心理状态又会因比赛结果的不同表现出不同的心理特征。优秀的篮球教练员能适时发现情况，并进行针对性的、有效的干预，使球员心理状态朝着好的方向发展。

教练员临场指挥意在阵容调配、球队状态调整、技战术配合执行、攻防节奏掌控等方面发挥重要作用。教练员的指挥工作就是指教练员以自己的智慧、谋略、才干在比赛中有针对性地合理组织调配力量，及时调整战略、战术，最大限度地发挥每个队员的积极性和体能、技能特长，使球队始终争得主动的过程。教练员在进行临场指挥时要掌握"开局阶段、相持阶段、上半时结束前、下半时进入高潮阶段、最后决战阶段"的变化规律。要处理好"全部与局部、强弱与必胜、知己与知彼、谋略与决策、镇静与应变的关系"。

（二）临场指挥的调控方式

1. 准确掌握赛场信息

教练员要对比赛实施有效地干预，就必须准确地把握赛场上双方的表现。教练组要有明确的分工，本方和对方的战术配合、队员的状态、上场时间、犯规次数等都要安排专人负责。另外，要以图表的形式详细记录比赛的信息，全面反映比赛的态势，为主教练的指挥提供所需要的准确细节，如球权的获得与丢失、投篮、抢断、失误等。

2. 教练员把握干预比赛的时机，灵活使用不同的调控方式

教练员要准确把握干预比赛的时机。指挥比赛是一种主观的行为，没有对各种问题看法都一样的教练员。每个教练员坐在场外，都在按照自己的想法分析场上的局势。他们对同一场比赛会有不同的想法，而且会设计出几个不同的指挥方案。然而，教练员指挥比赛又有一定的规律，当教练员干预比赛的时候，尽管各有不同的方案，但是，每个教练员都应当预见到将要出现的情况，并及时向队员做指示、换人或者暂停。

教练员何时使用场边指导、何时使用换人或者暂停，要依据指导的效果而定，使用的顺序一般为场边指导、换人和暂停。教练员可以经常利用在场外的各种指示（语言、手势等）来指挥球队，如果教练员看到自己的队员防不住他防守的对手，那么，他可以从场外直接提醒这个队员，或者通过场上队长告诉这个队员如何改正防守中的错误，还可以在场上的五个队员中合理地调换防守对象，而不必替换队员或暂停。但是，这种方法不是在任何情况下都能起作用的。在声音嘈杂的情况下，队员们就很难分辨出教练员讲的是什么，如果场上听不到你的话，或者需要改变打法，改变进攻或防守的战术体系，那么就只好利用换人或暂停了。还有一些情况需要教练员干预比赛。例如，对方突然变换了防守队形，自己的队员还没有觉察到，这时就要尽快把队员的注意力转移过来。如果有可能的话，就不要花费一次暂停。若是对方的战术变化使自己的队员难以应付，必须改变自己的打法时，那就需要叫暂停。又如，对方突然提高了速度，这个速度对你们来说是力不能及的，对方把比分拉开了，这时教练员务必要干预比赛，或者从场外提示，或者通过换人传达指示，或者干脆叫暂停，把问题给队员讲清楚。但是，在对方的比分开始落后的时候，如果教练员还要干预比赛，那简直是不能允许的。有时也有另一种情况，对方采用了某种新战术，己方不大适应，但是凭借自己的实力，利用快攻或远投，最后也能战胜对方。在这种情况下，教练员就不一定要中断比赛。可以在赛后给队员们讲讲刚才场上出现的情况，以及用什么办法来应对效果会更好。

尽管在赛前有周密筹划，但赛中的千变万化往往始料不及。因此，临场指挥的所有方略必须建立在"变"的基础上，临场指挥必须在千变万化的比赛中随机应变，灵活机动。以下为篮球比赛中因情施变的情况：①当发现对方已完全适应了本队攻守战术打法时，就应迅速改变原来打法。②当本队不适应对方攻守战术时，应立即做战术上的改变。③由于思想、心理准备不足，队员临场表现失常或因指挥上应变不及，造成比分落后形势危急时，临场指挥必须冷静而果断地叫"暂停"，通过"换人"或改变打法，改变赛场局势。此时，临场指挥切忌急躁或埋怨队员，而应及时准确地找出原因，快速而有效地改变打法。④当对方因后备力量和体力不足而又犯规较多，并以降低攻守速度延误比赛时间以保持比分领先局面时，临场指挥应及时采取措施，集中力量，加快攻守转换速度与对方展开全场争夺（采用全场紧逼战术等），不给对方喘息机会，力争在短时间内从士气上压倒对手，在比分上追上或超过对手。⑤当本队比分领先，队员出现保守倾向、进攻速度减慢、防守情况也不好时，临场指挥应及时改变防守质量，并加强进攻，以攻带守，使"进攻变成最好的防守"，使全队在进攻的胜利中获得信心。⑥当对方抢篮板球占优势，连续发动快攻得分，本队一时难以扭转劣势时，临场指挥应要求队员提高进攻成功率，选择最好的投篮机会，并积极组织冲抢篮板球和封堵对方"一传"，延误对方篮板球发动快攻的时机。⑦当双方实力相当，比分交替上升局势紧张时，临场指挥应特别冷静沉着，要仔细观察力争找出对方漏洞。抓住时机、组织力量、打开局面。⑧当比分领先于对手时，临场指挥切忌疏忽大意，要注意比赛的发展变化，随时采取应变措施，保持优势，力取胜利。

临场指挥应针对不同情势，频出奇计：①比分领先，控制权在握，而对方采用"犯规"战术之时，临场指挥需指示队员将球传给罚球准且稳的队员之手，使对方的"犯规"战术必须以失分为代价。同时，快速组织防守，特别要严密防守对方三分球投手，打破对方"犯规"战术的战略意图。②比分落后，控制权在握。临场指挥可通过"暂停"，果断而清楚地布置战术配合，通过快速移动和配合，将球传给能担当重任的攻击手，接球后可以迅速投篮或妙传助攻。攻击手必须通过自己的个人战术行为，或直接得分、或吸引对方注意之后，将球传给本队投手。总之，是通过进攻和助攻，改写比分，力挽狂澜，反败为胜。

（三）临场指挥需要考虑的因素

在临场指挥的内容当中，需要考虑以下因素：
①你是否通过替换保持场上球员状态并避免犯规困扰？
②你有一套阻止对方投三分球的防守吗？
③如果你在比赛后期罚篮时，是否会将一些罚篮不准的球员排除在比赛外？
④在暂停结束后、某一节比赛的开始时，你是否会改变防守？
⑤在比赛死球期间，你是否会改变进攻或者是防守？
⑥你是否会为比赛最后一投保留一个暂停？
⑦是否会在本队罚篮命中后阻止对方快攻，或者是布置本方的紧逼防守？
⑧暂停后或者是比赛某一节的开始会打固定战术配合？
⑨什么时候决定某一节的最后一投，避免对方获得投篮机会或者是自己不必要的犯规。
⑩你是否会为最好的投手设置战术以创造好的投篮机会？
⑪如果计划罚失某一球，是否有随后的战术设计？
⑫当改变防守或者是全场防守时你是否有预期？
⑬日常训练中是否会包括比赛关键时刻不同情形的打法？
⑭比赛快结束时，本方投篮后是否还会给对手留有时间？

（四）由助理教练提醒替换

比赛前就安排好各球员的上场时间，由助理教练员提醒主教练执行就是了。如果没有助理教练员的话，对于年龄较小的可以赛前告诉替补球员在什么时间提醒教练员，有利于球员们自己做好准备。这样可以保证青年队球员都可以获取上场时间，每名球员提前做好准备，主教练也不用分心，家长也知道孩子有足够的上场锻炼时间。

是安排最好的5名球员上场获得胜利还是按照固定的替换模式，让更多的球员上场锻炼，教练员应有所取舍。一种方法是常规赛时多安排球员上场，进入季后赛，必须以获胜为目标。另一方面，小孩子一直待在替补席上会使其没有自信。13岁的孩子一般会安排打3~4分钟的比赛，然后轮换。

如果教练员将某名球员替换下场，首先对他们的表现要有积极的评价，然后再向孩子解释为什么教练员需要替换他下来。例如，可以这样去评论，"教练员需要一个更高大的球员在低位来防守对方的某一特定球员。"如果教练员告诉孩子为什么这样做的原因，它可以帮助球员们感觉更好。孩子们通常得到的事实是，他们不像队友一样快、高大，不像控球者一样把球处理得那么好。与孩子沟通是你能做的最重要的事情。他们不想在下场时不知道他们做错了什么。如果比赛不是特别胶着，教练员应坚持轮换。

二、换人

作为教练员，需要替换场上最需要的球员。你执教篮球比赛越多，你会得到更多的执教经验。你会发现可以替换一个防守更好的球员阻止对方的进攻，或者换上一个非常好的控球手、投手，因为你需要得分或有人来帮助控制好球。在比赛后期，你可能想要一个特别好的罚球手在比赛中，因为你知道对手会故意犯规了。安排球员在记录台等候替换上场，一旦第二次罚中以后，完成换人。这使教练员能够布置好半场和全场防守，并且也阻止了对手的快攻。

（一）换人的原因与指导原则

（1）换人的主要原因如下：
①让球员得到休息。
②被替换的球员一再犯错误。
③被替换球员手感冰凉。
④被替换球员过多的犯规。
⑤向全队传达信息。
⑥因为对手改变了进攻、防守策略。
⑦维持纪律。
⑧维持士气。
（2）换人一般遵从的指导原则：
①换人应当加强胜利的把握。
②教练员必须清楚地知道自己球员的优、劣势，才能做出正确的替换。
③如果球队正朝着胜利的方向发展，那么不要改变场上人员配备。

（二）影响换人的因素

1. 球员上场时间

对于球员的上场时间，要根据球员的情况来决定，比如球员最初并不是主力队员，教练员会要求他打30分钟。作为教练员要对自己的球员有了解，根据球员的具体情况来调整。

如果你正在执教青少年篮球队伍，应使每位球员都应该有上场机会，如果你只有六七名球员打比赛，你可以控制好它。如果有一个手感"火热"的球员在进攻，教练员应将其在场上保持此状态一段时间，而不是换人，直到他手感"变冷"。如果一支球队有足够多能上场的球员，这可能是你的优势，在赛季的过程中，通过多次换人使这些孩子都有机会参加比赛，另外建议依靠助理教练员帮助替换。

2. 犯规

根据球员的犯规情况来决定是否换人有一个公式，教练员试图指导球员躲避犯规的麻烦："你的犯规数应该少于你所正在参加比赛的节数。所以你永远不会在第一节时有第二次犯规，或者第二节时有第三次犯规，或者第三节时有第四次犯规。"

如果球队的任何一个关键球员犯规过多，教练员可能替换下他休息一会儿。如果球队落后10分，教练员可能需要保持他在比赛场上，并且必须阻止更多的犯规，也许尝试去保护他，考虑使用区域联防。另一方面，教练员有时会自己将已经四次犯规的球员"罚出比赛"，因为四次犯规，让他们休息一整节或者是更多的时间，这样基本上是自己罚下了4次犯规的队员，使他们在身体和精神上脱离了比赛，所以教练员更应该让他们小心地去比赛，而不是完全不参加了！

3. 体能

教练员首先是要求球员具备打全场的充沛体能，当然，做到这样是很困难的，教练员并不能回答打多长时间换人是科学的，但是可以通过场上队员的表现情况来判断队员的体能情况。比如无论科比多么优秀，他并不能在整场比赛中都保持高效率，那么教练员要考虑在适当的时间替换他以便恢复体能。通常教练员们对于首发队员考虑得太多了，总是希望他们能够打更多的时间，但是有时候因为体能下降并没有发挥出理想的效果，反而替补队员的组合也许比场上的队员更好。助理教练员看到某些球员越来越累，需要休息，可以向主教练建议将其换下场。

（三）换人时机

教练员换人的时机非常重要，通常在下列情况可以考虑换人：①需要对某球员进行特别指导；②让某疲劳球员休息或者是控制某位球员犯规次数；③有受伤球员；④给防守不佳的球员做特别指导；⑤有球员表现不佳；⑥发挥替补球员作用；⑦当比赛结果明显见分晓，为提高团队士气，让每位球员都能够获得上场磨炼的机会，一次换下一位或两位主力球员；⑧有特殊需求时，如加强防守、加强进攻、加强篮板、加强控球，或采用压迫防守时；⑨为维持纪律；⑩针对对方的某位替补球员时。

三、暂停

（一）尽可能简单

为了达到暂停的效果，教练员在平时的训练中要知道球员们的能力，球员相互之间的信任，有时候场上的落后可能是由于失误造成的，教练员要让球员知道在哪些方面要做得更好，有时候逆转的效果并不仅仅是一个暂停的效果，而是平时教练员对球员的了解。

暂停时保持简单快捷的沟通。在暂停时指导球员们时，孩子们往往只记得一件事，通常是最后一件事。所以使用你的暂停，作一个重要的球队决定，不要浪费时间仅指导一名球员，你可以替换他下来，在板凳上快速向他解释，然后替换他上场。

（二）暂停的技巧

暂停的布置有很多技巧，如①叫暂停纠正执行中的错误与问题。②在某一时期或者是比赛的最后时刻叫暂停布置特殊打法。③如果场上混乱，可以叫个暂停重新布置一下。④对于青少年暂停时仅布置一套战术，避免混淆。训练中没有练习过的战术，比赛时不要布置。⑤通过叫暂停而不是换人来使场上的球员进行休息。⑥赛前进行暂停流程的训练。

（三）暂停时机

一般暂停的理由有：①为了在场上做出战略的改变；②打断或停止对手火热的手感；③让球员进行休息；④纠正进攻防守两端出现的问题；⑤给对手造成出其不意的打击；⑥球员受伤。

事实上，如果情况允许，教练员经常在双方罚球时，做特别的提示与场外指导，不随意暂停，暂停机会是宝贵的。当然，在篮球运动中，各教练员的暂停哲学不一，只是大原则一致。教练员会请求暂停的其他状况是：①更改防守战术；②进攻总是不顺畅时；③双方一直僵持不下；④给主力球员补充水分的时间；⑤场上超过两位球员士气不佳时；⑥球队失去节奏与斗志时，需要及时叫暂停；⑦替换场上最需要的球员。

有效使用暂停的教练员比无效的暂停教练员有优势。由于这些休息时间有限，教练员必须组织得井井有条，尽可能有效和高效地向球队传达信息。在这些休息期间，教练员可以与球队沟通他们正在做什么，什么需要改进，以及可能已经决定做出什么调整。

暂停的使用还需特别注意：①在一些重大比赛中，教练员们的倾向往往过于激动与冲动，为了在比赛早期保留一个球权而浪费一次暂停机会是不值得的。②不论何种原因，球队确实需要暂停时，一定要叫。例如，球队失去节奏与斗志时，需要及时叫暂停。③试图为比赛结束阶段保留几个暂停，可能会使你浪费几个暂停，比赛结束时来不及运用。④考虑好是否会为比赛最后一投保留一个暂停机会。

四、与裁判员及球员的沟通

（一）与裁判员进行沟通

1. 沟通的技巧

尝试与裁判员良好地互动，在赛前主动自我介绍，并且主动握手；大多数裁判员都是像你一样对球员有爱的人，他们也想要执裁一场公正的比赛。但是，他们的吹判有的时候还是会出现你不赞同的情况。这种情况下，可能是你错了，也可能是裁判员的误判，因为没有谁是完美的，所以，学着适应这些，教育你的球员的行为根据裁判员的判罚尺度做出调整，并且学会服从判罚。你可能很少会遇到真正偏袒某一方的裁判员，但要预判到他们会做一些你不同意的判罚。球员们和教练员们会犯错误，裁判同样也会犯错误。学会接受，并教你的球员们去适应裁判员和"忽略"不好的判罚。

2. 尊重裁判，以身作则

不要向裁判员喊叫。不要给球员留下一个不好的印象。每个人，包括裁判员，都会犯错误。他们在努力做到最好。如果你不同意一个判罚，请以一个如果你犯了错误后期望别人和你交谈的方式来告诉裁判员。

裁判员可能会在比赛中做出一些不好的判罚，但是教练员必须永远记住裁判员的失误次数远远少于他的队员。教练员与裁判员的关系应该是相互尊重，不要相互指责。作为一名教练员虽然有时间站起来去争论一个判罚，但你不能时刻与裁判员争论，如果你想让你的球员尊重他们，你必须控制并为你的球员树立榜样。

（二）与球员的沟通

当教练员需要纠正球员的问题时，首先是对于球员好的方面给予肯定，然后再对需要改进的事情进行讲解。

1. 不吼叫球员

有时会看到教练员大声吼叫着孩子们。这无助于球员成长，而且通常是出于对教练员职责的失望。就个人而言，教练员应该鼓励他们的球员，而不是对打法、战术等进行喊叫。在孩子们的父母、朋友和球迷面前的大声吼叫是消极的行为。相反，应该在训练中这样，或者是健身房这样的相对私密的环境中才可以。但比赛目的是为了球员，应该让他们感到快乐，球员们不应该因为教练员吼叫他们而害怕。

2. 激励球员

如果有人问，篮球更重要的是技术还是激励，回答是它们各占一半。两者在比赛的每一个级别都很重要，无论是在训练还是在比赛中。我们已经看到很多人才较少的球队赢下了比赛，是因为他们比对手有更坚强的求胜意志。

最后，为教练员提供一个建议：参加尽可能多的培训班，观看训练和比赛，以拓展你的篮球知识，并发展自己的比赛理念，但不要忘记比赛中运动员也是人。学会理解球员的心理，以便你可以认识到如何更好地激励他们。篮球是人的比赛，如果我们忘记了这一点，并把比赛焦点更多的放到技术方面，这会无意识地对我们的球员造成极大的损害。

五、每节比赛结束阶段的策略

（一）本方领先

本方领先，而某节比赛只剩下20秒，你可能想要控球到最后一攻，这样你可以扩大领先；并且保持你现有的领先优势，而不给对手最后一次进攻机会。在高中或年龄更小的球员比赛中，教练员想要球员控制在剩下5~6秒时再完成最后一投。这既保证了本队进攻篮板和二次进攻的时间，也使对手没有多少时间再去组织投篮。

领先6~12分时，比赛只剩下最后几分钟，教练员试图通过控制比赛节奏来"缩短"比赛时间，保持比赛时钟继续运行，你不需要更多的得分了。这可能是一个暂停的好时机，并向队员们解释"除了上篮没有别的投篮方式"。但最好能够在场边喊着布置妥当，而不是要叫暂停、停表。对方教练员也许会利用这个暂停的机会，让他的球员采取犯规战术或者进行紧逼，所以，这个时候如果可能的话不要叫暂停。

在防守方面，迅速回后场防守，打出高品质的半场防守；避免出现停表的低级失误，不要让对手获得站上罚球线的机会（不停表的得分）；压迫对方3分射手（但是不要犯规），防止对手发动快攻；如果你全队只有2到3次全队犯规，那么你尽可以打得有侵略性一点（再犯一次规也不会直接罚球）。一个非投篮犯规只会让对方掷界外球，并且打断其进攻节奏与配合（你可以抢断）。

（二）本方落后

让你的球员在进攻时将球快速推进到前场，并运用全场紧逼防守。使用你的暂停停止比赛计时钟，提醒你的球员，获胜的关键是坚韧的防守和篮板球。你必须防止对手得分，让你的得分有机会赶上。通过暂停布置全场紧逼防守，可以试图不让对方接球并积极组织抢断球。注意队伍的犯规次数，如果还没有达到4次，你可能需要快速犯规，以便超过全队犯规罚篮次数，然后可以送对手到罚球线，以争取更多的时间。如果分数的差异只有一个球权，可以打得非常有侵略性，如果裁判员判罚犯规，也不必计较。如果没有，教练员可继续布置侵略性防守，以获取抢断或逼迫对方失误。

如果你在1分钟之内，落后2分或3分，尽量快速抢断，但如果你没有抢断到球，然后立即犯规，停止时钟。球队经常会让20秒钟的时间消耗后，才有人犯规，浪费了太多宝贵的时间。记住，很多事情可以在20秒内发生。如果你落后4分，你就不必去投没把握的三分球，因为还差两次球权进攻。要往内线突破造成犯规，去罚球，停止时钟。然后在得分后，或两次罚球后，最大限度地对对方的界外球施加压力不让接球，去抢断球，或快速犯规。

即使你在只有20秒的时间里落后3分，应先快速要2分，然后去紧逼对方的发球，比起将全队的压力都放到三分投手身上的概率会更大些，三分投手可能已经有点累了。如果你"3"分出手，但是没投进，对手得到篮板球，你将不得不犯规，他们只需要罚中1分，就可以"保证"胜利了。但是，如果只有8秒或更少的时间，请采用三分战术。

（三）比分持平，本方处于防守

确保你的球员们都知道各自防守任务。对于进攻方的明星球员"一定要做好协防"的准备。手举起来防守投篮，但不要犯规，除非它看起来像一个容易的上篮。然后你必须通过罚篮来赢得比赛，这不是容易的，因为在比赛后期压力会增加，也会受疲劳的影响。一些教练员将试图在对方持球突破时运用造进攻犯规战术。一般的经验是，除非它是一个明显的带球撞人，在比赛的这种时候，裁判员是不会判罚的。

如果你的全队犯规数为4次或更少，可以运用非常有侵略性的防守。如果对手等到最后几秒钟，才运球向篮筐移动，你可以对控球者犯规（无意的）。由于他们还不到罚球次数，他们必须在只有1~2秒布置进攻战术并掷球入界。如果你还是只有4次或更少的全队犯规次数，你可以非常积极地防守对方的掷界外球。每个犯规将骚扰他们，并消耗比赛的时间。

如果你在转换中得到快速抢断，立即攻击篮筐而不需要暂停来布置进攻战术。在攻守转换中有机会，你会得到一个好的投篮，或造成犯规。如果在留下5~6秒的时候获得防守篮板，叫一个短暂停，停止计时钟，布置你的最后一次打法。

（四）比分持平，本方处于进攻

一直控球到还剩4、5秒的时候，这样你有机会抢前场篮板进行二次进攻；但是要警告你的球员，不要在抢篮板时犯规，这能够减轻投篮者的压力。如果可以的话，尽可能将球给到内线（无论是传球还是切入突破）来寻求更大的投篮把握；你除了得分之外，也可以利用犯规后的罚球制胜。如果你有出色的外线射手，还能够试着打一打内外组合战术；传球到内线，吸引包夹，然后分球给外线的投手投制胜球。如果你需要的话，还可以叫一个暂停来布置战术；但是要记住，当你叫了暂停之后，你的界外球会有被抢断的威胁。更好的情况是，在训练中要对界外球战术多加训练，如果可以的话，尽量在场边呼叫战术（除非你需要停表）；当比赛时间少于4秒钟的时候，你必须采取最后一投。

最后两分钟可以有很多种策略来运用，这里不能一一举例说明。你可以通过看电视直播，学习那些伟大的教练员在最后时刻作出战术安排；你还可以从解说员那里学到很多东西。

六、教练员在比赛中的行为

在比赛期间，教练员的行为会决定性地影响球员的表现，不管是积极的还是消极的。教练员应该如何表现，以使他的球员做到最好，并使参加比赛成为一件有益的经历与体验？在比赛中要记住的最重要的事情之一是控制情绪。如果教练员保持冷静，球员将能更好地在场上作出正确的决定，并保持球队的注意力。教练员在比赛中的精力应主要放在防守与进攻两个方面。

以下是一些建议，用于比赛进行时和比赛停止时：

（一）比赛进行时的行为

1. 避免错误方式

在比赛期间，教练员的行为可能对球员的适当表现产生负面影响。例如，教练员站在边线，在比赛期间斥责他的球员或给他们指导，可能会使球员们更紧张或分散他们比赛的专注力，这有助于球员犯错。因此，教练员在暂停期间而不是在比赛期间与球员交谈效果会更好。

在任何情况下，如果教练员觉得应该在比赛期间与球员们说话，教练员应该指出的是球员应该在那一刻做什么，而不是已经发生的方面；以及可能是比赛中随后重要的事，而不是虽然是正确的但是与当时无关的。例如，某球员在防守时犯了一个错误，让他对位的进攻球员得分。教练员生气，从板凳上站起来指责球员刚才的防守，警告他下次注意。事情发生时，球队正在进攻：球员们已经迅速拿到球，他们正在向前推进，以获得一个好的投篮机会。听到教练员斥责时，犯了错误的球员变得紧张和分心，所以当他得到球时，他作出了错误的决定，丢了球。也许教练员是对的，只是他在错误的时间做了，这会对球员在随后比赛中的表现产生负面影响。

2. 帮助球员专注于比赛

继续这个例子，即使教练员没有指责球员的失误，只是指出了一个与当时完全不相关的方面。在两种完全不同的刺激之间，教练员仍然会使球员的注意力分散：

如果不是以冲动的方式，教练员的干预会更有效率。教练员应该掌握使用评论产生积极效果的技能。例如，教练员在那个时候更适合不说任何东西，允许球员专注于手头的进攻任务，并在下一个防守片段之前快速对防守作出建设性的评价。

这样，教练员不会干扰正在参与进攻的球员而分散他的注意力。如果在正确的时刻进行评价，教练员的评论会更有效地避免另一个错误。因此，教练员如果在比赛期间进行指导时，指导内容应该与球员们那一刻所执行的任务相关（而不是相反）。因为篮球是一种攻守交替的运动，教练员应该小心地在不同时间段进行不同的指导，如应当在他们的队伍防守时，进行防守指导；反之亦然。

3. 评价球员的种类

一般来说，在比赛期间，应允许球员在教练员不给予他们指令的情况下比赛，而教练员的干预限于非常关键的时刻。这项措施对年轻球员们的球队尤其重要，因为它允许他们展示主动性，承担责任和发展他们的天赋，而不是等待教练员告诉他们该做什么。同样，教练员应避免侮辱和贬损言论，采取积极和建设性的风格，以帮助球员成长。因此，不是斥责和纠正，而是在这段时间内教练员对个人或者是集体，提示、激励、强化教练员想要巩固的集体行为是更合适的。

（1）激励性语言。

不应该经常使用提示，因为提示的要点不是告诉球员他们必须在每一分钟应该做什么，而是提醒他们在某些特定时刻的行为。这特别适合于在错误之后集中球员的注意力。

（2）强化性语言。

应该大力使用强化性语言，特别是对于青少年篮球队和13岁或14岁的球员；教练员应该利用每一个应有的机会来强化他的球员。当在比赛期间指导他们的球员时，教练员应该集中精力强化正确执行行动的能力，包括努力。

除了言语，教练员应该注意他的非言语表达（他在板凳上或边线时的态度、手势等），因为这也会影响球员的表现。教练员还应该考虑替补席的球员，避免他们对球场上球员的侮辱和贬损评价。这样的评论会导致球员们的消极情绪和信心的丧失。一般来说，在执教比赛时，教练员对于球员的行为应避免作出不赞成、愤怒或不满的行为，保持一种轻松的态度，这将有助于球员们表现得更好。

（二）比赛停止时的行为

在比赛停止期间，教练员和球员的活动是至关重要的。如果运用恰当的话，比赛中的休息非常有助于球员身体的恢复且准备好在即将到来的比赛中表现更好；但是如果暂停使用不当，球员们可能非常消极，因为球员会产生负面的想法，或者可能受到外部因素的影响，改变他们的最佳表现（发生在他们周围的事情，教练员或他们的队友的评价等）。

在篮球运动中，比赛停止可以分为三类：裁判员停止比赛（判罚个人犯规，当球出界等）、比赛暂停和半场休息时间。

1. 裁判停止比赛

在比赛停止期间，教练员的行为可受益于以下建议：①对球员的评论应该非常清晰、具体和简洁。②评论的主要目的应该是将球员们的注意力集中在即将积极参与比赛的关键方面，而不是停下来去分析之前片段中已经发生的事情。③不应该没有特定目的地说话或叫喊。④如果紧张或愤怒，应该使自己平静下来。⑤如果没有必要，就不要和球员说话。⑥不应该不断地告诉球员们如何行动。⑦球员们需要自主权，他们不能总是依赖教练员。此外，如果教练员经常纠正他们，许多球员会感到不舒服，这会增加他们的焦虑，导致他们表现更差。⑧通常的结果是，这些球员不与教练员联系，或忽略教练员告诉他们的事情。

教练员也可以使用停止期间来鼓励犯错误的球员，让他们的精力集中在下一个比赛期间的任务上。正如在执教比赛期间一样，比赛停止期间教练员应避免采用贬损、否定、失望的手势和评论。当执教年轻球员时，教练员不应该使用这个时间或任何其他时间去侮辱或质疑裁判员，而应接受和尊重裁判员。

2. 暂停

对于比赛中的暂停时间可以适用这些相同的指导方针，因为有更多的时间可用，教练员应该建立一个工作程序。

在暂停期间，教练员可以遵循以下建议，①让球员习惯快速回到边线或球员席的位置。②给予球员们十五秒钟的时间去喝水、擦汗水、放松一点，与此同时，教练员决定他想对他们说什么。③确定在暂停期间唯一的讲话者是主教练；不是助理教练也不是球员，只有主教练。否则，球员的注意力将会分散，将无法专注于主教练作出的评论。④不要试图说太多，特别是对年轻球员。⑤不要说太快，要大力，但是不要太"兴奋"。使用完整的句子，给出清楚和准确的指示，可以使用球员们能理解的词和短语。⑥当向球员讲话时，首先，如果最后一个或几个片段不成功，则简要指出这一点，使得球员们忘记它并集中于其他方面（例如，"忘记刚才的失误，让球员们专注于从现在起要做什么"）。然后，简要地强调教练员认为的、最重要的、正确的行为（例如，"球员们现在的回防速度很快，能很好地防守，这一点要继续"），如果球队在暂停之前有一个良好的运行，教练员应该强调与此有关的努力和集中于要做的事情（"你球传得很好，继续寻找没有防守的队友"）；在简要强调了以前的主要行动之后，教练员应该把注意力集中在下一个比赛期间应该优先考虑的行动上（例如，"你必须更快地移动才能获得球"）；最后，教练员应该说一些鼓励的话（例如，"来吧，孩子们，到场上去享受这一段美好的时光""继续，保持战斗"）。

一般来说，教练员将球员的注意力从记分牌上转移并将它集中在他们必须做的事上是合适的（例如，"忘记分数""好好打比赛就像没有记分牌一样"，"必须专注于你要做的事情上"）。

暂停是教育球员非常好的机会，帮助他们提高。

3. 中场休息时

中场休息是比赛期间最长的停顿。因此，这时是教练员直接干预的最好时刻。中场休息时，教练员应与球员们谈论如何在下半场提高他们的表现。首先，就像暂停一样，教练员应该为半场休息制定流程，包括适合这一时期的所有活动，这样他将充分利用可用时间。

在与球员交谈之前，教练员应该简单地思考自己想要表达什么，而不是没有任何策略地采取冲动的方式。上半场的技术统计可以很好地反映出一些球队的表现。应认真分析，并以此作为下半场临场指挥的依据之一。

当发出指示时，教练员应该按照在比赛中通常占主导地位的原则：指令应该是少数、准确、清晰的，集中于球员应该在下半场表现的特定的行为。简而言之，教练员应该提醒、纠正或强化上半场的行动，只要这些行动与下半场相关，临近结束时，教练员对下半场提出非常具体的指示。上半场好的行为应该加强，以便在下半场重复出现：①竭尽全力的行为（在防守中的预判、跑快攻、盖帽等）；②专注于行为（不论攻、守时能快速反应）；③控制的行为（把球控制好、不要把手臂放下以免造成个人犯规）；④合作的行为（发挥内线作用、和他一起配合，把球传给无人防守的队友，防守时说话、沟通、协防等）。然而，强调偶尔的、灵光一现的表现不是一个好主意（例如，华丽的投篮）。

这样，肯定球员们积极的行为将加强球员的自信心。在任何情况下，教练员应该通过下半场的主要目标来结束他的谈话，并向球员们传送一个乐观的信息来鼓励他们。在中场休息期间适当地组织会议以及聪明地使用换人和暂停会给教练员控制比赛提供有力的帮助并增加胜利的机会。

作为一名球员，基本都喜欢平静和自信的教练员。教练员应认真地、尽量地保持专注于你的目标和比赛计划，在训练中和在比赛期间，记住你是一个老师/教练。在所有的时间中你要保持冷静。

第三节　赛后工作

篮球教练员应在比赛后控制运动员以及自己的情绪，并且进行积极的赛后评价与总结，以及收集比赛中的材料以利于将来的备战。

一、赛后对运动员与教练员自己情绪的控制

赛后除了安排恢复训练以外，教练员应更多地专注于情绪控制与调整，以利于更好地准备以后训练与比赛。

（一）队员情绪的平息

对于运动员在胜负之后的狂喜与悲伤，教练员应努力去平息。至于具体的优缺点可以放在下次训练时再讨论或者是通过训练解决，因为此时，球员的心思已经不能专注于技、战术细节。当然，情绪调整的形式可以多样化一些，如可以与球员一一拥抱、握手、击掌等，分享彼此的体验，也可以在晚间比赛后安排一些球队聚餐。关键是使球员们的情绪回归到一个中位水平。

比赛已经完成，以后会有时间分析。现在重要的是球员们感觉到教练员对他们的支持。没有必要组织一次演说，或者，试图说服那些悲伤的人，告诉他们输掉比赛并不重要。教练员与他们在一起就足够了，说几句令球员鼓舞的话（不要扯得太远），乐观地解散队伍，直到下一次练习。这不是分析、解释或纠正任何事情的时刻。给球员们时间以便平息他们的情绪，因为这也是他们可以从篮球中学到的东西。

（二）赛后教练员自我情绪控制

一旦比赛结束，教练员应该采取一种平和的态度，不管发生了什么。当他的队伍赢得比赛、球员们也打得很好时，教练员不应该欣喜若狂；并且当他们输掉或者比赛打得不好，教练员也不应当垂头丧气。教练要控制好自己的情绪，并教育球员以轻松的方式祝贺他们的对手和向裁判员表示感谢。

执教年轻球员的教练员应该记住，比赛是一种独特的教育体验，最重要的时刻是在比赛结束时。因此，年轻的球员必须学会忍受失败，或者是打得不好的挫败，并且以正确的态度来看待胜利和一场好的比赛。教练员是一个榜样，在这样的时刻比任何其他时刻更重要，教练员应该表现出正确的行为，球员们将模仿；父母也应该起到示范作用。

教练员可以回答以下问题，来控制自我的情绪，更好地帮助球员成长。

①你更倾向于看到球队的消极方面超过了积极方面？

②当球员犯错误时，你是否会发脾气？

③当球员们在做正确的行为时，你是否会强化这一点？即使他们没有成功。
④在球员犯错误时，你是否还会去鼓励他们，并快速将其注意力转移到手头上的任务。
⑤你是否以球员最后的得分为主要的评价凭据？如果他们赢了，你认为他们所做的一切几乎都是正确的；如果他们输了，你认为他们所做的一切几乎都错了。
⑥你经常告诉球员要做什么吗？
⑦你会侮辱或者是取笑球员们吗？
⑧你是否能不管记分牌，客观地指挥比赛？
⑨你会侮辱或抗议裁判员吗？
⑩你是否倾向于传递积极的信息给球员们？
⑪你会在中场休息时用大部分时间去斥责球员们在上半场犯的错误吗？
⑫你对你的球员们做出过不赞成的身体语言或评论吗？
⑬你在比赛后祝贺对方球队的教练员，并教你的球员，他们应该对对手做同样的行为吗？
⑭刚刚输掉一场比赛后，你会组织一次与球员的讲话，告诉他们做错了什么吗？

二、赛后评价与总结

（一）赛后评价

参赛评价也分为对赛前训练的评价、对比赛场次表现的评价和对赛事活动表现的评价。赛前训练的评价主要采用定量评价的方式，根据篮球运动员所需竞技能力的特征，使用比较成熟的技术、体能、心理、生理生化评价方法和量表进行，主要目的是检验队员竞技能力的现实状态，为科学化训练提供依据，为即将到来的比赛做好全面的准备。

参赛结果评价的主要功能集中体现在3个方面，即诊断功能、激励功能、导向功能。参赛结果评价有助于分析比赛成败的原因，积极把握竞赛过程的制胜规律，指导下一阶段训练。篮球执教并不会在比赛结束时而停止。使用检查表和统计信息完成后期评价，为您的球队提供反馈（积极的一面和建设性的批评）为下一场比赛做准备。赛后评价的内容可依据教练员的要求进行设计，表5-1为中国女篮2006年参加世界锦标赛（简称世锦赛）以后的评价内容与结果。

表5-1　2006年世锦赛中国女篮赛后评价内容与结果表

评价项目	具体项目数量	分数（满分6分）	备注
球权争夺	4项	3	一个月后提高到4
传球	11项	3	争取提高到4
运球	9项	3、4	一个月后要稳定到4
接球	7项	3、2	一个月后稳定到3
投篮	15项	3、4	需提高强度
防守	27项	4、5	争取稳定到5

（续表）

评价项目	具体项目数量	分数（满分6分）	备注
篮板球	8项	2	有很大提升空间
体能	5项	4	可以提高到5
战术有效性	22项	4	一个月后会到5
心理控制能力	12项	3、2	有一定提升空间

该表来源于：高瞻. 我国高水平竞技篮球队参赛过程及调控的理论与实证研究［D］. 兰州大学博士学位论文，2013，9.

（二）赛后总结

参赛总结，是一种有目的、有计划的，以参赛过程中发生的事实为依据，通过观察、访问和调查搜集经验性材料，并进行思维加工的研究活动。它是随着赛事的进程，分析研究参赛过程中的各种经验或情况，归纳出带有规律性的东西，并作出有指导性的结论。以便更好地指导球队，达到成功参赛的目的。

对于具体的攻守优缺点的总结分三个方面进行：①我方整体进攻与防守；②对方整体进攻与防守；③球员个人攻守三方面进行。此时的总结，要注重在正给出正面积极、健康的建议，可以结合赛后视频分析一起进行，球员对于缺点与不足有直观的认识。担任过教练员的人都有这些经验，你向球员说明他（她）在比赛过程中哪里有误时，球员不是忘记就是说没有，教练员也会遗漏球员的缺失。此时，视频的分析却恰到好处，也最直观、最能说明问题。除此之外，视频分析也有意念训练的效果，能够较快地提高队员更深层次解读训练和比赛的能力，同时也能对队员迅速地提高技、战术水平起到事半功倍的作用。

三、赛后收集材料

如果你花了大量的时间准备赛前侦察，组织跟踪这些信息，那么建立赛后的材料收集也同等重要。要创建文件夹或其他存储方法来保留有用的信息，当你再次和这个队比赛时，你将有一定的基础。这不但包括你知道或可以收集什么，而且有关于你可以教什么和你的球队可以做什么。比赛综述包括：时间、地点、球队、主队、客队，以及各自的上、下半场的攻守战术及情况；对方表现出色的球员以及我们的对位防守球员；我方表现出色的球员；首发对位情况；下半场对位情况；关键时刻打法、好的因素和不好的因素；下一场比赛需要注意的地方。它的具体内容包括：赛后综合报道、比赛图表、技术统计、视频保存。这些材料将帮助你保持侦察报告的组织性，以便您以后可以在需要时找到它。

一个好的习惯是：比赛结束后，尽快做笔记，保存下对对手的观察与印象，以利于下次再与他们比赛时会运用到。

思考题：

1. 篮球赛前侦察——情报收集与分析的内容、方法、形式分别是什么？
2. 篮球赛前会议的内容包括什么？
3. 篮球比赛中教练员临场指挥的构成部分包括什么（重点阐述换人与暂停的时机与影响因素）？
4. 针对每节比赛结束阶段球队面临的不同的形势，教练员的指挥策略是什么？
5. 谈一谈，篮球比赛中与比赛后教练员的合理行为应该是什么？

参考文献：

［1］张骞，练碧贞，张铭鑫，等.当代优秀篮球教练员临场执教的研究［C］//2015年第十届全国体育科学大会.北京：中国体育科学学会.2015.

［2］李国，马德森，孙庆祝，等.第30届奥运会女子篮球项目参赛球队技术统计的RSR分析［J］.中国体育科技，2013（3）：43-50.

［3］贾志强.高水平篮球教练员能力结构需求与绩效评估研究［J］.运动训练学分会，2015（2）：1704-1705.

［4］高平，胡亦海.竞技参赛结构及其要素分析［J］.中国体育教练员，2015（1）：4.

［5］石岩，赵阳.竞技参赛理论体系的构建——兼论竞技体育学中国学派［J］.山西大学学报，2011（4）：8.

［6］田麦久.竞技参赛学理论的系统构建——写于《竞技参赛学》出版之际［J］.体育文化导刊，2012（2）：31-34.

［7］米靖.竞技体育参赛目标管理理论研究［J］.北京体育大学学报，2011（9）：5-7.

［8］欧世伟.篮球运动竞技参赛过程特征研究［J］.福建工程学院学报，2014（5）506-510.

［9］田麦久，熊焰，石岩，等.论竞技参赛的基本原则［J］.北京体育大学学报，2012（3）：1-10.

［10］田麦久.论竞技参赛理论与运动训练理论的分野与协同［J］.哈尔滨体育学院学报，2015（5）：1-7.

［11］高瞻.我国高水平竞技篮球队参赛过程及调控的理论与实证研究［D］.苏州：苏州大学，2013.

［12］熊焰，王平，张宝峰，等.我国教练员研究进展与热点评述［J］.北京体育大学学报，2013（2）：139-144.

［13］熊焰，田麦久.优秀运动员参赛理论研究进展［J］.长江大学学报，2008（3）：105-109.

［14］曹冬.再论《孙子兵法》与篮球比赛临场指挥理念［J］.北京体育大学学报，2003（2）：181-182.

第六章 篮球运动员心理能力训练

【导语】：篮球运动员心理能力的适度调控是其竞技运动水平发挥的关键，掌握心理能力训练的科学方法，可以有效提高运动员的竞技水平。本章主要介绍了篮球运动员心理训练的基本技能，包括目标设置、表象训练、紧张应激控制、放松以及专注等。本章学习目标是使教练员明确篮球运动员心理训练的重要性，学习篮球运动员心理能力训练的具体方法，掌握篮球运动员常见心理问题的应对策略等。通过系统的心理能力训练，将心理能力训练与篮球专项训练相结合，使它更好地渗透到技战术训练之中，不断提高篮球运动员的心理品质。

第一节 篮球运动员心理能力训练简介

一、篮球运动员心理能力训练的重要性

迈克尔·乔丹是历史上最伟大的篮球运动员，当问及乔丹最引以为豪的是他在比赛中所展现出的运动技能还是心理能力时，乔丹肯定地回答是心理能力。乔丹进一步解释道："心理能力是在比赛中培养出来的，我在来公牛队之前从我的前教练史密斯学到了它，之后在杰克逊教练指导下又得到了保持和提高。心理能力比运动技能更难以维持，因为你必须真正学会将你所掌握的技能运用到比赛中去，在比赛中将它和你的身体方面联系在一起，才能成为一个全面的篮球运动员。因此，身体技能相对容易一点，心理部分却是最难的。我认为正是它将优秀的球员和伟大的球员区分开来。"

乔丹的教练员菲儿·杰克逊高度赞誉他的竞赛表现，"我见过很多队员因比赛的巨大压力而表现失态，但是乔丹将整个比赛都把握在他的手中，有时比赛似乎是他掌控的。在成为优秀运动员的过程中，迈克尔·乔丹所拥有的心理特质，是学禅者极少能达到的境界。他在混乱中保持心情轻松和专心的能耐无人能及。他喜欢置身于台风眼，当其他人无法自制而团团转时，他仍然气定神闲，轻松自如地驰骋于球场。"

运动心理学家特里·奥立克指出，"心理准备来自一系列心理能力的学习，必须不断地在竞技运动中实践和完善这些心理能力，运动员才能在竞赛中稳定地展现自己的运动实力和潜能。"高水平运动员通过常年不断的、自觉而系统的心理能力训练，促进了最佳竞技状态的形成，从而在激烈的比赛中获胜。

篮球运动员竞技运动水平发挥的关键是能够像调节身体表现一样调控心理表现。这

就需要篮球运动员学习掌握调控自我的方法和技能，以适应比赛情景的要求。在激烈竞争的比赛中，篮球运动员需要调控紧张与焦虑的情绪，以保证正常竞技能力的发挥，同时还需要始终保持专注、充满信心地投入比赛。篮球运动员心理能力的获得不是一件容易的事，但是如果设定目标，自觉努力地进行心理能力训练就能够达到理想的效果。

二、篮球运动员心理能力训练的基本方法

篮球运动员的心理能力训练主要包括目标设置技能训练、表象技能训练、注意技能训练、紧张应激控制技能训练等。这些心理能力的训练是通过有目的、有意识地采用一定的方法手段对篮球运动员的心理施加影响，以发展运动员的心理品质，调整运动员的心理状态的教育过程。心理能力训练强调篮球运动员心理品质的可塑性和心理调控能力的可习得性。心理训练有助于篮球运动员心理品质的发展、保持心理稳定；有助于篮球运动员掌握运动技能、形成运动技巧，增强自信心；克服消极情绪状态、形成最佳竞技心理状态，充分发挥运动潜能；以及消除疲劳、恢复体力、调控心理能量。

篮球运动员的心理训练的过程一般是运动员首先通过学习了解心理训练的原理和基本要求，然后通过练习掌握训练方法，最后达到行为的改变。篮球运动员的心理训练只有与篮球运动专项训练相结合才能做到有的放矢，心理能力训练与篮球专项素质训练、技术训练及战术训练相结合，渗透到篮球专项训练中，才能取得更好的效果。篮球运动员的心理素质的提高不可能一蹴而就，需要经过系统的心理训练才能提高，应当如同篮球运动员身体技能训练一样进行的心理能力训练，注重篮球运动员心理能力训练的长期性与系统性。任何一种心理调控技术，如放松技能、焦虑调控技术、表象技能、注意技能、目标设置技能等，都需要进行反复练习才能掌握，并在比赛的关键时刻发挥效力。

第二节　充分的准备

一、自信来自充分的准备

自信心对于运动员的成功非常重要，这表现在运动员在比赛中夺取胜利和发挥技术水平，并贯穿运动员的整个运动生涯里。高水平运动员在谈及自己成功的经验时，大都认为成功的首要因素是对自己有信心。但是，教练员应当将真实的自信心和盲目的自信心区分开。盲目的自信心总是认定自己在即将到来的比赛中一定会获胜，表现为自命不凡、刚愎自用、不自量力，不顾客观实际情况地想入非非。不少运动员为了迎合领导、教练员和他人的期望，或是试图给对手造成心理威慑，或者为使自己赛前看似有信心，而不切实际地预测比赛必胜。这种盲目的自信心实际上是运动员为了掩饰害怕比赛失败的恐惧心理的一种自我掩饰行为。

篮球运动员的自信心需要建立在能力的基础上，不能枉顾客观实际情况，这样的自信

心才是真正的自信心。真正的自信是对自己能力的自信，对发挥自己最好水平的自信，而不是单一对比赛结果的预言。这就需要运动员通过认真和客观地分析自身条件和水平，给自己设置既现实又具有挑战性的目标，并围绕所设置的目标在比赛前做好认真而又有条不紊地、细致周密的赛前准备，对任何细节都应考虑到，但同时对客观条件又不过分苛求。前奥运会摔跤冠军史蒂夫·科姆斯说，他比赛时的自信心不是来源于想象他比别人的技术好，而是想象他比别人准备得好。

约翰·伍登教练是美国大学联赛历史上最伟大的教练之一。他最喜欢的格言是，"不做准备，就是准备失败。"自信来自充分的准备。伍登教练明确指出自信是没有办法教的，自信是不可能靠人工移植获得的。自信一定要靠自己去争取，因为它来源于充分的准备。坚强的自信是争取来的，不是别人赋予的。自信就是清楚自己和球队的准备工作已经非常完善了，已经尽了一切可能为应对任何形式的竞争作好了准备。如果球队做好了充分的准备，能够应对大多数可能出现的意外，就能充满信心地参加任何比赛。只有坚持去获得那些实现个人能力的优势，才能拥有真正持久的信心。伍登教练从来不会假想胜利，也不会假设失败。他只想着一件事，就是确保他已经教给队员们怎样在竞争中发挥出最高的水平来。"每个对手都要重视；但是如果你准备充分了，就不要害怕他们。"这就是传奇教练约翰·伍登的执教原则。成功需要自信，它们来自充分的准备。

二、适宜的目标

（一）适宜目标的激励作用

争取达到目标是一种强有力的激励，是完成比赛和训练任务的最直接动力。设置适宜的目标和努力实现这些目标是提高篮球运动员的自信心和竞技能力的一种十分有效的手段。

目标设置对于教练员和运动员来说并不是什么新鲜事物。体育运动竞技性本身就很容易引导设置参赛目标。但是，由于教练员和运动员常常不知道如何有效地进行目标设置，也没有系统地研究目标设置，通常导致所制定的目标较为随意、模糊不具体、没有挑战性或者方向错误。有些教练员即使赛前设置了可行性目标，但是在随后的训练中对如何执行目标和促进目标的实现却没能做好实际的工作。

目标设置应有助于增强篮球运动员的自信心、激发内部动机，就要使所设置的目标给运动员以控制感。不论目标达到与否，运动员都能对其负责。运动员不能控制的目标不可能达到培养其自信心、激发其内部动机的目的。目标设置还需要重视短期目标与长期目标以及团队目标与个人目标的结合等。

为了设置可控的目标，运动员在设置目标时就应该设置运动表现的过程目标，而不是运动表现的结果目标。运动表现的过程目标强调的是运动表现过程本身，这一般是可控的，例如"罚篮前，首先调整好自己的呼吸"，"比赛开始前，要做3次深呼吸，在头脑里演练一遍技术动作"等。而运动表现的结果目标强调的是运动表现的成败与胜负，如"我一定要赢得这场比赛"等。结果目标的实现不仅取决于运动员，而且还受到裁判员、对手、场地、气候等因素的影响。结果目标是在运动员的控制之外，既不能达到目标设置的目的，还会增加运动员的心理负担。设置表现的目标不会影响到运动员对比赛成功的追求。运动员努力实现表现的目标，就会最大限度地发挥运动技能水平，从而增加了获胜的可能性。当篮球运动员真正放下取胜的包袱后，运动员的技术会完成得更好，更加自信、更少焦虑，比赛就会更有趣。这就是设置表现目标而不是结果目标的最大益处。

约翰·伍登教练被誉为"20世纪最伟大的教练"。他领导的加州大学洛杉矶分校（UCLA）的"篮球王朝"获得了10次全国冠军，包括7连冠并且创下了空前的88场连胜战绩。尽管约翰·伍登教练是美国历史上赢得冠军次数最多的教练员之一，但他从来不用获胜来定义最终的成功。他评论说，"获胜很重要，否则我们为什么要记录分数呢？"但是还有比获胜更重要的东西，比分数更高的标准。它是伍登教练对于成功的定义，"付出努力，百分之百的努力，成为你能力范围内最好的自己。"

伍登教练坚信，全力以赴，就是成功。他强调说："在我看来，这一成功的定义创造了一个意义深刻的标准，它比仅仅立足于打败某人或者超越他人要更有成效。最为重要的是，他把成功纳入你自己的掌控之下。除你之外，没有人会给你成功，也没有人可以将成功带走。"在《冠军团队》一书中约翰·伍登教练对成功作了进一步阐释，"无论是对运动员还是教练员，都不应以其输赢的场次论成败，而应该在综合考虑个人能力、训练条件、对手水平和比赛场地等综合因素的情况下评估此人的努力程度。别人在能力上或许比你更胜一筹，他们块头儿更大、速度更快、动作更敏捷、跳得更高，但是在团队精神、忠诚度、热情、合作意识、决心、勤勉、斗志和人格等各个方面你都不应该妄自菲薄。努力获得这些优秀的品质并将其发扬光大，成功便会不期而至。"

经过周密考虑所设置的适宜目标的作用主要表现为：使运动员的注意和行为指向需要练习的任务；可以更好地动员运动员的能量和努力；使运动员在其进步缓慢时坚持下去；激励教练员和运动员寻找最合适的策略和手段以实现目标。研究表明善于确定实现目标的运动员焦虑水平较低、能够更好地集中注意力、有更强的自信心、竞赛中表现更出色并且对比赛的表现更为满意。

（二）目标设置的基本步骤

目标设置是心理学研究的一项重要内容，也是帮助运动员掌握身体和心理能力最常用的方法之一。目标设置包括现状分析、任务分析、测量方法、写出目标、制订计划以及付诸实施6个基本步骤，具体如下：

第一步：现状分析

现状分析主要包括对球队、每个队员现状的分析以及对各自理想的认识。例如，从身体、心理和技术三个方面来看目前是一个怎样的状况？球队以及每个队员最期望达到的目标是什么？

运动员在设置目标时应根据自己过去的成绩和项目特点而定，而不应建立在猜测和武断的基础之上。在目标设置时，运动员常常设置容易的目标，或不切实际地制订过高的目标。一方面，由于害怕失败，运动员常常设置容易的目标；另一方面，由于渴望成功及来自家庭、教练员和社会的压力，运动员又常常设置过高的目标。容易的目标不能有效地激励运动员、增强运动员的自信心，达到目标设置的作用，而过高的目标也不利于调动运动员的积极性，而且会增加运动员的心理负担，甚至使运动员产生心理挫折。

早在20世纪80年代，迈克尔·乔丹就意识到篮球运动光靠绝顶的球技还不够，如果他想超越传奇，成为真正的篮球象征，就需要将自己的身体练到极致。为此乔丹开始聘请私人训练师。在禅师菲尔·杰克逊的自传《11枚戒指》一书中，他谈到乔丹所进行的针对性训练，"1990年休假期，乔丹认为他需要变得更强壮，才能应付来自活塞和其他球队的、凶悍的身体对抗冲击。因此，他聘请了训练专家蒂姆·格罗弗帮他训练。格罗弗制订了一套严格的训练计划，帮助乔丹增强耐力，同时加强他的上下肢力量。乔丹一如既往地刻苦训练，到训练营开始时，他的身材看起来更宽、更壮了，尤其是他的肩膀和手臂。"

私人训练师蒂姆·格罗弗向乔丹介绍了训练目标，"我替你制订一套为期30天的训练计划，详细列出每一项我们计划展开的训练内容，包括他将如何影响你的身体、比赛状态以及综合力量。我会告诉你将会有怎样的反应，便于你能自我调整，最终适应我们想要在你身上实现的变化。食谱、进餐时间、就寝时间，都会有相应的安排。我们会关注每处细节，方方面面都考虑周全。你会看到，这一切将如何协调发挥作用。乔丹给了我30天试训时间，而我却帮他训练了15年。"

第二步：任务分析

任务分析是指对成功完成任务所必备条件的分析。在任何目标设置工作的开始，确定成功实现目标过程中关键的技术和能力是非常重要的。例如成功完成任务需要哪些动作技能？成功完成任务需要哪些心理能力？成功完成任务需要哪些身体条件？

约翰·伍登教练在《冠军团队》一书中指出，UCLA之所以能成功并不是因为某项个别技能尤为突出，不是全场紧逼防守或者快攻得分，不是球员的身体素质或者临场状态，不是某个单独的因素。相反，其成功是由于几百项小的因素经过不断累积而获得的。因此，伍登教练注重篮球训练的各个方面：传球、转身、抢篮板、发球、身体平衡、假动作、佯攻、护球、投篮、跑位等。伍登教练说："在我看来，每一个细节都是提升球队技能并获得最终胜利的关键。"

第三步：测量方法

明确对成功完成任务所需条件的测量方法，主要包括测量工具的选择、测量程序的确定、结果的评定等。设置具体细化、可以量化的目标，既有利于目标执行又便于查看目标完成的好坏和效果，从而达到目标设置的作用，并为设置下一个目标奠定基础。

明确的目标是可以测量的、量化的具体目标，例如"每天我要练习某个动作的投篮1000遍，直到闭上眼睛都能投进"。模糊的目标是指不具体的、无法客观测量的目标，如"在比赛中我要尽最大的努力""我要训练得更刻苦一些"。再如篮球运动员灵活应战能力的训练，教练员可在平时的对抗训练中模拟各种比赛情景，要求运动员不断练习以掌握其中特有的变化规律，提高运动员的应变能力。

为了训练运动员的抢篮板球技术，伍登教练设计了一种"意想球"和"盖住篮筐"的练习方法。所谓"意想球"，就是在没有篮球的情况下训练抢篮板技术。没了篮球，任何球员都不能得分或抢篮板，只能集中精力练习"枯燥"的基本功，譬如转身、手臂的动作和跑动路线等训练内容，这些基本动作才是得分和抢篮板的关键。伍登教练采用"3人传切跑动"和"5人篮板前后跑动"等训练内容，"跳投"和"进攻补篮和防守篮板"两项训练内容也使用是"意想球"。在此类训练过程中,伍登教练侧重于跳投和篮板的基本功训练,避免运动员受到球本身的干扰。篮球运动员进行意想的传球有助于形成良好的习惯,更好地掌握传球时机、脚步动作、肘部和手掌的位置以及身体平衡。

第四步:写出目标

这是目标设置的核心,写出目标要遵循目标设置的原则。写出的目标可能是技术目标,也可能是心理目标或其他目标;可能是长期目标,也可能是短期目标。因此,写出目标以后还要根据目标的种类和性质对目标进行分类和分级,从而构成一个目标系统。同时,应修改或剔除不符合目标设置原则的目标。另外,所写出的目标要注意与集体目标相协调;目标表述应清晰、准确。

约翰·伍登教练制订的训练计划全面细致。他为球队及每个队员都制定了具体的目标。训练中总能最及时地给予运动员最有效的指导。伍登教练说:"我制订计划的时间和指导训练的时间一样多,我把每一个训练的小细节都写在3×5的小卡上。" 在《冠军团队》一书中,伍登教练强调他把每天的训练细化到每一分钟并将其记录下来。运动员何时要做什么都有详细安排,包括某个训练阶段球场上特定位置放置多少个篮球都在伍登教练的计划中。在每天教练员碰头会之前,伍登教练会独自查阅一年前或者更早时间运动队进行了哪些训练以及训练效果的好坏。通过查阅详细的训练记录并对比,伍登教练可以发现对于当时哪支球队或者某位球员哪些训练内容效果显著,对于效果不佳的训练内容他会在即将进行的训练中做进一步地改善或者删除。

第五步:制订计划

有了目标以后,还要制定达到目标的具体途径、方法及时限,制定目标设置图,这些都是目标设置不可缺少的内容。重视短期的目标与长期的目标结合,短期目标的设置可增加运动员成功的体验,使运动员经常体验到成功,从而增强运动员的自信心和动机。短期目标可以让运动员及时地看到自己的进步,比长期目标更有助于增强运动员的动机。长期目标有助于引导运动员朝着比赛的目标坚持训练,特别是在训练中遇到困难和挫折时,运动员表现得更坚强。

约翰·伍登教练非常注重积累,他强调,"当你每天都有一点点提高,最终奇迹就会出现,不是明天,也不是后天,但最终会有大收获。不要期待快速突进,注重每天每一次的小进步。这是成功的唯一途径,一旦有长进,就会持久。"

约翰·伍登教练将每个赛季的团队目标具体到每天训练的每一分钟上,他分析道,"UCLA平均每次训练的时间为两小时。每周训练五天,每个赛季有21周。通过简单的乘法运算我们可以得出精确的结果。平均下来,每个赛季,我都有210个小时的训练时间完成目标(105次训练,每次两个小时)。一些记者、球迷和校友经常戏称'约翰·伍登有210个小时的时间去赢得全国冠军'。折算下来,每个赛季,我们总共有12600分钟的实际训练时间。"

第六步:付诸实施

将目标计划付诸具体实践、主观见之于客观,并在实践中对行为表现和努力程度进行评价,不断完善目标设置。在篮球运动中既有个人目标,也有团队目标。对于篮球运动要求极高的协作与配合,集体目标的意义就更大。在目标设置时,应注重个人目标与团队目标的结合。

美国传奇女子篮球教练帕特·萨米特是田纳西大学女篮的前主教练,在她38年的执教生涯中取得了全国大学生体育协会(NCAA)篮球比赛史上最高的获胜纪录1098场胜利,夺得8次全美冠军(仅次于约翰·伍登教练10次全国冠军纪录)。帕特·萨米特教练是最早聘请运动心理学家随队进行心理训练的教练员之一。她谈到运动心理学家对其运动队最有价值的作用之一就是帮助教练员与队友设置目标。目标设置的好处在于使团队明确了目标以及如何通过共同努力来实现团队的目标,这种集体意识将对团队产生积极的影响。队员与团队融为一体,从而为新的赛季实现共同的目标达成团队规范和契约。

第三节　篮球运动员表象训练

运动表象是在过去感知觉的基础上,在大脑中重现的运动形象或运动情景。表象过程中需要运用各种感觉(如视觉、听觉、动觉、触觉、嗅觉、情绪体验等)在头脑中演练运动过程。表象训练是运动员有意识地在头脑中再现或完善运动表象,从而增强运动员的心理调控能力,提高运动员的心理适应性的一种心理训练方法。

一、表象训练的作用

表象是一种重要的心理能力,在篮球运动中大多数动作的顺利完成都必须借助于清晰、准确的运动表象。表象训练有助于篮球运动技能的掌握,提高运动学习的效果;表象训练可以帮助篮球运动员减少和克服紧张、焦虑等消极情绪,充分发挥运动水平;表象训练可以提高篮球运动员的注意能力;增强运动员的自信心。

二、表象训练的基本条件

研究表明,只有遵循以下表象训练的条件才能达到更好的表象训练效果。

(一)适宜的环境

在运动员开始训练表象技能时,应当选择一个安静、舒适、不受干扰的环境进行基础的表象练习。当运动员的表象技能得到发展时,就可以尝试在比赛中,或者在任何有干扰、喧闹的环境下使用表象技能。

(二)放松的注意状态

放松技能是表象技能的一个重要组成部分。在每次做表象练习之前,运动员应该完全地放松。因为当身体处于紧张状态时,会影响运动表象的再现从而影响到表象再现练习的质量。

（三）正确的态度和期望

在表象训练的过程中，运动员通常经过几周的练习就能显著地提高表象技能，如果表象技能水平较低，开始训练一段时间就能明显地提高表象能力。但是，经过一段时间的表象训练后进步速度就可能慢下来，此时应当继续训练才能取得偌大的进步。

（四）系统的练习

表象练习的质量要比练习的数量更加重要。对错误动作表象越深刻，危害也就越大。在表象技能训练的过程中应连续记录表象练习的情况，有助于表象训练的系统性、计划性，以及今后表象训练方法的选择和改进。运动员表象技能训练的记录包括每次表象的具体内容，以及每次表象过程中清晰性和控制性程度如何、表象练习所花费的时间，在什么地方进行表象练习，表象练习之后的自我主观评价以及下次表象练习的方案等。

三、表象训练的方法与程序

表象训练形式多样，具体要求不尽一致。但各种形式的表象训练程序基本一致，一般包括3个阶段，主要为表象知识介绍与表象能力测定、基础表象训练和针对性表象训练等。

（一）表象知识介绍与表象能力测定

这一阶段主要是进行有关表象知识的介绍，使运动员了解运动表象的特点及其在运动中的作用。通过表象能力的测定，了解运动员的表象能力，确定表象训练的主要任务，并通过表象能力评定进一步加深对运动表象概念的认识。

通常采用的表象能力评定方法是要求运动员自我设定一种运动情景，并在头脑中再现该情景，包括与该情景有关的人、地点、时间和动作等，然后采用5级评分法（1=优秀、2=良好、3=中等、4=较差、5=差），从表象技能评价的6个维度：视觉表象的清晰性；视觉表象的连贯性和活动性；肌肉运动表象的清晰性；听觉表象的清晰性；情绪体验表象的深刻性；表象的控制性等逐一评定。

（二）基础表象训练

表象训练以表象为心理训练的对象和手段，其训练效果是建立在清晰可控的运动表象的基础之上的。运动表象的清晰性和可控性首先取决于运动员对内外刺激的感知，因此，基础表象训练的目的主要在于提高感官的觉察能力、表象的清晰性和表象的控制能力。

感官觉察训练主要是为了提高运动员对完成动作所产生的各种体验的觉察能力。为此，可采用专注训练以提高篮球运动员的感知能力。专注训练要求篮球运动员将注意力集中在所做动作上，通过放慢动作节奏来更细致、更清晰地觉察做动作时的各种体验。专注训练通常是在专注脚本的引导下进行的。

（三）针对性表象训练

经过基础表象训练，表象的清晰性和控制能力得到了提高。然后就应结合专项和具体问题进行有针对性的表象训练。针对性表象训练包括表象预演、战绩回忆、幸福小屋的表象练习等。它们在目标和具体的程序上不一样。

1. 表象预演

表象预演是为了巩固技术动作、形成有效的动作程序、适应赛场环境、提高注意集中能力。表象预演的基本程序如下：①先进行放松训练，使身体放松，心理安宁；②反复表象自己独自一人完成动作时的具体细节，直到自己非常完美地完成全部动作；③表象赛场的情形，并置身其中，反复再现整个比赛程序和自己正在进行的比赛、再现自己在赛场也非常完美地完成了全部动作；④活动双手和双脚，然后睁开眼睛。

2. 战绩回忆

战绩回忆主要是为了提高运动员的自信心，消除紧张焦虑和消极的赛前心理状态。战绩回忆的基本程序如下：①先进行放松训练，使身体放松，心理安宁；②表象自己以往最成功的、自己最满意的一次竞赛表现，使这一情景好像历历在目，仿佛再次身临其境，并激发出自己曾有过的各种体验；③活动双手和双脚，然后睁开眼睛。

3. 幸福小屋的表象练习

"幸福小屋的表象练习"是运动员常用的一种表象技能训练方法之一。运动员训练完后，每天晚上都到自己构建的"幸福小屋"里，表象演练完美的运动技能，具体步骤如下：①先进行放松，闭上双眼；②想象自己爬上梯子，来到一个属于自己的空房间里，并按照自己的喜好装饰空房间，将其变成舒适惬意的幸福小屋；③想象自己坐在幸福小屋的椅子上，打开大屏幕电视机看自己的表演，想象自己完美的动作表现，感到很满意；④看完表演之后，想象自己关好电视，走出屋子下梯子后，睁开双眼。

在表象训练过程中，运动员需要充分运用各种感觉（包括视觉、触觉、动觉、听觉、嗅觉及味觉等）体验，犹如身临其境，具体生动地在头脑中再现运动情景，关注成功完成运动动作的细节，可使表象练习产生最佳训练效果。

禅师杰克逊要求他的队员进行表象训练。他对踝部受伤的卢克·沃尔顿说："你得用上你休息的时间，在睡觉之前想象你即将进行的比赛，想象你与对手的对抗和移动。你要看到你自己，要生动，要有情绪投入。当这一时刻一旦在赛场上出现，你已经不再陌生了。"

在《公牛王朝》一书中，菲尔·杰克逊谈到他自己在当球员时通过表象训练提高自身的防守能力的经历。"为了训练自己放松心情和彻底保持警觉，我开始练习观想。开赛前我会在体育馆找个没有干扰的地方，我最喜欢纽约骑警队的更衣室，静坐12~20分钟，想象即将发生的状况。我唤出自己要防守的对象的影像，预想自己如何拦阻他的动作。这是第一步，接下来比较困难，要在比赛开始之后从容应对，让动作自然流露，不要勉为其难，打篮球不是直线式的思考。我告诉自己：'乔·恩罗一在那边做滑稽的钩射动作时,我就跳过去学比尔·拉塞尔(Bill Russell,NBA史上四大中锋之一)般防守。'这构想的重点是,把成功防守的动作融入观想记忆,实际比赛出现类似状况时,就会有似曾相识的感觉。"

在公牛队执教期间,菲尔·杰克逊也要求他的队员们进行表象练习。公牛队阿姆斯特朗、皮蓬和一些球员会在赛前练习观想。"我认为,若能在每次初赛前花20~30分钟,观想即将发生的状况",阿姆斯特朗说,"届时就可以不假思索地反应,因为我心里已经有了谱。我在赛前躺下稍做观想,看见投篮,抢篮板卡位或抢球,当我在比赛中碰见同样状况出现,就可不假思索地反应。没有考虑,没有迟疑。有时,比赛结束后,我会叫:'我早看到了!我真是料事如神!'"

第四节　篮球运动员紧张应激控制

尽管运动员已经具备了篮球竞技所需的专项技能如力量、敏捷、速度、平衡、技术技能以及团队合作行为等,但是能否在激烈的竞赛中,尤其是在比赛的关键时刻稳定地投篮、准确地防守与传球,还需要运动员在大赛压力下保持冷静与镇定。压力面前保持平静和镇定是运动员需要掌握的最重要的心理能力之一,保持放松和专注状态是通向冠军的秘诀。

迈克尔·乔丹的伟大正是因其所拥有的极佳心理品质。菲尔·杰克逊教练赞许乔丹:"他能在混乱中保持心情轻松和专心的能耐无人能及。他喜欢置身于台风眼,当其他人无法自制而团团转时,他仍然气定神闲,轻松自如地驰骋于球场。"

保持平静和放松,是每个成功运动员发挥竞技能力最大和最基本的秘诀。紧张应激控制技能有助于运动员在压力爆棚的竞赛时刻,保持冷静与自控,从而促使运动技能正常发挥。

导致运动员紧张应激的因素主要包括环境、认知和唤醒三个方面的因素。这三种因素导致运动员的紧张应激,运动员在外部环境刺激下产生消极思维,然后才出现生理唤醒和紧张应激状态。例如,当运动员与实力强的对手比赛时,如果认为自己没有取胜的把握,又将无功而归,就会导致生理唤醒水平升高,心跳加快,手足出汗、膝关节颤抖,肌肉紧张等紧张应激。

控制紧张应激的基本方法包括环境控制的方法与策略、身体放松技术和认知干预方法等。

一、环境控制的方法与策略

环境中的各种刺激常常是引发运动员紧张应激的导火线或引子。如赛场的陌生、竞赛规模的隆重、天气的变化、某个对手的参赛,甚至某些在一般人看来微不足道的刺激物都可能引发运动员的紧张应激。通常运动员认为不确定的或重要的环境刺激都易导致紧张应激。对环境刺激,虽无法改变其存在、但可以通过控制、降低其不确定性、淡化其重要性、消除其不良影响。

（一）回避不良刺激

对于那些易引起运动员紧张应激不良环境刺激进行控制的常用方法就是尽可能回避不良环境刺激，使运动员接触不到这些刺激。

（二）环境适应性训练

运动员身临其境地体验，预先暴露于某种刺激环境可以减少环境刺激的不确定性和重要性，增强对环境的适应能力，减轻和消除紧张应激。

运动员可以在赛前就到达赛场，事先熟悉竞赛程序和赛场条件，以适应各种环境刺激。如果运动员无法身临其境去适应赛场环境和比赛条件，一般可针对赛场环境条件进行模拟训练。赛前适应性训练以及制定赛前与比赛的程序也有助于提高运动员竞赛时的心理承受能力。制定比赛心理准备程序的具体内容包括：①写下比赛那天的身体准备活动程序；②写下比赛那天的心理准备活动程序；③写下比赛前5~10分钟的身体活动程序；④写下比赛前5~10分钟的心理活动程序。

冠军队教练员区别于非冠军队教练员的一个显著特点就是冠军队教练员在日常的训练中模拟比赛的情景，善于将训练环境最大程度比赛化，例如设计不同的模拟训练内容，模拟对手、不同的比赛情景等针对性的训练方法，以提高运动员的临场心理适应能力。冠军队教练员能够根据比赛的需要在训练中进行针对性的练习。前NBA著名球员比尔·沃顿回忆大学期间在约翰·伍登教练指导下的每一堂训练课都是高密度、高强度和高兴奋度，使队员们在比赛时能够应对自如、得心应手。比尔·沃顿说："我常常想为什么UCLA的比赛时间这么长？因为我们已经在训练中无数次地演练到了比赛的每一个环节，而且训练节奏比比赛更快。"

美国南犹他大学篮球队主教练罗杰·瑞德创设了一种压力情境下的罚篮训练，取得了显著成效。实战训练中，在运动员最不期望的情况下，瑞德教练会突然叫停，然后让他的队员们到罚篮线去罚篮。投中了，运动员可以歇口气；如果没有罚中，就得在球场做冲刺跑。2007年当瑞德教练接手南犹他大学球队时，该队罚篮率在美国大学体育协会中排名第217位。经过一年多的针对性罚篮训练，该队2009年全国排名第一，命中率高达80%。

可见，教练员有意识地设计一种在有压力的环境让运动员进行罚篮练习，即使运动员所感受的压力没有比赛时大，训练中所采用的较低或者中等强度的压力情景，对于提高运动员的应激能力是有显著作用的。

为了提高运动员罚篮的心理稳定性，可以训练运动员设计一致的罚篮心理练习，例如在投篮时注意篮筐或篮板，并用一个提示的字，如筐、篮、注意、平稳等。马克·普莱斯是美国NBA联盟史上最稳定的投手之一，他的罚球命中率为90.4%。他强调："我的罚篮总是相同的。我从裁判员手中接过球，我拍3下然后投篮。在球出手时我对自己说，'脚跟到脚尖'，以提醒我踮起脚趾。"制定适合运动员个人的罚篮动作和心理程序。罚篮动作与心理程序可提高自信心和正确的注意力。

（三）系统脱敏

系统脱敏是一种行为矫正方法。其主要特点是一步一步地逐渐消除运动员的紧张应激。当运动员在面临某种引起紧张应激的刺激时，可以让运动员以一种放松的状态来抑制或消除紧张应激。

系统脱敏的一般步骤是：①列出引发紧张应激的环境刺激；②运动员对这些刺激强度进行等级排序；③运动员进行放松训练；④用放松状态去抑制或消除由弱到强的各种刺激所引起的紧张应激。

二、身体放松技术

身体放松训练是运用一定的暗示语使肌肉得到放松，产生一系列显著的生理放松反应，进而达到平静的心理状态。通过身体控制来消除紧张应激的最常用的方法就是放松训练，放松训练包括呼吸练习、渐进放松、表象放松、生物反馈放松训练等方法。

（一）呼吸练习

呼吸练习是一种最重要的行为技术之一，同时也是最容易被忽略的一种练习方法。呼吸是获得放松的关键。事实上，正确的呼吸是一种最简单、最有效的控制焦虑和肌肉紧张的方法。当运动员平静自信时，呼吸会顺畅、深沉而有节奏。当运动员处于压力和紧张状态时，呼吸通常会短浅不均。因为呼吸很大程度上是一种自主活动。当运动员感到紧张和焦虑时，交感神经系统会兴奋起来，从而使呼吸加速，同时心率、血压上升以及荷尔蒙浓度增高。快速的呼吸是较浅的胸部呼吸，不能使整个肺部进行充分的气体交换。这将会增加肌肉的张力，影响到运动员最佳竞技运动表现。

因此，运动员在紧张应激状态下，仅仅只是意识到自己的呼吸状况，就能帮助自身放松。著名棒球投手戈萨奇说："当我投球很顺手时，我的呼吸一直是相同的。就像是篮球运动员罚篮时，如果呼吸不一样，投篮也会不一样。"呼吸练习的具体步骤如下：

1. 缓慢地吸气，直到肺部舒适地充满

深深地吸气，让空气缓慢地通过鼻腔，并意识到自己横膈膜向下的运动。轻松自如地吸气至腹部与横膈膜，然后让空气充满和扩张到胸腔和上胸部。吸气时腹部完全向外展开。

2. 保持吸气状态几秒钟

保持上述吸气状态5秒钟，或者默数5下。

3. 缓慢地呼气，不费力地吐气，直到全部呼出

从口腔慢慢地呼气，感觉到身体胳膊和肩膀的肌肉放松。当呼气和放松时，感受腿部的放松，体会专注和踏实的感觉。整个呼气阶段至少持续7秒钟，或者默数7下。缓慢而均匀地呼气是很重要的。

美国金州勇士队主教练史蒂夫·科尔，7届NBA总冠军得主，球员时期获得的5次总冠军，作为勇士队主教练在3年的执教中夺得2枚总冠军桂冠。科尔是NBA史上三分球命中率（45.4%）最高的投手。史蒂夫·科尔最推崇的一本书就是提摩西·加尔韦所著的《身心合一的奇迹力量》。提摩西·加尔韦强调呼吸练习的重要作用，他指出呼吸练习是应对焦虑的最好办法，"呼吸是一种奇妙的现象。无论我们是否注意保持呼吸的动作，我们始终一直都在呼吸，无论睡眠中还是醒来时。如果我们试图停止呼吸，某种力量将很快击败这种努力，我们很快就只能重新开始呼吸。因此，当我们把注意集中在自己的呼吸上时，等于专注于一种与身体能量紧密相连的要素。而且，呼吸是一种非常基本的节奏，据说人类的呼吸概括了宇宙的节奏。当意识沉浸于呼吸的节奏时，就会变得全神贯注、十分冷静。在我看来，无论在球场内外，应对焦虑的最好办法，就是把意识放在自己的呼吸过程上。焦虑是因为担心未来会发生什么，只有当大脑想象未来时，才会产生焦虑。但如果你只把注意集中于此时此地，集中于现在需要完成的事情、需要做的动作，成功的可能性最高，未来的可能性也最好。利用这种诀窍，我不至于被坏球扰乱心态，也不会因为打出少见的好球而过度自信。"

在紧张应激状态下，个体的呼吸是急促浅短的，甚至会出现暂时的停顿现象；相反，在平静状态下，个体的呼吸深长、均匀而和缓。因而，通过调节呼吸个体能够较快地降低运动员的紧张情绪。稍后谈到的正念训练也是通过呼吸练习以到达身心的专注忘我境界。

（二）渐进放松

渐进放松法是先让肌肉产生紧张与放松状态，体会紧张与放松的对比，从而掌握将肌肉紧张转变为放松的训练方法。渐进放松法是1932年由雅克布森提出来的，这种方法的核心就是依次紧张然后放松某一肌肉群，最后达到全身肌肉放松的目的。

渐进放松可分为16组肌群渐进放松、7组肌群渐进放松、4组肌群渐进放松等，一般从16组肌群开始。如果每周练习3~4次，一般要进行4~6周的训练，就可学会放松技能等。掌握放松技能后，可在紧张应激前或紧张应激时进行放松练习以达到控制紧张应激的目的。

迈克尔·菲尔普斯是奥运历史上获得奖牌及金牌最多的运动员。在他早年训练时就系统地进行了心理能力训练，在其自传《无极限》一书中，他描述说："小时候，母亲和我在家进行渐进放松技术训练。我的教练鲍伯·鲍曼让我母亲买一本心理练习的书，放松练习包括让我的右手先握紧拳然后再放松右手，接着左手做同样的练习。这是我学习控制身体紧张的练习方法。每天晚上临睡前，我躺在床上，母亲读着书上的练习程序，我就照着做。"

（三）表象放松

表象放松训练是运动员想象非常舒适惬意的环境，并设身处地想象身临其境的放松感受，以此来达到放松的效果。

在进行表象放松训练时，开始应在平静的状态下进行，然后逐步增加紧张应激体验。表象放松训练一般可分为以下几个步骤：第一步，调整身体，保持一种舒适的身体姿势；

第二步，调节呼吸，先深吸一口气，然后慢慢地呼出；第三步，想象一个惬意的场景；第四步，体验并记住完全放松时的感受。

菲尔·杰克逊教练在《公牛王朝》一书中谈到他让队员在比赛暂停的短暂时间里运用表象放松的方法进行放松。杰克逊讲道："诚如球迷所知，篮球是讲速度、耗体力的运动，球员在比赛暂停时，往往紧张兮兮，根本不能专心听我在说什么。为了帮助他们身心迅速平静下来，我发展出称作'安全点'的简易观想法。在15~20秒暂停的时间里，他们忙着喝水、擦汗，我鼓励他们设想自己在一处自觉安全的地方。目的是让他们在短暂的心理休息后，再处理手边的问题。这种练习看来简单，却能帮助球员减少焦急，让他们回到球场后能集中精神，恪尽职责。"

（四）生物反馈放松训练

生物反馈放松训练是借助生物反馈仪（肌肉反馈仪、皮温反馈仪等）把运动员的生理信息传递给运动员，使其经过反复练习，以调节生理机能和心理活动以达到身心放松的训练方法。

三、认知干预方法

由于运动员的紧张应激主要是由于运动员不合理的消极思维所引发的，因此，紧张应激的认知干预就应帮助运动员消除消极思维，建立积极的思维，以合理的信念代替不合理的信念，从而达到控制和消除运动员紧张应激的目的。认知干预主要包括以下3个基本步骤。

第一步：识别消极思维或不合理信念；

消极思维或不合理的信念一般都有三个基本特征：绝对化的要求、过分概括化和糟糕至极。绝对化的要求通常是和"必须""应该""肯定是"等字眼联系在一起的。例如，"我这次必须要拿第一名""裁判员必须公正执法""观众应该为我喝彩"等。

过分概括化通常与"完全""肯定"的词语相联系。例如，"上次在这个场地比赛时我失利了，这次我肯定又发挥不好。""只要我拿不到奖牌，我便一无是处，一钱不值。"

糟糕至极是认为某事一旦发生就会导致灭顶之灾的一种想法。例如，"我昨天晚上睡眠不好，这对我今天的比赛来说是再可怕不过的事了""如果我这次又发挥不好，我就没脸见人了。"

第二步：明确紧张应激是由消极思维引起的；

第三步：改变运动员的消极思维。

改变运动员的消极思维除了运动员自我发现消极思维存在以外，还可采用以下方法：

（一）思维刹车（思维阻断）

思维刹车依赖于运动员对消极思维的意识和自控能力。一旦认识到消极思维的存在就自觉地中断消极思维，而代以积极的思维。

为了建立积极的思维，可采用心理暗示或变换谈话法，建立起积极的自我谈话，消除消极思维。

（二）合理情绪疗法

合理情绪疗法是以艾利斯ABC理论为基础的一种认知疗法。如果运动员的消极思维根深蒂固，运动员不能采用思维刹车等其他方法来消除消极思维，建立积极思维时，可采用合理情绪疗法。通过与不合理信念辩论、想象技术及家庭作业来消除运动员的消极思维，建立起积极的思维，从而克服紧张应激。下面将就合理情绪疗法调节不合理思维导致的紧张应激的认知调控法加以举例说明。

甲运动员在赛前准备活动时注意到对手的出场，产生了以下一些消极想法，从而导致焦虑不安的紧张情绪，如运动员乙太强壮了，状态太好了，我不可能战胜他；如果我输给了他，别人会认为我无能……

此时，针对甲队员所产生的主要消极想法，可以采用合理思维取代其赛前准备活动中的消极思维，如我不能控制比赛的输或赢，但我能保证我尽力而为；即使我这次比赛输给他，只要我尽了最大的努力，那也没有遗憾；我不能控制将要发生什么，我只需要将注意力集中到自己技术和比赛任务上。

第五节　篮球运动员注意训练

注意是心理活动或意识对一定对象的指向和集中。注意无好坏，但有对错之分。正确的注意力，指专注于重要的事情，不受任何其他事物的干扰。运动员能在活动中"集中注意"，对篮球运动员技术的发挥具有重要意义。注意是顺利完成活动的一种重要的心理能力。

一、篮球运动员的注意特点

注意对任何运动专项而言都是极为重要的。它不仅是技能学习和提高的必要条件，而且也会影响到运动员的竞技技术水平的发挥。但不同的专项对运动员注意的具体要求不尽相同，篮球专项对运动员注意有以下要求：

（一）狭窄的内部注意与狭窄的外部注意相结合的注意类型

注意类型虽无好坏之分，但不同的注意类型适宜于不同的活动。如果注意类型与所进行的活动相适应便具有积极意义，否则就会妨碍活动的完成。

篮球运动是一种开放性技能，运动员完成动作主要靠运动员根据外部信息进行自我调控。因此，篮球运动要求运动员具有狭窄内部注意与狭窄外部注意相结合的注意类型。注意集中是成为伟大投篮手的关键，投篮时的注意点需要集中到狭窄的外部注意点上。投篮时运动员选择最多的注意点是篮筐的前缘，而不是球，也不是防守队员，仅仅是投篮注意点。

（二）注意可控性因素

篮球运动员所注意的因素中，有些是运动员可以控制的，而有些因素则是运动员无法控制的。一般来说，自己是可控的，他人是不可控的；当前或现在是可控的，过去和未来是不可控的；动作是可控的，比赛结果是不可控的。

注意指向和集中于可控性因素能提高注意的效率，保持注意稳定集中；而注意指向和集中于不可控的因素则会导致注意力分散、精力耗损和自我挫败。因此，篮球运动员应注意和指向集中于自己的技术动作、自己当前的准备等可控性因素，而不应该注意那些不可控的如别人的评论、对手的准备活动、观众的反应、上次比赛的失败情景、这次能否成功等因素。比赛中的不可控因素主要表现在：比赛的胜败结果，未来的表现，对手（如对手的身高、力量、速度、才能、名望、态度、类型等），过去的失误、以前的表现，裁判，比赛的重要性，观众（人数、谁在观看），教练员，气候、场地条件，自己身体状况（伤病、疲劳等），队友的表现情况，运气，以及比赛之外的个人问题等。

迈克·沙舍夫斯基教练，又称老K教练，是美国杜克大学的篮球主教练，曾担任2008年、2012年和2016年奥运会美国男篮梦之队主教练，连续夺得3枚奥运金牌。2008年北京奥运会夺冠后，老K教练出版了《我相信你们》一本，详细记载了他率领梦之队重回世界篮坛巅峰的历程。在美国队对决西班牙队最后一场决赛之际，为了排除无关因素的干扰，老K教练通过查看自己的笔记提高专注力。他写道："笔记有助于我们把焦点集中在与胜利有关的事情上，而不分心。甚至在中场休息时，我都会把笔记拿出来参考一下……2008年8月24日，我在决赛之前再次翻阅这些笔记，我提醒自己一切只为打败西班牙队，不要想国旗、不要与裁判员过多争执、不想这场比赛的重要性、不担心队员受伤或犯规太多等导致分心的因素。"

菲尔·杰克逊在《公牛王朝》一书中指出："篮球跟人生一样，真正的喜乐来自每一时刻都全力表现，而不只是在打顺手球的时候才会尽量发挥。当你能抛开胜负之念，全神贯注于当下所发生的事，则诸事顺遂的可能性当然因此而大增。"

（三）合理利用注意智源、防止信息过载

认知心理学认为注意力是人的信息加工能力。运动员的这种信息加工的能力是有限的，或者说运动员的"注意资源"总量是一定的。当运动员将注意指向和集中于某一对象时就要消耗一部分"注意资源"，这就会限制对其他信息的注意分配。过多的信息会使"注意资源"耗竭，导致注意分散，注意效率降低。因此，教练员在指导运动员训练中，需要注意以下几点：①避免一次给运动员太多的指导，最好是一次给运动员一个指导语，达到要求后再给另一个指导语；②将运动员的注意引向重要还不熟练的技术动作上；③指导时要注意停顿，如果指导语较多，还应总结指导要点；④学会识别运动员因信息过载而导致的不适应征兆；⑤给运动员一个自我思考的机会。

在《成功法则》一书中，约翰·伍登教练谈到自己的执教原则时说："在我执教生涯的早期，我从传奇篮球教练约翰·布恩那里学到了一个重要原则。在《篮球方法》一书中，他写道：'本该在30秒内说完的话，不要花30分钟来讲。'"

约翰·伍登教练的指导语是许许多多简短而有停顿的语句和评论。伍登教练的评论几乎从来没有超过20秒钟。伍登教练大多数的语言是指导性的语句，例如："这个区域尽可能多地投篮，比赛时也这样。""投篮之前做一些运球。""不要说话。""推进有力、步伐加快。" 有的时候，伍登教练会吹口哨暂停强调一下注意要点，相对评论较长的例子如"你们在上手！你们还在上手！可悲，我讨厌看到我们只是一个好后卫。你们不可能从一个好后卫那里抢到球！你能够抢好位置，截断他！你们一些人自以为防守好，其实不行。现在不要上手！截断他们！加油！"

二、篮球运动员注意训练方法

在提高篮球运动员专注能力的训练中，可以根据球队和运动员的具体情况，选取相应的针对性注意技能训练方法，每种方法如果能够持之以恒地坚持练习，在提高运动员专注力上均能产生显著的效果，具体方法介绍如下：

（一）采用心理暗示的方法调节注意的指向

篮球运动员在注意对象的选择上应注意那些可控制因素。但在实际中，运动员常常难于将注意指向自己可控的刺激，为此，可采用心理暗示来调节运动员的注意指向。在紧张激烈的比赛中可用一定的暗示语来调节注意。

（二）单腿站立

此方法是一种通过单腿站立、两臂平伸，与肩同高，并逐渐地抬高腿、闭上眼睛，并努力保持平衡的练习来发展运动员注意集中能力的方法。

（三）找数练习

在100个小方格中随机地写着1~100共100个数字。要求运动员在1分钟内尽可能多地按一定要求找出数字。运动员经常进行这种练习可提高运动员的注意技能。

（四）篮球专注练习

篮球专注练习是篮球运动员常用的一种专注技能训练方法，具体操作步骤如下：①选一个篮球，放在1~1.5米远处；②在篮球上选一个点；③两脚平放坐着，盯着球上的点，同时将注意集中在呼吸上；④一旦发现注意从球或者呼吸上分散，就迅速地转移回来；⑤在无干扰的环境中练习两分钟；⑥接着，把球放在电视机上，将电视打开，调小音量选一个不想看的节目；⑦专注于球和呼吸上，每当注意分散到电视的声音和图像时就迅速转移回来；⑧在有干扰的环境下练习1分半钟。

（五）识别和转移注意练习

比赛越重要竞争越激烈，运动员越容易受到各种无关因素的干扰，越难以集中注意力。当运动员担心一个甚至多个无关或不可控制的事物时，将导致一系列消极的紧张应激反应。首先，会开始紧张焦虑并感觉身体绷紧；接着，会失去自信；之后，作为前两者的直接结果，竞技运动表现将会迅速下降。识别和转移注意技能训练有助于提高运动员的竞赛专注能力，主要有两个步骤：

（1）识别。

识别到注意的分散，意识到自己正在聚焦的是不可控制的事情，无法控制的事情是指在赛前或赛中直接在自身控制之外的任何因素。下面是一些典型的不可控的因素：比赛规模的大小，队友的表现，对手的体型、力量、才能、声誉、攻击性等，裁判，天气（温度，是否下雨、下雪），现场条件，运气的好坏，教练员和首发阵容和上场时间，比赛剩余时间，自身状况（身体和情绪，如疾病，疲劳，受伤等），他人的期望，观众（重要人物在球场），与未来和结果相关的事情如获胜、得分等，关于过去的事情（失误、上一场比赛、错失的机会等），意外（受伤、比赛延迟等）等。这些不可控事物本身不会直接引起运动员的焦虑情绪，但是如果运动员过多注意这些不可控制事情，不能迅速地意识到自己的注意状态，并立即将注意力集中到那些你可以控制的事情上，势必会影响运动表现。

（2）转移。

当运动员意识到注意分散时，就需要学会迅速将注意力转移开。迅速将分散的注意转移到重要的事情上来，快速地将焦点返回到可以控制的和重要的事情上。重要的事情就是当下的感觉，当前时刻正在执行的任务。运动员需要专注于球、队友、自己的呼吸、节奏、战术反应以及其他与完成技战术有关的事情。尽可能地避免"思考或纠结"其他与运动表现无关的事情。

运动员偶尔注意力不集中实属正常，但是，对自己走神没有觉察，例如较长时间的沉浸在先前的失误上等，就会影响到运动表现。拉里·伯德和迈克尔·乔丹之所以伟大就在于他们能快速地从失误和失球的影响中解脱出来。

（六）篮球运动员的正念训练

正念是原始佛教中最核心的禅法，又称观禅、坐禅、心智觉知、冥心等，是一种积极开放、专注当下的注意状态。正念于二十世纪七八十年代介绍到西方，由乔·卡巴金等学者介绍和科学研究，渐渐改良和整合为当代心理治疗中最重要的概念和技术之一。正念是有意识、不带评判地觉察当下，是一种好奇、开放、接受的态度。正念训练的要点即是自我注意调节，通过保持注意、转移注意以及避免对注意的刻意处理达到专注当下的注意状态。

正念训练是一种被现代神经科学证实了的有效技术，通过自我注意调节，主要是呼吸练习产生一系列显著的神经生理反应，进而产生镇定专注的心理状态。正念训练有助于提高心理功能，降低应激压力，甚至可以提高个体身处逆境的承受能力。许多最成功的运动员都进行正念训练，如科比·布莱恩特、勒布朗·詹姆斯、斯蒂芬·库里、诺瓦克·德约科维奇等。

在《11枚戒指》一书中，禅师菲尔·杰克逊阐释了篮球比赛中正念的含义："正念要求在每一场比赛前都要对球队的战术安排有清楚的了解，还有了解对手的应对策略。同时要求打球时要头脑清晰，在正确的时间做出正确的动作。在比赛进行的任何时候，无论上场还是坐在场下,都要时刻保持清醒的意识。"

在《公牛王朝》一书中,禅师菲尔·杰克逊讲述了进行正念训练的切身体验:"对身为篮球选手的我而言,我在头脑清楚而胸无成竹的时候,譬如说不刻意想取得分数或不刻意跟哪位对手较劲,打起球来更能出色发挥。我对坐禅观照心念的技巧愈纯熟,打起球来也愈专心。此外,我对自己在场上打球的心理过程也有深刻的认识。我在球场上的思维形式不一而定,其中有自私的(要是我拿到球,无论如何得自己上篮)和无私的(要是我拿到球,无论如何得传给布莱德雷),有愤怒(那……的张伯伦,下回他死定了)和恐惧(那……的张伯伦,下回让威利斯去对付他),有自夸自赞(漂亮,再来一个),我自责的时候更多(怎么搞的,菲尔?小学六年级的学生也能投进那一球)。诸如此类,没完没了。然而,不再专注于纷乱的心思,反倒逐渐使我的心平静下来。篮球讲究速度,心念往往也倏起倏落,仿佛跟心跳赛跑似的,而且随着比赛中压力的增长,球员很容易胡思乱想。不过,如果你老是设想比赛状况,临场时就无法随机应变了。约基·贝拉曾经这么描述棒球:'边想边打,怎么可能?'篮球亦然,只不过篮球场上变化更快罢了。要是你心有旁骛,不纵观全场做你该做的事,时机稍纵即逝。我从坐禅中学到'信任现在',尽可能全神贯注,以便无论发生任何状况都能自然地应对。我发觉,当我完全专注在行动上,不试图控制它,也没有不切实际的期待,就会有更具威力的表现。"

正念训练的方法比较简单,但是达到正念的专注忘我的境界,则需要循序渐进长期地练习。正念训练的具体方法如下:

①选择一天中的最佳时间练习,早上开始正念练习是最好的,但是如果不能每天保持固定的练习时间,那么就选择下午或晚上进行练习;

②坐在地上、垫子上或者椅子上,闭上眼睛,专注于呼吸,只专注于呼吸;

③以同样的呼吸方式,感受吸气进来,然后呼气出去,如果呼吸之间有暂停,请注意暂停的时间;

④一旦脑子里出现其他想法,就用"想法"一词提示自己,并立即将注意的焦点转回到自己的吸气和呼气上;

⑤开始练习时,每天练习5~10分钟即可,可以使用计时器提醒时间,就不用分散注意看表掌控时间。

在《11枚戒指》一书中,禅师菲尔·杰克逊谈到他请心理学家乔治·孟福德指导湖人队进行正念训练的经过,"1999年我接手湖人时,他们是一支才华横溢但异常散漫的队伍。没错,我们可以采取具体技巧来弥补这些弱点,但球员们真正需要的是让他们排除杂念,一心赢球的方法。在我担任公牛队主教练期间,球员们要面对跟踪迈克尔·乔丹的媒体大军,但跟身处流行文化中心地带的湖人队相比,那点混乱不过是小巫见大巫。为了让球员静下心来,我向他们介绍了一种我在公牛时非常成功的方法——正念静心的冥想。心理学家乔治·孟福德和我共同制订了一个计划,要求球员每天进行冥想训练,然后慢慢地把每次冥想的时间从3分钟增加到10分钟。"

心理学家乔治·孟福德的基本打坐法如下:背脊挺直坐在椅子上,目光下垂,意念集中在呼吸起伏。当你心无旁骛时(这种现象会反复出现),注意令你分神的根源(声音、念头、情绪、身体的感觉),然后,将注意力移回呼吸上。在静坐期间,注意念头和感觉，然后再专注于呼吸的过程，一再重复。乍练之下也许稍显枯燥，但当一切的经验，包括枯燥在内，都成为时时省察的对象时，这过程就变得十分有趣。

公牛队、湖人队进行正念训练后取得了显著成效。迈克尔·乔丹说："佛禅这种方法真的有效！" 心理学家乔治·孟福德并没有教乔丹去刻意赶走分心的事物，而是让乔丹去接纳它们，完全地意识、注意和观察他周围的一切，然后释然这一切，再用自己的方式实现完美的投篮。

思考题：

1. 优秀篮球运动员应具备哪些专项心理素质？
2. 如何培养篮球运动员的自信心以及怎样在篮球训练中运用目标设置技能？
3. 表象技能对篮球运动员的比赛和训练有何帮助？
4. 正念训练的作用以及如何对篮球运动员进行正念训练？

参考文献：

［1］约翰·伍登，史蒂夫·贾米森.冠军团队［M］.北京：东方出版社，2010.

［2］约翰·伍登，杰伊·卡迪.伍登教练成功法则［M］.北京：九州出版社，2014.

［3］菲尔·杰克逊.公牛王朝［M］.海口：海南出版社，1998.

［4］迈克·沙舍夫斯基，杰米·斯帕托拉.我相信你们［M］.沈阳：万卷出版公司，2011.

［5］提摩西·加尔韦.身心合一的奇迹力量［M］.北京：华夏出版社，2013.

［6］蒂姆·S·格罗弗，莎莉·莱塞·温克.野蛮进化［M］.广州：广东人民出版社，2014.

［7］约翰·伍登，史蒂夫·贾米森.我的教练，我的队［M］.北京：东方出版社，2011.

［8］菲尔·杰克逊，休·迪里汉提.11枚戒指［M］.北京：北京联合出版公司，2014.

［9］刘淑惠.实用运动心理学回答［M］.北京：人民体育出版社，1993.

［10］姚家新.竞赛心理咨询与心理训练［M］.北京：人民体育出版社，1995.

［11］乔·卡巴金.正念［M］.海口：海南出版社，2009.

第七章 篮球运动员体能训练理论与实践

【导语】：体能是篮球运动员竞技能力的重要构成部分。高水平的体能是篮球技术有效发挥的基础，是篮球战术有效实施的保障，也是提高篮球智商的物质基础。随着国际竞技体育竞争愈发激烈，体能训练逐渐成为突破篮球运动员自身能力极限的关键因素。本章重点介绍了现代篮球体能训练新理念、篮球体能训练计划制订和青少年体能训练相关知识。学习目标包括掌握现代篮球体能训练构成要素、篮球体能训练计划制订方法以及青少年篮球体能训练的注意事项。

现代篮球体能训练主要通过系统的动作准备、抗阻训练、能量代谢系统训练、快速伸缩复合训练、高水平的灵敏性及多向速度训练等，打造高水平的人体控制能力、移动能力、身体变向能力、身体在竖直方向和水平方向综合调控能力、身体加速和减速能力，以及在对抗外界干扰时的身体控制能力。现代精英篮球运动员专项体能的主要特征是：身体抗干扰能力强、爆发力强、灵敏性水平高、动作节奏感强、精细化动作控制能力强、身体重心控制力强。

第一节 现代篮球体能训练概述

一、现代体能训练发展论点

体能，也称体适能。从20世纪50年代美国健康体育娱乐协会首先使用这个概念以来，人们对于它的理解有了不断的发展。国际运动医学委员会在1964年东京奥运会期间，成立了"国际体能测试标准化委员会"，并制定了标准体能测试的6大内容（身体资源调查、运动经历调查、医学检查与测验、生理学测验、体格和身体组织测验、运动功能测验）。进入21世纪，由于美国在体能训练领域的飞速发展，国家体育总局在备战奥运会层面加强了与美国体能训练协会（NSCA）的沟通与交流。在交流的过程中，我们遇到最多的一个词汇是strength and conditioning。很多学者把它翻译为力量与体能训练或者体能训练。但对于strength and conditioning这一词汇所蕴含的内涵以及与国内体能概念的异同，学界并没有能够从理论层面进行深究。1998年，田麦久教授在《项群训练理论》中将运动员的竞技能力分为技能、体能、心理、智力四个方面。2000年出版的《运动训练学》指出，"运动员的体能是运动员机体的基本运动能力和竞技能力的重要组成部分，其发展水平由身体形态、身体机能及运动素质所决定"。这种"形态、机能和素质"的体能认知对体能训练实践产生了深远的影响。随着体育科学和运动训练实践的发展，人们发现这种观点虽然全面，但很难抓住本质。李少丹从复杂性学科的视角出发，指出传统的体能训练理论把原本整体的体能以还原论的思想分为力量、速度、耐力、灵敏、柔韧、协调等子能力及形态与机能，这种还原论的分类思想在运动训练领域曾经被证明是极为有效的，但随着职业体育的发展，传统的体能训练理论受到了前所未有的挑战，很难解释训练实践中遇到的问题，预示着对传统体能训练理念提出了更高的要求。德国专家Hartman等人认为，体能是以人体三大能量代谢活动为基础，通过神经-肌肉系统表现出来的运动能力，从生物化学的观点分析，运动员体能发展水平的高低主要取决于运动过程中的能量供给、转移和利用的整合能力。袁守龙在研究国际体能训练发展趋势的基础上，提出了对身体运动功能训练的新观点，认为体能训练是以现实训练目标为牵引，不断提高神经系统募集肌肉群的输出功率，提高技术动作效率，优化训练效益；现代体能训练是以动作模式为基础，不断提高人体多种类、多平面、多系统的协同控制能力；体能训练的内容要素包括功能动作筛查、动作准备、核心柱力量、动力链训练、脊柱功能、能量再生训练、快速伸缩复合训练、单向多向速度、对抗训练等；体能训练的功能结构是提高能力、动态恢复、防治伤病三位一体的。

近十余年来，以美国为代表的国际高水平职业运动队，广泛采用了身体功能训练的方法，在运动损伤预防、训练效率提高、竞技能力提升及运动寿命延长等方面均取得了良好的成效。身体功能训练也成为当前世界运动训练领域的理论和实践热点。身体功能训练是一种注重身体基本姿态和人体动作模式，整合机体各项素质用于优化人体最基本的运动能力，对动作模式、脊柱力量、动力链、恢复与再生等环节进行系统性优化，达到提高专项运动能力的一种训练理念和方法体系。身体功能训练打破了以往一般训练和专项训练的范畴，强调"像准备比赛那样准备训练"；强调体能训练的针对性和实战性；强调训练控制下的多维性和动态性；强调与运动专项的结合和比赛中的有效输出。在训练理念方面：强调训练的是动作而不是肌肉；强调要首先解决身体的不对称、不平衡、不协调的问题，恢复机体的"功能"作用，动态姿势的调整和平衡所有训练的基础；强调构建正确"动作模式"的控制力和精确性练习；强调在专项运动训练前训练基本动作技能；强调多关节、多平面、多维度内身体姿态的参与和协调发展；强调训练中本体感受器官的参与，在负荷与速度的变化过程中完成动作；强调动作的质量和效果，而不是动作的负荷强度和负荷量；强调机体的主动恢复和再生训练，休息和训练同样重要。

身体功能训练是当前竞技体育发展新形势下运动训练模式的一次革新，其实效性和先进性已在全球范围内被实践证明。但是身体功能训练不是万能的，在发展基础力量、基础耐力等多个方面仍需要传统的训练方法和手段。传统体能训练包括一般体能训练和专项体能训练，一般体能训练即通常说的基础性体能训练，是运用多样的身体练习方法和手段，用负荷来提升人体各器官的系统机能（如有氧能力、无氧能力），发展运动员的身体素质，改进运动员的身体形态的训练模式。专项体能训练是指与运动专项结合的各种动作练习，比如，篮球的专项步法练习、跳水的倒立支撑练习、游泳的铁板卧拉等。传统训练的模式有其不可取代的一面，但也存在不足，如一些队伍的体能训练还停留在组合器材使用上，这对于发展局部肌肉和提高力量水平的作用是显著的，但训练时固定、单一的动作轨迹，使得身体的部分区域或肌肉群孤立发展，特别是在持续高强度的训练模式下，往往会增加运动员的潜在伤病风险。

在功能训练与专项结合问题上，这种强调以实现和发展"身体功能"为核心的方法体系，与传统专项训练的理念从根本上并不矛盾。首先功能训练并不能取代专项训练，而是应为专项训练打基础，通过改善机体不对称和不平衡的问题，提高整体训练质量；其次在专项训练出现瓶颈的时候，通过身体功能训练系统性提高人体的动作能力，有助于实现专项成绩的突破；另外，功能训练体系中有许多具体的动作模式，都是围绕专项设计的训练动作，从某种程度上是专项训练的实战准备阶段或专项体能训练的一种创新方法。

身体功能训练绝不是全盘否定传统训练方法，在力量发展和强化专项能力等多方面仍需要传统方法。两者之间要紧密衔接，填补空隙。有观点认为功能训练与一般体能训练、专项体能训练互为依托，共同构筑起现代竞技体能的三大支柱。该观点认为传统一般体能训练与专项体能训练有交叉部分，而功能训练包含此部分，并且是介于一般体能和专项体能之间符合人体运动能力发展和运动专项需求的一种能力。这种能力可以使机体的基础体能更好地向专项体能转化。实际上，在传统的一般体能训练中，也会渗透着功能训练的手段，而专项训练中亦有功能训练的介入。此外，功能训练的范畴还包括之前传统的一般体能和专项体能没有涉及的领域，如与康复结合的伤病预防练习、恢复与再生训练等，并在其中融合了更为丰富的方法手段。但最大的区别在于功能训练在理念和方法上包含了核心训练、动态平衡、本体感受控制、动作模式、动力链等特征，三者之间是一个有机过渡和循序渐进的过程，共同构成了良好运动表现的基石（图7-1）。

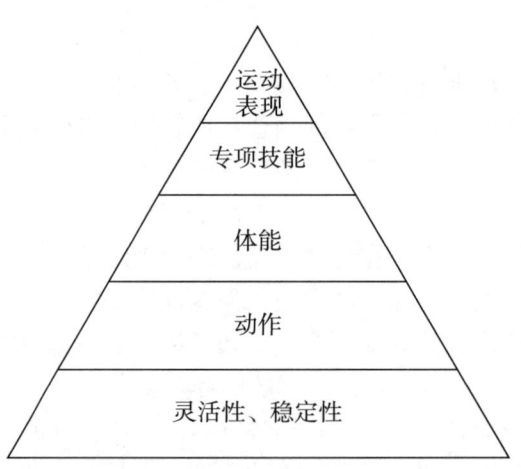

图7-1　运动表现金字塔与功能性动作系统

综上所述，现代体能训练的关键因素是神经-肌肉系统、能量代谢系统及动作模式。在体能训练实践中，我们需要根据项目特征来选择动作模式进行体能训练，但对项目特征的准确理解不应停留在专项运动的外形上，而应该深入到神经与肌肉的内在运动水平层面。运动项目的外在特征只能反映运动结果，而造成这种结果的原因主要在于机体的神经-肌肉系统和能量代谢系统。因此，只有抓住了运动项目中神经-肌肉系统的工作模式及能力代谢系统的特征，才能抓住运动项目的本质特征，只有基于对项目特征的深刻理解，才能选择适宜的动作模式进行高效的体能训练。在运动训练中，只有充分掌握运动过程中能量代谢系统的运转规律,才能制定出符合项目特点的训练负荷。

二、篮球运动员体能特征

篮球比赛活动的特点是大范围的移动和频繁的换位。如比赛中快速持球突破、传切配合、跳起争抢球、跳投、防守滑步、移动换位以及快速的攻防转换等,完成这些动作大都在10秒以内,且强度较大,因此ATP-CP系统是篮球运动中起主要作用的能量系统。一场高水平篮球比赛,运动员移动距离大约5000米,一次犯规或罚球的时间磷酸原系统只能恢复一半,因此机体需要动用糖酵解供能来完成,而糖酵解供能在20~30分钟内也只能恢复一半,比赛中运动员不时的会以慢跑、走动、暂停休息等形式进行调整与恢复,这种方式对运动员机体的有氧供能要求很高,可为运动员磷酸原代谢系统的能量代谢以及乳酸的消除起到积极的作用,并延缓疲劳的出现。因此,根据篮球运动竞赛特点,机体所需要的能源是以有氧代谢系统供能(约15%)为基础,无氧代谢系统供能(约85%)为主。

篮球作为一项高强度、高对抗的运动项目,运动员在比赛中通过各种技术动作,在速度与平衡的博弈中创造时间与空间的优势,最终完成投篮。篮球运动员的力量训练的最终目的具体表现在运动员足够强壮、跑得快、跳得高、变向快等方面。因此,篮球运动是以最大力量为基础,以此提高运动员肌肉的神经支配能力;以力量速度和速度力量为核心,以此提高运动员的爆发能力。

篮球运动员动作模式的质量是灵活性与稳定性和谐共舞的结果。一名优秀的篮球运动员的灵敏能力的主要特征表现为:速度变换快;加速、减速和急停动作实效性强;身体运动方向变换准确;身体运动方式变换动作衔接流畅;预判正确和反应性动作快而有力;动作敏捷并协调省力。因此,篮球运动需要运动员具备灵活性和稳定性良好融合的身体控制能力。

第二节 篮球运动员体能测试与评价

测试和能力评价的方法对于全面评价篮球运动员的体能至关重要,可以客观反映运动员的速度、力量、爆发力、灵敏和柔韧能力。有效的测试程序包括:①开发和选用规范化的标准和数据;②采用已被证明正确的、可多次重复测试的方法;③建立属于球队自己的、安全有效且能解决实际需要的正确测试程序。所采集数据通过分析和反馈可以帮助教练员及时发现训练计划中存在的不足,使其不断调整和改进训练计划,最终达到提高训练计划质量的目的。对所有运动员和教练员来说,测试的数据需要进行选择和处理,同时对比分析,选取有价值的信息,从而更好地协助教练员制订计划,同时激励运动员更加刻苦地训练和比赛。篮球体能测试包括FMS、平衡、耐力、力量、爆发力、速度、灵敏、柔韧和体形测量等,每种素质都包括大量测试方法,因此,测试项目必须针对篮球项目和参与者特征来设置。测试结束后,数据解读是关键环节,需要根据一定的标准进行对比分析或与本人之前的成绩进行对比,然后制订合理的训练计划。

一、篮球运动员体能测试与评估需要考虑的问题

运动成绩的评价需要很多相关因素解释。体能教练员需要了解影响运动成绩的因素，这些因素包括身体形态、肌纤维类型、运动员训练状态以及测试的专项性、科学性、有效性和可靠性。一般力量与体型成正相关，篮球项目力量、爆发力测试中要考虑体重的影响。运动训练很难明显改变运动员肌纤维类型，因此先天因素就很重要。例如，篮球运动员快肌比例高说明其爆发力和速度更强一些。这就需要了解运动员的生理限制因素可能对运动员潜在提升空间的影响。同时，运动员的训练经历在很大程度上决定了潜在的竞技能力提高幅度，甚至可以说，训练经历越丰富，竞技能力提升空间越小。

篮球体能测试内容和方法的选择主要根据篮球专项体能的构成要素。一个典型的测试内容包括上下肢力量测试、爆发力测试、速度和灵敏测试、心血管耐力、体成分和柔韧性。对于运动员评价，合适的测试内容取决于篮球项目的竞技需要。当确定评价内容后，就需要确定测试的信度、效度、专项性及篮球项目相关的评价，另外要获得准确的评价，需要安排有组织的测试。要从评价中获得更多信息，必须在整个训练年度中开展评价工作，每次评价的目标可以不同。根据确定的训练目标，在年度训练开始和结束时要进行诊断评价训练计划的有效性、评价运动员参赛准备的情况。测试项目顺序安排是测试管理中需重要考虑的问题。一般来说，首先安排最小疲劳的测试项目，对运动技能水平要求较高的测试项目（灵敏）应安排在所有容易疲劳的测试项目前进行。任何导致运动员疲劳的测试项目都可能会影响后续测试项目的测试结果。当测试工作时间持续较长时，最易造成疲劳的测试项目应安排在最后进行。测试结束后，运动员的个人测试结果要与之前测试结果进行比较，以便于为评价运动员潜力、安排训练方法、确立新的训练目标和激励运动员刻苦训练提供参考。

二、美国篮球体能测试方法简介

美国的篮球体能训练大致分为运动能力测量、评估、设计体能训练计划、制定体能发展目标和体能训练计划的实施等几个步骤。美国体能协会对其所注册运动员的所有测试数据都进行统计和积累，并且建立长期纵向的跟踪研究评价体系。根据SPARQ训练理念，美国体能训练专家将篮球项目运动员所需要的体能分为速度、力量、灵敏、反应和快速起动五个部分，每种身体素质都有严格的专门训练方法。美国体能协会主席Brown博士指出，身体测试主要是评价运动员体能薄弱环节，测试项目包括：绝对力量（1RM）、柔韧性（关节活动度）、爆发力、速度、身体成分（身体脂肪含量）、肌肉耐力（重复完成负重练习的能力）和心血管耐力。《NBA体能训练》一书指出，篮球训练体能等级应从以下几个方面测定：①爆发力：纵跳；②灵活性：20码（1码约为0.9米）跑；③身体素质：300码折返跑；④肌肉力量和耐力：俯卧撑、引体向上、仰卧起坐；⑤柔韧性：坐位体前屈；⑥身体组织：皮褶厚度测试，并制定了各项目得分对照表，用来评价运动员的体能等级。自2000年开始，NBA构建了预选秀测试体系。每年NBA新秀训练营都要测试新秀的赤脚身

高、穿鞋身高、体重、臂展、站立摸高、体脂含量、原地纵跳摸高、最大纵跳摸高、卧推、折返跑和3/4场地冲刺跑等项目，专项测试由投篮、控球、防守技术、一对一、二对二、三对三的比赛构成。美国NBA体能教练员协会确定了基本测试类别和方法：①下肢爆发力：原地纵跳、最大纵跳（助跑摸高）；②灵敏：限制区灵敏测试；③速度：四分之三场地冲刺跑；④上肢力量：卧推；⑤柔韧性：坐位体前屈；⑥体能测试：边线之间4组17次跑、端线之间4组10次跑。通过与所有运动员测试成绩平均值的比较可以得出自己的差距。Preparing to Play Basketball在书中论述了篮球体能测试项目和方法：（身体成分：身高、体重和身体脂肪含量）速度（半场冲刺跑、全场冲刺跑、见线折返）；弹跳（原地摸高、纵跳摸高）；力量和爆发力（半蹲、1/4蹲和深蹲、斜板卧推、直板卧推、引体向上和高翻）；柔韧（坐位体前屈）。

近几年，随着身体运动功能性训练的兴起，功能动作筛查（FMS）成为评价运动员运动能力的重要方法。功能动作筛查是一项包含七个基本动作（深蹲、跨栏架步、直线弓箭步、肩部灵活性、主动直膝抬腿、躯干稳定俯卧撑、躯干旋转稳定性）的运动损伤风险筛查测试，通过观察运动员完成规定动作的质量，体能训练师可以快速地发现身体在运动过程中存在的灵活性、稳定性或神经–肌肉控制力等问题，然后通过设计合理的纠正动作练习来矫正人体运动过程中存在的缺陷，从而重建动作模式，并降低运动损伤风险。

综上所述，美国体能训练已有40多年历史，制定了科学合理的体能训练评价体系，根据篮球项目特征，所测试的项目基本相同，并针对不同的群体制定了详细的评价标准，可以对运动员的体能状况进行科学评估，值得国内借鉴。

三、我国篮球运动员体能测试方法简介

2011年5月4日，中国篮协公布了2011年CBA球队集训安排，规定所有CBA参赛运动员必须参训，并进行专项身体素质测验，测验未通过者将不能获得新赛季注册资格。这是中国篮协继2005年取消体能测试（主要测试3200米跑）后，时隔六年又重新恢复体测。中国篮协重启体测的主要目的：一方面是建立一个比较完备的球员身体机能状态评价体系数据库，为今后追踪、监控和指导训练打下基础；另一方面是为了促进训练，帮助球员提高身体对抗能力。经历了7年的测试方法和标准修订，最终，青年男女篮球运动员和成年男女篮球运动员逐渐制定出了合理的测试方法和评价标准。2011年CBA、WCBA、NBL和青年男女篮球运动员测试共设4个专项身体素质测验项目，包括负重深蹲（3RM）、负重卧推（3RM）、体前屈柔韧度、15米×17次跑（4组）。其中15米×17次跑是必须达标的项目。2012年，CBA、WCBA、NBL和青年男女篮球运动员测试设立10个测试项目，包括内外线强度投篮（要求球员自己选择投2分球或者3分球，在两分钟时间内，分别完成15次或20次投篮，平均每次出手时间以外线队员5秒以内、内线队员4秒以内为合格）、运球折返"8"字上篮、三角脚步移动、全场攻防转换、双手胸前传球、负重深蹲（3RM）、负重卧推（3RM）、3/4场地冲刺跑、纵跳摸高、15米×17次跑（4组）。2013年和2014年，CBA、WCBA和NBL运动员测试项目降为4项，包括强度投篮、负重深蹲、负重卧推、15米×17次跑。2014年到2015年青年男女篮球运动员测试项目调整为2分钟强度投篮、运

球折返"8"字上篮、防守滑步、持球突破技术、双手胸前传球、负重深蹲、负重卧推、3/4 场冲刺跑、纵跳摸高、15 米×17 次跑。2016年，青年男女篮球运动员测试项目调整为强度投篮、综合变向运球、防守滑步、接球急停突破投篮、负重深蹲、负重卧推、纵跳摸高、15 米×17 次跑8项，并制定了详细的评价标准。

第三节 篮球运动员体能训练计划制订

按照周期理论，篮球运动员体能训练分为赛季前、赛季中和赛季后三个阶段，其中赛季结前阶段是运动员储备体能的最重要时期。赛季中阶段日常训练包括动作准备、模拟比赛练习，若有必要可安排额外的能量代谢系统训练、抗阻训练、恢复再生练习。由于快速伸缩复合动作和灵敏动作在模拟比赛中经常出现，这些动作练习要在赛季训练中合理安排，赛季中阶段运动员能量代谢系统训练也主要来自模拟比赛练习和正式比赛模拟，比赛结束后可进行抗阻训练，也可以安排在模拟比赛前。赛季结束期间的训练每周包括四个训练日，周一、周四的训练包括动作准备、下肢抗阻训练、能量代谢系统训练和放松练习；周二、周五的训练包括动作准备、上肢抗阻训练、快速伸缩复合训练、灵敏素质训练和放松练习。所有训练课应该从动作准备开始，然后在周一、周四进行上半身举重训练、弹跳力训练、灵活性训练，也可以先完成弹跳力训练和灵活性训练，再进行抗阻练习。周二、周五的训练课，动作准备后期下半身的举重训练，然后是快步跑，后面安排冲刺跑，也可以选择在举重训练前完成冲刺跑，或在周三和周六完成冲刺跑练习。速度训练若没有安排在12周训练计划中，可从第七周开始，安排在周三、周六进行。具体赛季结束体能训练计划完整安排见表7-1。

表7-1 赛季结束后完整的体能训练计划

周次	周一	周二	周三	周四	周五	周六
第一周	热身运动 伸展运动 上半身举重练习 弹跳力练习 灵活性练习 放松运动	热身运动 伸展运动 下半身举重练习 快速跑 放松运动		热身运动 伸展运动 上半身举重练习 弹跳力练习 灵活性练习 放松运动	热身运动 伸展运动 下半身举重练习 快速跑 放松运动	
第二周	热身运动 伸展运动 上半身举重练习 弹跳力练习 灵活性练习 放松运动	热身运动 伸展运动 下半身举重练习 快速跑 放松运动		热身运动 伸展运动 上半身举重练习 弹跳力练习 灵活性练习 放松运动	热身运动 伸展运动 下半身举重练习 快速跑 放松运动	
第三周	热身运动 伸展运动 上半身举重练习 弹跳力练习 灵活性练习 放松运动	热身运动 伸展运动 下半身举重练习 快速跑 放松运动		热身运动 伸展运动 上半身举重练习 弹跳力练习 灵活性练习 放松运动	热身运动 伸展运动 下半身举重练习 快速跑 放松运动	

（续表）

周次	周一	周二	周三	周四	周五	周六
第四周	热身运动 伸展运动 上半身举重练习 弹跳力练习 灵活性练习 放松运动	热身运动 伸展运动 下半身举重练习 快速跑 放松运动		热身运动 伸展运动 上半身举重练习 弹跳力练习 灵活性练习 放松运动	热身运动 伸展运动 下半身举重练习 快速跑 放松运动	
第五周	热身运动 伸展运动 上半身举重练习 弹跳力练习 灵活性练习 放松运动	热身运动 伸展运动 下半身举重练习 快速跑 放松运动		热身运动 伸展运动 上半身举重练习 弹跳力练习 灵活性练习 放松运动	热身运动 伸展运动 下半身举重练习 快速跑 放松运动	
第六周	热身运动 伸展运动 上半身举重练习 弹跳力练习 灵活性练习 放松运动	热身运动 伸展运动 下半身举重练习 快速跑 放松运动		热身运动 伸展运动 上半身举重练习 弹跳力练习 灵活性练习 放松运动	热身运动 伸展运动 下半身举重练习 快速跑 放松运动	
第七周	热身运动 伸展运动 上半身举重练习 弹跳力练习 灵活性练习 放松运动	热身运动 伸展运动 下半身举重练习 冲刺跑 放松运动	冲刺跑	热身运动 伸展运动 上半身举重练习 弹跳力练习 灵活性练习 放松运动	热身运动 伸展运动 下半身举重练习 冲刺跑 放松运动	冲刺跑
第八周	热身运动 伸展运动 上半身举重练习 弹跳力练习 灵活性练习 放松运动	热身运动 伸展运动 下半身举重练习 冲刺跑 放松运动	冲刺跑	热身运动 伸展运动 上半身举重练习 弹跳力练习 灵活性练习 放松运动	热身运动 伸展运动 下半身举重练习 冲刺跑 放松运动	冲刺跑
第九周	热身运动 伸展运动 上半身举重练习 弹跳力练习 灵活性练习 放松运动	热身运动 伸展运动 下半身举重练习 冲刺跑 放松运动	冲刺跑	热身运动 伸展运动 上半身举重练习 弹跳力练习 灵活性练习 放松运动	热身运动 伸展运动 下半身举重练习 冲刺跑 放松运动	冲刺跑
第十周	热身运动 伸展运动 上半身举重练习 弹跳力练习 灵活性练习 放松运动	热身运动 伸展运动 下半身举重练习 冲刺跑 放松运动	冲刺跑	热身运动 伸展运动 上半身举重练习 弹跳力练习 灵活性练习 放松运动	热身运动 伸展运动 下半身举重练习 冲刺跑 放松运动	冲刺跑

（续表）

周次	周一	周二	周三	周四	周五	周六
第十一周	热身运动 伸展运动 上半身举重练习 弹跳力练习 灵活性练习 放松运动	热身运动 伸展运动 下半身举重练习 冲刺跑 放松运动	冲刺跑	热身运动 伸展运动 上半身举重练习 弹跳力练习 灵活性练习 放松运动	热身运动 伸展运动 下半身举重练习 冲刺跑 放松运动	冲刺跑
第十二周	热身运动 伸展运动 上半身举重练习 弹跳力练习 灵活性练习 放松运动	热身运动 伸展运动 下半身举重练习 冲刺跑 放松运动	冲刺跑	热身运动 伸展运动 上半身举重练习 弹跳力练习 灵活性练习 放松运动	热身运动 伸展运动 下半身举重练习 冲刺跑 放松运动	冲刺跑

一、动作准备

动作准备属于准备活动的一种新的模式，它是为满足运动员对日常训练和比赛的特殊要求而准备的一套有效的、系统的和个性化的练习方法。动作准备是预防运动损伤和提高竞技能力的有效训练手段之一。动作准备可以解决传统准备活动存在的诸如与专项结合不够紧密、神经兴奋程度不足、过度强调静态拉伸和跑步练习等问题。动作准备强调通过动态的方式进行强度递增的动作练习，这样能增加身体温度、有效伸展肌肉、增强关节活动度、激活肌肉本体感受功能、逐步提高神经系统的兴奋性。动作准备练习可以整合和强化人体运动的基本动作模式和符合运动专项需求的动作模式，建立起神经系统和肌肉系统之间的有效反馈，并且能提高动作的经济性，提升训练或比赛时的动作效率。

（一）动作准备的内容板块

（1）臀部激活：臀肌是人体最大的单块肌肉，可以提供强大的力量和爆发力，同时臀部肌肉是维持脊柱功能的基础，也是连接上肢运动链和下肢运动链的枢纽。在动作准备中，通过臀部激活手段，促使臀部肌肉较为充分动员，从而在激活后主动参与到运动中去。臀部激活首先要求保持运动基本姿势，其次通过在膝关节及踝关节上部套上迷你带，进行以髋关节为主要运动环节的动作练习，包括原地练习、纵行练习和横行练习。

（2）动态拉伸：是以动态的方式进行拉伸练习，强调是由各个基本的动作模式所组成：通常选择4~8个动作，每个动作在最大拉伸范围处仅保持1~2秒，对全身各个主要肌群进行有序拉伸。实践中应先对髋部各肌群的拉伸动作进行练习，再进行多关节参与的拉伸动作练习。

（3）动作技能整合：动作技能整合练习是基于动作模式的练习，优质的动作模式才是强大动作绩效的本源和动作安全的最佳保障。动作整合中强调在身体整体动力链的参与下，建立起在神经支配下各运动系统之间的联系，使得身体各环节有序地进行组合运动，从而强化整体的动作模式，包括基本姿势练习、快速伸缩复合准备练习和动作技能准备练习。

（4）神经激活：进行神经激活练习时，一般以运动基本姿势为基本起始动作，进行快速移动练习和反应练习，力求在短时间内完成尽可能多的动作重复次数或依据口令做出相应的动作反应，包括原地练习、纵向练习、横向练习、旋转练习。

（二）动作准备计划案例

动作准备总体时间控制在15~30分钟，动作之间基本无间歇，练习之间转换时自然过渡。臀部激活应选择2~4个动作，动态拉伸部分应选择4~8个动作，动作技能整合和神经激活部分各选择2~3个动作。每个部分的动作都只做1~2组，神经激活每个动作身体每侧重复10~15次，动态拉伸部分每个动作做4~6次，动作技能整合单边动作每遍行进距离10~20米，神经激活部分每次持续10秒左右。动作选择要考虑篮球项目的特殊需求和将要进行训练课的主体训练内容，进行有针对性的动作准备。动态拉伸的动作选择主要根据在主体训练中采用的动作模式和参与的肌肉而定（表7-2）。

表7-2 动作准备技巧设计方案示例

序号	练习内容	动作选择	次数/时间	组数
1	臀部激活	迷你带—深蹲 迷你带—运动姿势纵向走	8次 每5次	1组 1组
2	动态拉伸	抱膝前进、后交叉弓步、脚后跟抵臀—手臂上伸、最伟大拉伸、反向腘绳肌拉伸、向后弓步+转体、侧弓步移动	每3~5次	各1组
3	动作技能整合	纵向军步走、纵向垫步走 双腿基本姿势—跳蹲—成双腿运动姿势支撑 双腿基本姿势—跳蹲—成单腿运动姿势支撑	10~20米行进距离 每5次 每5次	各1组 1组 1组
4	神经激活	快速反应—2英寸（约5厘米）碎步跑 快速反应—单侧快速提腿	3~8秒 3~8秒	2组 2组

二、抗阻训练计划制订

抗阻训练是篮球体能训练最重要的训练形式。其作用是通过增强肌肉力量素质、速度素质、平衡性和协调性来提高运动成绩。有效的抗阻训练应符合运动员的需求，并通过需求分析达到个人目标，而个性化的抗阻训练计划最具有成效。这需要搜集相关信息，从而根据运动员的健康状态进行抗阻训练。进行抗阻训练前需要解决以下问题。

（1）是否存在可能影响训练内容或训练强度的健康问题或伤病。
（2）哪些类型的力量器械可供使用。
（3）训练频率如何确定（要与主教练沟通协调好每周可确保的训练次数和训练时间）。
（4）训练哪些肌群（所有大肌群都要训练，但是要确保主动肌和对抗肌平衡发展）。
（5）针对供能系统是哪些（抗阻训练计划大多针对ATP-CP系统和糖酵解系统进行训练，应注意上述两种系统是否满足篮球专项需要）。

（6）需要哪种肌肉收缩方式是向心收缩、离心收缩还是等长收缩（让运动员定期练习特定的肌肉收缩方式的动作模式，以产生特定的适应性反应）。

（7）如何针对篮球训练中最常见的受伤部位进行训练（训练的重点应放在那些最容易受伤的部位）。

（一）抗阻训练计划设计要素

抗阻训练计划设计要素包括①需求分析；②训练动作选择；③训练频率；④训练动作的顺序；⑤训练负荷与重复次数；⑥训练量；⑦休息时间。

1. 需求分析

需求分析包括篮球运动项目需要及特性评估和运动员评估两个方面。

（1）篮球运动项目需要及特性评估。

篮球运动项目需要及特性评估包括：动作分析——躯干与肢体的动作模式与参与肌群；生理分析——肌力、爆发力、肌肉肥大与肌肉耐力的优先顺序；伤病分析——受伤的关节与肌肉部位，以及造成伤病的原因；篮球运动其他特性分析——所需心肺耐力、速度、灵敏与柔韧。抗阻训练应重点关注生理分析结果。

（2）运动员评估。

运动员评估主要是建立档案，是指经过评估训练与受伤状况、进行系列体能测试、评估测试结果与决定训练主要目标之后，建立运动员的需求与目标。评估的过程愈个别化，设计的个人抗阻训练计划愈有特殊性。评估训练和受伤状况应重点考量目前运动员体能状况、已有的准备程度、运动员可能影响训练的伤病、运动员训练背景等。运动员训练背景要检查以往训练计划的安排、最近一次有规律参加训练的长度、前一次训练计划的训练强度和训练动作的技术水平等。体能测验与评估包括进行肌力、柔韧、爆发力、速度、肌耐力、身体成分和心肺耐力等指协的测定，根据测试结果分析运动员的优点和缺点。主要阻力训练目标的确定是由运动员体能测试结果、专项运动的动作与生理分析结果及运动季节的优先重点所决定。

2. 训练动作选择

体能教练员为能做出正确的选择，必须要了解各种阻力训练动作方式、篮球项目的动作分析、运动员的动作技术经验、可用的训练设备及训练时间。

（1）训练动作方式。

训练动作方式可依据参与肌群的大小以及对于运动动作的贡献程度分为核心训练动作和辅助训练动作。核心训练动作是动用一种或以上的大肌肉群，包含两个或两个以上主要关节（多关节训练动作），因可直接用于篮球运动，在选择训练动作时，要优先选用（如深蹲）。辅助训练动作通常用于小肌肉群，只含一个主要关节（即单关节训练动作），且对成绩并不重要，辅助训练动作通常限于特殊肌肉或肌群，通常用于伤害预防与康复。

训练动作方式也可分为结构性训练动作和爆发性训练动作。结构性动作是强调直接或间接对脊柱施加负荷的核心训练动作；爆发性训练动作是非常快速进行的结构性训练动作。

（2）篮球运动项目动作分析。

篮球抗阻力训练动作必须与篮球项目运动的参与肌群、躯干和肌体的动作模式，以及关节活动范围相似，且要使肌肉均衡发展，以减少不当训练引发的受伤危险。训练动作与真实的运动动作愈相似，正向迁移的可能性愈高。

（3）肌肉平衡。

根据篮球运动的特殊需要，选用训练动作时，应该顾及维持关节两端肌群间，以及拮抗肌群间的肌力平衡，避免主动肌和拮抗肌之间的不相对称而增加受伤的危险。肌肉平衡并非肌力相等，而是某一肌肉或肌群的肌力、爆发力或肌肉耐力与另一肌肉或肌群相比，具有适当的比例。

（4）训练动作的技术经验。

当对运动员是否能以正确的技术执行训练动作有疑虑时，体能教练员应要求其试做该训练动作，技术如有任何错误，应给予充分指导。若运动员技术尚未熟练，常被推荐采用重训器械的训练动作，以及使用移动式重训器材的辅助训练动作。

（5）可用的阻力训练设备。

选择训练动作，必须考虑可用的训练设备。缺乏某项设备，就有可能被迫选用不符合篮球运动特性的训练动作。

（6）每次训练课可用时间。

体能教练员必须依据执行某一训练动作所需时间，衡量该训练动作的价值。有些训练时间耗时较长，若训练课的可用时间有限，就要优先考虑时间效益较高的训练动作。

3. 训练频率

训练频率是在一定期间内完成的训练课次数。体能教练员决定训练频率必须考虑运动员的训练状态、运动季节、训练负荷、训练动作方式和目前同时进行的其他训练或活动。

（1）训练状态。

运动员接受训练的准备程度，会影响到两次训练课之间需要的休息天数。在传统的训练学中，许多运动员都被建议每周训练三天，从而可以充分休息。当运动员已对训练产生适应，体能逐渐变化时，每周训练时间会考虑增加为四天，甚至可能增加到六七天。针对同肌群实施训练时，安排训练课的一般原则是两次训练课之间，至少休息或恢复一天，但不可超过三天。高水平运动员可采用分隔法，在不同时间训练不同肌群以增加训练次数。

（2）运动季节。

影响训练频率的另一个因素是运动季节。例如，赛季中需要更加强调篮球专项技战术练习，就需要降低体能训练的时间，因篮球技战术训练，往往导致体能训练时间受到影响。

（3）训练负荷与训练动作方式。

实施最大或近乎最大负荷训练的运动员，在下一次训练课前，需要较多的恢复时间。相邻训练日变换轻的与重的训练负荷，可使训练更加频繁。一般单关节训练动作方式的恢复比多关节训练动作方式恢复得快。

（4）其他训练。

训练频率也会受施加训练负荷总量的影响。因此体能教练员必须考虑各种训练方式的影响。若篮球技战术训练中已经包括有氧或无氧训练，就应减少阻力训练的频率。

4. 训练动作的顺序

训练动作的顺序是指训练课中阻力训练动作的实施顺序。其安排是依据某一训练动作对另一训练动作执行品质与技术的影响而定。训练动作顺序的正确安排通常使运动员能以正确的技术、用最大的力量完成一组训练（有足够的休息时间或恢复时间之后）。

（1）爆发力的、其他核心的及辅助的训练动作顺序安排。

训练中首先实施爆发性训练动作，接着安排其他非爆发性核心训练动作，最后安排辅助性训练动作。也可称为先多关节训练动作，后单关节训练动作；或先大肌群训练，后小肌群训练。实施爆发性训练动作时要专心，所有动作都需高超的技术水准，且易受疲劳影响。没有选用爆发性训练动作时，要先安排核心的训练动作，后安排辅助的训练动作。也可采用前衰竭法，是指有意地先做单关节训练动作，使大肌群疲劳，然后再对相同的大肌群做多关节训练动作。

（2）上身与下身的训练动作（交替）顺序安排。

上身训练动作与下身训练动作交替实施，能使运动员在两个训练动作之间获得更加充分的恢复机会。若训练时间有限，可使两个训练动作之间的休息时间减到最低，而使身体相同部位训练之间的休息时间加到最大。

（3）推与拉的训练动作（交替）顺序安排。

这种安排方法，能使连续的两个（或两组）训练动作，不会动用相同的肌群，从而减轻参与肌群的疲劳。

（4）超集组和复合组顺序安排。

安排训练动作顺序的另一个方法，是要运动员做一组由两个动作组成的训练，期间很少或没有休息。两个常见的例子是超集组和复合组。超集组包含两个训练动作，训练两种对立的肌肉或肌群（一为主动肌，一为拮抗肌），如先做10次针对肱二头肌的杠铃弯举，再做10次针对肱三头肌的下压。复合组是同一肌群相继做两个不同的训练动作，如先做杠铃弯举，再做哑铃弯举。

5. 训练负荷与重复次数

负荷是一组训练设定的总重量数，是阻力训练计划中最关键的部分。

（1）负荷与重复次数之间的关系。

一个训练动作所能重复次数，与所举的负荷成反比关系，负荷越重，重复次数越少。负荷常以一次最大重复重量（1RM）次数的百分比表示，或以能举最多重复次数的最大重量来表示（表7-3）。对于体能优异的运动员测试1RM时，常用的测试策略为：核心的训练动作采用1RM法，辅助的训练动作采用多RM法。当无法充分实施最大肌力测试时，测定10RM值应是次佳的选择。RM的范围与训练目标的关系为：若训练目标是肌力/爆发力，需采用相对较重的负荷；是肌肉肥大，应采用中等的负荷；是肌肉耐力，则采用较轻的负荷。低重量的多次最大重复练习，对肌力与最大爆发力的训练最有效果，而大重量的多次最大重复练习，则对肌耐力的改进效果较佳。

表7-3 %1RM与可能的重复次数

%1RM	可能的重复次数
100	1
95	2
93	3
90	4
87	5
85	6
83	7
80	8
77	9
75	10
70	11
67	12
65	15

（2）训练负荷的变化。

受过阻力训练的中高级运动员，比较习惯采用大的负荷，而且拥有几乎每组都是做到最大重复次数的经验与动机，但是每组的训练课中，一再承受这种程度的训练，很难不会形成过度训练状态。因此，可采用一种均衡策略，即变化爆发性与其他核心训练动作的负荷，使每周只有一个训练日的负荷按表7-3计算，其他各日训练负荷则予以降低，使在大负荷训练日有休息时间。变化运动训练中负荷也可在运动员其他训练中发挥效用，大负荷的阻力训练日，安排在小负荷的篮球专项训练日当天；小负荷的阻力训练日，安排在中等负荷的篮球专项运动训练日当天。

（3）渐增训练负荷。

运动员对于训练刺激适应后，体能教练员就要订出增加训练负荷策略，使之能随着时间的推移而持续进步。一种增加训练负荷的保守方法（二二法则）是某一训练动作的最后一组。如果在连续两次的训练课中，都能做出比设定的重复次数多出两次，则下次训练课就应增加重量。

6. 训练量

训练量（负荷量）是指训练课中举起的重量总数。所谓组，是运动员停下来休息之前，连续举起的次数组合。训练量的计算，是组数×重复次数×每次的重量。训练量的另一个定义是指训练课完成的总反复次数。

单组的训练，可用于没有训练经验的运动员，或刚开始训练的前几个月。肌肉骨骼系统对单组做到疲劳的刺激最终会有所适应，因而需要多组的附加刺激。力量和爆发力核心训练动作应该是做多组，每组6次或6次以下的重复次数。爆发力训练量低于肌力训练。若要使肌肉体积增大，训练次数既不宜多也不宜少，建议每个动作3~6组。肌肉耐力训练每组应做多次重复（12次以上），每个动作组数为2~3组。

7. 休息时间

休息时间是两组之间和训练动作之间，用于恢复的时间。休息时间的长短，应依据训练目标、相对举起的重量及运动员的训练状态而定。组间能够休息的时间与负荷重量密切相关，举的重量越重，组间所需的休息时间越长。肌力和爆发力训练因需要较重重量和较多重复次数，尤其是做下身或全身的结构性训练动作时，通常需要较长休息，一般为2~5分钟；肌肉肥大训练经常采用短到中的组间休息时间，时间少于1.5分钟；肌肉耐力训练休息时间通常短于30秒。

（二）抗阻训练计划案例

1. 不同阶段训练计划安排

每个抗阻训练计划都应该有运动员个人的特点，都应该注明具体的抗阻练习、运动员的弱点、训练的重点、需要和针对的练习肌群。赛季结束后力量训练计划分为四天分练计划和三天全身训练计划。四天分练计划训练时间为周一和周四、周二和周五，可以任意选择练习上体和下体的时间。三天全身训练计划可以选择周一、周三、周五或周二、周四、周六，训练要求间隔一天，三天练习肌群一样，但要求采用不同练习方法。赛季中抗阻训练计划分为全身训练计划、下肢训练计划、上肢训练计划、全身周期训练计划和组合训练计划。赛季训练计划要减少每个身体部位练习的数量。通常，每一肌群只安排一项练习。每周同一部位应尽力做2次抗阻训练，且赛季训练应适当减少练习的次数、频率和强度。全身性训练计划应每周练习2天。赛季刚结束阶段4周的抗阻训练，主要是为了肌肉耐力打基础，计划2~3组，每组重复15~20次。

2. 抗阻训练的阶段划分与案例

通常而言，一个完整的抗阻训练计划包括6个阶段（表7-4）。需要指出的是，若抗阻训练计划的对象是高中及高中以上孩子，通常情况下为安全起见，较年轻的运动员在训练时，应推举较轻的重量，每组可以重复次数10~20次。

表7-4 抗阻训练计划的6个阶段

项目	准备阶段	肌肉增生阶段	基本力量训练阶段	力量和能量储存阶段	赛季保持阶段	积极性休息阶段
组数	2~3	3~4	3~4	3~4	3	1~2
重复次数	15~20	8~12	4~6	2~3	10~8或10~6	15~20
强度	低	适中	高	高	适中	低
量	大	大	适中	低	适中	小

准备阶段：是力量训练的开始阶段，目的是为了身体能够安全适应下一阶段更高强度的力量训练建立一定的肌肉耐力基础，此阶段要求训练的强度低，但量大。

肌肉增生阶段：一方面肌肉组织体积的增大，为肌肉力量和耐力的加强提供了基础；

另一方面队员的无氧供能能力也得到增强，以便更快适应下一阶段的高强度训练。

基本力量训练阶段：这一阶段是力量上升阶段，队员开始一些高强度、运动量适中的训练，为下一阶段做准备。

力量和能量储存阶段：这一阶段是高强度、小运动量，通过减少次数并强调目标训练，使球员的疲劳感减轻，而体能得到加强，这一阶段要结合篮球项目特征，加强不稳定力量训练。

赛季保持阶段：这一阶段是让队员从比赛休整期所获得的力量与体能在整个比赛期间尽可能得到保持，每周可安排2次力量训练，赛前2天可举较大重物进行练习。

积极性休息阶段：指比赛后2~8周时间，应训练强度低，运动量较小，有利于身体恢复。

下面是赛季结束后12周抗阻训练计划和国家女篮2011年7月18—24日的周抗阻训练计划（表7-5~表7-7）。

表7-5 赛季结束后12周抗阻训练计划（上半身）

练习方法	3周	2周	4周	1周	2周
平躺卧推	4×10	4×8	4×6	6-4-3-2或 4×6	5-3-2-2或 4×6
正握引体向上/坐拉	4×最多次数 或4×10	4×最多次数 或4×8	4×最多次数 或10-8-6-10	4×最多次数 或10-8-6-10	4×最多次数 或10-8-6-10
斜板握推	4×10	4×8	4×6	6-4-3-2或 4×6	5-3-2-2或 4×6
坐提拉或哑铃侧提拉	4×10	4×8	10-8-8-6	10-8-8-6	10-8-8-6
推举或坐推	3×10	3×8	10-8-6	10-8-6	10-8-6
直立提拉，哑铃侧平举或器械扩胸	3×10	3×8	10-8-6	10-8-6	10-8-6
三头肌拉伸与下压练习，单杠悬垂/撑双杠	3/4×最多次数 或3/4×10	3/4×最多次数 或3/4×10	3/4×最多次数 或10-8-6	3/4×最多次数 或10-8-6	3/4×最多次数 或10-8-6
坐式二头肌练习；臂屈伸	3/4×10	10-10-8-8	10-8-6-6	10-8-6-6	10-8-6-6
收腹练习	30~40/次	30~40/次	30~40/次	30~40/次	30~40/次

表7-6 赛季结束后12周抗阻训练计划（下半身）

练习方法	3周	2周	4周	1周	2周
下蹲/仰卧蹬腿	4×10	4×8	4×6	6-4-3-2或 4×6	5-3-2-2或 4×6
俯卧后抬腿	4×10	4×10	10-10-8-8	10-8-6-6	10-8-6-6
高翻或硬举	8-6-6-6	8-6-6-6或 8-6-6-4	8-5-5-5或 8-5-5-4	8-5-5-5或 6-4-3-2	8-5-5-5或 6-4-3-2
踏台阶	3×10	3×10	3×10	10-8-8	10-8-6
后抬腿	3×10	3×10	3×10	10-8-8	10-8-6
侧弓步或内收肌、外展肌	2×12-15	2×12-15	2×12-15	2×12-15	2×12-15
三向提踵	2×15-25	2×15-25	2×15-25	2×15-25	2×15-25
俯卧挺身或直腿拉	3×10-15	3×10-15	3×10-15	3×10-15	3×10-15
悬垂举腿：					
屈腿	2×15~2×30	2×15~2×30	2×15~2×30	2×15~2×30	2×15~2×30
直腿	2×10~2×15	2×10~2×15	2×10~2×15	2×10~2×15	2×10~2×15
两侧	2×15~2×25	2×15~2×25	2×15~2×25	2×15~2×25	2×15~2×25

表7-7　国家女篮周抗阻训练计划（2011年7月18—24日）

星期	内容
星期一	（1）热身：①腹肌背肌；②引体向上；③动力性拉伸。（2）力量。（3）体能：①有球体能训练；②3/4场地冲刺跑。（4）放松与拉伸
星期三	（1）热身（同星期一）。（2）力量。（3）体能：①运动员素质发展；②场地冲刺跑；③有球体能。（4）放松与拉伸
星期五	（1）热身。（2）力量。（3）体能：①运动员素质发展，利用速度梯子来发展运动员的脚步速度训练；②篮球专项技术体能训练。（4）放松与拉伸

三、能量代谢系统训练计划制订

由训练所产生的生理适应与所采用的特定训练计划的类型有关。篮球运动能量代谢系统是以无氧供能为主，有氧供能为辅的混合性供能形式。因此，体能教练员必须了解篮球运动员在比赛过程中的生理需求，才能设计出更有效的训练计划。篮球项目的主要运动模式、运动的持续时间、运动的数量及练习时间与休息时间的比例等都是制订合适的训练计划的关键性变量。

（一）能量供应和恢复

人体内有三大能量供能系统：ATP-CP（磷酸原）系统、乳酸能系统和有氧氧化系统，ATP-CP系统和乳酸能系统属于无氧代谢供能系统。篮球运动的能量供应由85%的无氧代谢和15%的有氧代谢组成，因此篮球运动的大部分体能训练应以无氧（能量反复消耗）和快速恢复的高强度练习为主。能量供能系统机能的提升都以不同的练习为基础，并且三大供能系统在不同的时间段都共同起作用：在高强度运动的前10秒钟，磷酸原系统供能起主要作用，伴随运动的持续，一旦ATP-CP系统的能量接近耗竭，乳酸能系统便开始供能，时间持续10秒到2分钟，之后有氧氧化系统慢慢启动，有氧氧化系统主要为长时间和低强度的运动供应能量。

篮球运动是一项反复、快速、高强度爆发和短间歇的运动。在高强度的训练和比赛期间，能够快速恢复对运动员来说至关重要。体能好的运动员恢复快且在长时间的比赛中有较好的竞技状态。ATP-CP能量系统大约在30秒内就恢复50%，2~5分钟内可完全恢复；乳酸能系统在20~30分钟内恢复50%，1小时左右可完成恢复。长时间理想恢复时间是由营养、酶的消耗和运动组织的损伤程度所决定的，长时间的恢复可能需要2天或更长时间。运动员在恢复期间，应摄入含有丰富碳水化合物，或进行充分休息和合理的赛前训练，将有助于能量物质的补充和体能的恢复。

（二）能量代谢系统训练计划案例

1. 不同阶段能量代谢系统训练安排

根据比赛设置安排，可把训练过程分为赛前、赛中和赛后共3个阶段。每个训练阶段都有各自的目的：赛前阶段的训练目的是能使体能在新赛季开始前得到最大程度的提高；赛中阶段的目的是为了更好的比赛；赛后阶段的训练目的是为了体能的恢复。每个阶段也都有各自的训练方式。赛季前12周以200米和400米跑等一般性训练内容开始，逐步过渡到球场上有针对性的篮球专项体能训练。赛季中主要是以练习和比赛为主，练习方式是1~2小时高强度演练、竭力的训练、努力的奔跑和全力的防守。赛季结束后4周阶段的体能训练，主要是积极性恢复，可以参加一些棒球、网球、田径等活动，或健康性活动，像骑自行车、慢跑、游泳等，每周2~3次，每次20~40分钟跑步机跑步、爬楼梯等都是可以的。

2. 赛季后12周能量代谢系统训练计划案例

以12周赛前体能训练计划（表7-8）为例：训练在以400米中速跑开始，以短距离冲刺跑结束，每周安排2次体能训练课，还要结合两次弹跳力和灵活性训练。计划的前6周为快速跑（快速跑可以从400米的距离开始，然后逐渐减至100米，运用的最高速度的3/4），第7周开始全速跑，第8周在篮球场训练，训练内容包括快速跑、冲刺跑和有球练习（即场地有球练习）。

表7-8 12周赛前体能训练计划

周	日	练习	距离	休息时间
1	1	快速跑	4×400	3分钟
	2	快速跑	4×400	3分钟
2	1	快速跑	6×400	3分钟
	2	快速跑	4×400	3分钟
		快速跑	4×200	1.5分钟
3	1	快速跑	4×400	3分钟
		快速跑	4×200	1.5分钟
	2	快速跑	4×400	3分钟
		快速跑	6×200	1.5分钟
4	1	快速跑	12×200	1.5分钟
	2	快速跑	12×200	1.5分钟
5	1	快速跑	8×200	1.5分钟
		快速跑	8×100	45秒
	2	快速跑	8×200	1.5分钟
		快速跑	8×100	45秒
6	1	快速跑	8×200	1分钟
		快速跑	8×100	30秒
	2	快速跑	8×200	1分钟
		快速跑	8×100	30秒

(续表)

周	日	练习	距离	休息时间
7	1	快速跑	2×100	30秒
		快速跑	2×80	30秒
		全速跑	12×60	30秒
	2	快速跑	2×100	30秒
		快速跑	2×80	30秒
		全速跑	12×40	30秒
8	1	快速跑	2×100	30秒
		快速跑	2×80	30秒
		全速跑	12×60	30秒
	2	全场一次折返跑×2~3		1.5分钟
		半场–全场折返跑×2~3		1.5分钟
		60秒边线折返跑×1		
9	1	快速跑	2×100	30秒
		快速跑	2×80	30秒
		全速跑	12×40	30秒
	2	全场一次折返跑×2~3		1.5分钟
		半场–全场折返跑×2~3		1.5分钟
		60秒边线折返跑×2		3分钟
10	1	快速跑	2×100	30秒
		全速跑	2×80	30秒
		全速跑	2×60	25秒
		全速跑	2×40	25秒
		全速跑	2×20	25秒
		全速跑	2×10	25秒
		全速跑	2×20	25秒
		全速跑	2×40	25秒
		全速跑	2×60	25秒
	2	全场一次折返跑×2~4		1分钟
		半场–全场折返跑×2~3		1分钟
		60秒边线折返跑×2		3分钟

（续表）

周	日	练习	距离	休息时间
11	1	全场一次折返跑×1次		1分钟
		半场–全场折返跑×1次		1分钟
		见线折返跑×2~3次		1分钟
		反向折返跑×2~3次		1分钟
		60秒边线折返跑×2次		2分钟
	2	全场一次折返跑×2~4次		1分钟
		半场–全场折返跑×2次		1分钟
		见线折返跑×2~4次		1分钟
		反向折返跑×2~4次		1分钟
		60秒边线折返跑×2次		2分钟
12	1	全场一次折返跑×2次		1分钟
		半场–全场折返跑×2次		1分钟
		见线折返跑×2~4次		1分钟
		反向折返跑×2~4次		1分钟
		60秒边线折返跑×2次		2分钟
	2	全场一次折返跑×2次		1分钟
		半场–全场折返跑×2次		1分钟
		见线折返跑×2×4次		1分钟
		反向折返跑×2~4次		1分钟
		60秒边线折返跑×2次		2分钟

四、快速伸缩复合训练计划的制订

Plyometrics的起源，最早追溯到古希腊奥林匹克运动会的"跳跃训练"。早期，这种训练方法主要是从某一高度跳下后再迅速跳起的练习方式。作为将力量和速度结合起来而产生爆发力的练习，Plyometrics训练带来的显著效果被全世界的教练员和运动员所认识，被认为是增强机体快速力量或爆发力的重要训练方法。近年来统一译为"快速伸缩复合训练"，是指能够使肌肉在最短时间内发挥最大力量的练习。其主要通过预先拉长的肌肉、反向运动、助力运动等方式，利用肌肉和肌腱的弹性势能以及牵张反射，实现更加快速有力的向心运动。有效的快速伸缩复合训练将对肌肉发力和输出功率的提升起到促进作用，快速伸缩复合练习被视为篮球专项运动的基础，通过提高产生力的速度来增强爆发力，通过提高储存和释放弹性势能来增强反应力量；通过增强关节和身体连接处的力量，减少能量损耗和增加力的传递效果。快速伸缩复合训练的理论基础和核心是拉长收缩周期，包含了在短时间内增加肌肉募集的反射刺激和串联弹性成分的能量储存，分为三个阶段：第一阶段是主动肌的前负荷阶段；第二阶段是位于离心阶段和向心阶段之间的过渡阶段，第三阶段是向心阶段。因此快速伸缩复合训练中，肌腱拉长的速度至关重要，拉长速度越快，肌肉募集程度越高，向心收缩阶段的力量就越强。快速伸缩复合训练本质上是无氧运动，利用磷酸肌酸能量系统，允许肌肉在一次爆发性运动前储存最大的能量，发挥最大的爆发力。

（一）快速伸缩复合训练的类型

快速伸缩复合训练按照身体部位可分为上肢练习、下肢练习和躯干练习。例如，单腿跳是下肢快速伸缩复合练习，头上扔球是上肢的快速伸缩复合练习，俄罗斯旋转抛接球是躯干的快速伸缩复合练习。

快速伸缩复合训练的下肢练习由双脚跳、交换跳、单脚跳3种基本跳跃方式组成。双脚跳最简单，交换跳的强度高于双脚跳，单脚跳强度最大，三种运动方式是从稳定的站立基础逐渐过渡到不稳定的过程，形成一定的难易进阶序列。在跳跃方向上，分为纵行、横向和旋转三类，难度逐级增加。

在跳跃方式上，快速伸缩复合训练也需要逐步增加机体适应性的练习，在训练中分为无反向式、有反向式和双接触式。无反向式是收缩环节前肌肉无拉长动作。例如，静止下蹲起跳的过程中，运动员先蹲好，然后起跳，起跳中主动肌无离心过程。有反向式是在收缩环节前肌肉有拉长动作，如从站立姿态迅速下蹲起跳，即下蹲后立即起跳的方式。该动作有一个快速下蹲的离心阶段，紧接着一个向心收缩的起跳，下蹲阶段使运动员的肌腱单位中储存了弹性势能，并引起了牵张反射，因而增强了弹跳的爆发力。双接触式是在拉长环节后有一次地面接触，然后紧接着收缩，如垫步或助跑中起跳，其弹性势能的储存和牵拉放松法让肌肉牵拉更为有效，进而加快了离心阶段的收缩速度，使得纵跳更为有力，从而跳得更高。

（二）快速伸缩复合训练计划案例

设计快速伸缩复合训练应包括准备活动、练习动作等内容，需要对练习动作的强度、量、频率和休息时间等进行合理设定。影响下肢快速伸缩复合训练负荷强度的因素有地面接触点（单脚跳—交换跳—双脚跳）、运动方向（旋转—横向—纵行）、运动方式（双接触式—有反向式—无反向式）、运动速度（速度越快，练习负荷相应地加大）、练习高度（跳跃高度越高，练习负荷相应地加大）、练习负重（承受的负荷重量越大，练习负荷相应地加大）。快速伸缩复合训练的负荷量通常用一堂训练课中练习的组数和重复次数来表示，下肢练习中通常用每堂课脚触地的次数或行进的距离表示。一般每堂课下肢初始训练量初级运动员为10~20次，中级运动员为20~30次，高级运动员为30~40次。在提高无氧功率的快速伸缩复合训练中，需要运动员以最大努力去完成练习，因而在练习的次与次之间、组与组之间、课与课之间，都要达到完全、充分的恢复。如果没有足够的恢复，接下来的练习可能变为有氧运动，动作质量和爆发力必定降低。例如，跳深练习，次与次的恢复时间为5~10秒，组与组之间的恢复时间为2~3分钟，训练和休息的时间比例为1：5到1：10之间，一般针对同一块肌肉或同一肌群的快速伸缩复合练习需要48~72小时的恢复时间。因此负荷量的适宜安排为：训练频率/时间为每周2~4次，每次10~15分钟；动作数量为2~3个动作；训练组数生手不超过8组；数不超过6次；组间间歇时间为1~3分钟；每天次数为20~25次/每周不超过120次。（表7-9、表7-10）

表7-9　NBA篮球运动员不同阶段快速伸缩复合训练计划

阶段	训练频率/时间	恢复时间	重复次数/组数	强度
赛季前	12周，每周训练1~2次，每次15~30分钟	每两次训练课之间恢复时间为48~72小时，每两组练习间隔时间2~4分钟	每次训练课安排上半身或下半身快速伸缩复合训练总次数为80~120次	低强度
赛季中	练习周期变化根据赛季长短、比赛日程安排、练习强度和比赛上场时间进行调整，每周训练1~2次，每次15~30分钟	每两次训练课之间的恢复时间至少为48小时，每组练习间隔时间为1~3分钟	年轻队员，每项上半身或下半身练习总数应为25~75次；老队员，总数应为50~100次	中、低强度
赛季后	赛季结束4周开始，持续4周，训练时间降低	恢复期应进行积极性休息活动	重复次数和组数均要降低	低强度
赛季休整期	一般12周，可根据比赛日程调整，每周训练2~3次，每次30~45分钟	每两次训练课之间的恢复时间为48小时，每组练习间隔时间为1~2分钟	年轻队员，每项上半身或下半身练习总数应为100~150次；老队员，总数应为150~200次	中、高强度

表7-10　快速伸缩复合训练一周训练计划安排示例

天数	第一天（周一）	第二天（周二）	第三天（周四）	第四天（周五）
方向	直线练习	多方向练习	直线练习	多方向练习
动作1	跳箱双腿跳	横向交换跳	栏架双腿跳	横向交换跳
组数/次数	无反向式：1组×5次 有反向式：2组×5次	有反向式：1组×每边5次 连续跳：3组×每边5次	有反向式：1组×5次 双接触式：2组×5次	有反向式：1组×每边5次 连续跳：3组×每边5次
动作2	栏架单腿跳	向内/外单脚跳	垂直跳	向内/外单脚跳
组数/次数	双接触式：2组×每边5次	双接触式：2组×每边5次	连续跳：2组×每边5次	双接触式：2组×每边5次
次数总计	25次	30次	25次	30次

五、灵敏性及多向速度训练计划制订

灵敏性是运动员面对刺激能够快速改变运动方式的能力。灵敏性是一种复合性的运动能力，需要高度整合多种生理系统与体能要素，包括快速的反应和起动能力，以及同时保持平衡与控制姿势时还要能往正确的方向上进行加速、减速，让身体尽可能快速改变运动方向的能力。运动员必须能够适应比赛环境、对场上变化进行快速反应，及时调整身体姿势，而且能够有效地转换不同的运动技术。具有良好灵敏性的运动员能降低受伤的风险，避开场上对方运动员的阻截，或者在接球、运球、投篮和防守对手时能够保持正确的运动技术。通常运动员在场上只有短暂的时机进行身体的调整以便进行加速或减速。这种复杂的机制要求在体能训练中要重点关注如何提高运动员的身体控制力。快速改变方向可能发生在身体处于各种稳定或不稳定姿势的时候，如站立（单脚或双脚）、躺姿（俯卧或仰卧）、坐姿或跪姿这些不同的身体姿势。优秀运动员必须能在不同的情况下进行各种快速反应，流畅且快速地移动身体，这能让运动员在各自的运动项目中增加获胜的概率。虽然在赛季中的训练和比赛过程中也能够提高灵敏性，但许多体能教练员认为在赛季后的休整期或赛季前的准备期间，应该特别针对该项运动所需的灵敏性，进行专项的灵敏性训练，这将对运动员提高竞技能力产生长期的影响。针对运动员的各项体能要素进行全年的系统训练非常重要，这可以让运动员在竞争中保持优势。

（一）灵敏性及多向速度训练的要素

灵敏性训练是多种训练方法的整合。因为灵敏性需要移动、协调性、平衡感、爆发力、最优化的肌肉伸缩效率、稳定性、正确的技术、肌肉力量（脚落地与蹬地时的力量）、柔韧性、身体控制力、足部功能性、突然加速与减速能力。灵敏性还包含有认知的成分，如视觉观察、扫视速度和预判能力，可见灵敏性是由以上这些元素共同组成的。虽然肌肉力量和爆发力都是影响灵敏运动表现的关键元素，但单独来看它们和灵敏性的相关性并不高，因为灵敏性是这些所有元素的互相作用，而非少数几种能力所能单独形成的效果。因此灵敏性训练需要多种形式，包括力量、爆发力、冲刺能力、运动项目所需的灵敏能力、平衡感、协调性和柔韧性训练。

（二）灵敏性及多向速度训练计划案例

与快速伸缩复合训练类似，灵敏性及多向速度训练开始时都应重视正确的技术与步法练习，而且应从基本的训练动作开始，基本动作没有复杂的脚步与多变的方向。掌握基本的训练动作之后才能过渡到更具挑战性的进阶训练。训练的强度也应随着动作的复杂程度而增加。对于冲刺训练来说，最好是在运动员掌握基本的冲刺技术以及冲刺能力已经有所提升（基础已建立）之后，才开始进行强度较高的超速训练和抗阻冲刺训练。训练冲刺动作最好在训练刚开始时，这时运动员的体能还处在最佳状态，此时疲劳尚未累积到影响技术的正确性。对于灵敏性训练来说，应该先训练较少折返次数的基本动作。这些动作通常主要是一维的，而且仅由一种或两种主要方法组成。利用绳梯的训练也是如此，应该先熟练基本动作（跳格子和多次跳训练），之后再进展到较复杂、涉及多种脚步变化的训练动作。高强度的灵敏性训练需要更高的反应能力，包含复杂的动作形态、多变的方向与频繁的加速/减速过程，它同时也可以结合中高强度的增强式训练与基本的敏捷训练。

训练动作的进步（熟练度）具有独特性。在抗阻训练中可以逐渐提高负重，不过冲刺和灵敏性训练的负重是有限的（除非使用外加负重），负重所带来的进步可提高维持最佳技术和掌握更为复杂的训练动作。设计较为复杂的训练动作时可增加其他动作、改变圆锥或其他标记的间距/位置，或增加其他运动的专项技术与项目。因此，灵敏性训练的进程是当运动员已经能掌握基本动作，提高这些动作的正确技术之后，才能进行到更复杂的动作。虽然进阶到下一阶段后，基本动作的训练仍可被列在下面的训练计划之中，以维持运动员在这些动作中的表现水平。世界一流运动员的训练计划和优秀教练员训练时发现训练速度和灵敏的方法有很多种。冲刺和灵敏性训练中训练量与强度的变化才是运动员能力提高的主因，而非只是增加每一项的训练时间，那可能导致过度训练的发生。

篮球运动灵敏性训练应尽量缩短练习的时间，其时间最后控制在10~20秒，每个训练都应包括多个方向变化练习，像冲刺跑、后退跑、滑步、单腿跳、小跳、变向、旋转和大跳等。训练应以热身和柔韧练习开始，以放松练习结束。一个好的灵敏性训练计划应包括以下几个方面：时间不长；需要至少2~3个变向移动；强调侧移动；将侧移动融入于前移和后移之中，衔接要快；包含反向制动；要求脚踝要灵活性。篮球运动员在赛季前和赛季后做灵活性训练可以收到理想的效果（表7-11）。

表7-11　NBA篮球运动员灵敏性训练不同阶段计划安排示例

阶段	内容
赛季后	该阶段是运动员学习和发展各种新技术的重要阶段，整体的训练应以灵敏素质的练习为主，其练习应该安排2~3天
赛季前	该阶段灵敏素质训练继续进行，训练时间适当缩短，强度要相应增大，根据运动员自身情况需要，每周安排1~2次练习即可
赛季中	该阶段灵敏素质训练大大减少，可以只作为每天热身的一部分，具体练习次数应据运动员的不同需求来定

第四节　青少年体能训练理论

研究表明，年轻的运动员可以通过适当的训练提高运动成绩并降低受伤的风险。尽管如此，这种训练必须是由具备一定资质的训练人员来指导，施加的训练刺激必须具备一定的系统性和全面性。青少年运动员是一个独特的群体。他们在身体成长和成熟过程中经历着一系列的身体的、生理的以及心理的剧变，还要进行日常的专项运动训练和承受紧张的比赛日程的压力。不当的运动训练计划或不适宜的教育方法会降低训练的适应性，甚至可能会导致受伤或影响青少年健康成长。

青春期包括儿童（分别为2~10的女性和2~11岁的男性）和青少年（分别为11~19岁女孩和12~19岁的男孩）。青春期是一个很难界定的发展阶段，因为同样年龄的孩子可能存在成熟程度差异。成长指身体成分、身体形态或身体某些部分的维度呈现的变化，而成熟是指从儿童到成年阶段身体经历的大幅度且节奏不同的变化。此外，成长和成熟还影响着青少年的运动能力。

经典的科学研究数据显示，由于成长和成熟的影响，青少年的身体运动能力指数并非线性增长，这对青少年运动员的教练员提出了挑战。任何运动表现产生适应都需要有足够训练量，以确保改变的发生是源于训练计划的实施而不仅仅是成长和成熟的结果。在童年时期，运动表现提高主要归功于神经系统的发展和大脑的成熟。特别是运动单元募集、发射频率、同步化以及神经髓鞘等的改善都能促进神经、肌肉功能的提高。在这个发展阶段，运动技能控制能力都得到了下意识地改善和加强，这使得年轻运动员能够更高效地协调运动技能。这种自然发生的青少年运动技能学习和控制力的改善，被视为儿童时期进行正确动作模式训练、动作技能习得以及肌肉内部和外部协调性的最佳时期的主要依据。

一旦孩子到了青春期，男孩（12~14岁）和女孩（11~13岁）都会经历青春期。在这段生长发育时期，生长荷尔蒙和性激素都显著地增加。同时，神经系统的机能、肌肉的质量，身体成分以及其他结构性参数的改变使运动能力相关指标得到了自然适应，如速度、力量、有氧耐力和肌肉爆发力。

一、长期运动发展模型

虽然相同实龄的儿童在生理年龄上会有很大的不同，但是事实上早期关于青少年发展模型的理念则是以实龄进行分类的。为了理解成熟和训练之间的交互作用，青年身体发展（YPD）模型的提出使得训练者对青年的运动处方有了更为全面的认识。YPD模型承认所有健康指标，不管是男性（表7-12）还是女性（表7-13），都可以在他们发展的任何阶段得到训练，尽管如此，教练员应该针对不同时期进行有针对性的训练。为了综合提高运动能力，实现避免受伤和加强健康水平的目的，肌肉力量和运动技能发展在任何时期都是这个模型的核心要素。

表7-12　男性青少年身体发展（YPD）模型

男性青少年身体发展（YPD）模型																					
实龄（岁）	2	3	4	5	6	7	8	9	10	11	12	13	14	15	16	17	18	19	20	21+	
年龄阶段	童年早期			童年中期							青春期									成年期	
增长率 || 快速增长 ⟷ 稳定增长 ⟷ 青少年期突增 ⟷ 增长率下降																				
成熟状态 || 生长突增高峰之前 ⟵生长突增高峰⟶ 生长突增高峰之后																				
训练适应 || 主要神经（年龄相关） ⟷ 神经和激素组合（成熟有关）																				
身体机能	FMS			FMS							FMS									
	SSS			SSS							SSS									
	移动性			移动性							移动性									
	灵活性			灵活性							灵活性						灵活性			
	速度			速度							速度						速度			
	爆发力			爆发力							爆发力						爆发力			
	力量			力量							力量						力量			
	肌肉增加										肌肉增加		肌肉增加						肌肉增加			
	耐力与代谢调节			耐力与代谢调节							耐力与代谢调节						耐力与代谢调节			
训练结构		非结构化					低结构					中等结构					高结构					最高结构	

注：浅色条框代表青春期前时期的适应；深色条框代表适应；FMS=基本运动技能；SSS=专项相关运动技能；MC=代谢调节。

表7-13 女性青少年身体发展（YPD）模型

女性青少年身体发展（YPD）模型																				
按时间顺序的年龄（岁）	2	3	4	5	6	7	8	9	10	11	12	13	14	15	16	17	18	19	20	21+
年龄阶段	早期的童年			中期的童年							青春期									成年
增长率	快速增长 ⟵⟶ 稳定增长 ⟵⟶ 青少年期 ⟵⟶ 增长率下降 ⟵⟶ 增长率下降																			
成熟状态	年前的最高速度 ⟵最高速度⟶ 年后的最高速度																			
训练适应	主要神经（年龄）⟵⟶ 神经和激素组合（成熟）																			
身体机能	FMS	FMS			FMS						FMS									
	SSS	SSS			SSS						SSS									
	移动性	移动性									移动性									
	灵活性	灵活性									灵活性						灵活性			
	速度	速度									速度						速度			
	爆发力	爆发力									爆发力						爆发力			
	力量	力量									力量						力量			
		增肌									增肌		增肌				增肌			
	耐力与MC	耐力与代谢调节MC									耐力与代谢调节						耐力与代谢调节			
训练结构	非结构化	低结构									中等结构				高结构				最高结构	

注：浅色条框代表青春期前期的适应；深色条框代表适应；FMS=基本运动技能；SSS=专项相关运动技能；MC=代谢调节。

基础运动技能（FMS）是进行更高级、专项运动模式的基础。FMS广义的分类包括运动的、操纵的和稳定的技能。这些常常作为普通FMS项目的主要特征和测试的主要指标。YPD模型主张运动技能的发展应该首先着眼于基本动作模式（FMS）的掌握，较少重视运动专项相关技能学习（SSS）。这样可以降低青少年运动员在训练过程中的受伤风险，以及降低运动过程中的肌肉骨骼疼痛。

二、发展青少年运动员的力量和爆发力

青年运动员的力量和爆发力训练曾经引起过极大的争论，尽管之前存在误解，现在有大量的证据支持对儿童和青少年进行抗阻力训练。如果一个孩子准备从事体育活动，那么他就会做好准备进行抗阻力训练。虽然对于进行抗阻力训练的孩子没有最低年龄要求，但是孩子还是必须足够的成熟，要具备听懂指令和选择是否参加的能力。根据我们的经验，通过制订适宜的运动处方、使用适当的方法并严格地监督，5~6岁的儿童是可以安全、有效地进行抗阻力训练的。

儿童期由肌肉力量和爆发力训练引起的训练效应不是肌肉的组织结构的变化所致，而

是肌肉之间和肌肉内部协调性改变所致。因此，一个身体组织成分没有任何明显改变的儿童变得更强壮和更有爆发力是可行的。尽管缺少结构改变，在儿童期的肌肉力量的增长可能会比青春期增长的还要多。

在青少年成长的各个阶段已经有足够的证据支持抗阻训练，在提高能力和预防受伤上的积极作用，抗阻训练是青少年运动员长期体能训练计划的重要基石。抗阻训练是年轻运动员长期发展计划的重要基础之一。类似于青少年运动员掌握运动技术能力，越早介入抗阻训练的年轻运动员越有可能成长为精英运动员。当然，那些对爆发力要求很高的运动项目，近年来已有研究表明肌肉爆发力的长期变化很大程度上依赖于最大力量水平。然而，抗阻力训练会内在地带给运动员多元化的价值，如提高上肢肌肉力量和耐力水平，下肢爆发力和心血管耐力，以及对短期整合神经和肌肉训练效应的积极应答。

思考题

1. 如何根据篮球运动员现实状态制订个性化体能训练计划？
2. 如何根据篮球运动员现实状态制订篮球运动员赛季前抗阻训练计划？
3. 如何根据篮球运动员现实状态制订篮球运动员能量代谢系统训练计划？
4. 如何根据篮球运动员现实状态制订篮球运动员快速伸缩复合训练计划？
5. 如何根据篮球运动员现实状态制订篮球运动员灵敏训练计划？
6. 简述青少年体能训练长期发展模型。

参考文献：

［1］国家体育总局训练局国家队体能训练中心. 身体功能训练动作手册［M］. 北京：人民体育出版社，2015.

［2］比尔·弗兰，罗宾·庞德. 篮球体能训练［M］. 张莉清，译. 北京：人民体育出版社，2009.

［3］全美篮球体能教练员协会. NBA体能训练［M］. 孙欢，译. 北京：人民体育出版社，2004.

［4］Thomas R.Baechle, Roger W.Earle. 肌力与体能训练［M］. 林正常，译. 台北：艺轩图书出版社，2012.

［5］Jay R.Hoffman. 体能训练设计指南［M］. 周志雄，译. 北京：北京体育大学出版社，2015.

［6］T.Jeff Chandler, Lee E.Brown. 运动表现的肌力与体能训练［M］. 吴慧君，何立安，林文朗，等，译. 台北：易利图书有限公司，2015.

［7］陆柳. 国家女篮专项体能评价与诊断研究［D］. 苏州：苏州大学，2012.

［8］张凡涛. 中国男女篮球队体能训练科学化设计的研究［D］. 苏州：苏州大学，2008.

［9］潘志国. 基于力量主导的国家女篮体能训练研究［D］. 北京：北京体育大学，2015.

第八章　篮球技术阶梯训练

【导语】：篮球技术是篮球运动的基础。投篮，传球，运球，抢篮板球，防守，内外线队员的持球、无球移动技术都是必须掌握的基本技术。本章按照循序渐进的原则重点介绍了投篮、运球、传接球、抢篮板球、个人防守、内外线队员的持球和无球技术的技术要点、技术运用、技术阶梯训练的原则和要求以及技术阶梯训练的方法。学习的目标是使教练员掌握各项技术的基本原理和运用技巧，根据不同对象，因材施教，采取丰富多样的训练方法和手段循序渐进地学习各项技术，逐步提高各项技术的实战效果。

篮球技术是指在比赛中为达到一定攻防目的而采用的专门动作方法的总称。它是篮球比赛中常见的动作范型和组合变化形式的总和，是进行篮球活动和参加篮球比赛的基础。篮球技术是一个完整的体系，它的内涵是以手脚运动为基础，以拼抢球（抢篮板球、防守）和支配球（运球、传球）为主要争夺手段，以一对一为基本攻守对抗形式，以投篮得分为最终目的的攻守对抗性技术系统。

篮球技术是篮球比赛的基本手段。比赛中队员的智慧、技能、运动素质、心理品质和文化素养等都是通过双方队员技术的运用集中表现出来的。因此，篮球技术训练能够培养学生高超的运动技能、应变能力和创造力。现代篮球比赛是在高水平层面上进行的全面对抗，衡量队员的运动技巧和能力的标准也在不断提高。这就要求训练要始终贯彻在激烈对抗的条件下完成各种技术练习的指导思想，使队员在快速、准确、稳定、配合和创造性的练习中提高对抗能力，培养队员在对抗条件下有效运用技术的意识和能力。

第一节　投篮技术阶梯训练

投篮是比赛中进攻队员运用恰当的身体姿势和手法，将球从篮圈上面投入对方球篮的各种专门动作方法的总称。比赛中进攻队员运用各种技术战术的目的，都是为了创造出更多、更好的投篮机会，力争投篮得分。因此，投篮是篮球运动中最重要的技术。传球、运球、防守和抢篮板球等基本技术的熟练掌握，能够促进投篮命中率的提升。除了投篮技术外，投篮的关键是心态。投手必须对自己的投篮非常自信，投篮的心理状态和动作自动化程度两个方面促进了投篮的成功。

一、投篮技术要点

（一）投篮自信心

队员每次投篮时需要对自身的投篮能力有自信。自信的投手能够更好地控制自己的思想、感情和投篮技术并有较高的命中率。发展心理素质是提高投篮技术及命中率的关键。提高自信的一种方法是想象"篮圈是如此大"，以至三个半篮球能同时落到篮圈里，以此来提高投手的心理素质。另一个提高自信心的方法是在投篮过程中保持投篮手臂的跟随动作，直到球触及篮圈。

好的投手即使没有手感或投失几个球后也总是保持自信，当他投失几个球后，首先会从心理上纠正投失球所犯的错误，脑中想象正确的投篮技术，这样就能提高自己投篮的自信心。队员也可以通过想象以前的成功场景来提高自信心。能在高压力情况下投篮命中是"神投手"的突出表现，其最稳定的因素来源于投篮的自信心。

（二）积极的自我暗示

精准的投篮还需要球员积极的自我暗示，从某种意义上讲，队员思考时是在自我对话，对话可以是积极的也可以是消极的。积极的自我暗示技巧会帮助队员在投篮时达到心理和技巧的统一，会改善其投篮的命中率。积极的自我暗示是通过使用关键词来实现的。

选择能强化正确技巧的关键词来确定节奏，并同时建立自信。关键词应当是积极的、简练的（最好以一个字或词为参照），并且是人性化的。所谓参照词是指与队员成功投篮相关联的肯定的词，队员选择自己能想象球进的参照词，如是的、篮网、嗖、嗖嗖、进或穿过等。

提示队员投篮正确技术动作的词汇被称为引导词，如向上，提示高弧度；跟随，提示身体任何部位跟随，包括肩膀、手臂、手腕和手指。从队员开始投篮的腿部用力到最后食指拨球，要有节奏地说出相关的词语。例如，如果"腿部蹬伸"是你的引导词，用恰当的节奏说出你个性化的关键词可以建立"是"——你的参照词。那么队员投篮时应当有节奏地说："腿部蹬伸—是的！"如果你能大声说出来，一定会起到更好的作用。

（三）投篮的节奏

投篮动作应当是流畅的、有节奏的，投篮的最初力量和节奏来自腿部的蹬伸，来自从膝关节微屈到身体的完全伸展。队员从投篮开始到出手要说出关键词"伸展"。投篮时，腿部动作与投篮手的动作是连贯的，当腿部动作向上时，手臂动作也是向上的，当腿完全伸展开时，背部、肩部和投篮手也顺畅地、连续不断地向上伸展，要保持投篮手正对篮筐并使球高举。保持高位置持球可以促使出手时间缩短，从而减少出错的机会。

（四）对投篮的正确反馈

当初步掌握正确的投篮动作方法后，要坚持每天科学的训练。除了教练员或教师的现场指导外，队员的多数投篮训练是教练员不在场的情况下进行的。所以，个人反馈有助于队员投篮的自我调整，队员投篮自我反馈基本途径为：分析球触篮圈后的反弹、从内心感觉自己的投篮和通过录像分析自己的投篮。

分析投出的球与篮圈的接触位置，可以揭示多数投篮错误及其产生的原因。不管采用哪种投篮方式而投篮不中，通常是由多种原因造成的。如果未投到篮筐，通常是因为没有运用腿部力量、没有跟随动作或节奏慢、用力不协调；如果投篮投过了，通常是因为投篮手臂伸展不够使投篮弧度太小，投篮时肩部后仰或持球手分开过大，影响球的上举；如果右手投篮，球触到篮圈的左边，通常因为没有面对球篮或持球距离右侧太远或投篮时从右向左推球；如果右手投篮，球触到篮圈右边，且你的投篮手臂、手和手指指向那个方向，通常因为身体面向投失的方向而不是正对球篮或肘外展，促使投篮跟随动作向右；如果投篮后球触篮圈旋转出来，通常是因为投篮时投篮手在球侧或球从无名指而不是从食指投出或非投篮手的拇指推球；如果投篮缺乏控制并且球重重砸在篮圈上，通常是因为投篮手全手掌触球。

投篮感觉也能产生提示。右手投篮时当感觉投篮手向右旋转或球从无名指投出而不是食指，这两种错误都将使球侧旋。一种培养感觉的良好方法是闭眼罚篮，让一个同伴抢篮板球并告知是否投中。投失后，同伴要告知具体投失的方向和球触篮圈的位置。

（五）正确的投篮技巧

大多数球员要掌握8种基本投篮：单手肩手投篮、罚篮、跳投、三分投篮、勾手投篮、行进间投篮、急停投篮、抛投。这些投篮都有相同的动作要素，包括瞄篮点、身体平衡、手的位置、肘内收姿势、投篮节奏和投篮跟随动作。培养投篮的最好方式是注意力同时仅集中在一两种动作要素上。

1. 瞄篮点

目光注视篮圈，除了擦板投篮外要注视篮圈前沿上部，擦板投篮要瞄准篮板黑框最上角。尽可能注视目标，眼睛要始终聚焦在目标上直到球中篮为止，眼睛不要注视投篮弧线或防守队员的手。注意力集中在目标上有助于减少像大喊、挥舞毛巾、对手的手臂动作甚至严重犯规等外界干扰。

2. 身体平衡

保持身体平衡可以在投篮时控制身体的力量和节奏。脚的位置是身体平衡的基础。保持头部正直可以控制身体平衡。正确的投篮应该是头部正直且控制着身体平衡，头部和上体稍向篮筐方向前倾，肩部放松。

3. 手部持球姿势

在投篮开始至结束，投篮手持球面朝向球篮，非投篮手放在球侧保持球的平衡。这样可以使投篮手自然投篮而不必先平衡球后再投篮。投篮手持球时，五指自然分开，放松的手部姿势成自然的凹形，使球接触手指而不是手掌。非投篮手接触球侧稍下方，球的重量均衡地分布在无名指和小指上。球出手时，投篮手在球后朝向球篮屈腕拨指，食指直接位于球的中点，球通过食指出手。

4. 肘内收

投篮臂肘部向上抬起，球自然上举于投篮肩部一侧耳朵和肩之间前上方的位置，投篮手臂肘内收，使球正对篮筐，球的前沿与投篮臂肘部在一条线上。

5. 投篮动作

最初的投篮从膝关节微屈开始，形成一种先屈膝后再完全蹬伸的动作，从投篮的开始就口述"蹬伸"这个关键词直到球离开手为止。当腿蹬地时，手臂向上伸举，当腿部完全伸展开时，背部、肩部和投篮手臂流畅地向上方伸展，并始终保持投篮手朝向球篮，且保持高位持球有助于快速出手。

随着手臂上举，球从维持平衡的手（非投篮手）倾斜至投篮手。其标志是球持续倾斜至投篮手的腕部后仰动作之上。投篮的最后力量和控制来自向前下方的屈腕拨指，球从食指指尖飞出，球后旋。需指出的是在球出手前，保持平衡手（非投篮手）在球上。给球施加的力量取决于投篮的距离，距离近，主要是手臂、手腕和手指用力，距离远的外线投篮需要腿、背和肩更多地用力。

6. 随球动作

球从食指出手后，保持手臂向上充分伸展、食指指向球篮的姿势。投篮手的掌心应向下，非投篮手的掌心向上，眼睛注视篮圈，要增大随球动作，保持手臂充分伸展，直到球触篮圈。

二、投篮技术运用

投篮是篮球比赛中唯一的得分手段，是整个篮球技术体系的核心。因此，掌握和运用好投篮技术，不断地提高投篮命中率，对于学习篮球运动技能具有十分重要的作用。投篮的动作方法很多，依据临场运用的形式与特点，可以把投篮的多种动作方式进行归类。

（一）原地投篮

原地投篮是进攻队员出现防守空当和罚球时使用的一种投篮方法，主要有双手胸前投篮（女子和少儿使用较多）和单手肩上投篮两种。原地投篮的优点是投篮者不必考虑起跳时机，稳定性好。单手肩上投篮时，投篮者要采取一种较好的身体平衡姿势面向球篮并保持良好的投篮力量和节奏。

（二）罚球

成功的罚篮需要合理的技巧、动作程序、放松、注意、节奏和足够的自信，合理的动作程序、放松和节奏有助于集中注意力和提高自信心。

罚球队员在裁判员递交球前应站在罚球线后几步，在那里罚球队员将会更加放松。罚球队员一旦接到球，以身体平衡姿势双脚站立，此时可用投篮手运几次球来放松自己，随后把球举到投篮位置，手部姿势要放松，食指与球的气嘴在一条直线上，并检查自己肘内收的姿势，深呼吸放松，尤其应当放松肩部。深呼吸可以使罚球队员的肩部、手臂和手指放松。投篮前，要利用想象帮助建立流畅和连续的节奏，在脑中想象成功投篮的情景。

投篮时使注意力始终集中在目标上，注意力集中在成功的投篮，强调像"篮圈—进—随球动作"等参照词。利用腿部蹬伸动作来保持节奏。当在比赛最后时刻罚球队员已经疲劳时，腿部蹬伸动作尤其重要。此外，还要加大投篮后的随球动作，在球中篮前，眼睛应始终注视目标，手臂高举。

（三）原地跳起投篮

跳起投篮与原地投篮相似，区别在于跳投时持球更高并且是在跳起后投篮。这需要上体、手臂、手腕和手指更多用力。跳起投篮的优点是增加了防守队员的封盖难度。起跳的高度取决于投篮的距离：当被紧逼防守在内线跳投时，起跳高度较高，投篮在最高点出手，手臂、手腕、手指提供大部分投篮力量；对多数远距离外线投篮而言，则不需要跳很高，腿部的力量要更多地供应投篮而不是起跳高度，应该是感觉起跳身体上升时投篮而不是在起跳最高点投篮。此时跳起投篮的身体平衡比起跳的高度更关键，同时流畅的节奏和手臂充分伸展也是远距离跳投命中率的重要影响因素。

（四）行进间投篮

行进间投篮是在切入和突破到篮下时运用的投篮技术。行进间投篮过程中为了跳得高，投篮手同侧脚或异侧脚跨步接球后投篮前的一步应当小，这样有利于起跳腿弯曲，变向前的动力为向上的动力。行进间投篮的基本方式包括行进间低手投篮、行进间高手投篮、行进间反手投篮、行进间勾手投篮。当切入或突破篮下时需要快速投篮，距离球篮较远时行进间抛投常被运用。行进间抛投除了起跳点距离球篮较远外，其他技术要求与行进间投篮相似，当采用行进间抛投时，强调流畅的节奏和完整的投篮随球动作。投篮时应该直接向上举球，球出手前非投篮手始终扶球。否则，投篮时球会失去保护和控制。投篮弧线要高出篮板上黑框以便它直接落入篮圈，这样即使在行进间投篮过程中被犯规，球也将有机会投中。

（五）急停跳起投篮

急停跳起投篮分为接球急停跳起投篮和运球急停跳起投篮。急停分为跨步急停和跳步急停。当跑动太快、在远离篮下的外线或快攻不能运用跳步急停时，跨步急停是有用的。当在无球情况下有控制的移动，尤其是在低策应位置背对篮筐接球时，跳步急停尤其占有优势。

1. 接球急停跳起投篮

无防守投篮时，应面对球篮接球投篮，使动作具有连贯性。最好的传球是那种能使投手在投篮范围内接到球，并成投篮姿势。如果投手在投篮范围内出现空当，投手举手示意给传球人一个目标，当球传过来时，向来球的方向顺势跳步或跨步急停，手迎球，面向球篮接球即成投篮姿势。接球前屈膝，接到球腿后以快速有节奏的蹬伸动作向上伸展，保持高位持球且投篮手朝向球篮。若接球时手脚没有做好投篮准备，投篮前应做投篮假动作，这可以争取时间调整动作，建立投篮节奏，只有在被紧逼防守时才利用跨步和转身动作。

2. 运球急停跳起投篮

当强侧手运球时，最后的一次运球跳停，在投篮手一侧膝关节前抄球。当弱侧手运球时，最后一次运球用体前变向运球在投篮手一侧膝关节处抄球。然后持球，面向球篮成恰当的投篮姿势。在投篮手一侧膝关节位置抄球，屈膝以稳定身体重心。抄球时，投篮手在上非投篮手在下持球，当向上举球投篮时，投篮手将朝向球篮，以便球出手后使球后旋。

（六）三分远投

投篮距离越远，正确的投篮技巧、用力顺序和节奏越重要。成功的三分投手应该具有流畅、均衡的投篮节奏，腿、背、肩连续的用力方式，以及投篮后充分的手臂跟随动作。三分投篮时，不需要跳得特别高。投手可以更多地利用腿部力量，也可以从背部和肩部的连续用力受益，要感觉到是在起跳同时投篮而不是在起跳最高点出手。起跳时努力保持身体的平衡，三分投篮出手后双脚应当落回到原来的起跳位置。

（七）勾手投篮

勾手投篮一般用于靠近球篮3~4米范围内，学会左右手勾手投篮可以大大提高队员在限制区内攻击的有效性。当队员勾手投篮运用恰当时，就会迫使对手上前防守，此时，队员可向一侧做勾手投篮的假动作，再向异侧强攻、突破或传球。大多数情况下，队员将向投篮方向的另一侧做投球假动作，然后调整投篮手到球下，非投篮手在球稍后上方护球，呈勾手投篮姿势。当跨步时，持球于身后，用头和肩保护球，跨步同时向内侧转身，投篮手一侧腿提起，中枢脚跳起的同时，投篮手臂靠近耳朵的方向伸出，用勾手动作从体侧向篮筐方向举球，手腕和手指向目标并适度弯曲，球由食指拨出。非投篮手在球出手前离开球。球出手后，身体顺势面向球篮平稳落地，准备用两手抢投篮不中的篮板球或快速移动补篮。勾手投篮也可与运球转身结合运用，除后转身跨步的同时接球外，其他动作方法同上。

（八）抛投

抛投一般是小个球员面对大个球员时采用的一种高抛式投篮手段。它是一项比原地投篮更有难度的技术，因弧线高出手不可预知而不易封盖。该技术主要用于运球突破对手又面临高大球员补防时。小个队员突然单脚起跳或双脚急停起跳高抛投篮以避免被封盖。运球突破与抛投动作的衔接一定要流畅，节奏感要好。抛投要掌握好移动与出手的时机，抛投前减速、垂直向上高跳，保持身体平衡。抛投手型应该是用手臂向上推，出手时掌心下方托住球，靠自己的手感及经验判断并借助整个手掌的推力将球高抛，球出手时注意做到手指弹拨出球。

三、投篮技术阶梯训练的原则和要求

（一）投篮技术阶梯训练的原则

1. 规范掌握投篮技术动作原则

不论是初学者还是高水平篮球运动员，必须掌握各种正确规范的投篮技术动作。从持球手法、瞄篮点、身体平衡姿势、手肘的位置、投篮手法、投篮跟随动作到急停接球和运球抄球动作等，都要重视建立正确的概念，形成正确的动力定型，训练过程中努力探索投篮失误的原因，反复修正自己的投篮动作。在掌握正确动作的基础上逐渐加大练习的难度。

2. 反复练习形成正确动力定型原则

投篮命中率的提高遵循从量变到质变的基本规律。投篮技术动作要形成正确的动力定型就需要反复练习，没有成千上万次的投篮，就形不成正确的定型。如果想练就投篮的绝招还必须具备两点：第一是每次投篮，精力都应高度集中，不受外界任何干扰；第二是要有坚韧的毅力长年坚持不懈。

3. 循序渐进原则

投篮技术训练应循序渐进，首先熟练掌握单个投篮技术的运用，然后反复练习组合投篮技术，最后要在攻守对抗中体会各种投篮技术的运用。单个投篮技术学习一般先学习原地投篮，然后学习行进间投篮，再学习原地跳起投篮，急停跳起投篮和转身跳起投篮等技术。练习距离由近到远，移动速度由慢到快，逐步培养从篮下到三分线等不同区域投篮的感觉。

4. 投篮与其他技术衔接组合原则

投篮衔接组合技术训练应把投篮与传球、接球、运球、突破、脚步动作、假动作和抢篮板球等技术结合进行，以培养队员的应变能力。投篮与其他技术的组合训练，还应在比赛中多体会投篮技术运用的时机和效果。

5. 对抗条件下运用原则

在正确掌握了单个投篮技术和组合投篮技术后，应加强在对抗情况下及战术配合中的投篮练习，以提高队员的抗干扰能力及投篮技术运用能力。所有投篮技术的训练必须按照比赛的节奏来进行，从实战出发，强化投篮技能。在一定的训练阶段中，利用比赛规则，结合实战要求，采用各种不同对抗强度和难度的训练方法进行投篮训练，使运动员的投篮动作技术逐步适应实战需要，增强其在对抗和实战中的运用能力，巩固和提高投篮命中率。

6. 结合心理、体能训练原则

要重视投篮的心理训练，提高队员的心理素质水平，使队员能在一定的心理压力下提高投篮命中率。注重投篮与体能的结合训练，以保证投篮水平的正常发挥。

7. 形成技术特长原则

在投篮训练中，应根据队员的特点，在熟练掌握几种投篮动作的基础上，形成自己稳定性、独特性、观赏性和实用性的特长技术。

（二）投篮技术阶梯训练的要求

（1）在快速移动中训练投篮。
（2）减少投篮的准备时间，提高投篮的出手速度。
（3）加强手腕力量的训练。
（4）学会对投篮过程中手部动作的调整。
（5）合理运用假动作。
（6）加强手感的练习。
（7）学会选择最佳投篮时机。

四、投篮技术阶梯训练的方法

（一）巩固投篮技术基础训练方法

1. 巩固原地投篮技术基础训练方法

（1）两人沿线相对站立（跪坐）投篮，要求投出的球尽可能落在线上。
（2）一人仰卧投篮，另一人接球提示。
（3）面向篮板站立，向篮板的正面投篮。
（4）面向篮板侧面站立，朝篮板的侧面（侧沿）投篮。
（5）篮下2~3米距离单手投篮（有节奏地喊出关键词，逐步增大距离）。
（6）篮下2~3米距离坐椅子投篮（有节奏地喊出关键词，逐步增大距离）。
（7）篮下2~3米距离坐地投篮（有节奏地喊出关键词，逐步增大距离）。
（8）篮下2~3米距离投篮（有节奏地喊出关键词，逐步增大距离）。
（9）篮下2~3米距离闭眼投篮，同伴提示（有节奏地喊出关键词，逐步增大距离）。
（10）两人一组投篮，一人投篮，一人负责捡球传球，并提醒投篮问题。
（11）罚球竞赛。
（12）不同角度由近到远5点投篮竞赛（距离圈1~5米）。
（13）分两组团队投篮比赛（投篮位置根据队员掌握投篮技术水平选择）。
（14）绕限制区7点环游世界投篮竞赛。

（15）"我是一匹马"投篮竞赛游戏：依次排队投篮，若第一人命中，后面人依次投，未中则失掉一个"我"字，若第一人未命中，则由第二人选择投篮地点，依次进行，直到有人失掉"我是一匹马"。

2. 巩固行进间投篮技术基础训练方法

（1）篮下2~3米距离持球原地跨步低手（高手、反手、勾手和抛投）左、右手投篮。

（2）同伴持球站在靠近篮下位置，拿起同伴手中球跨步低手（高手、反手、勾手和抛投）左、右手投篮。

（3）拿限制区两侧地面的球，跨步低手（高手、反手、勾手和抛投）左、右手投篮。

（4）向身前地面自抛球后，接球做行进间低手（高手、反手、勾手和抛投）左、右手投篮。

（5）个人运1次球后做行进间低手（高手、反手、勾手和抛投）左、右手投篮。

（6）个人连续运球后做行进间低手（高手、反手、勾手和抛投）左、右手投篮。

（7）个人切入接同伴传球做行进间低手（高手、反手、勾手和抛投）左、右手投篮。

（8）分两组传球给同伴（一传一切、掩护、策应、突分），然后接球做行进间低手（高手、反手、勾手和抛投）左、右手投篮。

（9）两人一组并排站立，外侧人运球上篮，内侧人跟随利用各种动作干扰投篮。

（10）两人一组前后站立，前面人快速运球上篮，后面人努力追击封盖投篮。

（11）中锋背对篮筐接球，转身交叉步（顺步）突破上篮。

3. 巩固跳起投篮技术基础训练方法

（1）两人沿线相对站立跳起投篮，要求投出的球尽可能落在线上。

（2）面向篮板侧面站立，朝篮板的侧面（侧沿）跳起投篮。

（3）持球站立在凳子上，从凳子上跳下，跳起投篮。

（4）篮下2~3米距离原地跳起投篮（有节奏喊出关键词，逐步增大投篮距离）。

（5）篮下2~3米距离原地跳起投擦板球（有节奏喊出关键词，逐步增大投篮距离）。

（6）面向篮筐原地站立，一脚为中枢脚，另一脚后撤步或并步跳起投篮。

（7）运1次球跳步（跨步）急停，跳起投篮（距离由近到远）。

（8）原地站立，接同伴传球跳步（跨步）急停，跳起投篮（距离由近到远）。

（9）连续运球后跳步（跨步）急停，跳起投篮（距离由近到远）。

（10）移动中接同伴传球跳步（跨步）急停，跳起投篮（距离由近到远）。

（11）分两组团队跳投比赛（投篮位置根据队员掌握投篮技术水平选择）。

（12）中锋背对篮接球，转身跳投。

（二）提高投篮技术进阶训练方法

1. 提高原地投篮技术进阶训练方法

（1）原地站立自抛球后，跳步（跨步）急停接球，原地投篮。

（2）原地站立，跳步（跨步）急停接对面同伴传球，原地投篮。

（3）原地站立，跳步（跨步）急停接侧面同伴传球，原地投篮。

（4）原地站立，交叉步或顺步运1次球突破后跳步（跨步）急停抄球，原地投篮。

（5）原地站立，连续各种方式运球后跳步（跨步）急停抄球，原地投篮。

（6）外线队员快速摆脱移动中跳步（跨步）急停接同伴传球，原地投篮。

（7）两人一组五点定点原地投篮，一人投篮一人捡球，每点投篮出手10次，投篮出手50次交换，要求急停接同伴传球投篮，记录命中率。

（8）罚球淘汰比赛，用两球，依次罚球，罚球不中需要补中，后面人比前面人先命中即为被淘汰。

（9）一分钟自投自抢投篮，外线队员要求13投9中，内线队员要求15投11中。

（10）两人一组干扰投篮训练，投篮人自己抢篮板球传球给外线同伴后然后迎上干扰。

（11）三人两球投篮训练，投篮后自抢篮板球传球给无球队员。

2. 提高行进间投篮技术进阶训练方法

（1）限制区两侧肘区位置运1次球突破上篮，连续命中10次。

（2）三分线外各种变向运球后突然加速突破上篮。

（3）在立柱障碍前各种变向运球后突然加速突破上篮。

（4）篮下持球站立，连续持球交叉步勾手或反手投篮。

（5）端线篮下站立，个人向三分线自抛球接球，转身突破各种方式上篮，规定时间内完成规定次数。

（6）端线篮下站立，传球给弧顶接球人，绕出场地两侧三分线外立柱，急停接球，采用各种方式突破上篮，规定时间内完成规定次数。

（7）队员从端线底角位置沿三分线迎上接弧顶队员传球，然后做如下练习：A单脚急停接球顺势跨步运球上篮；B急停接球交叉步突破上篮；C急停接球向上线运球后转身突破上篮；D急停接球向上线运球半后转身顺势前转身突破上篮；E急停接球跨步运球突破跳步急停上篮。

（8）团队传接球上篮，分两组，先后采用左右手低手、反手、勾手上篮，要求全队命中后换下一种投篮方式，在规定时间内完成全部投篮。

（9）中锋背对篮接球，转身假动作虚晃，交叉步（顺步）突破上篮。

（10）1对1不同位置外线队员徒手摆脱对手接球，突破上篮。

（11）两人一组（加防守），一人持球，另一人摆脱防守后做各种切入投篮。

（12）两人一组（加防守），内线队员给外线有球队员掩护后突破投篮。

3. 提高跳起投篮技术进阶训练方法

（1）原地站立自抛球后，跳步（跨步）急停接球，跳起投篮。

（2）原地站立，跳步（跨步）急停接对面同伴传球，跳起投篮。

（3）原地站立，跳步（跨步）急停接侧面同伴传球，跳起投篮。

（4）原地站立，交叉步或顺步运1次球突破后跳步（跨步）急停抄球，跳起投篮。

（5）原地站立，连续各种运球后跳步（跨步）急停抄球，跳起投篮。

（6）外线队员快速摆脱移动中跳步（跨步）急停接同伴传球，跳起投篮。

（运两球反应突破急停跳投）

（7）两人一组五点定点原地投篮，一人投篮一人捡球，每点投篮出手10次，投篮出手50次交换，要求急停接同伴传球跳起投篮，记录命中率。

（8）两人一组，一人捡球传球，另一人两点连续移动跳步（跨步）急停接同伴传球，跳起投篮（或接球后假动作跳起投篮）。

（9）1分钟自投自抢跳起投篮，外线队员要求13投9中，内线队员要求15投11中。

（10）两人一组干扰跳起投篮训练，投篮人自己抢篮板球传球给外线同伴后然后迎上干扰。

（11）三人两球跳起投篮训练，投篮后自抢篮板球传球给无球队员。

（12）击败球星跳投竞赛，任意位置跳投，投中1分，投失球星得2分，得10分获胜。

（13）两人一组，一人投篮，一人抢篮板球，投篮后踩中线返回，接球继续跳投，10次交换。

（14）中锋背对篮筐接球，然后做如下练习：A向端线做后撤步后强攻投篮；B向端线前转身跳投或交叉步勾手投篮；C向中路运球突破后转身跳投；D向中路运球突破向外跨步急停跳投。

（15）两人一组，利用突破分球跳起投篮。

（16）两人一组，利用同伴掩护配合跳起投篮。

（三）强化投篮技术实战训练方法

1. 强化原地投篮技术实战训练方法

（1）压力罚球，若不中，全队进行见线折返跑。

（2）罚球竞赛，每组2球，罚球后冲到对面端线返回队尾，先命中20次为胜。

（3）中锋插上罚球线急停接球，转身投篮。

（4）三人两球3分定点投篮，一人投篮、一人传球、一人抢篮板球，投篮10~15次交换。

（5）四人传球，一人3分定点投篮，传球后抢篮板球回到指定传球位置。

2. 强化行进间投篮技术实战训练方法

（1）全场有追防快速运球（3次或4次）上篮。

（2）全场追地滚球抄球上篮。

（3）二、三、四、五人快攻（1、2、3次传球）上篮。

（4）高位内线队员接球1对1突破投篮。

（5）外线队员摆脱接球1对1突破投篮。

（6）利用传切、突分、掩护和策应配合突破上篮。

（7）利用"欧洲步"突破上篮。

3. 强化跳起投篮技术实战训练方法

（1）利用传切、突分、掩护和策应配合跳起投篮。
（2）全队5球三人快攻，接球后跳起投篮，规定时间内命中100次。
（3）一人传球，另一人快速跑位接球后做3分跳投。
（4）内线队员低位抢位接球，各种组合投篮练习。
（5）外线队员摆脱接球，各种组合投篮练习。

（运球推进接球急停跳投）

第二节　运球技术阶梯训练

运球是篮球比赛中持球队员移动的手段。它不仅是个人摆脱防守进行攻击的方法，也是组织全队进攻配合的桥梁，并且对发动快攻、突破紧逼防守都起着较大的作用。熟练的运球是运动员良好球性的体现，通过不断的练习运球，能促进队员球性的提高，从而增强控制、支配球的能力。

运球技术运用的时机包括：①把球运出防守密集的区域，当不能传球给同伴时，可以运用运球摆脱防守；②当紧逼防守无人接应时，利用运球突破防守向前场运球推进；③向篮下突破；④利用运球吸引防守为同伴创造空当；⑤利用运球组织进攻战术；⑥利用运球调整传球给同伴的位置和角度；⑦利用运球为自己创造投篮机会。

一、运球技术关键

运球技术的关键在于运动员控制球、保护球的能力和脚步动作（变向、转身、变速）的熟练程度，以及眼、手、脚的协调、快速、多变地配合。现代篮球由于防守队员贴得近，并具有攻击性，因此，当对手贴近防守时，队员运球多以肩关节为轴，用手按拍、吸拉球，手的附着面大，运球动作幅度大，运球高度齐腰，球的落点在身体的侧后面。运球过程中吸拉球时，动作幅度要慢而大，在按拍球时，动作要快而突然，用这样的快慢变化突破防守。

当防守队员远离时，运球移动时不要看球，保持头部和背部正直，屈膝降重心，通过手腕和手指的弯曲来按拍球，控制运球的节奏。当被紧逼防守，必须保护住球并且使球在自己的控制之下时，要采用强力运球。良好身体姿势是强力运球的基础，有利于形成可投、可传或可突的三威胁姿势，从而可以快速移动、变向、变速，在保护球的同时做到有控制的急停。运球时，要抬头，注视篮圈。这将能够扩大视野，看到周围有空当的同伴和防守队员。

二、运球技术运用

基本运球方式包括控制运球、快速运球、碎步运球、变速运球、后退运球、体前变向换手运球、体前变向不换手运球、后转身变向运球、背后变向运球和胯下运球等。通过训练可使运球技术达到自动化，即无须考虑运球，只是将全部注意力集中在场上千变万化的形势。运球是一项可以自我训练的技术，所需要的只是一个球、一块平坦的地面和渴望提高技术的热情。让有训练经验的观察者——教练员、教师或技术熟练的队员，观察你的运球技术。观察者可以运用各种运球技术的要点来评价你的运球表现，提供正确的反馈，同时也让教练员能够评价你在运球时的决策能力。

（一）快速运球

当没有被紧逼防守时，当必须在开阔场地上快速移动球时，当必须快速突破到篮下时，快速运球是有用的。快速运球时，球反弹到腰部高度，抬头，注视篮圈，这将能够用周边视野观察到整个场地的情况、有空当的同伴以及防守队员。要向前几步远的距离掷球，然后追球。快速运球是重要的，但是在保持平衡的情况下快速停止也是重要的。因此，快速运球停止时，两步急停可以阻止你中枢脚拖动和走步，这在快攻中尤其重要。

（二）碎步运球

当在球场空区并接近防守队员时，利用碎步运球停止向前移动，并保持运球状态。碎步运球可以使自己获得平衡，并且可以从容地判断或阅读防守的位置，尤其是在快攻结束阶段，当运球时，身体成可投、可传和可突的三种威胁姿势。为了运用碎步运球，快速运球到控制运球变化要快，保持运球同时急停，两脚与肩同宽面向球篮。双脚快速、尽可能靠近地面移动，快速的碎步移动有助于保持身体平衡，同时也可短暂地吸引自己的防守队员。碎步运球的有效性来自良好的身体平衡和控制、对防守位置的判断和做下一次投篮、传球或突破动作前所做的假动作。

（三）变速运球

变速运球是从快速运球到控制运球再到快速运球不断变换的运球方法。变速运球在迷惑和摆脱防守方面的有效性，取决于运球队员员的做假动作水平和灵敏性。运球向前推进，从慢速运球到快速运球快速变化时，运球队员占有优势，因为他决定何时变速，可利用良好的做假动作能力和强力推球以快速提高速度。从控制运球到快速运球的变速运球过程中，至少要提前防守队员一步。当从快速运球变换为控制运球时如果不能很好地控制住球，就需要加大两腿间距离，屈膝以保持平衡，且运球高度不要超过膝关节。

（四）后退运球

后退运球被用于摆脱紧逼防守造成的困境。后退运球经常与向前变向运球和加速运球联合运用以摆脱两名防守队员的夹击。后退运球可获得向前变向运球和加速运球的空间，为摆脱夹击创造空间。当利用短促、快速的后退步运球时，保护球的同时要保持身体平衡。控制手中的球使球改变方向，利用加速或变向运球突破防守队员，同时抬头注视篮圈，以便可以看到出现空当的同伴，并及时传球给他。

（五）体前变向运球

当在开阔的场地上进行快攻时，当需要空间突破到篮下或当需要为自己投篮创造空当时，体前变向运球是重要的。体前变向运球的有效性取决于运球者从一个方向向另一个方向变向运球的速度。运用体前变向运球要以向后的角度在运球者身前交叉运球，从一只手到另一只手变向运球。在控制运球时变向运球，球低于膝关节，并且靠近身体。快速变向运球时，运球高度在腰部位置。运球体前变向时，先前的运球手应抬起，并通过变换前脚（顺步、交叉步）和身体姿势来保护球。

（六）体前变向不换手运球

体前变向不换手运球是在控制运球或碎步运球时使用的一种假的体前变向运球的动作。这种欺骗性运球被用于向篮下突破获得空当或投篮。通过向突破方向的异侧做头部假动作来伪装体前变向运球。实施体前变向不换手运球时，从体前交叉运球开始，运球时手不离球，不变换运球手，而是手旋转到球的上部，拉球从身体外侧到原来运球的位置，运球时靠近身体，球在膝关节高度，用身体和非运球手保护球。

（七）后转身运球

后转身运球变向可以使身体在球和防守队员之间保护球，然而不利之处在于在短暂的时间内运球者看不到试图抢断球的其他防守队员。后转身运球最好被用于防守者紧逼运球手一侧时的运球突破，它可以在相反方向创造投篮机会。后转身运球是一个后转身结合两下运球移动的动作方法，第一下运球时，异侧脚向前跨步同时肩膀向运球手一侧转动，当第二下运球时，后脚（同侧脚）向后跨步，用同一只手持球靠近身体吸拉至身体的侧后方，完成后转身运球，然后换手接着运球。

（八）背后运球

背后运球变向使运球者的身体在球和防守队员之间保护球。它最好在开阔场地上前面防守队员过度防守运球者运球手一侧时运用。虽然培养背后运球比其他运球方式需要更多的训练，但它是非常值得掌握的技术。与体前变向运球相比，背后变向运球能使运球队员身体在球和防守队员之间；与后转身运球相比，它使运球者变向时能始终看到篮圈和其他防守队员。背后运球比后转身运球更快，几乎与体前变向运球一样快。像后转身运球一样，背后运球也是两下运球移动，运球手将球拉至身后完成第一下运球，从身后将球拍至身体另一侧完成第二下运球，然后换手运球，球在变向中要靠近身体，要利用身体和非运球手保护球。

（九）胯下运球

胯下运球是指在运球过程中运用穿越胯下技术、使对手难以抢断的运球方式。当防守队员迎面堵截并做贴身防守时，运球队员应降低重心，右手运球穿越胯下变向时，左脚应向前跨出、右手拍按球的右侧上方，将球从两腿之间运至身体左侧，然后上右脚，侧身探肩加速前进。胯下运球突破的护球作用更明显,实用性更强,常与其他运球技术结合运用。实战中常见于快速运球逼近对手突然做胯下运球加速突破,或在突然破中急停突胯下拉回,然后加速变向突破,或利用连续胯下运球迷惑对手,伺机突破线投篮。

三、运球技术阶梯训练的原则和要求

(一)运球技术阶梯训练的原则

1. 循序渐进原则

在原地基本动作学习阶段,通过各种持球玩球的方法来培养队员球感,学会持球保护球,然后掌握原地运球方法,包括运球手法、运球位置、运球高度、护球姿势等,学会左右手控制球的技巧;在行进间运球学习阶段,通过行进间各种变向变速运球来提高队员运球与脚步的协调配合能力,学会快速移动中突破对手;在运球与各种技术组合学习阶段,通过运球与脚步、传球、投篮等技术的组合运用,学会运球与各项进攻技术的有效衔接;在1对1对抗运球阶段,通过各种对抗情景提高队员利用变向、变速运球突破对手的技术水平;在模拟比赛实战运球阶段,通过比赛对抗提高队员把握运球、传球、投篮和突破的时机,学会合理利用运球突破对手或为同伴创造合理得分机会。

2. 各种运球方式综合运用原则

如体前变向运球与转身运球的结合、变速与变向运球的结合等,同时要特别注意加强运球过程中假动作的运用。

3. 运球要与传球、投篮和突破等技术紧密结合原则

如后场队员获得球后,迅速将球传给前场队员,前场队员接球后运球突破上篮,以及控球队员运球超越对手后,伺机将球传给无人防守的队员等。

4. 攻守对抗中提高运球运用能力原则

运球技术训练方法、手段多,变化形式多,应逐步加大练习对抗难度,如运球一对一、运球一对二、运球一对三等,提高观察判断和运用技术的能力。

(二)运球技术阶梯训练的要求

①运球技术训练中反复强调对视野广度和宽度的培养。
②运球技术训练中对于重心的控制需要反复强调。
③运球技术训练中对于运球的力度和速度要严格要求。
④加强多球运球训练,加快手上感觉提高。
⑤运球技术练习要与脚步灵活性训练相结合。
⑥加大运球练习难度,提高观察判断及运用技术的能力。

⑦运球、传球等多种技术综合练习，提高应变能力及注意力转移能力。
⑧加强运球对抗练习，提高技术的实用能力。
⑨加强运球的连续性和多变性，提高综合运用技术的能力。
⑩在训练或比赛后，对运球时机的把控及其动作运用的合理性进行总结。

四、运球技术阶梯训练的方法

（一）巩固运球技术的基础训练方法

①球感练习（每人持一球，队员根据教练的信号做各种球感练习）。
②原地持球移动练习（队员持球呈"三威胁"动作，根据教练员的信号做各种原地持球练习）。
③原地各种运球技巧练习。
④原地运两球练习。
⑤半蹲低重心行进间各种运球技巧练习。
⑥左右蹬跨各种技巧运球练习。

（蹬跨运球）

（二）提高运球技术的进阶训练方法

沿篮球场地线，在有限的空间内，绕障碍物或根据教练员指令与信号等，做如下练习。

1. 进行间直线运球突破练习

（1）快速运球突破接近对手稍减速或停顿，同侧脚跨步（顺步）突然加速突破对手。
（2）快速运球突破接近对手向另一侧跨步（交叉步），然后快速收回加速突破对手。
（3）快速运球突破接近对手向另一侧跨步同时头、肩和球带动虚晃，然后加速突破对手。

2. 快速行进间各种变向运球技巧突破练习

（1）行进间胯下运球、行进间单手由前往后胯下运球、行进间单手绕单腿胯下运球、行进间后退连续胯下运球、行进间后退单手胯下运球、行进间体前变向运球、行进间背后变向运球、行进间后转身变向运球。
（2）急停急起各种技巧运球练习，行进间前进运球、后退运球和横行变向运球。
（3）左右滑步各种技巧运球练习。
（4）两球各种技巧运球练习：直线运两球，滑步运两球，双手交替传球、运球，双手交替运两球体前变向，双手交替运两球胯下和体前变向，双手交替运两球背后和体前变向、双手交替运两球转身变向。
（5）竞赛性、趣味性的运球练习。
（6）结合其他技术的各种运球练习：如运球跳步急停接球、运球跨步急停接球；运

（急停急起变向运球）

球、传球、投篮结合等。

（7）运球组合技术练习：如两个技术的组合有：运球体前变向→胯下运球、胯下运球→后转身运球、后转身运球→背后运球等；三个技术的组合有：体前变向→胯下运球→后转身运球、胯下运球→背后运球→体前变向运球、后转身运球→体前变向→背后运球等。

（8）利用假动作运球突破组合技术练习：如利用虚晃假动作运球突破、小碎步后变向运球突破、假转身接侧身运球突破等。

（9）运球配合练习：如利用同伴掩护运球突破、运球给同伴掩护、运球策应、运球突破分球等。

（10）运球游戏。

（三）强化运球技术实战训练方法

①两人各运一球在有限空间内进行对抗抢球练习。
②多人各运一球在有限空间内进行对抗抢球练习。
③全场、半场、不同位置进行一对一攻守对抗下的运球练习。
④全场、半场一对二攻守对抗下的运球练习。

第三节　传接球技术阶梯训练

传接球是篮球比赛中进攻队员之间有目的地转移球的方法，是进攻队员在场上相互联系和组织的纽带，是实现战术配合的具体手段。传接球技术的好坏，直接影响到战术质量和比赛的胜负。准确巧妙地传球，能打乱对方的防御部署，创造更多、更好的投篮机会。熟练地接球和及时准确地传球能加深队员在进攻中的相互联系，并能为获得良好的进攻时机创造有利条件。

传球的具体运用时机包括：①把球从有多名对方队员的区域传出，如抢到篮板球或队员被夹击时；②快攻时，快速向前场传球；③组织进攻战术；④传球给出现空当的队员投篮；⑤四处转移球，通过传球和切入为自己创造投篮得分机会。

理解传球运用的原则，有助于提高队员在传球时的判断力、预测力、时机把握能力、迷惑对手的能力等，而这些能力或因素直接影响着场上队员传球能力的发挥。传球运用原则具体包括：

①目视球篮。不管防守队员是否紧逼持球者的传球、投篮和突破，持球者应将球篮收于视野之中，以便于观察眼前场上的情况，包括出现空当的同伴。②先传后运。传球的速度比运球快许多倍，在快攻和进攻区域联防过程中传球尤其重要。③了解同伴的优点和弱点。辨认出同伴正在移动的位置及其可能做的下一步行动，当他处于最佳位置时，在最佳时机传球给他。④及时领前传球。预判断同伴切入篮下的速度，及时领前传球，传球要稍微领先于同伴，传球到空位。⑤迷惑对手。传球前做假动作，但是避免向传球的方向直视，以免暴露传球意图。应利用眼睛的余光观察目标，而不要注视接球队员，要做到出其不意。⑥假动作吸引防守紧逼后传球。传球前利用投篮假动作或运球动作吸引防守队

员,当一名防守队员后撤防守时不要试图传球,这样会给对手更多的时间和距离对传球做出反应,从而被断球。⑦传球快速准确。不要有多余动作,传球时不要紧张,传球幅度不要太大。⑧判断传球的力量。长距离传球力量要大,短距离传球力量要小。⑨确保传球可靠。不传球比传失误球要好,好的传球是同伴不失时机地接到球并易于下一个进攻动作,不要向人群中或同伴没有出现空当时勉强传球。⑩向远离防守一侧传球。当同伴被紧逼防守时,传球到远离防守一侧;如果接球时不是处于一个投篮位置,要举起两手主动迎球,接球时两手放松,准备另一次传球。⑪向出现空当的投篮队员远侧手传球。当同伴出现空当,并处于投篮位置时,向投篮队员远端手一侧传球,这样即使传球发生偏离时投篮队员不必伸手或改变身体姿势就可以接到传偏的球。当出现空当并处于投篮位置接球时,应面对来球,两手放松,跳步急停接球,并且准备投篮。

接球是获得球的重要技术,能否稳稳地接住球,对于减少传接球失误、弥补传球的不足,以及截获对方的球等都是非常重要的。队员接球要遵循的具体原则包括:①主动迎前接球。接球时要观察、了解场上情况,要积极移动迎前接球。②抢占空间位置。摆脱接球时,要利用身体、手臂和脚步移动抢占空间位置,挡住对手可能断球的路线,保证接球的安全。③与下一进攻动作自然衔接。接球的同时要为下一个动作做好准备,要和下一个进攻动作衔接好。④及时转入传、运、投。接球后要及时、快速地转入投篮、突破和传球,以及人和球的移动中以创造更多的进攻机会。

一、传接球技术关键

传球技术是由传球的动作方法、球的飞行路线和球传到的位置(球的落点)三者组成的。传球的动作手法是主要的,它决定球的飞行路线、飞行速度和球落点的准确性。接球技术主要取决于接球手法和脚步的协调配合。

(一)传球的动作方法

传球动作方法由持球手法和传球动作组成:持球手法分为单手持球和双手持球手法两种。传球动作是指先由全身协调用力,然后通过手腕、手指动作完成的。中、远距离的传球,主要靠前臂的伸、摆和手腕、手指的用力,而手腕、手指用力的动作是传球中最主要的动作。

传球时手腕、手指的翻转、前屈和拨指的用力对球的飞行方向、速度、路线和传球位置有着控制作用。若手腕、手指的力量作用于球的正后方,则球飞行方向是向前,而且是平直的;若手腕、手指力量作用于球的后下方,则球飞行方向是前上方,而且是沿弧线飞行的;若手腕、手指力量作用于球的后上方,则球会向下方击地反弹。在球即将离手的一刹那,用力越大,发力越快,即手腕翻转、前屈和手指用力拨球越急促,则作用于球的力量就越大,球飞行的速度就越快,反之,球的速度就越慢。因此,巧妙地运用手腕、手指力量,是提高传球技巧的关键。

蹬地、腰腹和手臂用力与手腕、手指的协调配合可增加传球的力量,特别是前臂的伸、摆、甩、绕等各种不同的动作,可增加出球点,扩大出球面,提高传球的灵活性,从而增强传球的威力。

（二）球飞行的路线

球飞行的路线有直线、弧线和折线（反弹）三种。比赛中，由于攻守队员站的位置、距离和移动的速度及意图等情况不同，所以选择的传球路线和球飞行的速度也有所不同。准确地把握传球时机，正确、合理地选择球的飞行路线，会使同伴更顺利地接到球。

（三）球传到的位置

球传到的位置是指传出的球所要到达的位置，也称传球的落点。这需要根据接球队员的位置、移动速度和意图以及与防守队员的情况而定，力求将球传到远离防守队员一侧的位置，与接球队员恰好相遇，即人到球到，并且使接球队员接球后能够顺利地进行下一个进攻动作。

（四）接球手法与脚步的协调配合

接球有双手和单手接球两种，不论是哪一种，接球时眼睛都要注视球。当手指触球的同时屈肘，手臂后引，缓冲来球的力量后，两手握球，保持身体平衡，以便做下一个动作。当被紧逼防守在远离篮下的区域想摆脱接球时，要向球的方向或"V"形跑动接球，并伸手给传球队员一个明确的接球目标并主动迎球。在触球瞬间，手臂缓冲，使用两步急停接球后，面向球篮成"三威胁"姿势，注视篮圈，准备传球、投篮或突破。

二、传接球技术运用

基本传球方式有胸前传球、击地传球、头上传球、体侧传球、肩上传球，背后传球。基本接球方式有双手接球和单手接球。训练中，应重视每一种传接球的练习，以促使这些基本传接球技术动作达到自动化，然后根据场上不同局面，学会正确运用传接球技术。可以通过与同伴或自己单独训练来发展传接球的快速性和准确性。单独训练时，需要借助一面墙或反弹板进行练习。通过训练不断强化队员在团体训练和比赛形式下传球的决策能力。

（一）胸前传球

胸前传球是篮球比赛中最普遍的传球，分为双手胸前传球和单手胸前传球。这种传球迅速有力，可在不同方向、不同距离中使用，而且便于和投篮、突破等动作结合运用。运用胸前传球前应注意隐蔽视线并锁定目标，可向另一侧看或做假动作，随即向传球方向跨步，腿、背、手臂伸展，通过手腕和手指拨球将球传出。单手胸前传球应加强弱手传球训练。

（二）击地传球

当防守者在传球者和同伴之间时，传球者可从防守者手臂下击地传球。击地传球既可以传给快攻结束时快下的边锋或切入篮下的队员，也可以作为外线队员向内线队员传球的一种供球方式。击地点一般是在距离接球同伴的1/3处。因为击地传球需要通过地板反弹，所以它比胸前传球的速度慢。

（三）头上传球

这种传球持球点高，便于与投篮结合，但与突破、运球及其他隐蔽传球结合时，却增加了动作幅度。这种传球多用于中、远距离，如抢篮板球后的传球，外围队员的转移球，以及向内线队员高吊球时使用。当持球者被紧逼防守必须从对手头上传球时、在被紧逼防守后快攻发动一传时或吊传给背切到篮下的队员时可采用头上传球，另外，头上传球还是给低位中锋传球的一种选择。

（四）体侧传球

当被紧逼防守时，必须从防守队员体两侧传球时可采用体侧传球，分为单手体侧传球和双手体侧传球，单手体侧传球的传球手在球后侧，球出手前非传球手在球前面，以便需要时可以停止传球或做假动作。像头上传球一样，体侧传球是传球给低位中锋的一种方法。除了在准备阶段时球的位置不同外，体侧传球的方式与头上传球相似。当向一侧跨步时，体侧传球需要移动球到一侧的肩部和臀部之间的位置，不要把球置于体后，球置于体后时传球距离太长，容易被抢断。传球后手指指向目标，手心朝向自己一侧。

（五）肩上传球

单手肩上传球作为一种长传球，传球的力量大，飞行速度快，常用于中、远距离的传球。经常被用于快攻的一传，给切入篮下队员的领先传球或掷界外球的情况。传球时，当球后引上肩时，重心后移至传球同侧脚上，传球手在球的后部持球，另一手在球前护球；出球时传球臂异侧脚向掷球方向跨出一步，同时前臂前摆，快速抖腕拨指；传球后手指指向传球方向。

（六）背后传球

高水平队员必须具备背后传球的能力，在快攻结束二攻一、防守队员出现在你和同伴之间时，背后传球尤其有用。要确保开始传球时两手持球，非传球手不要离开球太早，两手持球到臀部后面，球出手前始终两手持球。传球时，传球手臂伸展，手腕和手指弯曲，球通过指尖传出，球出手后，双肩和手指指向目标，传球手的掌心向上，传球手臂触到后背。

（七）双手接球

双手接胸部高度的球要两眼注视来球，两臂伸出迎球，手指触球后，两臂随来球方向后引以缓冲来球的力量并成"三威胁"姿势；双手接头部高度的球，迎球时手臂要向前上方伸出接球；双手接低于腰部的球时，一条腿向来球方向迈出一步，双手向前下方伸出迎球；双手接反弹球时，双手迎球向前下方伸出迎球；双手接地滚球接球时，身体下蹲，两手向来球方向伸出。

（八）单手接球

单手接球控制的范围大，能接不同方向的来球，有利于队员快速、灵活地发挥技术，但不如双手接球牢稳。右手接球时，右脚向来球方向迈出，手掌成勺形，手指自然分开，迎着来球的方向伸去。当手触球时，手臂顺势将球向后下方引，左手立即握住球。

三、传接球技术阶梯训练的原则和要求

（一）传接球技术阶梯训练的原则

1. 规范传接球技术动作原则

首先掌握规范的各种单双手传接球技术动作方法。单双手传球方式除了上述6种基本传球技术外，还要掌握各种基本传球的变式，如（甩臂）体侧击地传球、（扔铁饼）体侧长传、（躲闪防守）低手上挑传球、（保龄球式）低手长传球、向后击地传球、从下向上单手甩传、勾手传球、吊内线传球向另一侧转身跳传等。各种传球技术动作不仅要重视建立正确的概念和形成正确的动力定型，还要在训练过程中努力探索传球技巧，并在掌握正确动作的基础上逐渐加大练习的难度。

2. 形成传接球技巧原则

传接球技巧的形成要遵循从量变到质变的基本规律。传接球技术动作看似简单，但要形成正确的动力定型，还需要反复练习，没有成千上万次的传接球练习，就形不成正确的动力定型，尤其要重视在对抗情景下各种传接球技术的练习，并以此来提高传接球技术的熟练运用能力。

3. 循序渐进原则

传接球技术训练应循序渐进。首先要熟练掌握原地各种传接球技术，接着结合脚步和假动作练习各种传接球技术，然后在原地和行进间运球中练习各种传接球技术，最后要结合比赛情景练习对抗中的各种传接球技术。单个传接球技术学习一般先学习原地传接球，然后学习结合脚步和假动作等传接球，再学习原地和行进间运球后的传接球技术，最好结合比赛情景练习传接球技术。练习距离由近到远，逐步培养不同距离、位置和角度下传接球的感觉。

4. 传接球与其他技术组合训练原则

传接球组合技术训练应把传球与投篮、运球、突破、脚步动作、假动作和抢篮板球等技术结合进行，培养队员的应变能力。传球与其他技术的组合训练还应在比赛中多体会传球技术运用的时机和效果，做到练战结合，并不断总结，逐步形成自己的传接球风格。

5. 对抗条件下运用原则

在正确掌握了单个传接球技术和组合传接球技术后，应加强在对抗情况下及战术配合中的传接球练习，以提高队员的抗干扰能力及运用传接球技术的能力。所有的传接球技术的训练必须按照比赛的节奏来进行，从实战出发，与实践相结合，这样练出来的技术是真正需要的。在一定的训练阶段中，利用比赛规则，结合实战要求，逐步采用各种不同对抗强度和难度的训练方法进行传接球训练，能促进运动员不断提高传接球动作技术，逐步适应实战情况，增强在实战中的运用能力，更好地巩固和提高传接球效果。

6. 结合位置训练原则

不同位置队员的传接球方式方法存在差异，要区别对待内线和外线队员传接球的训练方式和方法。

（二）传接球技术阶梯训练的要求

（1）训练中要始终强调传球要快速、精准、及时，要了解同伴特点，给同伴的传球要柔和略带回旋，球的落点一般在胸部位置，达到人到球到的境界。

（2）训练中要求队员隐蔽传球意图，加强传球假动作的训练，虚虚实实、真假结合、假投真传、假突真传、运球突传等，达到"不看人传球"的境界。

（3）训练中要求队员学会利用防守的空当传球，根据对手特征和防守姿势，采用耳边传球、头上传球、体侧传球等隐蔽方式传球。若防守的队员比较矮，可采用头上传球；若防守队员采用上举防守，可选择体侧传球；若防守队员采用两臂侧伸防守，可选择耳边传球或头上传球等。

（4）训练中要设置比赛情景提高传球的质量和效果。①外线队员之间传球：对于摆脱拉出接球队员可选择单手胸前或体侧传球，对摆脱反切队员可选择单手击地传球；向弱侧大范围传球可选择双手头上传球，或者外线快速胸前传球，若被紧逼可考虑持球转身跳起传球；传球给掩护队员时，若防守队员换人可选择单手击地传球或单手体侧击地甩臂传球，若夹击可选择跳起转身头上传球或转身勾手击地甩臂传球；运球掩护手递手传球时，传球人两手上下持球，接应人顺势拿球利用掩护突破。②外线队员突破过程中传球：从弧顶突破，若临近协防，可选择双手胸前传球或手指点拨传球给边路同伴，若突破到篮下可选择急停转身，胸前外传；一侧边路突破造包夹，可选择跳起传球给弱侧队员或单手击地给弱侧跟进队员；突破上篮造跳起封盖，可选择背后传球或从防守臂下单手低手上挑传球；沿底线突破造包夹，可选择单手勾手外传给同伴。③外线给内线队员传球：若内线队员卡住位，直接单手胸前快传，或做投篮假动作后单手击地传球；若外线队员紧逼运球，可突然举球进行双手头上传球；若侧前防守内线队员上线，则外线队员向下跨步，单手体侧击地传球或向下线运球后，单手体侧击地传球；若绕前防守内线队员，则选择单、双手头上吊传；若绕前防守内线队员同时，同伴协防，则传球给中路队员，该队员用头上传球传给内线抢位队员。④内线队员传球给外线队员：内线队员接球后，可选择双手头上传球给外线移动同伴；若造包夹，可选择双手头上或单手击地传球给同伴；若内线队员被挤到偏外位置接球，可做假动作吸引防守队员并跳传给弱侧队员；传球给切入队员，可选择击地传球。⑤由守转攻时传球：抢到篮板球高大队员，可选择双手头上或单手击地传球给接应同伴；接应同伴运球后，可单手胸前传球给快下队员；抢发投篮命中后的界外球可选择单手肩上传球，或保龄球式低手长传球；抢到后场篮板球直接运球，可在运球中运球手直接单手甩臂进行体侧长传球。⑥快攻结束段2攻1传球：可用运球内侧手击地传球或手指点拨直接传球给同伴上篮；若上篮防守封盖，可选择背后传球或跳起低手上挑传球。

（5）训练中要培养运动员利用个人攻击力创造空间传球给有空当的同伴，同时同伴要通过移动把握好接球的位置。

（6）训练中要培养队员努力接好每一次传球的意识，接球后能够迅速调整好攻击姿势。

四、传接球技术阶梯训练的方法

（一）巩固传接球技术基础训练方法

（1）原地持球对墙上目标做各种方式传球（逐步增大距离）。

（2）原地要球后对墙上目标做各种方式传球（逐步增大距离）。

（3）原地各种运球后对墙上目标做各种方式传球（逐步增大距离）。

（4）行进间各种运球后对墙上目标做各种方式传球（逐步增大距离）。

（5）两人相对，做各种方式传球（有节奏喊出关键词，逐步增大距离）。

（6）两人相对要球后，做各种方式传球（逐步增大距离）。

（7）两人相对运球后，做各种方式传球（逐步增大距离）。

（8）两组人员相对站立（一球），传球后，做跟进练习（逐步增大距离）。

（9）两人一组行进间直线或曲线传接球（传球次数逐渐减少，可与运球、跑篮、冲抢篮板球结合）。

（10）三组人员做三角传接球（逐步增大距离）。

（11）三人一组做行进间直线或曲线传接球（逐步增大距离，可与运球、跑篮、冲抢篮板球结合）。

（12）四组人员做四角传接球（逐步增大距离）。

（13）五组人员做五角传接球。

（14）进行传接球与摆脱、急停、突破、投篮、抢篮板球的组合练习。

（二）提高传接球技术进阶训练方法

（1）原地双手对传两球。

（2）移动中双手对传两球（前进后退）。

（3）原地双手换手对传两球。

（4）移动中双手换手对传两球。

（5）运球后对传两球（根据同伴手势位置传球）。

（6）镜子传球练习（按照同伴传球方式做）。

（7）背后传球练习（逐渐拉大两人距离）。

（8）球绕腿一周两球对传（逐渐拉大两人距离）。

（9）"8"字绕两腿两球对传（逐渐拉大两人距离）。

（10）一人杂耍向上抛球，接另一人传球后传球（各种传球）。

（11）接困难传球。

（12）三人三角传四球。

（13）战术配合中的传接球（无防守条件下练习：半场纵切或横切传接球；二人策应传接球；半场一人策应两人外围交叉切入；正、反掩护中的传接球，突分配合中的传接球等）。

（运球突破后传球给同伴）

（三）强化传接球技术实战训练方法

（1）传球触人游戏。

（2）传球比多游戏。

（3）不同人数篮球比赛（不允许运球）。

（4）两传一断练习。

（5）三传两人断球练习。

（6）四传三人断球练习。

（7）外线不同位置运球突破上篮分球给不同位置同伴。

（8）战术配合中传接球（由对防守的条件限制过渡到攻守积极对抗）。

第四节　抢篮板球技术阶梯训练

篮球比赛集体对抗性特点，决定了抢篮板球技术动作的综合性。队员在争夺篮板球时，不仅要有熟练地抢篮板球的技术和能力，还应具有应付各种复杂情况的应变经验。队员只有根据球场上的不同情况迅速做出正确判断，才能及时合理地运用抢篮板球的技术动作。篮球比赛中篮板球的争夺往往体现了运动员的意识、经验和拼搏作风。因此，增强抢篮板球意识，培养拼抢作风，是提高抢篮板球成功率的前提。

评价一个抢篮板球队员好坏的基本要素是意识、智能、体能和技术。

首先，抢篮板球最重要的因素是意识。要假设每一次投篮都不中，带着这种意识努力拼抢每一次篮板球。许多篮板球并不是由第一次触球的队员获得。因此，继续努力连续拼抢篮板球才是最关键的。要成为一名优秀的篮板球手，队员必须有强烈的欲望投身到篮板球的拼抢之中，努力争抢每一个篮板球。

其次是智能。通过预测投失的球可以培养抢篮板球的智能。运动员要观察篮圈、篮板，并判断球反弹的区域和距离，要了解同伴的投篮技巧和对手投篮特点，以便预测去哪里抢篮板球。要学会观察投篮的角度和距离，大多数投篮后的篮板球会反弹到对侧，而三分投篮后篮板球容易反弹更远。因此，还必须要研究对手每个队员的力量、弹跳能力、灵敏性、攻击性、挡人技巧和连续拼抢欲望等特征。

再次，从体能上讲，抢篮板球需要队员敏捷地移动。抢进攻篮板球要在对手身旁快速移动抢位、抢球，抢防守篮板球则要快速移动以阻挡对手抢球。要通过训练不断提高队员的弹跳能力——不仅是弹跳高度，还有速度和爆发力。可以通过连续快速起跳抢篮板球，提高队员腿部的肌肉耐力。同时也需要提高队员的全身力量，以便可以抵抗篮下的身体接触。

最后，从技术上来讲：抢防守篮板球时，投篮后防守队员要看住自己的对手，转身挡人抢球；抢进攻篮板球时，进攻队员要判断投篮后自己的对手如何挡人，并利用恰当的脚步动作绕过挡人队员抢球。不论进攻与防守，抢到篮板球后要以平稳姿势落地。抢到进攻篮板球后要准备利用强攻得分或传球给同伴。需要指出的是，抢到防守篮板球要在空中或落地转身快速一传发动快攻。

一、抢篮板球技术结构

抢篮板球技术分为抢进攻篮板球和防守篮板球两种，它们均由判断与抢占位置、起跳动作、空中抢球动作和获得球后动作等环节组成。

（一）判断与抢占位置

一般情况下，篮板球的反弹规律是投篮距离与球反弹距离成正比，投篮距离远则反弹距离远，反之，投篮距离近，反弹距离则近。再者，投篮出手弧度与反弹距离也有关，弧线高，反弹近。另外，不同的投篮位置、角度不同，球的反弹方向也不同。从两侧15°角和45°角投篮未中时，多数球反弹方向是在球篮另一侧相同角度区域或反弹回来。从65°区域投篮不中时，球反弹方向落点区域在限制区两侧和罚球线内；在0°角投篮时，一般球的反弹方向是在篮另一侧底线区域，或反弹回同侧区域。根据统计，大多数的反弹球落在限制区周围。

掌握上述规律有利于队员的准确判断，即所谓抢篮板球的意识。在准确判断的基础上，应设法运用快速的脚步移动配合身体动作抢占有利位置。要保持身体平衡以对抗像撞、挤和推一样的身体接触，重心落在脚前掌上，两脚与肩同宽，屈膝，背部保持正直，抬头，两手上举，判断对手的移动，尽力抢占内线的位置。

（二）起跳动作

起跳动作是占据高度的关键。起跳一般分为单脚起跳和双脚起跳，抢进攻篮板球时多用单脚起跳，抢防守篮板球时多用双脚起跳。为了能更好地控制篮板球，应学会结合各种滑步、上步、撤步、跨步和转身等步法来调整起跳技术动作。

（三）空中抢球动作

双手抢篮板球触及球的高点不及单手，但控制球比较牢固，更便于保护球和结合其他动作，尤其是在防守队员抢占有利位置时，运用双手抢篮板球更有利。抢到篮板球时用两手抓球，积极地保护球，将球置于远离防守的前额位置。在空中获得球时，两腿分开，两肘外展保护球。

（四）抢球后动作

当进攻队员抢到篮板球后，两肘架起保护球以平稳姿势落地，然后准备强攻得分或传球给同伴重新组织进攻。防守队员抢到篮板球后，要向接应同伴转身，快速一传发动快攻。

二、抢篮板球技术运用

（一）抢防守篮板球

抢防守篮板球的关键是抢占对手的内侧位置。当抢防守篮板球时，防守队员经常处在对手和球篮之间的内线位置，在即将发生的篮板球拼抢中应提前抢占优势位置。防守队员抢篮板球要突出一个"挡"字，利用自己占据的靠篮下的内侧位置"挡抢"篮板球。

抢防守篮板球有两个基本策略：最常用是转身挡对手，要在靠近进攻者一侧的手臂架起挡住进攻队员一侧的移动路线，然后向另一侧转身背对对手挡其抢球的路线并抢球；另一策略是主动向对手移动路线上跨步，然后抢球。当防守队员的灵敏素质和弹跳能力优于对手时，观察后冲抢较有优势。但第一种策略转身挡人被大多数球员所采用。有两种转身挡人的方法——前转身和后转身。前转身最好用于转身挡出手后的投篮队员，如进攻者投篮后，只需要向投篮队员跨步前转身挡人。后转身最好用于挡无球队员，如进攻者投篮后，首先观察对手的切入情况，尽可能控制对方队员的切入方向，然后后撤步转身挡人。要尽力用双手抢球，如果不能用双手抢球，可用一只手尽力去抢篮板球直到自己或对手获得球。

（二）抢进攻篮板球

抢进攻篮板球的关键是移动冲抢。移动时要使通常处于自己和球篮之间的防守队员预料不到，快速有攻击性地绕过防守队员，跳起抢球。通常要尽力用双手抢球，如果不能用双手抢到球，可用一手点拨球，直到自己或同伴获得球。要想不被挡住，就要不断移动。

进攻队员抢篮板球一般是处于防守队员的外侧，这需要移动和摆脱对手。因此，抢进攻篮板球时要突出一个"冲"字。如果离球篮较远的外线队员冲抢被防守队员阻截时，应运用上体虚晃的假动作及快速变向跑，摆脱防守，冲向篮下抢球或补篮。如果进攻队员在篮下附近被防守队员阻截时，进攻队员要及时判断球的反弹方向，运用上体虚晃的假动作和绕前的步法，抢占有利位置抢球或补篮。

三、抢篮板球技术阶梯训练的原则和要求

（一）抢篮板球技术阶梯训练原则

1. 意识和习惯培养优先原则

要使队员明确抢篮板球的重要性和比赛中不可忽视的重要环节，是攻守矛盾转化的关键，是获得控制球权的重要来源。因此，在进行抢篮板球技术训练中，要培养队员勇猛顽强的拼搏作风和积极的拼抢意识，养成"每投必抢"的习惯。要在准确掌握投篮不中时球的反弹、落点规律基础上，提高抢进攻篮板球时的"冲抢"意识和抢防守篮板球时的"挡抢"意识。

2. 循序渐进原则

抢篮板球技术的初级训练过程要分步进行，先练习手部抢球动作、原地起跳，再练习移动、抢位、挡人和起跳抢球。在基本技术动作掌握以后，再在比赛或有对抗情况下进行抢球练习。

3. 训练与实战相结合原则

进行抢进攻篮板球练习时要同投篮、补篮技术相结合；抢防守篮板球训练时要同快攻一传和快攻接应技术相结合，将抢篮板球技术与攻守战术结合训练。

4. 身体、技术和意识综合训练原则

要加强身体素质训练，特别是弹跳能力训练。既要加强基本功训练，又要加强有对抗情况下的训练。对于小个子队员抢前场篮板球要掌握一些基本要领：强化拼抢意识和顽强的意志品质；狠抓身体素质训练，在拼抢时做到早动、早跳、早抢；利用捅（提前跳起将球捅向同伴）、夺（对手抢球落地时从手中夺球）、捡（凡是落地滚球要积极倒地抢）获得球。

（二）抢篮板球技术阶梯训练的要求

（1）学习研究优秀运动员抢篮板球技术，有针对性地解决本队抢篮板球存在的不足之处，进一步提高运动员对抢篮板球技术的认识。

（2）当队员掌握了抢篮板球技术的动作方法后，应该重点提高抢篮板球的观察判断，移动速度，掌握起跳时间、弹跳的爆发力和连续跳的能力；在半场和全场比赛中，培养运动员抢篮板球积极主动、顽强拼搏精神和"有球必抢"的良好习惯。

（3）把抢篮板球技术作为评价运动员训练质量的重要指标之一，建立抢篮板球的技术指标和评价标准。在比赛训练中，可采用激励的措施，强化抢篮板球的意识和技术，如抢一个进攻篮板球加2分，抢1个防守篮板球加1分，抢防守篮板球发动快攻投中得4分，抢

篮板球造成对方犯规加1分等，用以激励运动员奋力拼抢篮板球的精神。在比赛训练时，要进行抢篮板球的技术统计，训练后对每位运动员抢篮板球的技术统计数据进行评定，可采用统计数据和评分表张贴在训练馆内或发给运动员每人一份，并及时反馈给运动员。

（4）拍摄比赛训练录像，制作抢篮板球技术专辑，供运动员对抢篮板技术研究分析。

四、抢篮板球技术阶梯训练的方法

（一）巩固篮板球技术基础的训练方法

1. 原地抛抢球练习

（1）队员自己向上方空中抛球，随后起跳至最高点双手或举手抢球。

（2）队员连续起跳，在空中双手或单手托球碰篮板。

（3）两人一组，站在篮下两侧，轮流跳起在空中用双手将球托过篮圈碰板传给对方。

2. 移动中抛抢球练习

（1）一人来回抢篮板球：队员站在篮下一侧，跳起在空中用双手将球高举传过篮圈至另一侧，随后快速移动到该侧起跳，再接上述方法将球传回。

（2）三人连续抢篮板球：三人一组用一球，在篮下面向篮板站立成一路纵队，第一人跳起向篮板抛球后跑到排尾，其余二人依次跳起在空中双手或单手托球碰板，随后跑向排尾连续进行。

（3）三人"8"字抢篮板：三人一组用一球，在限制区两侧面向篮板各站2人和1人。2人一侧的排头持球跳起向篮板抛球后跑到1人侧的位置，1人侧的队员跳起后在空中托球碰板，然后跑向两人侧位置。三人在篮下连续"8"字跑动跳起来回托球打篮板。

（4）半场快跑抢篮板球：全队一组一球，面向篮板成纵队，排头持球。排头跳起将球掷向篮板后，快跑至队尾，下一位队员在跑动中跳起重新以双手或单手托球打板，依次进行练习。

（5）全场快跑抢篮板球：全队分两组，每组各一球，面向场上两端篮板成纵队，两组排头各持一球。听信号后，两组排头同时跳起将球掷向篮板后，快跑至对方排尾位置，两组下一位队员在跑动中重新双手或单手托球打板，也跑至对方排尾。其余队员依次进行练习。

（6）听信号后绕过障碍物冲抢篮板球。

3. 挡人抢篮板球练习

（1）移动挡人脚步动作练习：六人一组，进攻与防守各3人，沿罚球线与篮板平行站位，听教练员分别发出"预备""挡人""抢"信号后，防守队员应做好正确的防守姿势；进攻队员冲抢，防守队员插步转身，用身体挡住进攻队员的冲抢线路；防守队员上步跳起做抢篮板球模拟动作。

（2）圆圈挡人：利用场地上罚球圈或中圈，圆心上放一球，圈外2人一组一攻一守面对面站立，共四组，等距离位于圈外。听教练员发出"预备""开始"信号后，防守队员成基本防守姿势；防守队员做插步后转身动作，用身体将进攻队员挡住，而进攻队员则设法冲进圈内接球，在3秒钟内进行攻守对抗。

（3）喊号挡人：7名进攻队员依次编为1~7号，沿3分投篮线站位，篮下放1个球，设1名防守队员保护球。教练员叫号，被叫到的队员冲进去抢球，防守队员迎着进攻队员做转身挡人，不让进攻队员抢到球。

此练习也可设两位防守队员护球，教练员同时叫两个号，按照喊号的顺序和事先规定，防守队员依次进行挡人。

（4）交叉挡人（主要解决区域联防中防守对象不固定时的挡抢篮板球问题）：两对攻守队员分别位于罚篮线延长线2米左右位置，教练员在罚球区弧顶位置投篮后，两名防守队员换防进攻队员做交叉挡人，两位进攻队员则冲抢篮板球。

（5）迎前挡投篮队员的冲抢：队员分两组纵队面向站位，一组在篮下底线外人手一球，另一组在3分投篮线正对篮板的位置。篮下组第一位队员传球给对面组的第一位队员后，迎前跳停扬手做好防守投篮姿势。当投篮时，做假封盖动作，然后转身阻挡投篮者冲抢篮板球。此练习可在半场各种"角度"进行。

（6）弱侧挡人抢篮板球：两对攻守队员分别位于罚球线延长线以下两翼的位置，强侧进攻队员投篮，对其防守的队员做假封盖动作，然后转身。在弱侧的防守队员人球要在兼顾"球、我、他"的前提下进行防守选位，投篮出手后，弱侧防守队员即向对手迎前挡人，然后抢篮板球。

（二）提高抢篮板球技术进阶训练方法

1. 抢篮板球后结合第一传练习

（1）自抛自抢篮板球结合第一传：数名队员成纵队正对篮板位于罚篮线后，在罚篮线延长线距离一侧边线1米处安排一位队员准备接应第一传。纵队排头持球向篮板抛球，然后冲到篮板下抢球，空中抢球并转体面向接应队员一侧的边线（两脚脚尖对着边线落地），迅速传球给接应队员，并顺势迈步跑向接应队员的位置；接应队员立刻传球给纵队中第二名队员，并跑到纵队的排尾；纵队中第二名队员的行动同纵队中的第一名球员。依次循环进行练习。

（2）空中转体打出第一传：队员站在篮下向篮板抛球，然后跳到空中最高点时抢到球，并在空中转体，将球准确地传到位于罚篮线弧顶左右移动的教练员。

2. 抢篮板球结合投篮练习

（1）来回抢篮板球结合多种方式投篮：队员站位于限制区一侧中腰处，将球抛向篮板后，快速跑到对侧抢由篮板反弹回的球。落地后，可用任何方式投篮。投中后，从限制区另一侧重新开始，照此往返进行练习。

（2）拼抢敢投：三人一组，给在篮下（两名队员位于限制区中立区，一名队员位于限制区距离罚篮线2米左右处）。教练员罚球（不投中），三人全力拼抢篮板球，抢到球的队员投篮或补篮，另两名队员马上前去封盖。先投中三个者下场休息。

此练习可改为抢到球者再回传给教练员，反复练习。先抢到规定次数者为完成任务方。

此练习还可以改为抢到球者立即运球突破，进行全场一攻二守练习。

（三）强化抢篮板球技术实战训练方法

1. 二对二抢篮板练习

（1）半场二攻二守抢篮板球：攻守积极对抗，进攻队员投篮后冲抢，防守队员全力挡抢。练习规定的次数后，交换攻防。

（2）全场二攻二守抢篮板球：由半场二攻二守开始，进攻队员投篮后，双方争抢篮板球。如投篮未中，进攻队员抢到篮板球连续投篮或进攻；如投篮命中，则进攻队连续在半场进攻。如防守队抢到篮板球，则立即发动快攻到另一侧半场进攻。

此练习可以按篮球规则进行全场二攻二守，但抢篮板球的次数要计分，达到规定分数后，赢者或输者休息，或交换下一组练习。

2. 三对三抢篮板球练习

（1）半场三攻三守抢篮板球：基本同半场二攻二守抢篮板球。

（2）全场三攻三守抢篮板球：基本同全场二攻二守抢篮板球。

（3）攻守战术配合中拼抢篮板球：进攻队一人弧顶落位，另外两人落位于罚篮线延长线的两翼；三位防守队员人盯人对位防守。由弧顶进攻队员开始"8"字运球掩护，一旦有出手机会便投篮，攻守双方争抢篮板球。进攻队员抢到篮板球后可继续投篮。防守队员抢到篮板球便打出第一传，成为进攻队员，再接上述方法进攻。

此练习可改为进攻队一人持球，另外两人徒手掩护。

3. 四对四抢篮板球练习

基本同三对三抢篮板球练习。

第五节　外线队员进攻技术阶梯训练

外线队员进攻技术是指经常活动在前场两翼和弧顶区域队员运用的无球和有球进攻技术。无球队员必须通过移动摆脱防守获得空当，并在接球的瞬间立即成可传、可投和可突的"三威胁"姿势。有球队员必须具有外线投篮得分、传球给有空当的无球同伴、运球突破上篮、分球给无防守同伴得分的能力。

外线队员一旦接到球即具有了运用个人持球进攻技术的机会。此时，持球队员必须将自己的进攻移动与其他4名同伴的移动紧密结合起来。可利用逼真的假动作或运球突破迫使对方其他队员过来协防，使之产生防守空当，从而使同伴获得接球得分的机会。无球队员在移动摆脱防守时，应注意观察球、球篮和防守者。不要站着不动，要不断地变速和变向移动以摆脱防守。在队员之间制造空间，是球队不容忽视的重要技能。外线队员应保持3.5~4.5米距离，使防守队员难以同时防守两名进攻队员。无球队员要尽量向空当区域移动，制造与传球队员之间有利的传球角度。当外线防守队员在传球者和无球队员之间绕前防守封堵传球路线时，无球队员可变向切入篮下。若变向切入篮下后仍不能接到球，可变向外拉至外线。

一、外线队员进攻基础技术动作

1. 身体平衡姿势

良好的进攻平衡姿势可以使队员快速地移动、变向，以便于在有控制的状态下急停及起跳。进攻姿势要求头部和背部保持正直，两脚至少与肩同宽，重心均匀地分布在两脚前脚掌之间，两膝弯曲（两手可触摸到膝盖）以便随时移动。

2. 急停

快速起动是重要的，但是快速急停也是重要的，没有经验的队员试图迅速急停时常常失去平衡。急停包括跨步急停和跳步急停两种。当队员跑动太快时，当在远离篮下的外线时，尤其是快攻时，跨步急停是有效的减速方法。当在无球情况下有控制的移动，尤其是在低策应位置背对篮筐接球时，跳步急停尤其占有优势。

3. 转身

当队员持球时，规则允许以一脚为中枢脚另一脚可以向任何方向移动许多步。要达到规范的转身动作，队员需要平稳的身体姿势：头和背部保持正直，膝关节弯曲，重心落在中枢脚的前脚掌上，不要以脚后跟为轴转身。转身包括前转身和后转身两种基本方式。这两种转身经常被用于对抗对手紧贴防守时获得有利位置的动作方法。

4. 跳

跳不仅仅涉及起跳的高度，起跳的速度和连续起跳的能力比起跳的高度更为重要，并且起跳时机以及身体在空中和落地时的平衡也是跳的重要组成部分。跳包括双脚起跳和单脚起跳两种方式。当静止时一般利用双脚起跳，它有利于落地时保持身体平衡（比如跳投时）和连续起跳（比如抢篮板）。单脚起跳多为移动中起跳，如突破后行进间投篮、封盖投篮、移动中抢进攻篮板球。移动中单脚起跳比双脚起跳速度快，但单脚起跳的一个劣势是难以在空中控制身体，而且可能导致犯规甚至与其他队员发生冲撞，也使平稳落地、变向和再次快速起跳变得更为困难。跑动时采用单脚起跳，为了跳得高，队员必须在控制速度的前提下，在最后三、四步时加速。起跳前最后一步要小，以便起跳，这将有利于把向前的动力转化成向上的动力。

5. 跨步

跨步是在身体平衡姿势的基础上，以一脚为轴，另一脚向侧或前方跨出的动作方法，包括同侧步（又称顺步）和异侧步（又称交叉步）两种。持球队员跨步目的不同，步法跨出的方向和幅度也不同。持球队员采用跨步假动作时一般跨步幅度小，重心留在中枢脚；当持球队员采用顺步或交叉步突破对手时，跨步幅度大，重心也随之移动到跨出脚步位置，以便加速突破对手。

6. 变向跑

变向跑是比赛中最常见的一种移动方法，它对于摆脱接球尤其重要。变向跑的有效性依靠从一个方向向另一个方向的快速切入。变向跑时，重心转移很关键，同时手要上举以示意接球目标。

7. "三威胁"姿势

当进攻队员摆脱防守队员面向球篮接到球时，眼睛注视球篮和防守队员，形成可以传球、投篮和突破的"三威胁"的身体平衡姿势。此时，要求进攻队员屈膝降低重心，头和背部保持正直，一手持球的后下部，一手扶球的侧面，持球靠近于头部和投篮手的胸部位置。

二、外线无球队员摆脱接球

在篮球比赛中，一支球队的五名进攻队员中只能有一名队员有球，大约80%的时间其余四名队员处于无球状态。因此，进攻的成败与无球队员的行动密切相关。为了协助球队创造得分机会，所有进攻队员必须能无球移动。无球进攻移动主要包括利用自己脚步动作摆脱防守或利用掩护切入来帮助自己或同伴摆脱防守。无球进攻队员在前场的移动具有强烈的攻击性和策略性，其个人行动的主要目的有3个：一是利用假动作或同伴的掩护摆脱防守者抢占有利接球位置，获得球后进行个人进攻；二是采取为同伴做掩护、策应和拉开等助攻行动，为其创造进攻机会；三是当同伴投篮时，积极摆脱对手，拼抢篮板球，争取二次进攻。其主要行动方法有小幅度移动抢位接球、摆脱拉出、摆脱切入和利用掩护摆脱移动4种。

1. 小幅度移动抢位接球

作为一名外线球员来说，无球移动的目的之一是为了在适宜的位置接到球，重点是在罚球线延长线与三分线的交点附近抢位接球。当攻防队员在该位置落位密集时，进攻队员则需要小幅度移动抢位接球。落位在侧翼的进攻队员，无论使用哪种移动来应对防守队员，都需要预先使用跨步诱使防守队员移动，即向靠近球侧防守队员腿部的外侧迈步，然后根据防守队员的移动来决定进攻移动方向。当进攻队员跨步后，防守队员一般会有三种应对反应：一是进攻队员跨步后，防守队员不移动；二是跨步后，防守队员贴身紧逼不让进攻队员接球；三是跨步后防守队员主动进行身体接触紧逼进攻队员。

（1）进攻队员做跨步动作后，防守队员不移动。

弧顶队员持球，如果位于球篮45°区域附近的进攻队员利用靠近球侧脚向防守球员前侧脚跨步，防守队员未移动，则进攻队员另一侧脚向防守队员前侧脚交叉迈步，同时先前的跨步脚向外跨步拉出转身面向球篮接球成"三威胁"姿势。

（2）进攻队员做跨步动作后，防守队员贴身紧逼不让进攻队员接球。

弧顶队员持球，如果位于球篮45°区域附近的进攻队员利用靠近球侧脚向防守队员前侧脚跨步，防守队员侧前防守不让其接球，则进攻队员另一侧脚向底线方向跨步，先前的跨步脚向防守队员背后跨出，用身体卡住防守队员准备接球。

（3）进攻队员跨步动作后，防守队员主动进行身体接触紧逼进攻队员。

弧顶队员持球，如果位于球篮45°区域附近的进攻队员利用靠近球侧脚向防守队员前侧脚跨步，防守队员贴身紧逼进攻队员不让其接球，则进攻队员以跨步脚为轴后转身抢位接球。

2. 摆脱拉出

当防守队员用一侧手和脚在传球路线上阻拦进攻队员接球时，进攻队员要带动防守队员向球篮方向移动，然后快速变向，拉出到外线接球进攻。摆脱的路线包括"V"形、"I"形、"L"形等。摆脱防守队员后，前面的手要上举给同伴传球的目标，主动伸手迎球。摆脱是否有效，取决于向篮下切入到拉出到外线的假动作的效果、时机的把握和变向的速度。

（1）"V"形摆脱拉出。

当防守队员用一侧手和脚在进攻队员传球路线上阻拦传球时，要带动自己的对手向球篮的方向快速移动，随即迅速变向回到外线。这种进攻移动方式被称为"V"形摆脱切入，它是一种最为常用的摆脱防守方式。

（2）"I"形摆脱拉出。

为了安全顺利地接到弧顶队友的传球，边路进攻队员向篮下快速切入，如果防守队员反应很快，对切入队员迅速回收防守，由于防守队员重心难以及时调整，进攻队员就可以沿着切入方向的反方向拉出来。与防守队员拉开适宜的距离从而顺利接到传球。此时，进攻队员拉出接球时，往往会采用以外侧脚为中枢脚的前转身方式来面向篮圈展开攻击。

（3）"L"形摆脱拉出。

外线队员由端线3分线外快速向限制区内切入，防守队员误以为对手准备快速跑到对角接球，因此预先退守到限制区内堵截，而切入队员由低位快速切到位于球篮45°左右区域的位置接球进攻，也可以当防守队员采用贴身紧逼不让外线队员接球时，外线队员双手上举向限制区内挤压防守队员，然后利用后转身获得一定空间，迅速垂直向三分线弧顶区域拉出接球。

3. 摆脱切入

摆脱切入分为身前切入（空切）和背切。当队员传球后，切入寻找空当，可以获得更有利位置接球攻击。另外比赛中只有一名进攻者持球，其余四位队员处于空手状态，因此高比例的空手队员一旦出现机会就应该果断切入，给防守制造压力。

（1）身前切入。

身前切入是从防守队员身前切入的动作方法。切入前一定要判断防守队员的位置，当防守队员贴身紧逼防守随无球进攻队员向远离球的方向移动时，进攻队员就可以选择直接向篮下快速切入接球。通常是持球队员一传球出手后，防守队员若没有及时向传球方向侧后方跨一大步协防，则可以马上切入篮下。身前切入应注意两点：第一，在切入时要主动进行身体接触，内侧的肩部要与防守队员相切；第二，切入时要用内侧手向切入方向伸展，在有利于侧身压肩的同时，也可以向传球的队友示意传球的落点。

（2）空切。

当防守队员处于弱侧远离进攻队员位置时，无球进攻队员则可以向远离球的方向做移动一两步的假动作，当防守队员跟随移动时，则可以快速变向，从防守队员身前向篮下空切接球投篮。

（3）背切。

背切是无球进攻队员从防守队员背后快速切入的动作方法。当防守队员随无球进攻队员不断移动，且前手和前脚在进攻队员传球路线上阻拦其外线接球时，进攻队员则可以快速变向，从防守队员背后向篮下切入接球投篮。当进攻队员在3分线外移动，防守队员一脚在3分线上或移出3分线外，进攻队员可用远离篮圈的脚爆发性用力蹬地突然起动摆脱防守队员反跑切入篮下。如果防守队员肘部以及更多的肢体在传球路线上，可果断反跑背切。

4. 利用掩护摆脱移动

根据防守队员的移动情况，无球进攻队员利用掩护摆脱防守切入，可选择的进攻行动包括外拉、绕切、背切和后退拉开等。当防守队员利用穿过破坏掩护时，切入队员可以选择向外拉出接球投篮；当防守队员紧随切入队员挤过时，切入队员可以选择绕切接球上篮；当防守队员提前挤过破坏掩护时，切入队员可以选择背切篮下接球投篮；当防守队员选择绕过破坏掩护时，切入队员可以选择向远离球侧后退外拉接球投篮。

三、外线队员持球进攻

外线持球队员进攻行动是进攻队员在前场获得球后，根据场上位置和防守情况采用的个人进攻行动。进攻队员接球成"三威胁"持球姿势，两手要在投篮位置高持球，通过观察防守队员的行动来决定是投篮、传球还是突破。在选择传球或突破前，必须先具有投篮的威胁。向防守队员前脚的位置做有攻击性的跨步，即用非中枢脚直接向防守队员前脚位置做出短促而快速的跨步动作，重心要落在中枢脚上，屈膝，上体保持正直。跨步可被用作突破假动作，从而可以迫使防守队员不得不做出后撤步的反应。

当持球队员在外线被防守时，要阅读防守意图，首先要能判断出防守队员对进攻队员攻击性跨步的反应，以此接着做出正确的进攻行动。以"三威胁"姿势为基础，进攻队员可以运用六种基本的一对一持球进攻技术中的任何一种。它们包括：跨步假动作急停跳投、跨步假动作后直接顺步突破、跨步假动作交叉步持球突破、跨步突破跳投、交叉步突破急停跳投、后撤步急停跳投。队员选择哪种移动技术取决于防守队员对进攻队员所做的跨步动作的反应。

持球进攻队员成"三威胁"姿势，做跨步突破的假动作判断防守队员的反应和手脚的位置对于进攻者来说是极其重要的。如果进攻队员摆脱了防守队员接到球，并处于自己习惯的投篮位置时，可以果断地直接投篮；如果防守队员后撤或手在下面，持球队员就快速收回跨步突破的假动作并且重新平衡自己的投篮姿势，选择跳投；如果防守队员的前脚和前手未及时后撤，持球队员则可以继续顺势跨出一大步从防守队员的前脚突破，用远离防守的外侧手向前运一次球，接着中枢脚离地，抬头注视篮圈，内侧手和身体保护球，紧贴防守队员直线向篮下突破；如果防守队员上举的手与进攻队员做跨步的脚不在同一侧，进攻队员做跨步（顺步）假动作后，可顺势向防守队员前脚位置做交叉步突破对手，同时将球摆动到另一侧，用外侧手运球突破对手前脚，向防守队员身后运球突破投篮；如果防守队员的手上举方向与自己做跨步脚的方向在同侧，则利用顺步跨出更大一步跨越防守队员的前脚，从防守队员的手臂下突破，然后大力运球在防守队员的身后跳步急停，在投篮手一侧低于膝关节位置抄球跳投；如果防守队员上举的手与进攻队员做跨步的脚不在一侧，则利用做跨步的脚从防守队员的前脚交叉步跨出突破，球摆动到另一侧，然后大力运球在防守队员的身后跳步急停，在投篮手一侧低于膝关节位置抄球跳投；如果防守队员做后撤步，持球队员则快速后撤先前的跨步脚，强侧手向后运球，在球后跳停，然后在投篮手一侧低于膝关节位置抄球跳投。

四、外线队员运球进攻

持球队员开始运球后，前面所讲授的运球技术在突破对手的过程中被灵活运用，注意不要随意停球，要一直保持活球状态，直到有利的传球和投篮机会出现。在后场获得球的队员应运用快速传球或运球突破对方防守，力争迅速把球推进到前场。一般主要有三种进攻形式：有传球机会则传球给已摆脱切入或处于前方有利位置的同伴；没有传球机会则应向中场方向突破，避免把球运向死角；突破过程中及时将球传给策应或拉开的同伴。运球时当距离防守队员较远时，可采用高运球；当距离防守队员较近时，应重心降低采用低运球；一旦防守队员紧逼，若不能突破，则形成侧身强力运球姿势，利用滑步保护球，若突破对手则快速向前推放球并运球上篮。

运球突破包括直线突破运球和变向突破运球两种。直线突破运球时，在接近防守队员时可选择稍减速迟疑动作迷惑对手，然后继续加速突破对手；也可选择向另一侧做跨步假动作或附加头、肩、球虚晃假动作迷惑对手；然后继续加速突破对手；也可选择小碎步或假转身等假动作迷惑对手，紧接着继续侧身突破对手。变向突破运球时，当防守队员距离一臂以上时，可选择体前变向运球和背后变向运球突破；当防守队员距离接近一臂距离时，可选择胯下变向运球突破；当防守队员紧逼时，可选择后转身变向运球突破和原地背后变向运球突破。优秀的队员会根据防守队员的行动变化，选择多种变向运球组合突破对手。

五、外线队员进攻技术阶梯训练

（一）外线队员进攻基础技术训练方法

1. 无球进攻队员基础技术训练方法

（1）由身体平衡姿势开始的正向、侧向、背向起动练习。
（2）跑、跳、急停、转身、跨步等脚步动作练习。
（3）脚步动作综合练习。
（4）利用"阶梯训练法"进行脚步动作灵活性练习。

（快速绕球移动）

2. 持球队员进攻基础技术训练方法

（1）持球"三威胁"动作练习。
（2）"三威胁"姿势开始，以一脚为中枢脚，跨步蹬回移动重心练习（同侧跨步、向前跨步、后撤步、交叉步、同侧步接交叉步、撤步接同侧步再接交叉步、撤步接同侧跨步接撤步再接交叉步）。
（3）持球突破练习（顺步、交叉步、跨步组合）。
（4）直线运球练习（高运球、变速运球、急起急停运球）。
（5）变向运球练习（体前变向、背后运球、后转身运球、胯下运球、变向运球组合）。
（6）运球或接球急停跳投练习。
（7）传、运、投、突综合技术练习。
（8）利用"阶梯训练法"的脚步与运球协调配合练习。

（二）外线无球队员进攻技术训练方法

1. 外线无球进攻队员摆脱训练方法

（1）强侧无球进攻队员前切入、背切入练习。
（2）弱侧无球进攻队员空切练习。
（3）弧顶、边翼无球队员小幅移动抢位接球练习。
（4）边翼无球队员"V"形摆脱拉出接球练习。
（5）边翼无球队员"I"形摆脱拉出接球练习。
（6）边翼无球队员"L"形摆脱拉出接球练习。

2. 外线队员有球进攻训练方法

（1）"三威胁"姿势持球多种虚晃假动作、跨步动作练习。
（2）三分线外不同位置"三威胁"姿势持球突破（跳投）练习。

（3）由弧顶、边翼快速移动中摆脱接球成"三威胁"姿势突破（跳投）练习（结合多种假动作）。

（4）由三分线外多种运球突破投篮练习。

（5）由篮下向三分线外自抛球后自接球多种突破（投篮）练习。

（三）外线队员配合训练方法

1. 传切配合训练方法

（1）后卫与边锋之间的传切配合练习。

（2）后卫与后卫之间的传切配合练习。

2. 策应配合训练方法

（1）后卫与高位中锋的策应配合练习。

（2）边锋与低位中锋的策应配合练习。

（3）后卫、边锋与高位中锋的策应交叉切入练习。

（4）后卫、边锋与低位中锋的策应交叉切入练习。

3. 掩护配合训练方法

（1）边锋利用低位中锋掩护切入或拉出接球进攻练习。

（2）后卫利用高位中锋掩护突破投篮或传球进攻练习。

（3）后卫与两翼边锋反掩护练习。

（4）后卫与两翼边锋外围"8"字运球掩护练习。

4. 突分配合训练方法

（1）半场正面中路突分练习。

（2）半场侧翼突分练习。

（3）半场底线突分练习。

（四）外线队员攻守对抗训练方法

（1）外线各位置一对一攻守对抗练习。

（2）外线队员半场二对二攻守对抗练习。

（3）外线队员半场三对三攻守对抗练习。

在安排外线队员攻守对抗练习时，教练员可要求防守队员先进行消极防守，让进攻队员在练习中体会各种进攻选择，然后再要求在攻守积极对抗下进行练习。

第六节　内线队员进攻技术阶梯训练

内线队员进攻技术是指经常活动在限制区周围的队员运用的无球和有球进攻技术。由于限制区周围历来是兵家必争之地，受内线区域身体对抗激烈程度和时机限制的影响，活动于该区域的内线队员多为侧对和背对球篮接球，所以内线队员掌握娴熟的背对球篮进攻技术非常重要。随着高大队员身体素质的提高，内线队员的活动范围已逐渐扩大到3分线附近。根据内线队员的站位不同，可以分为高位内线队员和低位内线队员：站在限制区两侧偏中、低位置的称低位内线队员；站在罚球线附近位置的称高位内线队员。当内线队员篮下接球受到防守时，往往会投篮得分并造成防守队员的犯规，获得打"三分"机会。当防守队员对其包夹时，他也可以传球给外线队员，获得三分投篮得分机会。所以，大多数教练员和运动员都非常重视内线队员在限制区周围抢位接球后进行内线攻击技术的训练。

一、内线队员进攻基础技术动作

1. 身体平衡

身体平衡是内线队员在篮球比赛中掌握和精通进攻技术的基础要素，保持身体平衡有利于内线队员快速移动或改变方向。正确的身体平衡姿势为：双脚开立宽于肩，背部保持正直，屈膝降重心紧靠防守队员以建立更大的支撑面，两肘外展，上臂与地面平行，前臂与地面垂直，同时双手展开上举，做好接球准备，靠近防守队员一侧的背、肩和上臂主动用力阻拦防守队员抢到你的身前。

2. 背向球篮的后撤步动作

后撤步动作包括向端线一侧和向限制区一侧后撤步。若向端线一侧后撤步，需要时可以横跨步运球，以便于挤抗强力投篮；若向限制区一侧撤步，需要时也可以横滑步运球，可用勾手投篮或转身跳投。内线队员要把握好后撤步的时机，要在接到球前即开始做后撤步动作。撤步时要感觉到后撤的脚已卡住防守者的后脚，并且撤步方向一侧的肘关节卡在防守队员的背后，通过肘关节感觉到自己所用后撤步是否已把防守者甩到身后。当防守者从靠近端线一侧或罚球线一侧采用侧前紧贴防守姿势时，内线队员就可直接用后撤步动作。

3. 背向球篮做前转身动作和后转身动作

向端线一侧或向罚球线一侧做前转身或后转身，就是做一个以单脚为轴的180°的转身动作。若防守队员在内线队员背后松动防守时，内线队员可以选择向端线或罚球线一侧向前或向后转身，形成面向球篮可以随时跳投的姿势，也便于内线队员交叉步或顺步突破投篮。若内线队员在低位遭遇背后防守队员的推挤时，就以防守队员的身体做轴快速向篮下做强力前转身，直接面对球篮在内线获得位置。借助防守队员的身体为轴进行前转身时，内线队员要紧贴防守队员以靠近端线一侧的后脚跟为轴进行转动，重心向施力部位的另一侧倾倒，即向篮下"倾倒"，接近完全失去平衡状态，肩部和头部先超越防守队员，同时外侧脚向转身方向迈出，为了重新获得平衡，内线队员必须快速跟进双脚，并完成跳停。

4. 接球后持球

当内线队员面对传球时，双手主动迎球，在限制区中立区以上位置跳步急停接球，接球后两腿分开宽于肩，屈膝降重心，建立良好的身体平衡，两肘张开把球保护在头前或头侧面。

二、内线队员抢位技术

内线队员活动的区域是攻、防的重点，也是攻防争夺最激烈的区域。受内线区域身体对抗激烈程度和时机限制的影响，内线队员无球抢位接球技术十分关键。

（一）原地抢位技术

1. 防守队员背后防守时内线队员抢位技术

防守队员采用背后防守内线队员策略时，当球传来时突然绕出抢断是防守"固定"中锋经常采用的方法。因此，内线队员应成正确的身体平衡姿势挤靠防守队员，两脚要随时准备向对方绕出的方向移动，用同侧脚卡住对方的绕出脚，通过左右往返的滑步动作挡住防守队员，以给持球队员大胆传球的信心。内线队员做滑步时应降低重心，后背挺直，一只手上举示意同伴传球的落点，另一手置于身侧后触摸防守队员，感知对方的位置和动向，若对方伸手在内线队员体前干扰接球，则可由同侧手把对方手挡开。两脚向左和向右交替移动，阻止防守队员抢断球。

2. 防守队员在身侧防守时内线队员抢位技术

防守队员采用身侧防守时，内线队员靠近防守队员一侧手臂屈肘，前臂和肘用力在离身体较远处顶住对手，腰、腿用力保持重心稳定和接球位置，远离防守队员一侧的手臂上举示意传球目标。接球时，向防守队员异侧方向滑动一步。

3. 防守队员侧前防守时内线队员抢位技术

防守队员采用侧前防守时，内线队员利用挤顶、转身等动作卡住防守队员的双腿，限制其移动。当防守队员为了避免腿部接触，向上跨步进行3/4绕前防守时，内线队员必须抬腿跨过防守队员前腿，同时用外侧腿挡住防守队员内侧大腿，用力挤住对方，尽力阻止防守队员抬腿继续移动。当防守队员尽力通过上线移动封堵传球路线时，进攻队员应该继续保持与防守队员的身体接触，肩部正对持球队员，准备向篮下移动。当在限制区上方高策应位进行连续脚步抢位时，内线队员要选择好时机转身，切向篮下准备接球。

4. 防守队员绕前防守时内线队员抢位技术

防守队员采用绕前防守时，内线队员应侧对绕前防守队员，两臂张开，靠近防守队员的上臂抵住防守队员后背位置，远离防守队员一侧手伸出当作传球目标准备接同伴的高吊传球。为了确保安全地接到同伴的传球，进攻队员不要过早移动，当球已经完全飞跃自己防守队员的头顶时，才开始跳步接球直接投篮。一般来说，晚点移动比早点移动要好一些。内线队员也可以通过在防守队员身后快速转身顶住防守队员，保持身体接触，上臂与地面平行，双手上举准备接球。这种情况下，强侧边锋可以快速把球传到强侧限制区拐角或弧顶位置的队员，由他传球给内线队员接球投篮。

（二）移动抢位技术

1. 限制区强侧位置抢位技术

当强侧的边路队员接到球前，内线队员面向强侧边线站立。球在转移到弧顶时，内线队员可以做一个向端线切入的假动作，迈步跨过防守者的腿进入限制区。当球传向边路队员时，内线队员就用靠近端线的外侧手臂挡住防守队员的内侧肩部，同时抬起端线附近的腿，跨过防守队员面向弧顶，并继续向边路队员转身。此时重心要低，坐在防守队员的大腿上使其无法移动，并且后背部保持与防守队员的身体接触以维持平衡，双臂上举，向球移动接球。

2. 弱侧穿过限制区抢位技术

当内线队员站在弱侧位置准备穿过限制区时，为了给切入路线打开移动通道，内线队员先从防守队员后面假装沿端线切入，将防守队员吸引到端线，接着改变方向和速度，向有球方向切入。突然变向时，利用内侧手臂在防守队员头部划过，向球的方向切入，把防守队员挡在身后。若防守队员利用身体对抗阻止切入时，则可以强力后转身。转身时，内线队员要紧靠防守队员移动，通过摆动靠近端线的腿后转身，然后朝球的方向移动。队员在低位接球时，应该双脚同时落地，做跳步急停接球。

3. 从限制区顶部下顺抢位技术

防守队员在限制区顶部绕前或侧前进行防守，内线进攻队员首先强力向篮下切入，向同伴要高吊球，如果防守队员反应过来并撤向篮下时，进攻队员要快速转身切入到强侧低中锋的位置，伸出内侧的手臂挡住防守队员的肩部，同时做出大跨步，把防守队员挡在身后准备接球。

4. 限制区内抢位技术

内线队员落位于限制区的弱侧，球在对侧边锋位置，进攻队员先做一个向端线切入的假动作，迫使防守队员向下移动封堵端线使中间区域出现空当，当球将要传到限制区顶部时，进攻队员转身利用内侧手臂挡住防守队员的肩部，然后迈步跨过防守队员的腿，另一手臂伸出接球。

三、内线队员接球技术

　　内线队员抢位接球后背对球篮持球进攻是其最主要的得分手段。内线队员抢位接球位置主要集中于罚球区中立区附近的区域，抢位接球的方式通常包括面向球的双手接球和侧对球的单手接球两种。当内线队员侧对传球，球传到接球队员右侧稍高位置时，队员只用右手单手迎球并接球随即左手护球，两肘张开把球保护于头前位置，屈膝降重心，以保持身体平衡。当球传到接球队员的左侧稍高位置时，球员需用左手迎接球并将球拉至右手。当球传到接球队员的右（左）侧稍低位置时，队员需用右手（左手）迎接球并将球拉向身体的右（左）侧。低线路的传球，接球队员必须将球向上拿，放至下颌下方并保持平衡的姿势，当接高球时，接球队员需将球向下放，收到下颌下方。高大中锋接球时，要目光看球直到球传进自己的手中，在没有拿到球前，球员的视线不能离开球，否则可能会导致失误。

四、内线队员接球后进攻投篮技术

（一）内线队员接球后的基本投篮方法

　　（1）跨步（或跳起）勾手投篮。
　　（2）转身跳投。
　　（3）篮板下方反手投篮。

（二）低位内线队员接球后强攻组合投篮方法

1. 内线队员低位接球向端线后撤步强攻投篮

　　当内线队员在限制区中立区附近接球后，防守队员偏向上线防守时，进攻队员两肘张开把球保护于头前，利用球或肩向上线做假动作，然后靠近篮板的内侧脚向端线后撤步，双手在两腿之间强力运球一次，跳步急停，并保持与防守队员的身体接触，然后两脚跳起投篮。

2. 内线队员低位接球向中间后撤步勾手投篮

　　当内线队员在限制区中立区附近接球后，防守队员偏向端线一侧防守，进攻队员两肘张开把球保护于头前，利用球或肩向端线做假动作，然后远离篮板的外侧脚向限制区内后撤步，或在后撤步同时强力运球一次，然后跳步急停接球，两手把球举到勾手投篮的位置进行勾手投篮。

3. 内线队员低位接球向端线前转身跳投或交叉步跨步勾手投篮

　　当内线队员在限制区中立区附近接球后，不能感觉到身后的防守队员，向端线前转身持球于头上，眼睛注视篮圈和防守队员，做有攻击性的顺步或投篮假动作，若防守队员后退或没有反应则果断跳起投篮；若防守队员对突破或投篮假动作做出反应，用跨动脚（非中枢脚）向中间做交叉步跨步并起跳，同时双手把球举到勾手投篮的位置，提起中枢脚进行勾手投篮。

4. 内线队员低位接球向端线强力前转身运球突破投篮

当防守队员的防守很具有侵略性，在上线用身体用力推顶内线队员的后背时，内线队员接到球后必须保持低重心，以靠近端线的脚为中枢脚，通过向端线强力前转身，上体向篮圈倾倒，同时远离防守队员一侧的手运球，另一只脚向篮下跨步，单脚起跳，在篮圈附近跳步急停，强力投篮。

5. 内线队员低位接球向中路运球后转身投篮或前转身跨步投篮

当防守队员"放中堵边"贴身防守时，内线队员向限制区跨步运球试图进行勾手投篮或双脚起跳勾手投篮时，防守队员会迅速滑步切断中路进攻路线。此时，进攻队员应该运球立即向端线方向做强力后转身进行投篮。或者内线队员跨步运球急停后，前转身面向球篮做投篮假动作，诱使防守队员失去重心，然后跨动脚从防守队员脚旁向篮圈方向跨步，起跳投篮。

6. 内线队员低位接球向中路运球突破后向外跨步急停跳投或加速运球上篮

当内线队员向中路运球突破时，防守队员快速滑步切断运球路线，进攻队员靠近防守队员一侧的身体主动对抗，然后靠近防守队员一侧脚蹬地，另一脚向外跨出一大步，同时转动身体面向球篮，若防守没有跟上，则快速急停起跳投篮；若防守队员快速贴近防守，则做抬头假装跳投动作，然后加速向篮筐方向低运球上篮。

（三）高位内线队员接球后强攻组合投篮方法

1. 内线队员高位接球后撤步运球上篮或跳投

当内线队员从低位向罚球线限制区拐角位置移动跳步急停接到球时，若防守队员贴身偏向一侧防守，进攻队员双手持球于下颌位置，屈膝降重心，用球或头向防守队员紧贴一侧做假动作，然后另一只脚向另一侧做后撤步，用远离防守队员一侧的手运球快速突破上篮。若进攻者做后撤步，防守队员快速向后移动封堵进攻路线时，进攻队员应后撤步蹬回，面向球篮，跳起投篮，或虚晃投篮假动作后再次吸引防守队员逼近干扰投篮，然后快速向篮下运球突破。

2. 内线队员高位接球转身面向球篮持球突破或跳投

当内线队员在罚球线位置接球后不能感觉到防守队员时，则应快速前转身或后转身。转身时保持屈膝降重心的姿势，持球于下颌位置，若防守队员快速移动封堵其右（左）侧进攻路线，左（右）侧留有空间，则进攻队员做假动作后，从右（左）向左（右）摆球，以交叉步或顺步向篮下突破，突破时紧贴防守队员。若转身后防守队不迎前防守，进攻队员则可以选择直接跳投。

3. 内线队员高位接球向中路运球突破后向外跨步急停跳投或加速运球上篮

当内线队员向中路运球突破时,防守队员快速滑步切断运球路线,进攻者靠近防守队员一侧的身体主动对抗,然后靠近防守队员一侧脚蹬地,另一脚向外跨出一大步,同时转动身体面向球篮,若防守队员没有跟上,则快速急停起跳投篮;若防守队员快速贴近防守,则做抬头假装跳投动作,然后加速向篮筐方向低运球上篮。

五、内线队员进攻技术阶梯训练

(一)内线队员进攻技术基础训练

1. 内线队员抢位基础练习

(1)原地快速小"8"字跑。
(2)利用场地边线做碎步练习。
(3)顶肩对抗走和跳起空中冲撞。
(4)跨步(顺步、交叉步)转移重心。
(5)跨步抢地板球(二人一组一球)。
(6)上步交叉步(撤步交叉步)。
(7)前、后转身。
(8)侧身跑。
(9)变向跑。
(10)起动跑、急停、跨步(转身)综合练习。

2. 内线队员接球基础练习

(1)两人相对多种传接球。
(2)背对传球队员接球。
(3)撞墙反弹接球。
(4)跑动中急停接球。
(5)一人传一人接,做左、右脚抢步单手接球练习。
(6)接球后做后转身或前转身面向球篮的突破步法练习。

3. 内线队员投篮基础练习

(1)急停跳投(突破上篮)。
(2)急停转身跳投(突破上篮)。
(3)跨步投篮。
(4)补篮练习。
(5)篮下"8"字勾手投篮练习(迈肯练习)。

(篮下连续补篮)

（6）篮下左右手反手投篮练习。
（7）篮下限制区两侧捡地板球撤步投篮练习。

（二）内线队员抢位接球训练

（1）原地抢位接球练习。

①低（高）位内线队员原地抢位接球练习（体会抢位脚步）。

②消极防守条件下的原地抢位接球练习。教练员在边锋（后卫）位置持球，内线队员两人一组，一人低（高）策应位抢位接球，一人做防守。防守人依次站在进攻人身后、身前和身侧的位置干扰接球，进攻人做出不同的抢位接球动作。

③积极防守条件下的原地抢位接球练习。

（2）移动抢位接球练习。

①内策应位（内中锋）移动抢位接球练习（插向限制区同侧高位、插向罚球线、插向限制区对侧高位、插向正面篮下或限制区对侧低位）。

②外策应位（外中锋）移动抢位接球练习（插向限制区同侧低位、插向限制区对侧高位、插向限制区对侧低位）。

（3）掩护后中锋的抢位接球练习（内线队员之间的掩护、内线与外线队员之间的掩护）。

（内线队员抢位接球）

（4）内线队员移动抢位接球与外围队员策应传球练习。

（三）内线队员投篮训练

1. 限制区低策应位队员投篮练习

（1）自抛自接或接教练员传球，背篮撤步底线挤投。
（2）自抛自接或接教练员传球，背篮外侧脚跨步后转身勾手投篮。
（3）自抛自接或接教练员传球，背篮向底线方向前转身顺步挤投。
（4）自抛自接或接教练员传球，背篮向底线方向前转身交叉步挤投。
（5）自抛自接或接教练员传球，背篮向底线方向前转身交叉步勾手投篮。
（6）自抛自接或接教练员传球，背篮转身跳投。
（7）侧对篮，接高吊球投篮。

2. 限制区高策应位队员投篮练习

（1）背篮接球前（后）转身跳投（突破上篮）。
（2）由限制区内向外侧移动，急停接球面向篮跳投（突破上篮）。
（3）插向篮下接球后，做多种角度跨步投篮。

3. 内线队员强攻的综合练习

（1）固定防守条件下的内线队员抢位接球投篮练习。
（2）一对一消极对抗条件下强攻投篮练习。
（3）一对一积极对抗条件下强攻投篮练习。

（内线队员抢位接球强攻投篮）

第七节　个人防守技术阶梯训练

俗话说：赢球依靠防守。优秀的防守队员会用心去防守，在场上防守的每一秒钟他都尽最大的努力。防守最重要的因素是防守的欲望，而防守的欲望要有良好的身体素质作保障才能完成防守任务。成功防守时也需要智力的支持。比赛时，为了更好地协防同伴，减少队员犯规、提高防守的攻击性，教练员会把良好篮球意识的队员安排在合适的位置上。良好的防守是尽量减少对手在无防守情况下投篮机会，这样不仅可以造成断球、封盖和投篮不中，并能为自己的球队发动快攻创造更多的得分机会。

顶尖的防守队员应具有的一般品质包括情绪、智力和体能因素。情绪因素包含欲望和攻击性，其中防守的欲望是重中之重。防守的欲望意味着每一场比赛都必须全力以赴并且保持注意力高度集中。例如由攻转守时始终保持防守姿势全速退防，全力争抢失去控制的球，积极挡抢防守篮板球，主动与同伴交流等。防守具有的攻击性就是要迫使进攻队员根据防守做出相应的反应，要想方设法支配对手，绝不允许对手做他想做的动作。例如，一名攻击性防守队员要时刻紧逼运球队员、利用挤过破坏掩护、对投手施加压力、阻拦每一次传球、全力拼抢地板球、主动造对手撞人犯规、努力抢投篮不中的篮板球等。

像自律、坚韧性、知识、预判能力、注意力、机敏性和判断力等智力因素对强有力的防守来说也非常重要。强烈的欲望仅仅是一个强悍防守的开端，要成为一名优秀的防守队员，首先必须对自己严格自律，不断加强对自己身体素质、防守技术和自律意识的培养。防守训练不能"三天打鱼两天晒网"，必须全力以赴，这需要自律。攻击性防守对身体素质的要求很高。它可以耗尽身体素质最好队员的体能。防守移动中挤过掩护、造成对手撞人、抢失去控制的球和拼抢篮板球等身体对抗会造成身体疼痛，这需要坚韧的意志让防守队员战胜身体对抗产生的不适。当他们被撞倒时，需要马上从地板上站起来，这种坚毅精神会给同伴和球迷很大鼓舞。

成功的防守离不开对防守对手的分析，比赛前通过研究侦察报告、观看录像等方式来分析对手在前一阶段比赛的表现，来判断防守对手的速度、力量、进攻倾向。对手是喜欢投篮还是突破？对手习惯的进攻动作是什么，更习惯向哪个方向移动？从全队看，对手习惯快攻还是阵地进攻？哪种战术是对方球队的进攻战术，当他们需要关键时刻的投篮时采用哪种战术？谁是他们的外围投手、突破队员和中锋队员？依次来研究自己防守的对手和球队，了解对手最擅长做什么，并努力应对它。

预判能力意味着了解比赛可能出现的情况并进行调整以赢得优势。防守时你必须对进攻队员的行动做出反应，这就需要提前预判。如果你提前了解对手的可能行动，就能够据此做出调整，预判对手的下一行动。防守不能依靠猜测，要依据对对手和对方球队细致地研究做出有计划的行动。

防守时必须把注意力完全集中在分配的任务上，不能分散注意力。对手无聊的语言、球迷的喧哗和裁判员的判罚以及自己消极的思想都可能分散自己注意力。当意识到注意力不集中或思想消极时，需要通过主动的语言暗示驱除干扰，把注意力集中在防守任务上而不是干扰上。

机敏是一种准备就绪后的状态，机敏可以使自己在所有时间内能够立即做出反应。防守有球队员时，要准备防守对手的投篮、突破或传球，并且随时注意对手的掩护。防守无球队员时，要同时看到球和自己的对手，注意要阻拦切入、协助同伴防守、防守掩护、控制对手抢球、抢失去控制的球以及拼抢投篮不中的篮板球。

判断力是预测比赛形势，决策相应行动的能力。防守中无数的形势都需要良好的判断。例如决定是紧逼外围持球队员还是后退阻拦其向内线传球？防守最后时的决策包括你和对手能力的比较、比赛节奏、比分情况和比赛剩余时间等。良好的防守判断力在比赛结束时刻尤其重要。

像体能、速度和平衡等身体因素对防守起至关重要的作用，优良的体能是运动员良好防守的前提。整场比赛你强烈的防守欲望和优良身体素质是相互依存的，要想控制住对手需要良好的身体素质。努力提高全身力量可以使自己在防守低位中锋时抵抗住高强度的身体对抗。同时也必须提高腿部的肌肉耐力，这将决定你在整个比赛过程中能否快速地移动。能够快速移动对防守队员来说是最重要的身体技能，速度不仅仅是跑动速度，也包括完成技术的动作速度，并且，能横向变向移动也是非常重要的。虽然提高速度较为困难，但是有三种方式可以达到目的。首先，可通过脚步移动训练和跳绳来提高速度。其次，可以利用智力预测对手的进攻行动，然后在恰当的时间内比对手更快地移动到恰当的位置，从而可以从心理上提高速度，了解和预见对手的行动可以弥补一般的速度素质。最后，保持平衡和身体控制是至关重要的，没有身体平衡，速度是没有用的，因为防守的速度包括起动、急停和变向的能力，同时也必须控制好身体。有身体控制的速度或保持身体平衡的速度都是防守时需要的。

一、外线有球一对一防守

（一）外线队员有球一对一防守基础技术

1. 防守基本姿势

防守时，队员必须在保持身体平衡的基础上才能快速向任何方向移动和变向。把身体重量平均分配到两脚前脚掌上，并且屈膝降低身体重心，以便能够准备好向任何方向作出反应。当队员确立基本防守姿势时就要保护其前脚，使前脚在对手的身体之外，而后脚在对手身体的中轴线上。有三种基本的手部防守姿势，一种是一手在前脚一侧前伸，紧逼投篮队员，另一手在对侧阻止传球。第二种基本手部姿势是两手都在腰部位置，手心朝前，紧逼运球队员。第三种基本手部姿势是两臂屈肘，两手位于肩部以上，这种较高的姿势可以迫使对手传易被抢断的高吊球，易于封盖投篮，准备两手抢篮板球，且有利于防止手部犯规。

2. 侧滑步

在对手和球篮之间保持一个平衡的防守姿势，如果对手向一侧移动，采用侧滑步。从一个交错的姿势切换到平行的姿势快速移动脚步。两脚开立平行于自己移动方向。重心均匀落在脚前掌上时，脚步移动短促快速。远一侧脚蹬地同时，近侧脚向移动方向跨出，两脚不要交叉。

3. 前滑步

前滑步或向对手方向移动，是后脚蹬地，前脚跨步，后脚不要超过前面的脚。它需要良好的判断能力和平衡能力。防守队员不能靠近对手太快，以免失去身体平衡，且不能变向。利用短促快速的前滑步，同时两脚不要交叉，通过把前脚置于对手身体外侧来防止对手突破。

4. 后滑步

后滑步是前脚蹬地，后脚跨步，前脚不要超过后脚。如果对手从防守队员后脚方向向篮下移动，防守队员应当在不失去身体平衡的前提下，采用后滑步或向后移动。防守队员不能后退太快而失去身体平衡，也不能反应快速而距离对手太近。对于后滑步，要短促快速，且两脚不能交叉。

5. 后撤步

基本防守姿势，两脚保持一脚在前一脚在后的交错姿势。这种姿势的弱点是前脚向后移动比从后脚直接向后移动要困难。如果对手从防守前脚位置向篮下运球突破时，前脚快速后撤，同时以后脚为轴做后转身。后撤步后，利用快速的侧滑步重新建立一脚在前的防守位置，如果防守队员没有及时建立合法防守位置，则必须快跑追防对手，有意识地重新建立一脚在前的合法防守位置。

（二）外线队员持球一对一防守

防守外线有球队员的任务是尽力干扰和破坏对手投篮，堵截其运球突破，封锁其助攻传球，并积极地抢断球以达到控制球权的目的。防守队员要学会紧逼有球队员，防守者队员以手打、断球，以此干扰持球队员控球，或者身体垂直直接接触持球队员，迫使持球队员重心失去平衡，进而难以控制球；或者防守队员以打球、抄球等假动作威胁运球队员；或者以合理的防守脚步提前阻截运球队员前进路线，造成运球队员失误或难以运球推进；或防守队员以身体阻拦运球队员前进，给运球队员压力和困扰；或者防守队员在运球队员运球过程中抢断其运球，造成运球队员失误或失去控球权；防守队员还要用手干扰运球队员传球，阻断其传球路线；防守队员还要用手阻拦进攻队员的突破投篮。紧逼防守一般分为防守接球后尚未运球队员、防守接球后运球队员防守运球队员准备传球和防守运球队员准备投篮四种。

1. 防守接球后尚未运球队员

分为及时到位贴身紧逼防守和未及时到位贴身紧逼防守两种情形。

（1）及时到位贴身紧逼防守。

一般是指进攻者利用个人摆脱或利用同伴掩护接到球后，但还没有开始运球前，防守队员及时到位贴身对球进行紧逼防守。防守队员身体要与对手主动接触，保持与持球队员身体对抗。防守队员双脚宽于肩，重心降低，上体保持垂直，至少一只手不断干扰球，尤其是对手接球后身体重心或脚步不稳或背对篮筐或运球突破企图不强，且有明显传球意识时，更需要防守者贴身对抗紧逼，当防守者想要通过脚步摆脱压迫防守时，防守者不要后退，继续贴身紧逼保持与持球者贴身对抗。

（2）未及时到位贴身紧逼防守。

当进攻方利用掩护摆脱防守获得接球，防守队员未及时到位对球紧逼施压，此时防守队员应选择位于球与篮筐之间偏向持球者习惯手一侧，观察对手是否出手动作再伺机迎上防守。这时要任一手摸到对手身体，另一手挥动对球施压，成双脚比肩宽的防守姿势。假如持球队员传球意图明显，防守者要两臂张开干扰球，假如持球队员把球移动到自己右侧，防守队员必须左脚趋前，左手对球干扰，让球、防守队员和球篮在一条直线上。此时防守队员采取合法防守姿势，与持球队员保持一臂距离并施压，若对手出现犹豫不决的情况，应立即迎上贴身对球施压，不断用手打断球，并做好对手突破过人的心理准备。

2. 防守接球后运球队员

分为防守远距离运球、防守近距离对手已经运球准备过人和打球三种。

（1）防守远距离运球。

进攻者接球后已经开始运球，处于3分线外非得分区域，与防守者有段距离。此时防守队员因距离运球队员较远，要两腿弯曲，两手摸地缓步迎上防守，并在距离运球队员两步位置采用碎步等干扰动作，若运球队员仍然在原地运球则上果断前对球施压。由于防守队员采用原地等候防守姿势，要选位于偏向运球队员习惯手一侧防守，不断采用手臂挥动动作干扰运球者，从心理上做好运球者突破过人的准备。

（2）近距离防守已经运球准备过人的对手。

此情况是指持球队员运球过人，防守队员跟随阻拦运球队员突破过人的行为。首先要判断对手的习惯手；其次，在持球对手放球运球过人瞬间，防守队员要根据对手重心转移准确判断，同侧脚后撤移动阻拦运球队员运球。防守运球队员突破过人的脚步动作依次为后撤步、滑步或后撤步、交叉步迅速跨出，占据运球者前进路径阻截运球者运球。

防守过程中，首先防守队员必须随同持球队员放球并向某侧准备运球过人瞬间，同侧脚做后撤步动作，后撤步动作是否及时是防守成功的关键。随后尽量采用滑步阻拦防守队员运球，靠近球一侧手在下面干扰球，另一侧手高举阻拦传球。当滑步防守跟不上防守对象时，则应该马上变换交叉步做跟随防守，尽量快速追到运球队员前面，跨步选位利用身体阻拦运球队员前进路线。注意快速跟随过程中若不把握严禁抢断球动作，以避免无谓犯规。当防守队员超越运球队员时，防守队员立刻急停选择偏向运球队员习惯手一侧的防守策略对球施压防守。

（3）打球。

防守运球队员过程中，打球一般在下述五种情况下运用：对手原地运球时、对手准备转身运球时、对手换手运球时、对手持续运球而防守队员在背后追赶时、对手内线队员运球准备单打时，其余情况应减少盲目打球。尤其是一对一防守时，对方运球已经过人，防守者必须持续跟随，不要轻易停在原地从对手背后打球，打球时要注意不可触碰对方，打球前应放松并以假动作欺骗对手,对手球离手时重心降低前倾,在球着地时伸手,并有打不到球即可返回的心理准备。对手原地运球时打球,一般原地运球习惯于超过3~5次,所以对手第一次运球时就要抓住对手运球节奏,于第二次运球时降低重心,对手要第三次运球,球离手时,上体前倾,球着地靠近球那侧的手伸出打球。

防守的抢、断球,因各类专业书籍均有论述,故本节不再叙述。

3. 防守运球队员准备传球

在运球者要将手中球传出的瞬间,最靠近运球者的防守队员要做出扑、拦、挡、抢等动作,阻挠对手传球。当持球队员准备传球时,防守队员一定要随着持球队员动作进行相应移动,尽量靠近对手去阻拦传球动作,阻拦动作最后一手对着球,另一手高举遮住传球队员的视线,当持球队员跳起传球时,防守队员也要跟随跳起阻拦持球队员传球。

4. 防守运球队员准备投篮

分为及时到位封阻投篮和未及时到位封阻投篮两种。

(1)及时到位封阻投篮。

当持(运)球队员做出投篮动作时,防守队员位置适当,就可以做出封阻对手投篮动作。由于封阻对手投篮动作可以影响投篮队员的心理和身体平衡,并造成投篮队员投篮动作改变,降低其投篮命中率,因此封阻投篮时要确定起跳时机,垂直起跳,避免犯规,眼睛要盯住对手投篮手腕。

(2)未及时到位封阻投篮。

当持(运)球队员已经出手投篮,防守位置、时机、动作等都不恰当时,防守队员只要伸出手去干扰或贴身跟随让对手产生压力即可。当防守位置不当,若强行移动封阻投篮,可能导致犯规,因此防守双手高举,做封阻假动作即可。若进攻队员已跃起,防守队员切莫强行对球施压,而要双臂弯曲转身准备跳起抢对手可能不中的篮板球。

二、外线无球一对一防守

在篮球比赛中,防守的绝大部分时间是在防守不持球的进攻队员。良好的防守包括防守对手、球和篮,为了实现这个目的,防守队员需要保持既稳定又易动的身体平衡姿势,要从一个良好的防守无球队员的位置上协防并阻止持球队员有威胁的传球和运球突破,并能够及时回防自己的进攻对手。防无球队员的主要任务是尽可能不让对手在有效攻击区内接球,或使对手勉强接球后处于被动地位。防守队员要及时判断对手的位置及其与球和篮的位置关系,并随对手的切入方向、球的转移和是否有掩护等合理地运用防守动作,阻截对手进入有利攻击区和习惯位置,割断对方重要的配合位置和区域间的联系,并抓住一切机会果断抢、打、断球,以达到破坏进攻、争得控制球权的目的。

(一)防守外线无球队员的要求

防守要有攻击性和破坏性,防守队员必须抢占"人球兼顾"的有利位置,在球—防守队员—进攻对手之间形成一个假想的三角形，对手离球越近，防守队员离对手应当越近；对手离球越远，防守队员离对手越远，并随时准备协助同伴防守。要遵循"球、人、区、篮四位一体兼顾"的防守原则，要做到"内紧外松、近球紧远球松，松紧结合"，防止对手的摆脱空切。要及时果断地进行防守配合，帮助同伴防守威胁最大或持球进攻的队员。要有随时补防、夹击和换防的集体防守意识与能力。

（二）防守外线无球队员的基本方法

为了更好地理解全队防守位置，要考虑球场强侧和弱侧的划分，强侧指球场中有球的一侧，弱侧指球场中远离球的一侧。防守队员要根据对手、球篮和球的位置与距离来选择防守位置。一般来说，防守队员为了做到人球兼顾，应站位于对手与球篮之间偏向有球一侧的位置上。

防守强侧无球队员：防守强侧距离球较近的无球队员时，如图8-1所示，防守队员要占据球—防守队员—对手的位置，努力阻止对手给强侧前锋传球。经常采用面对对手、侧向球的防守姿势，靠近球一侧的脚和手在前阻拦传球路线，前侧手的手心朝外，拇指向下准备断球，另一手臂弯曲靠近进攻队员身体。屈膝降重心，两腿开立宽于肩的姿势准备移动，利用短促、快速的脚步对对手的移动做出反应。对于背切传球，防守队员要向球转身断球。

防守弱侧无球队员：防守弱侧距离球较远的无球队员时，如图8-2所示，防守队员要收缩到限制区内占据合理的位置松懈防守对手，在防守队员、对手和球之间形成一个钝角三角形，经常采用面向球、侧向对手的防守姿势，两脚开立屈膝降重心，掌心向前，一只手指指向球，一只手指指向对手，随时准备协防持球队员向限制区的突破或传球。

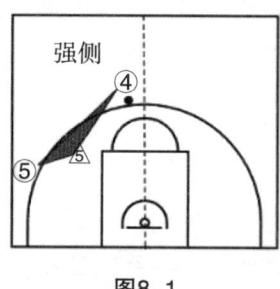
图8-1

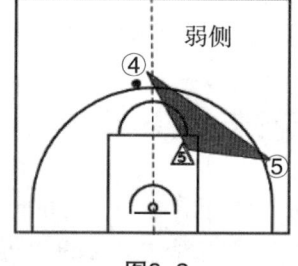
图8-2

防守切入：当被紧逼防守的外线队员传球后，防守队员必须从防守对手位置上向球迅速后撤一步，建立"球—防守队员—对手"合理的防无球队员防守位置。防守时要保持平衡稳定的身体姿势，以便做好身体对抗准备，阻止切入队员在你和球之间的区域内移动，对抗切入队员时，身体内侧要主动发力，利用身体对抗阻截对手身前切入路线，随对手切入移动时，要采用面向切入队员的抱防姿势，当对手同伴向其传球时向来球的方向转身。

防守空切：空切是对手从弱侧向球的方向快速移动的一种进攻方法，多数进攻是利用空切从弱侧进入高位中锋位置。当防守队员在弱侧时，防守队员应成面对球，侧对进攻队员，选择能同时看到球和对手的恰当位置。当进攻队员向高位中锋切入时，注意移动，利用身体对抗阻拦其身前空切，靠近球一侧的手和脚在前成抱防姿势阻断传球路线，并保持稳定平衡的身体姿势。当进攻队员紧接着向篮下背切时，要成抱防姿势向进攻队员切入方向移动，当对手同伴向其传球时要向球的方向转身。

三、内线有球一对一防守

无论内线队员在任何位置接到球，防守队员都要迫使他运用弱势技术攻击。防守内线队员时，要首先在内线队员身后稍偏向端线的位置保持防守姿势，两腿开立宽于肩，屈膝降重心，靠近端线一侧的前臂屈臂顶住内线队员的后背，另一侧手臂上举干扰其向中路限制区移动，一旦内线进攻队员接球向限制区移动开始进攻，防守队员要利用短促的脚步移动封堵其移动路线，使其远离球篮，迫使内线队员停球或向端线方向返回。若内线队员返回端线方向进攻，防守队员则要腹部挺直紧贴对手，两手上举封盖其投篮。如果内线队员投篮，防守队员则要跳起封盖。

四、内线无球一对一防守

防守内线无球队员时，根据防守队员的位置，通常包括身前防守、身后防守和侧前防守三种。当内线队员攻击能力较强时，防守队员会选择身前防守减少其接球。身前防守时，内线队员屈膝降重心，后背保持正直紧靠进攻队员，努力把进攻队员推进限制区，靠近球一侧手臂在空中高高扬起，准备打掉对手的高吊球。当内线队员进攻不构成威胁时，防守队员会选择身后防守，防守队员屈膝降重心，一侧或两侧手臂弯曲顶在内线队员的背部，通过对抗尽量把内线队员"推离"篮下位置。防守内线队员最通用的方法是侧前防守，通常靠近球一侧的手和脚在前，另一侧手臂弯曲顶在防守队员身体一侧成抱防的姿势。当球在罚球线以上时，要选位在内线队员的上侧进行防守，当球在罚球线以下时，要选位于内线队员的下侧进行防守。

内线无球一对一防守具体的选位：当攻方内线队员在弱侧时，防守队员应向有球一侧靠拢，距离攻方内线队员的位置可稍远些，要与对方的持球队员和内线队员保持三角形的位置，以便做到人球兼顾。当球在罚球圈顶中间一带传球时，防守队员要站在断球路线上，随时注意堵截对方内线队员的移动路线，破坏他的接球。球到强侧，即与攻防内线在限制区同侧，而攻方内线队员的位置又距离篮下较近时，防守队员可站在攻方内线队员的侧前方，随时准备绕前防守并积极阻扰对方接球。当攻方内线队员距离球篮稍远时，防守队员可站在对手的侧面，随时准备堵截他向篮下移动的路线和卡断他的接球路线。当攻方内线队员拉到外线时，可按外线防守选位进行防守。

五、个人防守技术阶梯训练原则与要求

（一）个人防守技术阶梯训练原则

1. 良好防守态度和意识培养优先的原则

攻击性防守技术是完整的防守体系和防守策略形成的基石，要通过较长时间的努力训练才能提高，必须要有耐心和决心。因此防守态度要专注，防守态度决定防守质量，训练和比赛中队员要付出精力、努力、激情、热情。明确防守是由进攻开始，要求加强进攻的成功率和拼抢篮板球，突出攻转守和从防有球到防无球、从防无球到防有球的瞬时转换环节，对进攻队员应采取主动攻击，而不是等对手进攻后再被动做出反应。

2. 循序渐进的原则

在训练中，安排足够的防守训练比例，由易到难、由简到繁，逐渐提高个人防守难度和强度。在训练的顺序方面，围绕着防守姿势与动作的掌握、防守位置的选择、脚步移动和手臂的运用，先教单个技术，再教组合技术；先练习对无球队员的防守，后练习对有球队员的防守；先练习防守队员脚步动作，再配合手部动作的练习；先在消极对抗情况下练习个人防守，再在积极对抗近似比赛的情况下练习个人防守；先按一对一攻守形式下个人防守，再安排集体攻守形势下的个人防守。

3. 个人防守的主动性与策略性原则

攻击性防守技术除对常规防守的预见性（解读进攻能力）、凶狠性（对抗能力）、灵活性（针对进攻，灵活多变，合理运用技、战术能力）、抗挫性（自控与持久能力）的要求之外，更强调的是防守的主动性（不断骚扰攻击）与策略性（充分利用场区、时间和同伴的协同防守）以及对防守区域概念的理解和控制，在局部的区域内争取获得多防少的优势，对运动员的智力、体能、应变能力要求更高。

在个人防守的训练中，应将低重心的防守姿势正确的选位与抢位、合理的手臂动作和脚步动作作为训练的中心。更注重和强调的是全队协防。要求防守队员要读懂场上形势，明确提出防守攻击的"区、边、点"；扩大防守攻击面，缩小进攻方的攻击区域，主要目的是阻止对方球队得分，而不只是防守自己看管的队员。

（二）个人防守技术阶梯训练要求

（1）训练的成功与否，取决于教练员训练内容的安排和方法的运用，取决于全队上下的训练态度。个人防守技术训练要注意培养积极主动、顽强拼搏、不怕困难、永不放弃的战斗作风，创造良好的训练气氛，除了动起来还要叫起来。

（2）全队的防守水平，取决于每个队员的个人防守能力，个人防守能力除对防守技术的掌握程度及合理运用外，还要着重培养和提高以下能力：解读进攻能力、注意力、意

志力、执行力、对抗能力、适应能力、创造力、应变能力和体力;知道"何时""为什么"与"怎样做",从而体现压迫性、攻击性防守技术的特点。

(3)个人防守先在消极对抗情况下防,再在积极对抗性近似比赛情况下防;技术要结合战术配合练,个体要与整体配合练;抓好技术的多元性和运用的应变性,强调训练的实战性、对抗性和动作的规范性、连续性与完整性。

(4)树立防守是从进攻开始的观念,重视加强由攻转守的环节,要求主动攻击性防守,而不是被动应答。

(5)尽可能保持多人次在场上练习,提高对攻击性防守整体观念。

六、个人防守技术阶梯训练

(一)个人防守基础训练方法

1. 个人防守脚步动作练习

(1)防守基本姿势,向前、向后滑步。
(2)防守基本姿势,向左、向右滑步。
(3)防守基本姿势,向前滑步二至三步后撤步。
(4)防守基本姿势,向后撤步接侧滑步。
(5)防守基本姿势,向前跑接侧滑步。
(6)防守基本姿势,后退跑接侧滑步。
(7)防守基本姿势,攻击步变后撤步。
(8)防守基本姿势,上步变交叉步、变侧滑步。
(9)防守基本姿势,攻击步接碎步移动。
(10)侧滑步变后撤步接侧滑步。
(11)侧滑步变交叉步接侧滑步。
(12)攻击步跳起落地接侧滑步。
(13)侧滑步中跳起落地接侧滑步。
(14)交叉步起动快跑三至五步侧滑步,连续做。
(15)攻击步、后撤步、侧滑步、交叉步、碎步综合练习。
(16)防守中锋的绕前、绕后基本步法练习。

2. 一对一防守无球队员

(1)一对一"影子"练习。
两人一组,进攻队员沿边线做起动快跑,防守队员像影子一样紧紧伴随移动,一直到端线后,从另一边线攻守交换返回练习。
(2)全场"Z"形一对一防守移动练习。
两人一组,进攻队员全场"Z"形做急起急停、变向跑,防守队员眼睛盯住对手脚部，紧随对手保持低重心平稳移动，与对手始终不超过两米距离。

（3）外线半场一对一防守选位练习。

两人一组，在半场边翼徒手一攻一守，教练员可在弧顶三分线外持球，进攻队员在边翼区域（纵半场内）移动摆脱，防守队员则积极进行防守选位。进攻队员若接球后不进攻，可迅速回传给教练员。练习一定的次数或时间后，攻守交换。

此练习，可改为教练员在边线接球，进攻队员在弧顶附近移动摆脱，防守队员进行防守选位。

（4）外线半场一对一横切、纵切、溜底线练习。

（5）内线半场一对一防守中锋选位练习。

两位教练员或队员在弧顶和边路传接球，防守内中锋（内策应位落位）的防守队员根据球、对手、球筐的关系，进行绕前、绕后基本步法练习。

（6）内线半场一对一防守中锋移动插中接球练习。

3. 一对一防守有球队员

（1）对持球人施压练习。

全队两人一组，等距离沿三分线落位，一人面向球筐持球"三威胁"姿势（三分线外），另一人防守基本姿势（三分线内）。防守者身体重心低于持球人，与对手一臂距离（能够接触到对手膝盖为准），根据教练员的指令，防守者上手拍地，同时高喊"防守"做如下动作练习：

①对球进行骚扰，当持球人持球上举准备传球时，防守人近身紧逼，手臂上举，双手罩球，随球挥动对球施压。

②进攻人持球突破运两下球接球，防守人撤步滑步堵截其突破路线，此后同上练习，对球施压。

③持球者跨步（顺步、交叉步），防守者做相应的撤滑步，上步一定的次数后，听教练员指令，进攻者投篮（不出手），防守人转身挡人。

（2）对边方向（折线形）运球的防守练习。

在全场或半场1/3纵向区域内，有球攻守一对一。防守在端线从对球施压开始，进攻者持球突破运用3/4的速度运2~3次球后变换方向运球，防守者滑步防守，到达另一端底线或中线后，进攻者接球，防守者对球施压。然后攻守交换练习。

（3）迎前防守练习。

两人一组，一攻一守。进攻者持球位于三分线外，防守者由篮下快速起跑迎前跑向持球者，接近持球者时制动速度，前滑步靠近持球者，同时高喊"防守"做如下动作练习：

①防突破练习。对于善于突破的对手，防守者的前脚与同侧手臂要卡位善突的一侧或优势手一侧。

②防守投篮练习。对于善于投篮的对手，防守者前脚的同侧臂高举干扰投篮。

③防善投能突对手的练习。防守者先防对手投篮，保持身体平衡姿势，时刻准备移动防对手突破。

（二）个人防守的配合训练方法

1. 半场二对二攻防中的选位与协防练习

教练员在弧顶持球，两对攻防队员位于罚篮线延长线的两侧边路位置。当教练员传球给某侧边路摆脱的进攻队员时，另一侧的防守队员向罚球区域移动准备协防。

2. 半场四对四攻防中的选位与协防练习

四对四攻防队员分别落位于三分线外弧顶两侧和左右底线附近位置，分别做如下练习：

（1）球在外围4人传接球，也可隔人传球，1人对球防守，其余3人位于防守人选位协防练习。

（2）外围队员中路（限制区中腰）突破，相邻2位防守人关门配合，其余2人选位协防练习。

（3）底线队员底线侧突破，对侧底线防守队员迎上夹击，其余2人轮转补防；当球传出后，防守队员返回防守先前的对手。

（4）防传切练习。

（5）防掩护练习。

（6）在教练员指令下，以上五种形式综合运用练习。

（三）个人防守的对抗训练方法

（1）迎上防守，一对一攻守对抗练习。

三人一组，二人为进攻队员，分别落位于罚球线两侧延长线的三分线外的边路位置，一人为防守人，落位于罚球线以下限制区内的位置。教练员持两球于弧顶位置，当传球给某一边线队员时，防守人迎前防守，进行一对一攻防积极对抗。进攻队员可突可投，待进攻队员投篮后，攻守二人积极拼抢篮板球。然后，教练员传球给另一边路的进攻队员，防守队员则立即迎上防守，进行一打一攻守对抗。防守人要有2次成功防守，再换下一组练习。

（2）内线防守队员选位与迎前防守的攻守对抗练习。

两位中锋落位于限制区两侧内策应位置，一位防守人先防守某一侧落位的中锋。教练员或队员由弧顶向边路底线方向运球，防守人根据运球的方位，绕前进行体侧、身前、身后防守。教练员或队员向限制区罚球线方向返回运球时，防守人要有向球移动协防动作，然后继续防守原先内策应位上的中锋；当教练员或队员试图传球给对侧内策应位或提上的中锋时，防守人迎上堵截其接球，当对侧中锋接到球后，防守人进行一对一攻守对抗。

（3）防守队员变换移动方向后的一对一攻守对抗练习。

①防守队员快速移动中手触及两球之间标志柱后的一对一攻守练习。

在半场场地上设立2个标志柱，一个标志杆设立在罚球线延长线3分线上，另一标志杆设立在发球圈弧顶一侧的三分线上，两杆距离为2米左右。全队队员分两组，进攻组人手一球，沿中线后站立，防守组在篮下底线外站立。听教练员指令后，一名进攻队员从中线与边线的相交处快速沿边线向篮下运球；一名防守队员从场地同侧底线与限制区相交处快速起动，跑向距离较近的标志杆并用手触及，再滑步用另一手触及另一杆后，对运球队员进行防守。

②防守队员绕杆后的一对一攻守对抗练习。

在半场场地一侧沿罚球线延长线设2个标志杆，外侧标志杆设立在三分线上，两杆距离2~3米。全队队员攻守分为两组，从底线开始练习。听教练员指令后，进攻组一队员沿边线内侧场地快速运球并绕外侧标志杆，同时内侧的防守队员快速跑动绕场地内侧的标志杆后，抢位堵截进攻者的突破路线，进行一对一攻守对抗。

（4）全场或半场有球一攻一守练习。

（5）后场运球攻守—前场无球攻守—前场有球攻守转换对抗练习。

后场运球一攻一守，传球给前场弧顶或边路教练员球后，进攻者徒手摆脱接球，一对一攻守对抗。

（6）全场或半场2对2、3对3、4对4、5对5对抗练习。

思考题：

1. 请说明投篮技术的关键环节，并阐述如何逐步提高运动员实战对抗中的投篮命中率？

2. 请说明运球技术运用的时机，并阐述如何逐步提高运动员实战对抗中的运球突破能力？

3. 请说明传球技术运用的基本原则，并阐述如何逐步提高运动员实战对抗中助攻传球的能力？

4. 请说明抢篮板球技术关键环节，并阐述如何逐步提高运动员实战对抗中抢篮板球的意识和技术？

5. 请说明外线队员需要掌握的主要脚步技术，并阐述如何逐步提高外线队员摆脱接球技术和能力？

6. 请说明内线队员需要掌握的主要技术，并阐述如何逐步提高内线队员背对球篮进攻能力？

7. 请说明优秀防守运动员应具备的品质，并阐述如何逐步提高运动员实战对抗中的个人防守技术？

参考文献：

［1］《篮球大辞典》编辑委员会.篮球大辞典［M］.北京：人民体育出版社，1993.

［2］孙民治.现代篮球高级教程［M］.北京：人民体育出版社，2004.

［3］王世安.篮球［M］.北京：北京体育大学出版社，1998.

［4］仓石平.篮球进攻技术训练［M］.孙守正，赵子江，杨铁黎，译.北京：人民体育出版社，2003.

［5］李宇载.篮球技战术阶梯训练法图解［M］.许博，徐广林，译.北京：人民体育出版社，1997.

［6］拉尔夫·皮姆.制胜篮球：篮球进攻技术与训练［M］.徐军海，译.北京：人民

体育出版社，2006.

［7］美国运动教育计划.青少年篮球教与练［M］.虞重干，张军献，译.北京：人民体育出版社，2008.

［8］皮特·纽维尔，斯文·奈特.篮球中锋位置技术与训练［M］.张学龄，译.北京：人民体育出版社，2011.

［9］实用篮球运动教程编写组.实用篮球运动教程［M］.北京：人民体育出版社，2013.

［10］郭士强，刘光宇，崔鲁祥.怎样打篮球［M］.北京：人民体育出版社，2017.

［11］王贺立.成功的秘诀——走向NBA［M］.武汉：中国地质大学出版社，1997.

第九章　篮球战术基础配合阶梯训练

【导语】：篮球攻防战术基础配合是全队攻防战术的基础，它是通过两三人之间的协调配合来提高个人技术运用的效果和全队攻防的威力，体现"1+1>2"的效果。本章重点介绍了目前运用较多的挡拆配合（掩护配合的一种）、防守挡拆配合、突分配合、传切配合和策应配合的基本要求、形式和方法以及上述配合的阶梯训练方法，为篮球攻防战术基础配合进阶训练提供了良好的思路。本章学习的目标是教练员要掌握目前世界强队运用较多攻防基础配合的关键技术环节及配合变化，并能根据所执教球队的水平，遵循战术基础配合训练基本原则基础上，选用合理的训练方法和手段。

篮球战术基础配合是两三人之间有目的、有组织协调行动的方法。它包括进攻战术基础配合与防守战术基础配合，是组成全队战术的基础。只有熟练地掌握与运用战术基础配合，才能使全队战术更加灵活有效地发挥作用。进攻战术基础配合，是在篮球比赛中队员两三人之间有目的、有组织、相互协同行动的配合方法，包括传切配合、突分配合、掩护配合和策应配合。防守战术基础配合是篮球比赛中两三人之间为了破坏对方进攻配合所组成的简单配合，包括关门配合、夹击配合、补防配合、破坏掩护配合（挤过配合、穿过配合、绕过配合和交换防守配合）等。二三人的进攻或防守配合是整体进攻或防守战术的基础，对培养队员配合意识、移动摆脱或跟防、协防和补防技巧、战术思维习惯、保证个人特长和全队特点的发挥有着重要意义。当前以挡拆和突分为主的进攻战术打法，已经引起篮球教练员的高度关注，特别是高位挡拆和破坏高位挡拆是我国职业篮球教练员探索的重要领域。

第一节　挡拆配合阶梯训练

有球掩护，亦称挡拆配合，属于篮球进攻基础配合中掩护配合的重要形式，挡拆配合是由英文"pick and roll"翻译而来的，"pick"是篮球比赛中进攻同伴给持球或运球队员做掩护的英文，所以挡拆配合必须要有两个人参与，其中一名控球队员。挡拆配合时，控球队员向准备掩护的队员方向运球前进，掩护队员原地两腿跨立站住不动，准备用胸部挡住运球球员的防守球员身体的冲撞，即为"pick"，翻译过来就是"挡"。一旦防守控球队员和做掩护队员发生身体接触，运球球员绕过掩护队员选择突破、传球或投篮，即为"roll"，翻译过来就是"拆"。当然，运球球员绕过（探肩切过）掩护队员后可以有许多选择，若两名防守球员换防，掩护队员就转身把运球队员的防守者挡在身后，接运球队员传球进攻；若运球队员防守者跟随绕过掩护队员，运球队员还可以利用这短暂的无人防守的机会，实施跳投。总之，挡拆的原理，就是通过人的运动和球的传接，为持球者或者掩护者提供错位进攻（Miss Match）的机会。在"Miss Match"的情况下，往往投篮的命中率和进攻的效率会变高，从而为球队制造得分机会。因此，挡拆配合的理想选择一般是一名大个内线队员与一名控球优良的外线队员。

一、挡拆配合的技术要求

挡拆配合发生过程是由配合同伴通过挡前的互动行为产生阶段性效果，再经过"挡"发生瞬间递进效果，其后对挡拆后处理球行动施加重要影响的顺序性过程。挡拆配合发生的不同阶段对配合队员具有不同的技术要求。

（一）挡拆配合前两队员的技术要求

1. 持球队员的技术要求

挡拆配合主要发生在控球优良、攻击能力强的外线队员和身体强壮、进攻能力强的内线大个队员之间。挡拆前小个控球队员需要吸引防守队员的注意力。吸引防守队员注意力的方式有很多，重点是持球做瞄篮动作或运球突破要有杀伤力，能够迫使防守队员把注意力集中于控球队员身上，使得防守队员与进攻队员之间有一定的距离，不会形成贴身防守。当然隐藏掩护的意图也很关键，如果他想要利用同伴上线位置的掩护，他就要假装向底线做出运球或者突破的假动作，即向掩护队员的相反方向运球或假突。经常采用的方式是体前变向不换手运球，迫使防守队员向远离掩护一侧移动，然后突然体前变向运球向掩护队员一侧紧贴加速突破。如果控球队员运球，可以通过运球急起急停、加速减速等各种方式的变向变速等攻击性运球，配合掩护同伴主动达到"挡"的位置。如果持球队员没有运球，防守贴身紧逼，他可以利用跨步、顺步突破步、转身等脚步动作迫使防守队员拉开距离；当防守队员松弛防守持球队员时，他就可以利用球（投篮、挥动球等）或脚步（顺步或交叉步）的假动作，将防守队员注意力吸引到远离掩护一侧，伺机突破。

2. 掩护队员的技术要求

挡拆前大个掩护队员（中锋或大前锋）一般落位于限制区低位或高位位置，背向底线站立，他要有意识地隐蔽掩护的时机、方式和路线，即向上移动给运球或持球队员作掩护时速度要快，并要使防守队员搞不清楚掩护队员掩护的位置和角度。对于防守队员来说，最难防守的是掩护队员快速移动到被掩护队员防守者的身后，然后配合控球队员快速移动到被掩护队员防守者的一侧进行掩护。要使掩护队员的防守者不知道你要从哪一侧进行掩护。当快速移动到掩护队员一侧时要跳步急停，身体侧对边线阻拦防守队员移动路线。也可以利用掩护的方向真假结合，来迷惑防守队员对掩护队员位置的预先判断，即中锋队员快速向持球队员左侧方向跑动落位后，在持球队员还没有运球的一瞬间，突然又快速移动脚下步伐，改变方向向另外一侧做掩护。

（二）挡拆配合发生时两队员的技术要求

1. 持球队员的技术要求

当掩护队员快速移动到被掩护队员防守者一侧时，持球（或运球）队员要突然加速向掩护队员前脚或防守队员前脚一侧运球突破，突破过程中运球队员非运球手臂要紧贴掩护同伴前脚一侧身体，不给防守运球队员挤过空间。运球队员超越掩护队员进行决策时一般运球两下，这样可以与防守者拉开距离，创造投篮、传球和突破的空间。

2. 掩护队员的技术要求

当掩护队员快速移动到挡拆配合位置时，要跳步急停跨立于防守运球队员的身体一侧，屈膝降重心，双手直臂交叉于裆部或屈臂交叉于胸部前方，这样既可以保护自己，也提醒自己不要过分伸展双臂去抓或推、拦防守队员。掩护队员掩护时，要保持身体紧张，随时准备身体对抗，掩护发生的刹那，掩护队员身体要保持静止不动，身体部位不能有任何附加动作，然后根据防守队员抢过的路线选择进行转身切入、外线拉出等行动。掩护队员角度选择范围从其背对底线到背对边线之间，胸对防守运球队员的肩膀。当在高位进行掩护时，掩护队员一般选择后背侧对边线的位置；当在罚球线延长线附近进行掩护时，掩护队员一般选择侧背对底线的位置。

（三）挡拆配合后两队员的技术要求

1. 持球队员的技术要求

当控球队员利用同伴的掩护运球突破时，在处理球方面，经常会面临很多种选择机会：①突破上篮：运球队员利用挡后防守队员沟通不明确，没有及时到位而形成错位，并且防守队员没有出现大、小个队员交换防守的现象，即大小个队员同时在防守中锋，而实施突破上篮；或者是防守队员大小个交换防守，运球队员面对大个队员的防守，而采用小打大，快速运球突破上篮。②急停跳投：运球队员利用挡后高大防守队员补位不及时实施突破急停中、远距离投篮或者运球后拉的远距离投篮。③妙传给掩护队员：防守队员交换了位置，形成了大打小，运球队员传球给挡后下顺或拉出的同伴进攻。④传球给强侧同伴：运球队员突破后，当有防守队员补协防时，传球给强侧同伴进攻。⑤传球给弱侧同伴：运球队员突破到内线后，遇到弱侧队员补协防，控球队员传球给弱侧同伴进攻。⑥传给内线同伴：运球队员突破到内线时，遇到内线防守队员补协防，控球队员传球给内线其他空位队员。⑦突分：运球队员采用突破分球的方式传球给第三名同伴。挡拆配合要求控球队员要有良好的视野和处理球的能力，能够在最短的时间内发现最有利的机会，并做出合理的选择行为。

2. 掩护队员的技术要求

在挡拆配合中，对于掩护队员的要求越来越高，不仅要具备很强的内线攻击能力，还要具备外线得分能力，这样挡拆配合的效果就会更加突出。掩护队员挡拆发生瞬间，不仅要注意自己防守者的行为，还要密切观察同伴及其防守者的行为，以便做出合理决策。当形成错位防守时，他可以选择快速下顺篮下，接球强攻篮下；当运球队员吸引两防守者，外线出现空当时，他可以拉出外围跳投。掩护队员决策是否合理取决于掩护队员的内线强攻能力和外线攻击能力，如NBA联盟中湖人队的加索尔、爵士队的马龙，不仅具备良好的内线攻击能力，更有准确的中距离投篮能力，这样使挡拆配合的魅力更加无限。

二、挡拆配合的形式与变化

根据掩护队员和被掩护队员移动路线和处理球方式的不同，挡拆配合发生后主要有以下几种基本变化形式。一般来说，控球队员挡拆后利用运球会产生突破、投篮、传球等进攻机会，而掩护队员掩护后通过下顺、拉出等行为会产生投篮、突破等机会。

（一）运球队员的防守者抢过时的变化形式

如图9-1所示，进攻队员⑤给同伴①进行掩护，防守队员△尽力从掩护队员⑤身前挤过，继续防守①时，运球队员①有多种选择：如果防守队员△主动迎上跨步堵截运球队员①时，运球队员①可以在防守队员△挤过前利用自己的速度加速突破防守队员△，而此时掩护队员⑤也可以选择假掩护真切入，快速切入篮下，如果切入篮下出现良好进攻机会时，①则可以传球给⑤攻击；如果防守队员△主动迎上打掩护，随后快速回防，掩护队员则要快速向篮下切入，力争在防守队员△回防之前创造良好的进攻机会；如果防守队员△没有主动迎上防守，而是在罚球线位置等待运球队员①，则运球队员①在防守队员如影子一样跟随前可以根据自己的攻击能力选择运球突破上篮或急停跳投，此时当掩护队员⑤利用错位的机会快速切入篮下或拉开出现更好进攻机会，则进攻队员①要传球给⑤进攻。

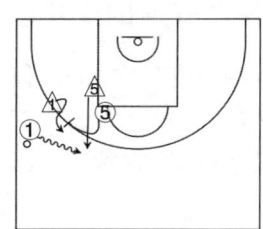 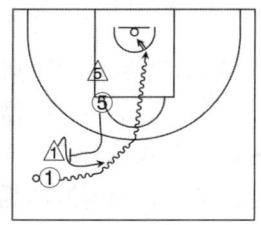

图9-1　运球队员的防守者抢过时的变化形式

（二）运球队员防守者绕过时的变化形式

如图9-2所示，进攻队员△给同伴做掩护时，其防守队员△向其身体紧贴，使防守队员△从其身后绕过继续防守自己的进攻队员①，如果进攻队员①具有较高的三分命中率，他就可以利用防守错位出现空当的机会直接跳投。如果防守队员△绕过防守过程中出现失误，进攻队员则可以加速突破对手上篮得分。如果防守队员△快速阻拦进攻队员①的远距离投篮，则掩护队员△可以转身，继续给同伴①创造错位进攻的机会。

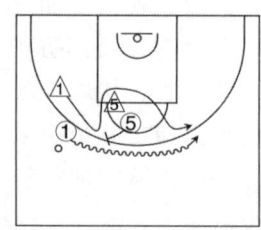

图9-2 运球队员的防守者绕过时的变化形式

（三）运球队员防守者穿过时的变化形式

如图9-3所示，进攻队员⑤给同伴做掩护时，防守队员△主动后撤，给防守同伴△穿过的机会，进攻队员①可以利用防守空当进行急停跳投或者利用防守瞬间错位加速突破上篮，掩护队员⑤转身切入篮下或向外拉出接球进攻；如果防守队员△继续防守恢复防守位置，掩护队员⑤则可以重新选择掩护角度进行二次掩护进攻。

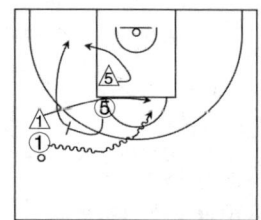 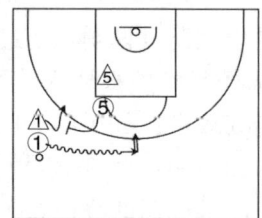

图9-3 运球队员的防守者穿过时的变化形式

（四）运球队员和掩护队员的防守者交换防守时的变化形式

如图9-4所示，进攻队员⑤给同伴做掩护时，两防守队员相互呼应，防守队员△主动迎上防守进攻队员①，而防守队员△后撤到掩护队员⑤身后防守，这时进攻队员①可以选择利用自己的速度突破防守队员△上篮或急停跳投，掩护队员⑤则要快速切入到篮下，利用身体优势，准备接运球队员①的传球强攻篮下。

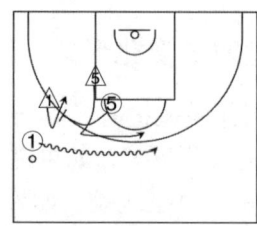

图9-4 运球队员和掩护队员的防守者交换防守时的变化形式

（五）运球队员和掩护队员的防守者夹击防守时的变化形式

如图9-5所示，进攻队员⑤给同伴做掩护时，防守队员△主动出击与防守队员△共同夹击运球队员①，运球队员①可以选择主动向后运球，传球给切入篮下的掩护队员⑤攻击篮下，或传球给另一策应队员让他传球给切入篮下的掩护队员；运球队员①如果攻击能力强，他也可以选择从夹击队员一侧强力突破，利用对手移动慢的弱点造成对手犯规。

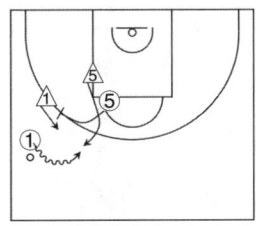
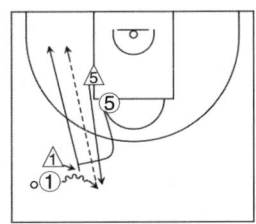

图9-5 运球队员的防守者穿过时的变化形式

（六）运球队员防守者迫使运球队员远离掩护时的变化形式

如图9-6所示，进攻队员⑤给同伴做掩护时，防守队员△尽力迫使进攻队员①向远离掩护一侧的位置运球，运球队员①可以利用变向顺势向掩护队员防守者△一侧突破，掩护队员⑤则可以顺势外拉或切入准备接球投篮。或者他假装向掩护队员防守者一侧突破，然后突破变向，在掩护队员调整位置后，再次选择向掩护队员方向突破。

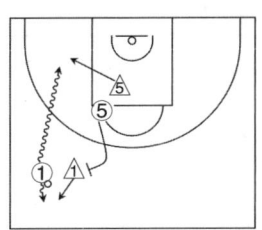

图9-6 运球队员防守者迫使运球队员远离掩护时的变化形式

三、挡拆配合进攻策略

现代篮球运动发展的重要特点是更加重视防守同时防守强度更大。由于个人防守能力的加强和防守控制范围的扩大，使得进攻中大量地运用有球或无球掩护、突破和突分等局部区域的基础配合来完成攻击。在进攻战术配合之中，挡拆配合以其多变的形式、隐蔽的传球等特点被越来越多的教练员和运动员在比赛中所使用。挡拆配合作为掩护配合的重要组成部分，在比赛中具有简捷、实用、杀伤力强、变化形式多等特点，成为世界各高水平球队在比赛中首选的战术配合。根据掩护队员和被掩护队员移动路线和处理球方式的不同，挡拆配合发生后主要有以下几种基本变化形式。一般来说，控球队员挡拆后利用运球会产生突破、投篮、传球等进攻机会，而掩护队员掩护后通过下顺、拉出等行为会产生投篮、突破等机会。

　　进攻队员进行挡拆配合的位置有高位区、低位区、边路区和机动区，目前高位区挡拆配合出现频率较高，其配合空间大，左右均可以进攻；当持球队员处于低位时，此时高位或内线进攻队员应主动前来掩护，尤其注意掩护队员掩护起动要突然，不给防守队员夹击机会，这样可以保持进攻流畅；边路区进行挡拆配合易于掩护队员下顺和拉开进攻；机动区挡拆配合更多发生于破对方紧逼防守、进攻战术卡壳或连续掩护的过程中运用。当防守队员采取不同破坏挡拆配合的策略时，掩护队员和被掩护队员也会选择不同的进攻策略。（表9-1）

表9-1　挡拆配合进攻策略

防守策略	挡拆队员策略
防持球队员挤过	掩护人下顺与拉开，持球人突破和投篮
防持球队员绕过	掩护人下顺与拉开，持球人突破和投篮
防持球队员穿过	掩护人不下顺，位置不变，持球人运球至掩护人身后急停投篮
防掩护队员提前跨步堵截	掩护人下顺、拉开或反切，持球人运球后拉注意保护球，同时观察防守人的角度位置，决定传球或者突破
防守队员交换防守	掩护人下顺，大打小。持球人攻中或突破上篮，小打大
防守队员夹击持球队员	掩护人选空位，持球人向后拉开选择角度传球
防守队员提前夹击持球队员	做个假掩护，掩护人快速下顺，持球人利用夹击人没有到位的时间差，将球传出
防掩护队员后（影子防）	持球人投篮或突破

四、挡拆配合阶梯训练

（一）挡拆配合基础技术训练方法

1. 掩护者挡拆动作练习

（1）徒手队员高（低）策应位"V"形摆脱——三分线正面（侧面）跳停掩护动作—后转身切入（外拉）练习。

（2）形式同上，设立一名教练员或队员在便于传球的角度，结合传接球投篮练习。

2. 被掩护者（控球者）挡拆动作练习

（1）持球者位于弧顶或罚篮线延长线两侧三分线外做投、传、突假动作后运球突破（顺步、交叉步）投篮练习。

（2）运球者位于弧顶或罚球线延长线两侧三分线外运球虚晃（体前变向运球、两次体前变向运球）突破投篮练习。

（二）无防守情况下挡拆配合情景训练方法

1. 两人挡拆配合情景练习

一人（外线队员）持球（或运球）位于弧顶或罚球线延长线三分线外，另一人（内线队员）位于高（低）策应位；持球队员做投、传、突假动作（运球队员利用虚晃，变向吸引对手），内线队员移动跳停做掩护挡人动作；设想防守各种所处位置，分别完成如下练习：

（1）持球（运球）队员防守者挤过时的变化形式练习。
（2）持球（运球）队员防守者绕过时的变化形式练习。
（3）持球（运球）队员防守者穿过时的变化形式练习。
（4）持球（运球）队员和掩护队员的防守者交换防守时的变化形式练习。
（5）持球（运球）队员和掩护队员的防守者夹击防守时的变化形式练习。
（6）运球队员防守者迫使运球队员远离掩护时的变化形式练习。
（7）快攻结束阶段两人挡拆配合情景练习。

2. 三人挡拆配合情景练习

（1）半场不同落位三人挡拆配合情景练习。
（2）快攻结束阶段三人挡拆配合情景练习。

3. 四人挡拆配合情景练习

（1）半场不同落位四人挡拆配合情景练习。
（2）快攻结束阶段四人挡拆配合情景练习。

4. 五人挡拆配合情景练习

（1）半场不同落位五人挡拆配合情景练习。
（2）快攻结束阶段五人挡拆配合情景练习。

（三）挡拆配合对抗训练方法

1. 增加一名防守队员的挡拆配合练习

参与挡拆配合两位队员落位同二人无防守情况下的挡拆动作练习。

防守队员紧逼防守持球（运球）队员，另一进攻队员（内线队员）做掩护挡人动作，完成如下练习：

（1）高策应位内线队员与弧顶持球（运球）队员挡拆配合练习。
（2）低策应位内线队员与场地侧翼持球（运球）队员挡拆配合练习。

2. 半场2攻2，进攻队员挡拆配合中各种攻击选择运用的体验练习

根据防守队员的行动策略，设置各种固定防守条件，进攻队员依此做出相应进攻选择，可在消极防守或背手积极脚步动作（不用手臂）的情况下进行如下练习：

（1）持球（运球）队员防守者挤过时的变化形式练习。
（2）持球（运球）队员防守者绕过时的变化形式练习。
（3）持球（运球）队员防守者穿过时的变化形式练习。
（4）持球（运球）队员和掩护队员的防守者交换防守时的变化形式练习。
（5）持球（运球）队员和掩护队员的防守者夹击防守时的变化形式练习。
（6）运球队员防守者迫使运球队员远离掩护时的变化形式练习。
（7）挡拆和其他配合的组合练习（如挡拆和突分、挡拆和假掩护等）。

3. 积极对抗条件下的挡拆配合练习

（1）半场2攻2，攻守积极对抗条件下，进攻队员挡拆配合中各种攻击选择运用练习。
（2）半场3攻3，攻守积极对抗条件下，进攻队员挡拆配合中各种攻击选择运用练习。
（3）半场4攻4，攻守积极对抗条件下，进攻队员挡拆配合中各种攻击选择运用练习。
（4）半场5攻5，不同区域挡拆配合发生时，其余队员的落位练习。
①边路挡拆配合发生时，其余3名队员的落位练习。
②高位挡拆配合发生时，其余3名队员的落位练习。
③高位双挡拆配合发生时，其余2名队员的落位练习。
（5）快攻结束阶段，2攻2挡拆配合实战对抗练习。
（6）快攻结束阶段，3攻3挡拆配合实战对抗练习。
（7）快攻结束阶段，4攻4挡拆配合实战对抗练习。
（8）快攻结束阶段，5攻5挡拆配合实战对抗练习。

第二节　突分配合阶梯训练

突分配合是进攻队员运用持球突破技术超越对手而受到阻截时，及时地将球传给已经摆脱（或无）防守的同伴，使同伴获得进攻机会的一种配合方法。在当代高水平篮球比赛中，无论是快攻、衔接段进攻还是阵地进攻过程中，无时无刻不存在运球突破技术，它是世界强队和超级明星的最有力的进攻武器，当运动员具备运球突破得分的巨大威胁时，就可以吸引防守者两三人的夹击，为无球进攻队员出现空位创造良机。

一、突分配合的要求

（一）突破队员的要求

突分配合是由控球突破队员和接应队员完成的配合，其中突破队员是完成此配合的前提。只有形成突破才能有"分"（传球）的可能性，因此对突破队员提出了很高的要求，主要有以下两点：

（1）突破队员运球突破技术起始动作要丰富，变化莫测，要重心低、变换运球幅度大、方式多，时而胯下接背后运球，时而连续体前运球，时而胯下接转身运球，真假结合、节奏变化无规律、诱骗性强，起动动作要突然、快速、及时，突破后既要有投篮准备，又要有传（分）球的准备。

（2）突破队员在突破过程中，要视野广阔，视防守情况时而加速用力，时而减速、变节奏、变方向，并结合各种脚步动作吸引防守注意力，选择突破投篮或分球，分球时要注意观察防守队员与同伴的位置，根据同伴摆脱情况进行分球。

（3）运球突破结束时首先对球篮要有攻击力，合理利用肩、背、胯主动发力顶靠防守队员抢占有利位置力争完成投篮，一旦吸引一名或多名防守强力补防时，技术转换要快，应变能力要强，做到你疏我攻，你协我分，出神入化，防不胜防。

（二）接应队员的要求

接应队员要根据突破队员突破的路线，迅速进行轮转，移动到有利于接球的位置，随时做好接球的准备，同时要使自己保持在突破队友的视线之内。

二、突分配合的形式和方法

根据突破队员与接应队员的位置、距离，可分为突破队员向靠近接应队员方向突破和突破队员向远离接应队员方向突破两种。

（一）靠近接应队员方向突破

（1）如图9-7所示，④持球在右侧边线位置从防守队员△的右侧突破，遇到△补防时，将球传给横插到有利位置的⑤投篮，⑤要根据运球队员的移动向弧顶位置移动。

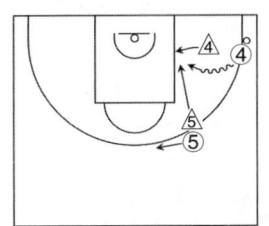 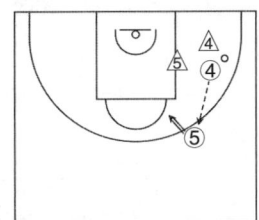

图9-7 向靠近同伴一侧突破分球

（2）如图9-8所示，当持球队员④从45°位置突破时，弱侧⑤要根据防守队员补防位置及时向端线（或弧顶）移动，与④基本保持在一条线，准备接应。

（3）如图9-9所示，当持球队员④从45°位置突破时，弧顶⑤要及时向自己的左侧移动，保持在④的视线之内，准备接应。

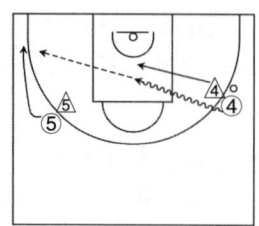

图9-8　45°位置突破，弱侧接应

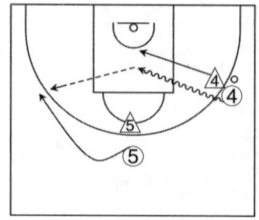

图9-9　45°位置突破，弧顶接应

（4）如图9-10所示，当持球队员④从45°位置突破时，底角⑤要平行于端线向球篮方向移动，准备接应。

（5）如图9-11所示，当持球队员④从弧顶位置突破时，处于内线位置的队友⑤要向限制区外移动，为④突破拉开空间，同时准备接应。

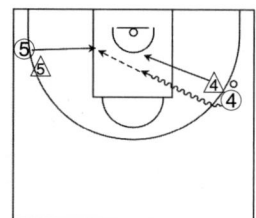

图9-10　45°位置突破，底线接应

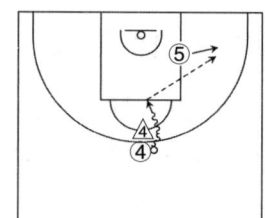

图9-11　弧顶位置突破，底线接应

（二）远离接应队员方向突破

（1）如图9-12所示，当持球队员④沿底线突破时，临近的队员⑤要向端线方向移动，跑到队员④原来所处的位置准备接同伴的回传球投篮。

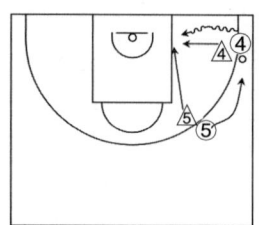
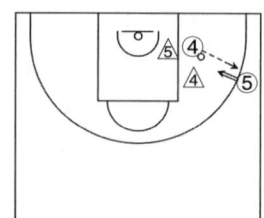

图9-12　底线突破，临近同伴接应

（2）如图9-13所示，当持球队员④沿底线突破时，无论是处在强侧内线位置的队友⑤，还是处在弱侧内线位置的队员⑥，都要向罚球线方向移动，准备接应。

（3）如图9-14所示，当持球队员④从弧顶位置突破时，处于两侧外线0°位置的队友⑤、⑥要向限制区移动，准备接应。

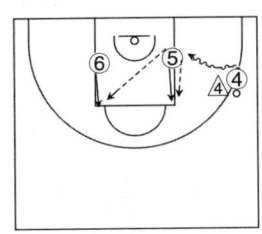
图9-13　底线突破，中锋移动接应

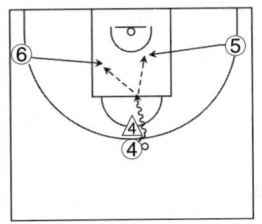
图9-14　弧顶位置突破，底线接应

三、突分配合阶梯训练方法

（一）突分配合基础技术训练方法

（1）提高运球（持球）突破技术动作质量的基础训练。
A. 全场交叉步、顺步、转身等持球突破技术动作练习。
B. 全场运球突破练习。
（2）运球突破技术组合训练。
A. 全场运球突破传球练习。
B. 听信号（或看手势）运球突破传球练习。
（3）结合本队打法的内外线队员运球突破攻击练习。
A. 外线队员各个位置（弧顶、两翼、底角）持球突破练习。
B. 内线队员插上、下顺接球持球突破练习。
（4）强对抗下1对1运球突破练习。

（二）无防守情况下突分配合情景训练方法

（1）半场不同位置两人突破分球配合练习。
A. 持球人弧顶位置突破，接应人位于两侧45°、限制区内外侧底角位置的突分练习。
B. 持球人两翼位置突破，接应人位于对侧45°、弧顶、限制区内外侧底角位置的突分练习。
C. 持球人底线位置突破，接应人位于两侧45°、弧顶、限制区内外侧底角位置的突分练习。
D. 球人位于限制区周围背对篮突破，接应人位于两侧45°、弧顶、限制区内外侧底角位置的突分练习。

（2）半场不同位置三人连续突分配合练习。
（3）半场不同位置四人连续突分配合练习。
（4）半场不同位置五人连续突分配合练习。
（5）快攻结束段两人不同位置突分配合练习。
（6）快攻结束段三人不同位置突分配合练习。
（7）快攻结束段四人不同位置突分配合练习。
（8）快攻结束段五人不同位置突分配合练习。

（三）突分配合对抗训练方法

（1）单人防守情况下突分配合练习。
A. 不同位置防守持球队员突破2攻1练习。
B. 不同位置防守接应队员突破分球练习。
（2）半场2攻2防突破分球对抗练习。
（3）半场3攻3防连续突破分球对抗练习。
（4）半场4攻4防连续突破分球对抗练习。
（5）半场5攻5防连续突破分球对抗练习。
（6）快攻结束段2攻2防连续突破分球对抗练习。
（7）快攻结束段3攻3防连续突破分球对抗练习。
（8）快攻结束段4攻4防连续突破分球对抗练习。
（9）快攻结束段5攻5防连续突破分球对抗练习。

第三节 策应配合阶梯训练

策应配合是指内线的进攻队员背对或侧对球篮接球，以其为中心（枢纽）与外线队员的空切或掩护相配合所形成的一种里应外合的配合方法。根据中锋策应位置不同可以分为内策应、中策应和外策应，内策应区域在限制区两侧第一占位区周围位置，中策应区在限制区两侧第二、三占位区周围位置，外策应区在罚球线以上位置，包括三分线外，随着现代篮球运动发展，多数高大中锋具备投射三分的能力，因此三分线周围中锋与外线队员手递手策应传球进攻成为主流打法。

一、策应配合的要求

（一）策应队员的要求

（1）策应队员策应前要合理运用速度或假动作摆脱防守，迅速抢占有利的策应位置，伸出目标手给同伴，迎前接球，接球时内策应队员必须双脚急停，可以任意脚为中枢脚。

（2）策应队员接球时，抢占合理的接球位置，接球后要用臂和身体保护球，要利用球的假动作或脚步动作吸引防守。并用身体的感觉和眼的余光判断防守队员的位置，遇机会及时传球给同伴或伺机进攻。

（3）策应队员传球方式要隐蔽，不能仅局限于与切入队员配合，要加大传球距离，传球后，要转身跟进或抢篮板球或拉出外线中远距离投篮。

（4）外策应队员接球时要注意保护球，与外线切入队员手递手传球时要真假结合，伺机个人攻击，若同伴接球，根据防守情况选择跟进或拉出接球投篮。

（5）若策应队员接球后无法传球给同伴时，可主动向外线队员移动方向运球，利用手递手传球的方式传球给外线队员进行进攻。

（二）外线队员的要求

外线队员要拉开与策应队员的位置，根据防守队员的选位选择合理的传球方式。传球后，应运用速度或假动作摆脱防守，做接应或切入，以便获得更好的进攻机会。

二、策应配合的形式和方法

（一）高位策应配合方法

1. 高位策应配合基本形式

如图9-15所示，队员④移动到罚球线附近，即高位策应位置，接队员⑤传球，做策应，同伴⑤伺机切入篮下，接队员④传球投篮。

2. 高位策应配合变式

如图9-16所示，队员①利用击地或头上传球给队员⑤后，队员⑤持球转身或向队员①运球，队员①利用假动作向一侧吸引防守队员，然后向另一侧移动切入，接队员⑤的手递手传球投篮或突破上篮，队员⑤传球后转身向篮下切入，或根据防守换防情况选择拉出接球投篮。

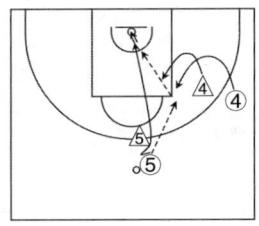

图9-15 高位策应配合基本形式

图9-16 高位策应配合变式

（二）低位策应配合方法

1. 低位策应配合基本形式

如图9-17所示，队员④移动到低位策应位置后，接传球，做策应，同伴⑤伺机切入篮下，接队员④传球投篮。

2. 防守队员不去协防内线中锋时外线队员由底线方向切入

外线队员④传球后要迅速向端线方向切入，准备接队员⑤的传球投篮。为保证配合成功，切入队员切入时要注意同策应队员保持一定的距离，向低位切入（图9-18）。

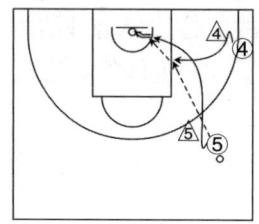
图9-17　低位策应

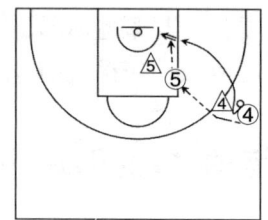
图9-18　策应后外线队员直接切入

3. 防守队员不去协防内线中锋时外线队员由上线方向切入

外线队员④传球后，要顺势向上线方向切入，准备接队员⑤的传球投篮。切入队员切入时要从上线一侧的限制区边线与罚球线交点处方向切入，与策应队员保持适当的距离（图9-19）。

在上面提到的两种情况中，如果防守队员提前预判切入队员的切入意图，抢先占据防守位置，切入队员要采用无球摆脱的方法，通过假动作向球篮方向切入。

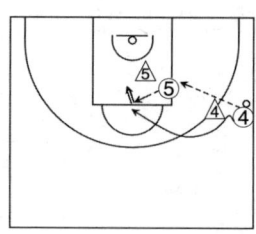
图9-19　策应后外线队员包抄切入

4. 防守队员协防内线中锋时，外线队员在外线横向移动

如果外线防守队员△向篮下移动，对内线队员⑤进行协防，外线队员④就不要贸然向篮下切入，增加内线队员攻击难度。外线队员④要在外线横向移动，拉大与内线队员

之间的距离，移动到不利于自己防守队员回防的位置，时刻准备接策应队员的传球投篮（图9-20）。

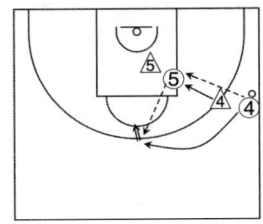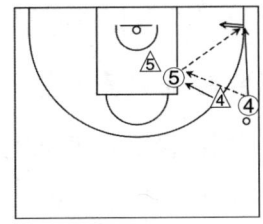

图9-20　策应后外线横移接球远投

三、策应配合阶梯训练方法

（一）策应配合基础技术训练方法

1. 中锋不同位置抢位接球练习

（1）中锋不同位置原地抢位接球练习。
（2）中锋不同位置移动抢位接球练习。

2. 中锋接球后强攻练习

（1）中锋背向篮接球强攻练习。
（2）中锋面向篮接球强攻练习。

3. 中锋传球练习

（1）中锋向内侧传球练习。
（2）中锋向外侧传球练习。

4. 外线队员传球练习

（1）外线队员向内线传球练习。
（2）外线队员向外线传球练习。

（二）无防守情况下策应配合情景训练方法

（1）半场2人不同位置策应配合情景练习。
（2）半场3人不同位置策应配合情景练习。
（3）半场4人不同位置策应配合情景练习。
（4）半场5人不同位置策应配合情景练习。

（5）全场快攻结束段2人不同位置策应配合情景练习。
（6）全场快攻结束段3人不同位置策应配合情景练习。
（7）全场快攻结束段4人不同位置策应配合情景练习。
（8）全场快攻结束段5人不同位置策应配合情景练习。

（三）策应配合对抗训练方法

（1）半场2攻2不同位置策应配合对抗练习。
（2）半场3攻3不同位置策应配合对抗练习。
（3）半场4攻4不同位置策应配合对抗练习。
（4）半场5攻5不同位置策应配合对抗练习。
（5）全场快攻结束段2攻2不同位置策应配合对抗练习。
（6）全场快攻结束段3攻3不同位置策应配合对抗练习。
（7）全场快攻结束段4攻4不同位置策应配合对抗练习。
（8）全场快攻结束段5攻5不同位置策应配合对抗练习。

第四节　传切配合阶梯训练

　　传切配合是进攻队员之间利用传球和切入技术组成的简单配合，实践运用中多采用"一传一切"和"空切"两种。篮球比赛中运动员绝大部分时间都处于无球进攻状态，队员要想得分必须依靠个人或同伴摆脱防守接球进攻，因此无球队员合理地切入和拉出可以减轻本队持球同伴的压力，破坏对方的协防配合。无球队员的切入包括向球移动摆脱接球、向球篮移动摆脱接球、向空区移动摆脱接球和向同伴移动摆脱接球。

一、传切配合的要求

（一）传球队员的要求

（1）传球队员要具有一定的攻击能力和攻击意图，使防守队员不能判断出进攻队员下一步的动作，才能做到出其不意完成传球；
（2）传球队员不断观察场上队友移动，传球要突然、隐蔽、快速、及时、准确。持球人不能站着盯住目标直传，要以各种攻击动作吸引防守。

（二）切入队员的要求

（1）无论进攻队员位于球场何处，只要防守队员在无球进攻队员与传球队员之间采用抢前防守封堵传球路线时，进攻队员便可以迅速背切。在防守队员转头看球的瞬间，进攻队员就可利用此机会切入。切入时，靠近防守队员一侧的手臂要向球篮方向伸展，这样既有利于成功切入，又便于接球。

（2）切入队员要把握好切入时机，动作突然、爆发力强，靠近防守人的肘臂顶住对手，近球时手扬起示意传球目标，全力争取"一肩半步"的时间和位置优势。

（3）切入队员的成功与否与其攻击能力密切相关，要根据球和防守队员的不同位置，选择合理的切入方式和方法。

二、传切配合的形式和方法

（一）一传一切配合

1. 传球后身前直接切入

是指持球队员传球后，利用起动速度或假动作超越对手，向篮下切入，接回传球投篮的配合方法。如图9-21所示，队员⑤传球给队员④后，若队员⑤的防守人没有及时向传球方向（即队员④的方向）的侧后方移动一大步，立刻摆脱防守队员向篮下切入，接同伴④的回传球投篮。或进攻者⑤可以向远离球的方向移动，利用防守者重心向上移动，突然从防守者身前切入。

2. 传球后背切

如图9-22所示，进攻队员④将球传给队友⑤后，防守队员△贴逼④不让其接⑤的回传球，此时，④佯装向球移动然后突然从防守队员△的身后向篮下切入，接⑤的传球投篮。④要在防守队员△抢前防守时，果断从另一侧切入篮下，同时要伸展手臂，准备接球。

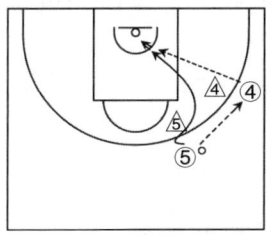

图9-21 一传一切配合

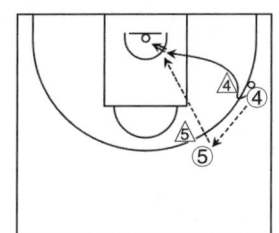

图9-22 背切

3. "V"形切入拉出（V-cut）

"V"形切是外线队员最常用的移动之一，如图9-23所示，当队员②阅读了防守人重心后移，为更安全顺利地接球，进攻人②变换角度拉出，向传球方向移动一大步来接球，"V"形切入拉出一般要借助与防守者的身体接触完成，要求进攻队员要主动接触，这样防守人就不可能迅速调整重心来跟出去抢断球。

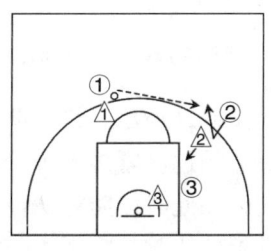

图9-23 "V"形切

（二）空切配合

是指无球进攻队员掌握时机，摆脱对手、徒手切向防守空隙区域接球投篮或做其他进攻动作的配合方法。如图9-24所示，队员⑤传球给队员④后，队员⑥突然向篮下切入，接队员④的传球投篮。

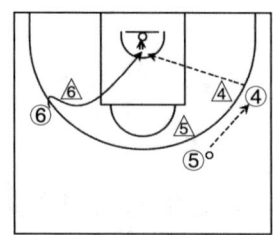

图9-24　空切配合

（三）利用掩护切入拉出

1. "L"形切（L-cut）

"L"形切一般出现在从一侧0°角方向溜底线至另一侧使用的移动，同样是借助防守的盲区，在防守人不能兼顾人和球时，阅读防守溜底至另一侧的意图，上提接球攻击。这对进攻队员的技术全面性要求很高，球员必须在弧顶以及45°角附近具备较强的持球进攻能力。如图9-25所示，队员②沿底线溜底，利用队员③的掩护突然上提摆脱防守接球准备进攻。

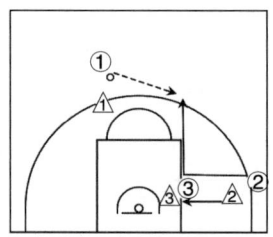

图9-25　"L"形切

2. 卷曲切入（curl cut）

如图9-26所示，进攻队员②溜底线起动借助内线队友的定位掩护接球，若防守队员忌惮队员②的速度紧跟不舍，队员②可以借助队友身体优势迅速绕过掩护队友在同侧拉出接球攻击，在此时，防守队员②和队员③的两名队员易发生沟通方面的问题，在实战中队员②移动到外线时常常无人防守而获得从容投篮的机会。

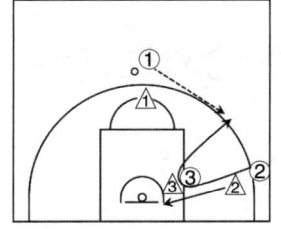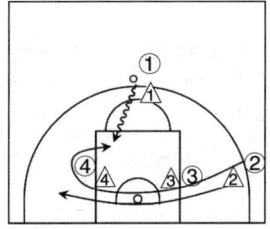

图9-26　卷曲切

三、传切配合阶梯训练方法

（一）传切配合基础技术训练方法

（1）全场切入脚步综合练习。
（2）半场不同位置各种切入练习。
（3）防守干扰下传球反应练习。

（二）无防守情况下传切配合情景训练方法

（1）半场不同位置2人传切配合情景练习。
（2）半场不同位置3人传切配合情景练习。
（3）半场不同位置4人传切配合情景练习。
（4）半场不同位置5人传切配合情景练习。
（5）全场快攻结束段2人传切配合练习。
（6）全场快攻结束段3人传切配合练习。
（7）全场快攻结束段4人传切配合练习。
（8）全场快攻结束段5人传切配合练习。

（三）传切配合对抗训练方法

（1）半场2人传切配合对抗练习。
（2）半场3人传切配合对抗练习。
（3）半场4人传切配合对抗练习。
（4）半场5人传切配合对抗练习。
（5）全场快攻结束段2人传切配合对抗练习。
（6）全场快攻结束段3人传切配合对抗练习。
（7）全场快攻结束段4人传切配合对抗练习。
（8）全场快攻结束段5人传切配合对抗练习。

第五节 防守挡拆配合阶梯训练

现代篮球比赛中各种进攻配合的运用，以掩护配合为最多。其中，尤以中锋高位给持球队员做挡拆配合最为常见，越来越多的球队把挡拆配合当成进攻战术的主要部分。由于挡拆配合可以产生大量不同的快速攻击选择，所以它可以对没有做好针对性防守准备的球队产生巨大威胁。

防守挡拆需要依靠全队努力才能破坏其进攻配合。首先防守控球的人要主动破坏挡拆配合的形成，要主动采用压迫性防守干扰运球人，逼迫其向远离掩护的反方向运球；其次防守掩护者的人要与同伴交流努力破坏掩护的质量；最后其余协防球员必须及时补防以防止作掩护的球员向篮下切入。在整个防守过程中，防守队员要有团队意识，要进行语言沟通，并保持攻击性。因此，沟通、团队合作以及侵略性都是防守挡拆配合成功与否的关键要素。

根据进攻者挡拆配合的变化，目前世界篮球强队防守挡拆配合运用较多的方法主要有延误回防和交换防守两种方式，许多球队根据进攻球队和球员的特点还会采用夹击回防、穿过、挤过和绕过等方式。不论采用哪种防守挡拆配合的方式，都会因进攻与防守的人不同的时间、地点、情境等而有所不同。

一、防守挡拆配合的技术要求

（一）防守挡拆前两人的配合要求

防守挡拆的队员发现对手去挡拆时，要主动交流，提醒同伴挡拆即将发生的位置，而同伴则要有呼必应并在心理上与行动上做好行动准备。

（二）防守挡拆发生时两人的配合要求

根据战术要求或攻方技能水平，防守有球的队员要适时做出挤过、穿过、绕过防守行动；防守挡人的队员要适时做出延误回防，继续防守自己对手，迎前紧逼或收缩保护篮下防守配合行动；当交换防守时，两人要阻绝对手的运球突破或移动接球；当两防守人对有球队员夹击时，其余队员应就近补防（自然形成轮转补位）阻截传球路线。

（三）防守挡拆发生后两人的配合要求

当破解攻方挡拆后，两防守人应采用的行动有：延误、挤过、穿过、绕过防守后应继续防守自己的对手、暂时交换防守、夹击后同伴应及时呼应就近找人防守。

二、防守挡拆配合的形式和方法

（一）延误回防

1. 基本配合形式

延误回防是当进攻方实施挡拆配合时，防守掩护者的队员提前跨出迎上攻击性防守运球队员，给防守运球的队员缓冲时间继续防守自己的运球队员，防守掩护者的队员转身追防自己进攻队员的方法。一般运用于有灵活、大个及聪明协防人的球队（或者对方大个没有攻击力）。延误根据力度分为强延阻和弱延阻。其优点是在一定程度上避免了对外线球员防守的暂时失位，同时也给予了本方小个队员绕过掩护的时间，避免攻方出现错位优势；缺点是由于大个队员有一定时间对掩护人的防守失位，需要队友协防顺下的掩护者（有时候需要2~3次换防），队友的防守间默契要经得起考验。

如图9-27所示，当持球者①利用中锋⑤的掩护成功以后，防守者△立即迎上抢前堵截运球者①，使队员①不能投篮，也不能突破。当原防守队员①的队员△跟上防守队员①时，队员△应立即回防原来的掩护者⑤，此种方法是当前破解挡拆配合最为有效和使用最多的方法。它有两种作用：一是防守掩护者的队员迅速抢到运球者的移动路线上，迫使其远离挡拆点，阻止他投篮或突破；二是给原防守持球的队员争取时间，从而使其能够在挡拆后继续看守自己防守的人。

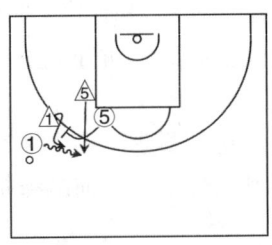

图9-27　延误回防

2. 基本配合要领

（1）主动交流：当防守掩护者的队员准备去掩护时，就要大声高喊"掩护"，以此提醒防守运球的队员不要被挡住。当防守运球队员在同伴协助下回位时，要高声明确告诉同伴回位防守自己队员。

（2）堵截迎上紧逼快速返回：防守掩护的队员提醒同伴的同时，要判断运球者利用同伴掩护试图运球过人的移动路径，然后向运球者前进的方向快速移动两大步，身体重心降低，双手张开，紧逼运球者，与掩护人成直角的角度阻碍运球者快速突破路线，迫使运球人躲闪运球，为运球人防守者获得穿过掩护的时间；防守运球的人在整个防守过程中对球要施压，并在掩护发生瞬间紧贴运球人，利用眼睛余光观察判断掩护者的位置和距离。最好的方式是从掩护者身前挤过继续防守自己运球队员，若不能挤过，就从防守掩护者的同伴身后穿过追防运球者，此时为了防止掩护队员转身切入，最靠近掩护者的其他防守队员要做好轮转换位。当防守运球的队员跟随到位，明确告诉防守掩护者的队员回位，防守掩护者的队员要两手高举，转身追防掩护者，若轮转换位发生，则轮转换位的防守队员要明确告诉同伴自己先前的防守人位置和去向。

（二）交换防守

1. 基本配合形式

交换防守是进攻方进行挡拆时，两位防守人交换各自防守对象的方法。一般运用于持球人挡拆有极大外线威胁（不能有一点放空），或持球人和掩护者利用错位优势能力较弱等情况。其优点是不容易失位，逼迫对方球员进行单打；缺点是考验队友默契，若换防后对方球员善于利用错位优势进攻反而对攻方有利。

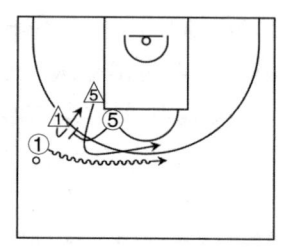

图9-28 交换防守

如图9-28所示，当持球者①运球利用中锋⑤掩护时，防守者△和△立即交换防守，防守者△快速迎上防守运球者①，使其远离挡拆点削弱其攻击的欲望，而原防守者△立即换防⑤，并迅速占据⑤的身后有球的一侧，防止⑤插到内线接球攻击。

2. 基本配合要领

（1）判断呼应：当掩护者向运球队员移动时，防守掩护者的队员应判断进攻者意图，提前做好应对策略，一旦对手设立掩护，防守掩护者的队员要高喊"换人"，而先前防守运球者的同伴则要呼应。

（2）交换阻绝：防守队员一旦达成默契，防守掩护者的队员主动跨出紧逼运球队员，原来防守运球者的队员则转身阻绝对手（先前的掩护者）移动接球，毫不犹豫地跨出身前防守。

（三）夹击轮转

1. 基本配合形式

夹击轮转是当进攻方即将实施挡拆配合时，防守掩护者的队员提前迎上阻拦运球者前进路线，防守运球者的队员跟随夹击运球者，临近防守队员进行轮转防守的方法。分为挡拆配合发生前夹击和发生时夹击两种。一般运用于持球者外线威胁大，掩护者进攻组织能力差的情况。其优点是可以压制挡拆后强力外线球员的进攻，对运球和传球不稳的持球人有极好的效果；缺点是包夹后如对方成功传球往往会带来失分。

如图9-29所示，在持球者①运球利用队员⑤掩护的过程中，在掩护配合未形成前或正发生时，防守者△和△一起去夹击持球者①，使其不能进行掩护，那么这次配合就彻底地失败了。此时⑤如果下滑准备接球，临近的△、△、△进行轮转补防。

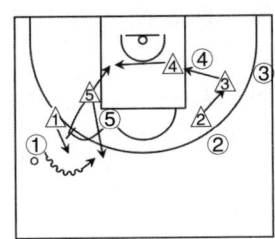

图9-29 夹击轮转

2. 基本配合要领

（1）交流呼应：当掩护即将发生时，防守掩护的队员提前高喊"掩护"，提醒同伴，让同伴在心理与动作上有所准备。

（2）包夹阻传：防守掩护的队员提前跨出阻拦运球者，防守运球者的队员利用挤过继续贴身紧逼运球者，形成包夹运球者姿态。此时两位防守人务必两手臂高举紧逼运球人，不让其继续运球或传球；而临近的防守人轮转补防掩护者切入或拉出；若球被传出，则防守掩护者的队员根据轮转同伴的呼应就近找人。

（四）挤过防守

1. 基本配合形式

挤过防守是当进攻方即将实施挡拆配合时，防守运球者的队员背对掩护者压迫运球人，紧贴运球人从掩护者身前挤过继续防守运球人的方法。一般运用于持球者是一个有远投能力的队员，而掩护者攻击能力稍弱、持球人防守者十分灵活、对方大个掩护质量差、对方持球人无外线能力等情况。掩护人和被掩护人身高悬殊较大时也应力求应用。其优点是不容易失位，己方大个压力较小；缺点是对方持球人外线攻击力强，对方大个掩护质量高时成功效率低。

如图9-30所示，当持球者①利用中锋⑤掩护时，防守者△紧跟运球者①并快速有力地从两个进攻者①和⑤之间迅速挤过去，仍然紧贴运球者①使其远离挡拆点，防止他投篮或突破。原进攻⑤的防守者△要稍微后退一点，准备①突破时协助防守△。

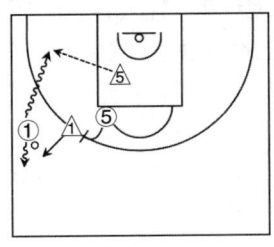

图9-30 挤过防守

2. 基本配合要领

（1）交流联络：当挡拆即将发生时，防守掩护者的队员首先提醒防守运球者的同伴，掩护即将发生的位置。

（2）跨步挤过：防守运球者的队员要用眼睛余光感受掩护人的位置和距离，并进一步贴身紧逼运球人，从掩护人身前跨步挤过继续防守自己的对手。

（五）穿过防守

1. 基本配合形式

穿过防守是当进攻方即将实施挡拆配合时，防守运球者的队员要从掩护者与防守掩护者同伴之间穿越而过，继续跟随防守运球人的方法。一般应用于己方掩护者的防守队员速度较慢，对方持球人及掩护人没有外线能力的情况。其优点是对于外线投射较弱、突破能力强的持球人以及没有外线能力的掩护者有明显的压制作用；缺点是无法应对有外线能力的掩护者和持球人。

如图9-31所示，当持球者①快速运球利用中锋⑤掩护时，进攻者⑤的防守者△快速后退一步，让出一个通道，让防守者△快速从掩护者⑤和自己之间穿过去，继续防守原来的进攻者①，并迫使①远离挡拆点。当△穿过后，防守者△应快速上提紧贴进攻者⑤，并占据有球的一侧，干扰⑤的接球进攻或协助防守①的突破。

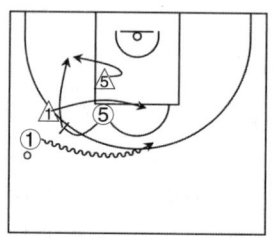

图9-31　穿过防守

2. 基本配合要领

（1）判断呼应：当挡拆即将发生时，防守掩护者的队员首先提醒防守运球的同伴，掩护即将发生的位置。若发现防守运球的同伴挤过困难时，则提醒同伴"穿过"。

（2）穿过跟防：当防守运球的队员对运球者贴身紧逼不够时，防守掩护者的队员主动后退一步，给防守运球者的队员让出一条移动通道，让防守运球者的队员从自己身前穿过继续防守自己对手。

（六）绕过防守

1. 基本配合形式

绕过防守是当进攻方即将实施挡拆配合时，防守运球的人从防守掩护者的队员身后绕过，继续防守自己对手的方法。一般应用于持球者外围攻击能力较差，尤其是中远投命中率低、攻击欲望不强、掩护者攻击能力较强的情况下，守方采用的保护篮下策略。

如图9-32所示，当持球者①快速运球利用进攻者⑤掩护时，掩护者⑤的防守者△应紧贴掩护者⑤，防守者△应快速从防守者△身后绕过去，继续防守运球者①。此时防守者△迅速调整位置，占据有球的一侧，以干扰掩护者⑤接球或进攻者①突破时便于协防。

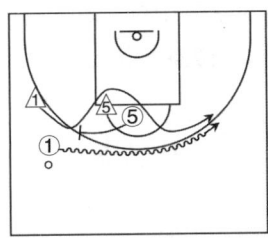

图9-32　绕过防守

2. 基本配合要领

（1）交流呼应：当挡拆配合即将发生时，防守掩护者的队员首先提醒防守运球人的同伴掩护即将发生的位置。若发现防守运球人的同伴挤过困难时，主动向自己防守人紧逼，并提醒同伴"绕过"。

（2）绕过收缩保护篮下：防守运球者的队员预见掩护的同时，主动后撤；防守掩护者的同伴呼应同时主动紧逼掩护人，把掩护队员向高位强行挤开为同伴创造空间。防守运球者的队员从同伴身后绕过后，根据运球者的特点选择迎上紧逼或收缩保护篮下。

三、防守挡拆配合阶梯训练

（一）防守挡拆配合单人训练方法

1. 单个防守步法练习

（1）滑步（侧滑步、前滑步、后滑步）练习。
（2）碎步练习。
（3）攻击步练习。
（4）后撤步练习。
（5）交叉步练习。

2. 防守步法组合练习

（1）向右（左）侧滑步（三步）—上左（右）步前滑步（三步）—后滑步（三步）—撤左（右）步横前滑步（三步）。

（2）上右（左）步向前跨步—向右（左）横滑步（三步）。

（3）撤右（左）步—向右（左）滑步。

（4）撤右（左）步交叉步—向右（左）横滑步。

（5）攻击步延误进攻—撤步回防。

3. 防守挡拆配合个人模拟练习

（1）挤过、穿过、绕过模拟练习。

在半场弧顶、两翼45°和底线三分线附近设立5个标志物（作为假想的掩护人），队员依次从底线一侧开始，绕过5个标志物体验挤过、穿过、绕过动作方法。

（2）夹击轮转模拟练习。

设立5个标志物同上一练习，每个标志物有一名防守队员。就近队员在标志物前进行夹击，其余队员就近轮转补防练习。

（二）限制进攻条件下的防守挡拆配合训练方法

半场2攻2守，对进攻的速度或攻击的节奏加以限制，使防守队员体会防守挡拆各种配合的行动路线和实际运用。

（1）弧顶附近高位中锋与后卫队员之间防守挡拆配合练习（挤过、绕过、穿过、延误回防、交换防守）。

（2）半场3攻3守、4攻4守、5攻5守，在弧顶或边路攻方设置挡拆配合的情况下，防守挡拆配合的2位队员练习挤过、绕过、穿过、延误回防、交换防守、夹击防守；其余队员练习位置调整或轮转补防。

（三）防守挡拆配合对抗训练方法

（1）半场2攻2守，攻守积极对抗条件下，防守队员破解挡拆配合中各种防守选择运用练习。

（2）半场3攻3守、4攻4守、5攻5守，防守队员破解挡拆配合中各种防守选择运用练习。

（3）挡拆配合攻防对抗竞赛练习：赋予一定分值，如攻方选择挡拆配合成功得1分，破解挡拆配合成功得2分，2分投篮得1分，3分投篮得2分，获得篮板球得1分等，提高攻守对抗积极性。

思考题：

1. 以图示说明挡拆配合的变化形式，并阐述在全队战术设计视角下如何提高队员挡拆配合的成功率？

2. 以图示说明外线队员从不同位置突破，接应队员如何移动，并列举提高突分配合效果的训练方法。

3. 以图示说明策应配合中内外线队员的技术要领，并说明目前世界强队比赛中策应配合发展趋势。

4. 以图示说明常用传切配合的方法，并阐述如何提高队员的切入意识和技术？

5. 以图示说明防守挡拆配合变化形式，并列举您认为比较有效地训练防守挡拆配合的方法。

参考文献：

［1］王世安. 篮球［M］. 北京：北京体育大学出版社，1998.

［2］霍子文. 现代篮球挡拆配合的临场表现分析与实践应用研究［D］. 北京：北京体育大学，2012.

［3］郭永波. 篮球运动教程［M］. 北京：北京体育大学出版社，2006.

［4］刘月秀. 现代篮球比赛中挡拆配合的理论与实践研究［D］. 沈阳：沈阳体育学院，2012.

［5］裴博儒. 篮球策应技术与训练［M］. 张云涛，译. 北京：人民体育出版社，2003.

［6］实用篮球运动教程编写组. 实用篮球运动教程［M］. 北京：人民体育出版社，2013.

第十章　篮球进攻战术体系的构建

【导语】：篮球进攻战术体系的构建是教练员在长期形成的理念指导下，遵循一定的进攻战术原则，按照阵容配备设计的战术方法及变化。进攻的过程分为快攻、衔接进攻、全场进攻和半场进攻几个阶段，每一阶段均具有不同进攻原则、要求和方法。本章重点介绍篮球教练员进攻战术体系理念构建方法，分别阐述了快攻、衔接段进攻、半场阵地进攻、进攻全场紧逼人盯人防守和全场区域紧逼防守、进攻半场人盯人防守、区域联防和混合防守以及特殊时刻进攻打法的要求、战术方法和阶梯训练方法。本章学习的目标是篮球教练员掌握篮球进攻战术体系构建的方法和不同进攻阶段进攻的要求、变化及阶梯训练法中的方法。

第一节　篮球进攻战术体系的演变与构建理念

一、篮球进攻战术体系的演变

篮球运动经历110多年的发展，由最初简单的游戏演变为现在具有高度观赏性的竞技体育项目，"一名进攻队员在球的前面"（one-man-ahead）的理念是篮球运动中最早被提出的进攻理念，即快攻是最早出现的进攻战术性形式。随着防守快攻能力的提高，阵地进攻战术产生。早期的阵地进攻是站立式进攻配合，队员只占据一定位置，很少移动。20世纪初出现了掩护配合。1922年，亨利·克利福德教练在匹兹堡大学创造了"8"字进攻战术；1925年传切配合战术由纽约原凯尔特人队首创并运用到篮球运动中。20世纪30年代，后卫外切战术和内线掩护战术由奈史密斯篮球名人堂教练员阿道夫·鲁普最早发明使用。"红衣教主"里德·奥尔巴赫强调篮球是团队运动并更加注重防守，将快攻看作是进攻的有效武器之一。1942年，著名教练员克莱尔·比出版了 *MAN-TO-MAN DEFENSE AND ATTACK*，并创造了自己的人盯人攻防理论体系，1946年换位进攻战术问世。

20世纪50年代"8"字进攻战术运用广泛，1-3-1进攻战术也同时出现，全场进攻时间规则（原先30秒，现为24秒规则）的出现使进攻战术发生了很大变化，由于高大中锋的出现，出现了以苏联（现俄罗斯）为代表的占据篮下死打硬扛的东欧型中锋打法。20世纪60年代中期，美国佩帕代因大学的罗伯特·道尔首创了移动进攻战术，一些教练员也根据新规则变化不断创造和更新自己的进攻战术。其中，美国人约翰·伍登创造了UCLA高位进攻战术体系，皮特·卡里尔创建了普里斯顿进攻战术体系。泰克斯·温特创建了三角进攻战术体系，鲍勃·奈特打造了移动进攻战术体系，为他们执教生涯的辉煌历程提供了良好的支撑。随着篮球运动发展，篮球进攻体系根据防守的变化也不断完善和创新。我国著名篮球教练员马跃南研究认为，一次完整的进攻过程包括快攻、衔接段进攻、进攻全场紧逼防守、进攻半场紧逼防守、进攻区域联防、进攻混合防守、特殊时刻进攻打法等（图10-1）。根据美国篮球教练员Ron Ekker对NBA的大量比赛研究发现，球队仅有30.1%的得分来自教练员训练的战术安排，69.1%的得分来自球员即兴发挥的"乱战期"，包括快攻阶段、快攻未打成的衔接段进攻阶段、战术失败阶段和未打战术阶段。

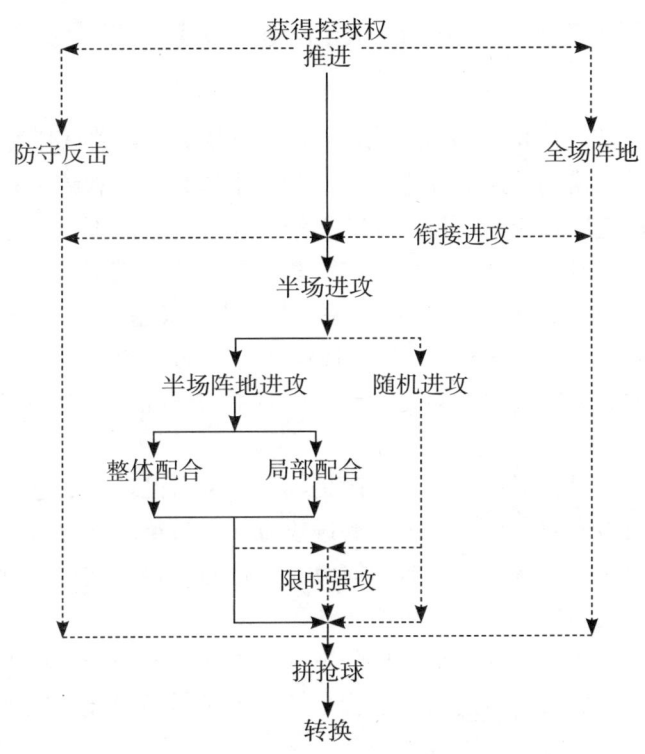

图10-1 篮球比赛完整进攻过程结构示意图

篮球进攻战术体系的构建也在教练员认知水平的不断提高基础上得到了升华。进攻战术体系是教练员所创造的，所以受教练员文化水平、竞技水平、执教经历、阵容配备、比赛实践经验等多方面的影响。因此教练员构建篮球进攻战术体系需要在其进攻理念指导下，组合球员阵容，设定战术原则和战术方法及变化。

二、篮球教练员进攻战术体系构建的理念

进攻战术理念是教练员制订战术计划、确定战术方案、形成战术特点的理论模式和行动准则。进攻战术理念有两层不同的含义：一是比较持久的、贯穿于训练和比赛活动全过程的指导原则，称之为长期的篮球战术指导思想；另一种是近期的，比较有针对性，主要

是一个赛季或一次重大比赛前提出的战术方法原则。战术指导思想确立的依据：一是对专项运动发展规律和发展趋势的正确认识；二是对本队队员情况的正确分析；三是对比赛任务目标的正确确立。当教练员开始构建进攻战术体系时，他首先要考虑的是这支球队的进攻目标是什么？要用什么方法和手段来完成这个目标？应该成为一支以快为主的球队还是一支以阵地进攻为主的球队？球队的进攻是以运球突破为主还是更多地运用传球？更多依赖外线投手的球队还是更多依赖中锋的能力？综上所述，进攻战术理念是一支球队进攻战术体系的灵魂所在，是进攻战术创新的理论指导，球员阵容组合、战术设定原则和战术方法及变化等均是在理念的指导下构建的，也反过来对它进行修正。

（一）美国篮球教练员Bob MacKinnon（鲍勃·麦金诺）进攻战术体系构建的理念

美国著名篮球教练员Bob MacKinnon认为，无论教练员对篮球比赛的认知水平高低，教练员都应针对不同风格的球队设计不同的进攻战术体系，若教练员喜欢快速进攻，队员选拔时就倾向于选择速度较快的球员。球队里的所有队员可能不会全适合快速进攻，就要有针对性地设计衔接段进攻和阵地进攻。如果队内拥有速度较慢的大中锋，比赛节奏设计就要相对较慢；如果球员技术全面、速度快的话，则打快速进攻。NBA场均有113次进攻机会，有些慢的球队则只有75~80次。想抓住快速进攻的机会，当对方投中后则加速；慢速的球队则降下速度，布置进攻。同时，要分析对手的情况，选择适合本队、针对对手的进攻方式。

快慢两种进攻方式没有对错之分，关键是选择适合自己球队的进攻战术体系。赛前进行双方分析，教练员首先要考虑自己球队的进攻方式，教练员想要自己的球队成为什么样的球队，需要考虑对手比你快时、慢时如何应对，执教风格喜欢快，就会对球队、队员要求快速，通过训练实现此目标，反之亦然。

不论进攻战术体系快慢，他均把进攻分为五个阶段，分别是守转攻后的快攻、快攻后的衔接段进攻、衔接段后的阵地进攻、进攻全场和半场紧逼防守、进攻区域联防和特殊时刻防守。

第一阶段为守转攻后的快攻，如果打造快速反击的风格，防守时，不论对方投中与否，要求快速从防守转为进攻，尽可能创造快速多打少的优势。如果打造慢速阵地进攻的风格，当对方投失、被抢断，尽管有时会出现多打少的快攻机会，但更多的选择是降低速度，进行人数对等的对攻。

第二阶段是衔接段进攻，其目的是防守未准备好时，进攻已经准备开始，即对方的攻转守没有你的守转攻的速度快，或者造成对方的错位防守。例如，对方小个球员防本方的高大球员，或者通过队员快速的穿插移动，创造出得分空当，快速出手投篮。

第三阶段是当衔接段进攻没有机会时，就会转换成阵地进攻半场人盯人防守或进攻区域联防。

第四阶段则是进攻全场、3/4场或半场的紧逼防守，突破紧逼防守，一方面球员之间保持15英尺（4.6米）的距离，给对方夹击带来困难，另一方面突破紧逼防守重点要得分。对方紧逼的目的是造成我方失误，从而快速得分。因此破紧逼成功，第一，打击对方自信心；第二，他们可能会改变防守；第三，给其他球队信号，他们不敢再紧逼。

第五阶段是进攻区域联防，并设计关键时刻端线和边线界外球战术。

（二）美国"银狐"哈里斯进攻战术体系构建的理念

1. 从防守转进攻时要抓紧一切机会发动快攻

①抢到篮板球快速中路运球突破。不管场上任何位置抢到篮板球后，都可以快速运球从中路突破发动快速反击，前面的队员从左、右路快下，要打破常规，抢到篮板球后机动接应，任何人均要有快下意识。

②及时、准确传球给快下队员。

③快下队员运球也可以走中路。

④大前锋抢到篮板球传出后要快速超前，力求在前场形成多打少。

⑤前面两名快下队员在自己接不到球时，要进行底线交叉，千万不能停下来。

2. 进攻分三个阶段完成：快攻、衔接段进攻和阵地进攻

（1）抓紧打好快攻。

快攻发动后，最后通过1~2次传接球形成2打1或3打2的有利局面，最多不超过三次传球。一定要果断地上篮，不要怕封盖。

（2）把握好衔接段进攻。

当失去快攻多打少的机会后，在对手退守立足未稳，尚未形成集体防守的瞬间，就是衔接段进攻。衔接段进攻必须在移动中完成，通常采用三种进攻方法：

A. 第一机会最好传球给跟进最先到达篮下的大前锋④，因为最先退守的一般都是小个队员。（图10-2）

B. 前面的机会不成，立即组织"弱侧"发动的衔接段进攻。如图10-3所示，①传②，②传⑤，⑤传①，③给④掩护，⑤给③连续掩护，③接①的球投篮。

C. 如又失去前面的机会，还可以选择"强侧"发动进攻。如图10-4所示，①传②后切向右底线，②传⑤，⑤传③，⑤和④给①双掩护，①切出接③的球投篮。

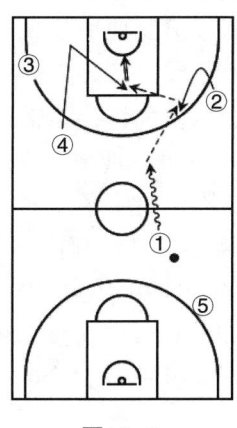
图10-2

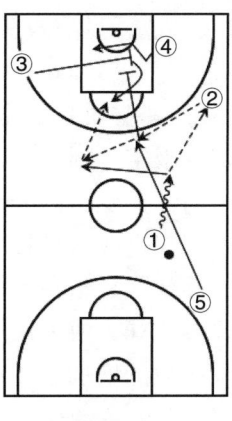
图10-3

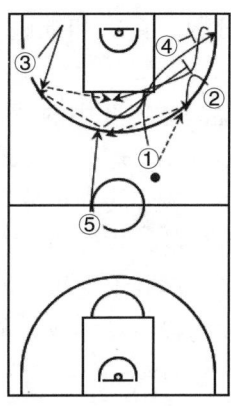
图10-4

到前场在衔接段进攻，不能站着不动，要依据进攻要求，按配合落位，按路线移动；不能过早暴露去给同伴或借助同伴掩护的意图；给同伴做掩护的③、④、⑤插到篮下时，首先要伸手要位准备接球强攻，当未接到球时，应立即递眼神或打手势给同伴做掩护；借助掩护的队员要先做手势让同伴来做掩护，当同伴前来掩护时，要先向反方向移动吸引防守者的注意力，把防守挤压到内侧，突然从前来掩护同伴的身侧跑出。

（3）打好阵地进攻。

衔接段进攻不能得逞，立即进入阵地进攻，要做好以下几点：

A. 队员①起核心骨干作用。他应根据对手所采取的防守战术，迅速做出手势或暗示，组织全队进行各种有针对性的阵地进攻战术。

B. 场上队员要及时大声呼应。每名队员在场上都要做到：无论进攻或防守都要及时大声呼应。

C. 场上、场下要随时沟通和交流。每场比赛暂停次数有限，控球后卫要随时与场内、场外沟通交流，将教练员的意图迅速传达给场内每一名队员。最好的办法是，队员①经常放慢速度运球，靠近教练员一侧的边线向前场推进，聆听教练员的布置，及时简要通报给场上同伴。

3. 要有充足的战术准备

阵地进攻要比快攻反击更加困难和复杂，因此有经验的教练员要根据多年的经验在赛季到来之前对战术准备得非常充分，一般准备这些内容：（1）常规战术；（2）灵活机动打法战术；（3）必要的特殊打法战术；（4）关键时刻发挥明星队员作用的战术。

第二节　转换进攻

篮球比赛是由两个队在规则规定的时间内进行不断的转换攻守回合完成的，每次进攻后的防守和防守后的进攻之间相互转换构成了篮球比赛的重要内容。篮球比赛中攻守转换既包括由攻转守时瞬间的行动意识、战术组织和配合方法，如由攻转守时及时阻击一传、堵截接应和快速追防、阵地布防调整等；也包括由守转攻时防守获得球后的转攻，如快速一传、分散、接应和推进攻击或转入阵地一旦进攻失掉控制球权后又要能快速就地展开防守。

综观篮球比赛中的攻守转换现象，其实质是比赛双方控制球权的转换。篮球规则规定，比赛有"死球""活球"的区别及限定，因此，根据球成"死球"或成"活球"时的不同状态，攻守转换可分为"缓变"与"突变"两种类型。"缓变"是指在球成"死球"状态下发生的攻守转换，在比赛中表现为进攻队员投中篮或违例、犯规被判罚。"缓变"的特点是在客观上有缓冲的时间。"突变"是指在"活球"状态下发生的攻守转换，在比赛中表现为投篮不中双方争夺篮板球或跳球，或失误后失去控球权时。"突变"的特点是攻守转换极具突然性，并可带来进攻次数的增加。在比赛中充分利用一切机会，主动创造各种攻守转换的可能机会，就能争取比赛的主动权。

转换进攻是指防守方抢到防守篮板球、抢断球或对手得分后的由防守转变为进攻瞬间进行快速反击的过程，一般包括快攻、衔接段进攻和阵地进攻三个阶段。

一、快攻

篮球运动快攻的初始概念是："在最短的时间内，以最快的速度将球推进到前场，造成以多打少的局面。"但是进入21世纪以来，快攻有了很大的发展。表现在个人高超技术的全面发展，尤其是后卫队员个人技术灵活多变，运球突破上篮和分球能力极其娴熟，被称为快攻的推进器；队员专项体能训练加强，尤其是高个队员的快速能力增强，参与快攻的人数增多，快攻速度明显加快；队员高速度移动中的得分方式和手段越来越多，快攻结束阶段远投增多，得分能力强和成功率越来越高；在以争夺球权为中心的攻击性防守理念促使下，快速退防意识增强，抢断球技巧和能力不断提高；拼抢篮板球的对抗空前激烈，攻守转换速度竭力加快，促使全队快速攻、守意识普遍增强。因而在双方比速度的较量中，快攻的来源与发动接应区域扩大，快攻推进的方式简捷实效，快攻结束方式机动灵活，多打少、少打多或人数相等都可随机决定攻击行动，人数已不是快攻的唯一条件，技术和能力在快攻中占重要地位。从世界强队比赛看出，重大比赛中的快攻形式、内容和方法发生了许多新的变化，快攻运用有了重大发展。

目前，篮球快攻战术发展状况表明：现代篮球快攻是在由守转攻时，以最快的转换速度、最简捷的推进方式，追打对手使其退不及防，合理利用人数和时、空优势抢攻得分的速决战。

（一）快攻发动时机

（1）本队抢到防守篮板球时，包括抢到投篮不中和罚球不中后的篮板球。
（2）对手得分时，包括投篮得分和罚球得分。
（3）对手失误时，包括被抢断、违例、进攻犯规等情况。

比赛实践证明：抢得后场篮板球发动快攻的次数最多，抢断球后发动快攻的威胁力最大，偷袭长传快攻的成功率最高。因此，只有在积极防守拼抢的基础上才能获得更多的反击快攻的机会。

组织一次有效的快攻必须明确快攻的目的，包括得分、打乱对手的防守阵势、拖垮对手的体能、制造对手犯规等。只要快攻能达到上述任何目的，就可认为是一次有效快攻。

（二）快攻的方法和原则

球队要形成有效的快攻，第一要具备快攻的思维和意识；第二要设计符合本队球员特性的快攻路线；第三要组织五人的快攻；第四若快攻不成，紧接执行本队的衔接段进攻战术。

球队要完成一次有效的快攻，必须具备以下几方面的要求：（1）出色的防守卡位动作以确保不丢篮板球；（2）获取防守篮板球后的一传要快、准；（3）各位置队员要具备获取防守篮板球后的突围传球能力；（4）控球队员的传球和突破能力；（5）个人的进攻能力；（6）外线队员的3分投篮能力。

1. 快攻形成2攻1的战术方法和观念

（1）首先要有团队无私的观念。

（2）快攻位置要有空间概念，均衡跑位于球的两侧。

（3）除非对手对无球队员紧逼，否则尽量多传球少运球。

（4）当队员没有机会接获传球进攻时，持球队员要找机会单打，或运球到球场一侧，等第三、四位同伴跟进进攻。

（5）在准备利用跟进队员进行攻击时，运球队员不要随意停球，以免被紧逼防守，无法传球。

（6）在准备利用跟进队员进行攻击时，另一侧无球队员伺机溜底跑位寻找空当。

（7）在准备利用跟进队员进行攻击时，运球队员不可以运球时间太长，一定要及时传球。

（8）在准备利用跟进队员进行攻击时，运球队员一定要随时准备有投篮或突破动作，否则有防守经验的对手会选择退防帮助队友（图10-5）。

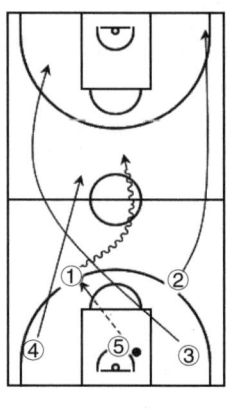

图10-5

2. 三人快攻战术方法和观念

（1）球传入前场后，三位队员最后形成三角形位置，以符合空间原则。

（2）如果不需要运球就不要运球，一是传球比运球快；二是运球会吸引所有对手的注意力，将失去进攻机会；三是多传球将使对手摸不清我方的主力进攻点。

（3）在得分区域最后由中间队员运球向篮下推进，两侧队员要紧跟切入，若运球突破队员遇到防守，则传球给两侧队友跳投或上篮。

（4）快下的两名队员，当运球队员过前场后，一定要积极移动获取接球机会，这样一是会给对手防守产生压力，使其无机会协防；二是若接到球，跟进队员机会就会增加；三是先前的运球队员不会因运球过久导致进攻停滞。

（5）假如快下的两名队员没有接到球，应给由底线进行交叉跑位，继续寻求接球攻击机会。

（6）运球队员传球给两侧队员后，首先向有球一侧空切，获取接回传球进攻机会，若没有接到传球，应沿底线向无球侧移动，将防守队员带出限制区，让跟进的第四位队员有单打或接球进攻的机会。

（7）当运球队员移动到无球弱侧时，弱侧快下队员应向限制区内切入，与切入的运球队员形成交叉掩护，以便跟进第四位队员接获传球后，策应换边进攻（图10-6）。

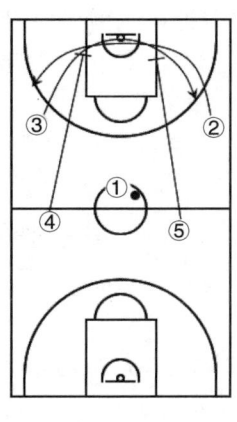

图10-6

3. 四人快攻战术方法和观念

（1）第四位跟进球员应该在第三位运球队员侧后方两大步距离，若球在右侧，他则在第三位运球队员左后方两大步距离位置，负责保护回防。

（2）当运球后卫传球给一侧向有球侧空切后，第四位跟进队员若限制区内有空当则立即纵向切入，寻求接球攻击的机会；若切入后没有接到球，则与快下队员做交叉掩护，然后停留在限制区内准备进攻或抢篮板球；若限制区内没有空当，第四位跟进队员则停留在罚球线位置，准备接球寻求攻击机会；若限制区内没有接到球，马上从限制区向弱侧移动，并与快下队员交叉掩护，停留在低位准备进攻或抢篮板球（图10-7）。

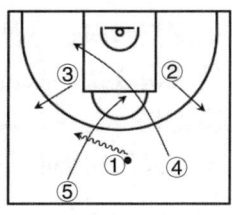

图10-7

4. 五人快攻战术方法和观念

（1）第五位跟进队员应在第四位球员后方，且在有球侧后方约两大步距离，即作为另一保护者在运球者身后两大步距离。

（2）当第四位跟进球员向限制区有球侧纵切后，若限制区有空当，则第五位跟进队员立即纵切，寻找接球攻击机会；假如纵切后没有获得机会，则停留在有球侧低位准备进攻或抢篮板球。

（3）假如限制区内没有空当，则停留在罚球线位置准备接球寻求进攻机会；假如还是没有接到球，则马上限制区内纵切到有球侧，在有球侧底线位置与快下队员做低位配合攻击或抢篮板球。

（4）最后则要依据五人配合战术进攻。衔接段进攻是利用对方"退不及防、防不到位"，人动、球动、连续地利用各种穿插、掩护、突破、策应调动对手，机动灵活地实施攻击。

（三）快攻的种类

快攻一般分为两种，一种是固定式快攻，另一种是开放式快攻。

1. 固定式快攻

固定式快攻是由防守转变为进攻瞬间，进攻方快下队员固定由2号得分后卫和3号小前锋担任，接应队员固定由1号控球后卫担任，4号大前锋和5号中锋固定担任跟进队员。

当防守方抢获篮板球或抢断球，甚至对手得分时，2号得分后卫和3号小前锋在攻守转换瞬间，以不看球全力冲刺的方式向前场跑动，过半场后，侧身跑观察同伴寻求接球机会。而抢获篮板球者、抢断者或掷界外球者则要想方设法在最短的时间内传球给1号控球后卫，他通过控球或传球组织快速进攻。

固定式快攻球队分工精细有利于运作，当攻守转换瞬间，2、3号球员专心做向前场快下的任务，1号专心接应与运球，4、5号专心于发球，并做好1号失误的保护。当各位置队员专心于各自职能时，预期可以减少很多失误，同时可以争取时间给对手压力。

2. 开放式快攻

开放式快攻是在快攻过程中，并没有固定由某一位角色球员执行接应动作，也没有固定由某些角色球员担任快下任务，即攻守转换过程中接应、快下、跟进都需要根据当时球员位置来决定。

要执行开放式快攻，队员将要获取球权瞬间，球员本身位置、同伴的位置、球的位置都要一目了然。考虑到跑位有利，开放式快攻快下队员一般由最靠近前场左右侧的球员担任。接应球员不是固定由球队控球后卫担任，要在夺取球权瞬间，由最靠近球的队员负责接应，他可以直接传球给快下队员，也可以传球给准备接应的队友。

二、衔接段进攻

所谓衔接段进攻，也称之为快攻与阵地进攻之间的衔接进攻，是指在快攻未成功时，利用对方"退不及防、防不到位"，人动、球动、连续地利用各种穿插、掩护、突破、策应调动对手，机动灵活地实施攻击，还包括快攻不成功的落位队形和快速衔接本队进攻战术的连续的过程。

（一）快攻未成功的场上表现

（1）错失多数快攻的最佳来源与发动时机。

（2）发动快攻缓慢。

（3）接应缺少纵深化（层次化），影响快攻的推进速度。

（4）球进入攻击阶段受阻延时。攻击阶段的范围是指球已推进到攻击区，一般把它定在弧顶三分线外两米以内的范围。

（二）衔接段进攻的方法

1. 五人分工明确保持分散快下路线

④掷后场端线界外球或抢到篮板球后，传球给摆脱接应的①，①、④在同侧。①接球背对边线，接球后前转身。若①接球有困难，④先传球给限制区上线的⑤，①插中路接⑤的传球。①接应后沿边路推进，②和③沿两侧边路快下，⑤沿中路跟进快下（图10-8）。

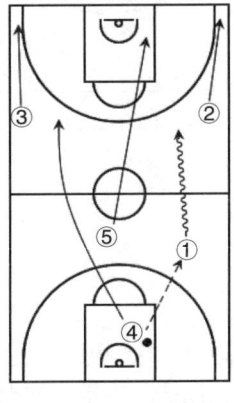

图10-8

2. 强侧、弱侧利用掩护、策应等基础配合快速进攻

（1）第一选择机会（弱侧掩护进攻）。

①沿边路快速推进到前场，①传球给④，⑤首先要在篮下要位，④观察⑤是否有机会，若没有，④传球给摆脱接球的③，③要先做"V"形摆脱，先压向篮下，防守回缩时，③弹出接球。⑤同时向强侧低位移动，③和⑤形成面对面的进攻机会。④向弱侧低位移动给②掩护。有机会的话，③传球给④，投篮，或者②绕到弧顶接③的传球投篮，④、⑤落位低位（图10-9）。

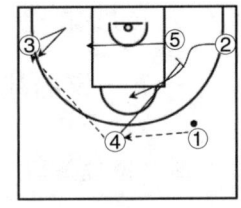

图10-9

（2）第二选择机会（强侧掩护进攻）。

①沿边路快速推进到前场，①传球给④，⑤首先要在篮下要位，④观察⑤是否有机会，若没有，④传球给摆脱接球的③，④给③掩护，③运用掩护运球向中路移动，②在强侧给⑤掩护，⑤向篮下弱侧低位移动，③传球给⑤；④给②掩护，②在弱侧底角位置接球，与④形成面对面进攻（图10-10）。

（3）第三选择机会（限制区内下掩护进攻）。

④不能传球给③，回传给①，②给⑤掩护，⑤去强侧低位，④给②掩护，②到弧顶，④向另一低位。保持两内线球员在低位（图10-11）。

（4）第四选择机会（弱侧双掩护进攻）。

④传球给③，④、⑤给②双掩护，②利用掩护时，稍晚一些移动，等掩护球员④、⑤到位再动，避免移动掩护犯规。②快速到弧顶，④、⑤分散移动到低位。⑤先向篮筐跑，首先看篮筐，防守会缩回防守，给外线球员创造进攻空间（图10-12）。

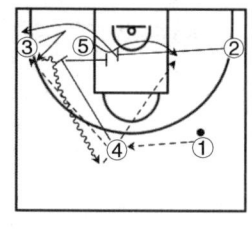 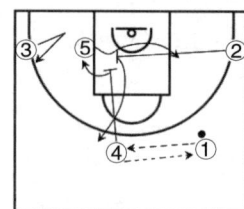 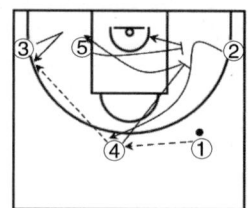

图10-10　　　　　　　　图10-11　　　　　　　　图10-12

三、半场阵地进攻

半场阵地进攻是防守队员基本退守到位并形成一定的防守阵型，进攻队员在对方半场展开的攻击，可分为整体配合、局部配合战术。半场阵地进攻的设计要遵循一定的战术原则，这些战术原则是教练员对篮球客观规律的认识和总结，并与各自的执教理念相辅相成，体现了战术体系核心打法。

教练员需要根据选择队员的特点，在坚持自己的进攻理念和进攻原则基础上合理设计进攻战术。进攻战术的设计主要包括战术落位、基本战术方法及变化。每个进攻战术体系都由若干个基本战术及变化组成，每个战术均能够相互转化，不同进攻战术体系对配合性技术有专门的要求。

（一）一定的战术打法与运用时的灵活机动

1. 基本落位阵型

基本落位阵型有2-3（单中锋策应打法）、2-2-1（单中锋在篮下，外线灵活机动的打法）、2-1-2（三前锋，内线机动打法）、1-3-1（两中锋，高低位站位打法）、1-2-2

（两中锋低位站位打法）、马蹄形（无中锋、外线灵活打法）、1-4（两中锋高位落位机动打法）。

2. 战术的形式与打法

队形确定后，即应组织一套线路与打法。一般来说，一套战术打法分为四个阶段：组织配合阶段、配合阶段、结束阶段、组织篮板球争夺和由攻转守阶段。实战运用中固定战术打法和灵活机动战术打法时常存在矛盾和冲突。这就需要队员在统一路线运动过程中，首先要明确战术原则，明确移动路线，根据比赛当时临场具体的攻守情况，采用相应恰当、合理的进攻方法，完成攻击任务，即在阵地进攻开始的组织和准备阶段中，确定一定的统一的人、球移动路线，以便运动中调到对方的防守，制造防守的漏洞，为本队创造良好的进攻机会。要根据当时形成的防守情况，通过个人的积极行动或两三人配合，创造良好的投篮时机来结束进攻。开始时要强调统一、强调一致，发生有利的进攻情况时，要根据当时进攻与防守的分布，灵活机动地恰当配合，争取主动。

（二）进攻阵型中的攻守平衡

在阵地进攻的组织中，要考虑到一旦进攻失败，进攻退防的布置。例如，在UCLA战术体系中的中锋策应打法中，传球给内线队员，外线队员交叉绕切，两侧边路队员要上提绕出，如图10-13所示，①传球给插上的⑤，①和④先后向内线绕切，②和③要顺势上提拉出。一方面是保持进攻阵型的平衡，以便再组织连续的进攻，另一方面必须考虑到：一旦失误球发生时，及时组织退守，若②和③不绕出，①和④投篮不中，篮板球不能抢到，或⑤失误，防守队由守转攻时，5人都在罚球线以下，则很难组织退守。

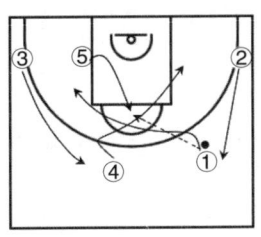

图10-13

（三）掌握阵地进攻的节奏性和配合的时间性

进攻战术配合时，要善于运用不同的速度，快慢结合。开始组织配合时，可以用中等速度，人、球不停地移动，寻找机会，伺机进攻。一旦出现有利时机，即突然加速，防守队员稍慢一点，即难以防守。若开始一味加速，不仅容易失误，同时对机会的判断也比较困难，甚至出现了良好机会也容易错过，更主要的是不易突然摆脱对手，尤其在结束配合时不加速，就更难以摆脱防守。因此阵地进攻中速度不仅体现在单一速度中，要有变速、变向、突然起动、急停、突然变向，短而快的移动。阵地配合另一非常重要的因素是时间性，一个打法与配合，不仅是位置、路线、配合与技术动作，"时间"是极为重要的因素，同一配合，同一技术动作，时间早一点或晚一点，都会影响一个打法和配合的成败。

例如，弱侧中锋定位掩护配合。如图10-14所示，③在弱侧位置利用⑤的掩护向篮下横切，①传球给③投篮。这个配合中，③和⑤掩护配合的时间，与①传球给③的时间非常重要。③先做摆脱动作，逼迫其防守者后退，把自己的防守者带到⑤的身旁，若早了，⑤未及时准备，若晚了，则其防守者就会提前从两人之间挤过。同时③和⑤掩护配合时间又必须与①传球时间一致，若③摆脱防守切入到篮下，①受防守影响未及时传球到位，则机会错过。若①传球过来，③摆脱防守不成功，则可能被断球，只有当③利用⑤掩护刚摆脱防守切入篮下时，①及时传球到位，配合才有可能成功。所以配合时间是一个非常重要的因素。

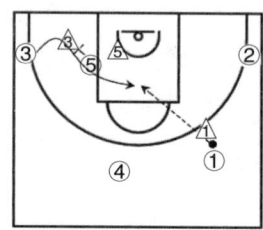

图10-14

（四）配合的衔接与连续性

一个配合紧跟着另一个配合，这是战术配合的连续性与衔接的表现。所谓的连续、衔接地组织战术配合，是指一个不成功紧接着另一个，一环扣一环，根据防守情况，在原来的位置继续组织进攻，连续进攻，这样，就迫使防守处于紧张的防守状态之中，防不胜防。下面举一个简单的战术打法示例：

（1）第一个配合——传切。

①传球给摆脱接球的②，并向篮下切入，若有机会接回传球上篮，若无机会，则向弱侧移动（图10-15）。

（2）第二配合——掩护。

①移动到弱侧给③做掩护，③利用①的掩护，横切到篮下，接②的传球投篮。若没有机会，③移动到限制区右侧底角位置（图10-16）。

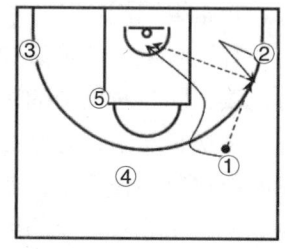

图10-15

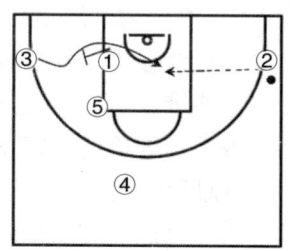

图10-16

（3）第三配合——中锋策应交叉切入。

当右侧进攻不成功时，②转移传球给④，④传球给⑤，立即与①做交叉切入。之后，再根据配合后落位，连续组织后续进攻配合（图10-17）。

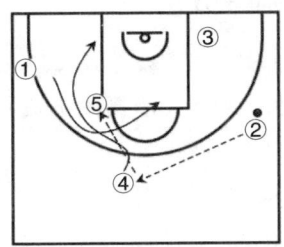

图10-17

（五）阵地进攻平衡与攻守转换

在战术运用过程中，根据战术意图与攻击点的变化，有时要有意识、有目的地让出一些空间，在适当的时机再利用这些空间。因此，在队形上有平衡，又有不平衡，有时主动形成不平衡，创造进攻机会。队员之间要有良好的默契，如出现了空间不一定马上跑去利用，有时可以有意识地放、留一些空间，待时机一到，突然跑去，使对方难以防守。如图10-18所示，战术攻击点在球篮右侧，③回传球给②后，移动到弱侧给①掩护，这样形成了右侧空间，队形出现不平衡，④利用⑤的定位掩护，切入到篮下接球投篮，完成篮下右侧攻击点的任务。这即是队形的平衡与不平衡，因此要提高队员的战术意识，了解全局，掌握计划，既要观察对方防守的漏洞，又要判断自己同伴谁更有利，明确进攻的次序，谁先动，谁后动，避免出现自己人"撞车"现象。

队形保持攻守平衡，要有攻守转换的意识、争夺篮板球的意识，一旦失球，立即找人，退守分工明确，保持合理的退守队形。一般两外线队员退守较快，要随时注意封堵快攻一传和远传球，要边退防边观察，并随时注意补防。中锋大个队员拼抢前场篮板球，若未抢到篮板球，则要封堵第一传或力争内线退守路线。

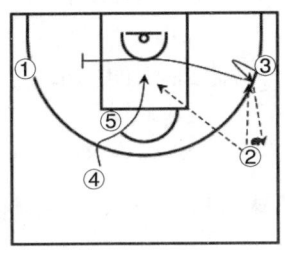

图10-18

四、转换进攻阶梯训练方法

(一)转换进攻移动路线训练方法

(1)抢篮板球后(掷端线界外球)5人快攻移动路线练习。

(2)抢篮板球后(掷端线界外球)5人衔接段进攻移动路线练习。

(3)中场发动5人衔接段进攻移动路线练习。

(4)中场发动5人阵地进攻移动路线练习。

(二)转换进攻局部配合技术训练方法

1. 两人配合技术练习

(1)抢篮板球(掷端线界外球)后,两人运传球快攻投篮练习(传球1次、2次、3次、4次,接球后投篮多种方式)。

(2)抢篮板球(掷端线界外球)后,两人运传球推进到前场配合技术练习(传切、挡拆、突分、策应)。

(3)两人中场推进到前场配合技术练习(传切、挡拆、突分、策应)。

2. 三人配合技术练习

(1)抢篮板球(掷端线界外球)后,三人运传球快攻投篮练习(传球1次、2次、3次、4次,接球后投篮多种方式)。

(2)抢篮板球(掷端线界外球)后,三人运传球推进到前场配合技术练习(传切、掩护、突分、策应)。

(3)三人中场推进到前场配合技术练习(传切、挡拆、突分、策应)。

3. 四人配合技术练习

(1)抢篮板球(掷端线界外球)后,四人运传球快攻投篮练习(传球1次、2次、3次、4次,接球后投篮多种方式)。

(2)抢篮板球(掷端线界外球)后,四人运传球推进到前场配合技术练习(传切、掩护、突分、策应)。

(3)四人中场推进到前场配合技术练习(传切、挡拆、突分、策应)。

4. 五人配合技术练习

(1)抢篮板球(掷端线界外球)后,五人运传球快攻投篮练习(传球1次、2次、3次、4次,接球后投篮多种方式)。

(2)抢篮板球(掷端线界外球)后,五人运传球推进到前场配合技术练习(传切、掩护、突分、策应)。

（3）五人中场推进到前场配合技术练习（传切、挡拆、突分、策应）。

（三）转换进攻局部配合对抗训练方法

1. 快攻多打少局部配合对抗练习

（1）攻守转换1攻1练习。
（2）攻守转换2攻1练习。
（3）攻守转换3攻2练习。
（4）攻守转换4攻3练习。
（5）攻守转换5攻4练习。

2. 半场2攻2（或罚球或抢篮板球）在限定的时间内攻守转换到另一半场配合对抗练习

（1）半场2攻2（或罚球或抢篮板球）转另一半场2攻2快攻练习。
（2）半场2攻2（或罚球或抢篮板球）转另一半场2攻2衔接段进攻配合练习。
（3）半场2攻2（或罚球或抢篮板球）转另一半场2攻2阵地进攻配合练习。

3. 半场3攻3（或罚球或抢篮板球）在限定的时间内攻守转换到另一半场配合对抗练习

（1）半场3攻3（或罚球或抢篮板球）转另一半场3攻3快攻练习。
（2）半场3攻3（或罚球或抢篮板球）转另一半场3攻3衔接段进攻配合练习。
（3）半场3攻3（或罚球或抢篮板球）转另一半场4攻4阵地进攻配合练习。

4. 半场4攻4（或罚球或抢篮板球）在限定的时间内攻守转换到另一半场配合对抗练习

（1）半场4攻4（或罚球或抢篮板球）转另一半场4攻4快攻练习。
（2）半场4攻4（或罚球或抢篮板球）转另一半场4攻4衔接段进攻配合练习。
（3）半场4攻4（或罚球或抢篮板球）转另一半场4攻4阵地进攻配合练习。

（四）转换进攻全队对抗训练

（1）半场5攻5（或罚球或抢篮板球）转另一半场5攻5快攻练习。
（2）半场5攻5（或罚球或抢篮板球）转另一半场5攻5衔接段进攻配合练习。
（3）半场5攻5（或罚球或抢篮板球）转另一半场5攻5阵地进攻配合练习。
（4）中场发动的5攻5阵地进攻配合练习。

第三节　进攻全场紧逼人盯人防守

进攻全场紧逼人盯人防守是进攻队员在由守转攻时，迅速发动攻击，将球快速由后场推进到前场，利用摆脱防守接球、快速传球、运球突破等技术和掩护等两三人之间的简单配合而组织的一种攻破全场紧逼人盯人的战术方法。它要求队员具有很强的攻守转换意识,快速的由守转攻的转换速度,寻找防守薄弱环节,组织有针对性的进攻配合,积极主动地突破防守,攻破紧逼盯人,赢得比赛主动权。

一、进攻全场紧逼人盯人的要求

(一)掌握对方运用全场紧逼人盯人的规律和时机,变被动为主动

球队运用全场紧逼人盯人防守一般选择投篮或罚球命中后。运用全场紧逼人盯人防守的意图包括:突然改变战术出其不意、攻其不备,以达到扩大战果或挽回败局时;身材矮小,但速度快、灵活性较好的队,与身材高大的队比赛,为摆脱篮下被动局面时;对方球队控制球能力和突破能力较差,不善于进攻时;对方体力较差,为消耗对方体力时。因此进攻方必须有预见性,要善于掌握对方运用紧逼的特点和薄弱环节,有足够的思想和心理准备,积极采取针对性攻击,避免临阵手足无措。

(二)快攻是首选,发动与接应是关键

一旦对方采用全场紧逼人盯人防守,全队要力争在紧逼形成之前组织快速反击攻破防守。首先接应队员要积极摆脱,尽快接应到一传(掷端线球),向中场快速运球,不仅避免5秒违例,而且会给对方的气势以很大挫伤,并为后边同伴的选位和观察赢得时间;其次两侧边线队员拉边快下,准备接应中场运球推进队员的传球;前场抢攻是机会,要利用对方调整在中场交换防守中形成错位匹配的瞬间,抓紧攻其弱点,会收到良好效果。

(三)场上队员选位和移动要保持拉开阵型,切忌全部跑到后场接球

进攻全场紧逼人盯人时同伴间要保持一定距离,传球后快速移动(除非按要求实行掩护),多运用假动作摆脱向篮反切;控球队员运球时,其他同伴要拉开,使对方难以协防和夹击,以利于各个击破。

(四)加强相互之间的默契配合,避免单打独斗

全场紧逼人盯人与全场区域紧逼的主要区别是防守人是否紧跟对手移动(后者有区域分工要求,实行区域之间协作配合),因此进攻队必须采取有组织的、简捷实用的配合,才能抢占主动;单打独斗、乱跑要球、烦琐掩护,很容易使对方在混乱中坐收渔利。

(五)开阔视野、运传结合、减少盲目运球和边角处停球

一旦对方进行夹击,要尽快将球传出,或运用后退(或转身)运球技术突然向中路突破,其余队员要主动接应,以破坏夹击;及时传球、抢前接球、多做中距离传球,尽量减少1~2米的近传、横传和长传球,以防对手抢断。

(六)沉着冷静,快、稳结合,掌握节奏

进攻全场紧逼人盯人时,全队一定要沉着冷静,思想统一,立足于快,空切、策应、

掩护配合要简捷，到前场后首先抓紧抢攻，并趁对方忙于找人或调整布阵（变换防守方式）的时机，针对防守情况，抓紧组织战术配合。如对方仍然紧逼，则按进攻半场扩大人盯人防守展开攻势。

二、进攻全场紧逼人盯人方法

（一）落位阵型

落位阵型是根据队员特点和分工所做的排兵布阵。对于破解投篮命中后的全场紧逼人盯人防守，世界高水平队比赛较多采用全场分散部署，拉开防守队员，以便有效利用防守的空当和薄弱环节，进行运球突破、策应或掩护配合，给对手制造协防、补防困难。

一种方法是1-2-2落位进攻全场紧逼人盯人防守。在位置分布上一定要有利于发挥队员的特长，拉开中间地带，避免边角夹击，便于突破分球和策应配合。如图10-19所示，③是小前锋，反应快、头脑清醒，对方投中后由他掷界外球；①是控球后卫，速度快，运球技术好，接球后经常自己运球突破或向前传球推进；②是第二后卫，在①接应受阻时代替接应一传；④是大前锋，可大范围上下跑动接球，在前场善于1打1；⑤是中锋，要求尽快到该区域落位（如果对方罚球投中时⑤抢掷界外球，可有利于缩短反击时间）。若①和②无法个人摆脱接球时，两人就可以采用横向或纵向交叉掩护摆脱接球。

另一种方法是5人有组织地集中于后场，便于组织固定配合接发球，并造成前场空虚，有利于快速突破或长传偷袭（图10-20）。

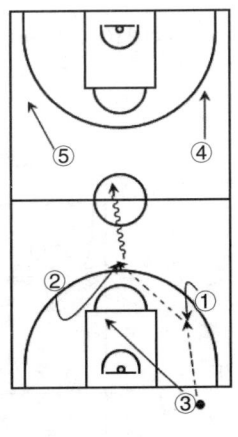

图10-19

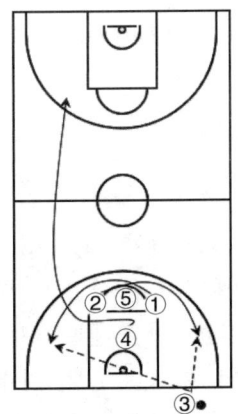

图10-20

（二）进攻方法

进攻全场紧逼人盯人防守首先是争取时间发动快攻（按快攻要求进行），其次是按要求落位组织梯次进攻，即针对防守的三个阶段逐步进攻。

1. 接应端线掷界外球

对方投中或罚中以后，要尽快抢掷端线界外球，接应人积极摆脱接球。

（1）个人摆脱接应：如图10-21所示，①要和③保持在一条纵线上，如对手站在内位进行侧前防守，①突然向外弹出接球，反之则向内弹出接球，并可结合反跑和真假变换，达到接应的目的（当△和△前后夹击①时，①要突然横向摆脱接球）；如果①接不到球，②下压、上提弧形横切接应。

（2）定位掩护接应配合：如图10-22所示，①、⑤、②横站在罚球线上，大前锋④将自己的对手带入②的掩护，摆脱快下接长传球上篮；若不成功，④将球掷给②或①。如果①接到球，②插中接球突破，传球给④、⑤或③。

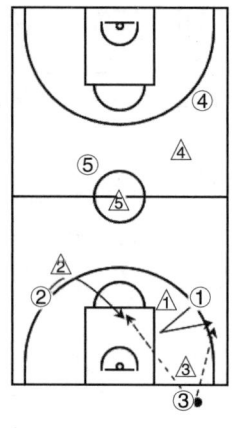

图10-21

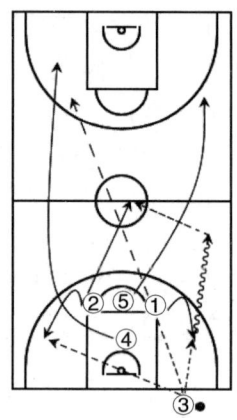

图10-22

2. 中场推进配合

（1）掩护、策应、空切配合：如图10-23所示，②、④、⑤在球场纵向一侧，①、③在另一侧落位。③掷界外球，①牵制△和△（夹击者），②横切接应；当①和②接应困难时，④随时准备迎回来接球，确保①、②、④三点接应。②接到球后，④下压，同时①给③掩护，③快下接②的长传球上篮。如果③不便接到球，落位右侧牵制防守；③传球给①，①运球突破，④到罚球圈顶接球策应，转身将球传给①、③、⑤。

（2）两侧掩护结合中路突破配合：如图10-24所示，①和②站位在罚球线两端准备接应，④和⑤距①、②4~5米，③掷界外球。④、⑤同时给①、②掩护，①、②借助掩护快下，若有机会，③长传给①、②上篮；如①、②没

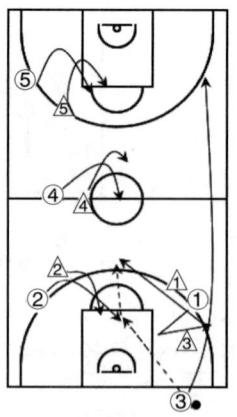

图10-23

有机会，中锋⑤掩护后转身接③的球，③借助⑤的策应掩护接回传球，运球突破与①、②配合攻击，④、⑤跟进。此配合在△和△换防①、②后形成三快打两慢（高），能较好发挥快、灵、准的特长。

（3）掩护、突破、策应配合：如图10-25所示站位，①给②横掩护，②摆脱接③的球再回传给③后，走右边路快下，①掩护后沿左路准备接球，③运球中路突破，⑤到中圈附近接球策应，②借助④的高位掩护切向篮下，⑤根据情况将球传给②、④或①投篮。此配合充分发挥两名后卫快下的攻击作用，也有利于发挥④向内线横切接球攻击。从全场到半场连续衔接进攻，对破全场紧逼人盯人防守有良好效果。

（4）摆脱中场夹击配合：如图10-26所示，①摆脱接③的球，运球到中场角附近，△上来夹击，△轮转补防④；在这种情况下①突然运球后退，在与△拉开适当距离后，快速身前变向朝中路突破，△上来补防，①传球给⑤或②，过中场后继续攻击。

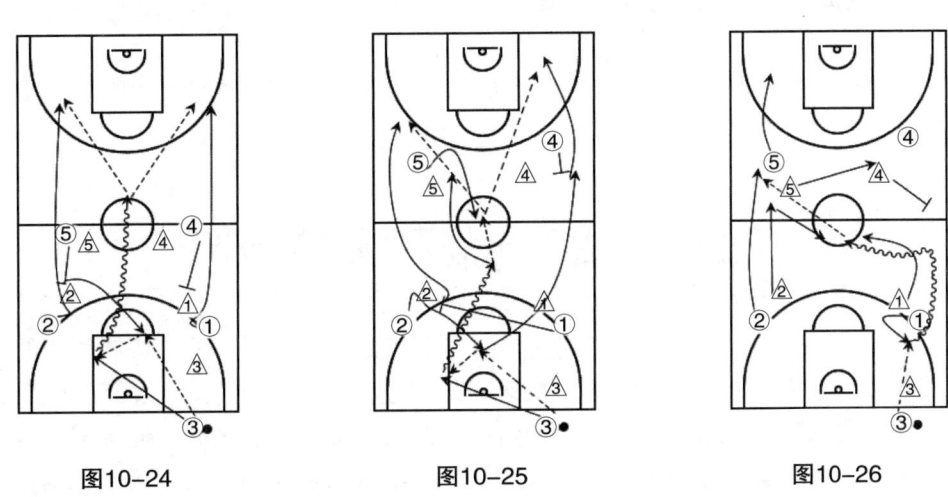

图10-24　　　　　图10-25　　　　　图10-26

3. 前场进攻

前场进攻紧逼人盯人防守的方法与进攻半场扩大人盯人相同。

三、进攻全场紧逼人盯人防守阶梯训练方法

（一）进攻全场紧逼人盯人防守配合技术练习

（1）端线掷界外球，单人摆脱接球后运球突破投篮综合练习。
（2）端线掷界外球，两人摆脱（或配合）接球，运球、传球投篮组合练习。
（3）端线掷界外球，三人摆脱（或配合）接球，运球、传球投篮组合练习。
（4）端线掷界外球，四人落位后，摆脱（或配合）接球，运球、传球投篮组合练习。
（5）端线掷界外球，五人落位后，摆脱（或配合）接球，运球、传球投篮组合练习。

（二）进攻全场紧逼人盯人防守少攻多对抗练习

（1）端线掷界外球，一攻二全场对抗练习。
（2）端线掷界外球，二攻三全场对抗练习。
（3）端线掷界外球，三攻四全场对抗练习。
（4）端线掷界外球，四攻五全场对抗练习。

（三）进攻全场紧逼人盯人防守对抗练习

（1）端线掷界外球（或半场进攻命中后），摆脱接球1攻1全场对抗练习。
（2）端线掷界外球（或半场进攻命中后），摆脱接球2攻2全场对抗练习。
（3）端线掷界外球（或半场进攻命中后），摆脱（或配合）接球3攻3全场对抗练习。
（4）端线掷界外球（或半场进攻命中后），四人落位后，摆脱（或配合）接球4攻4全场对抗练习。
（5）端线掷界外球（或半场进攻命中后），五人落位后，摆脱（或配合）接球5攻5全场对抗练习。

第四节　进攻全场区域紧逼防守

进攻全场区域紧逼是进攻队员针对全场区域紧逼防守的薄弱环节，按照相应的区域或阵型分工落位，采用突分、中区策应、快速三角推进、回传跟进、弱侧反跑等配合打法，破坏防守而运用的配合策略和集体协调的组织形式与方法。进攻区域紧逼按进攻区域大小的不同，可分为进攻全场区域紧逼、进攻四分之三场区域紧逼和进攻半场区域紧逼三种类型。针对防守的各种阵势，可采用1-2-1-1、1-2-2、1-1-2-1和2-1-2等各种不同落位阵势的进攻方法。进攻区域紧逼常用快速转移球展开进攻的方法，即在对方尚未形成区域紧逼阵势前，以快速的越区传球来攻破。

一、进攻全场区域紧逼的要求

（一）认识全场区域紧逼防守和进攻全场区域紧逼防守的规律和特点

全场区域紧逼防守是依靠整体的积极性和协调性来达到获得球权的目的。因此，应尽快了解对手区域紧逼防守的基本状况，根据防守的区域和落位阵式采用相对应的进攻落位阵式，寻找防守的薄弱环节与人员单薄区域，进行球的快速转移，全队迅速推进至前场，组织有效的攻击。同时要熟练掌握进攻全场区域紧逼战术的基本方法和特点，以便合理安排进攻阵型。

（二）充分利用快攻反击

尽可能利用快攻或抢攻，在对方没有完全落好区域紧逼防守阵型之前就展开攻击，打乱对方的防守部署，争取形成以多打少的优势局面。

（三）分工明确，协同作战

在进攻区域紧逼过程中，进攻队员既有分区的界线和任务，又有相互协作形成整体进攻的行动与方法，任何一个配合都应从属于全场范围的进攻。

（四）以快制逼，中路突破

在进攻区域紧逼过程中，针对区域紧逼"逼球走向、死球夹击"的防守策略，采用"中路突破、中区策应"的对策，快速进行球的转移和推进，造成以多打少的局部优势。

（五）多传少运，忌走边角

进攻要多运用短而快的传球，尽量减少长传球和高吊球。不盲目运球，一旦开始运球，就不轻易终止运球，尤其不能在边角停球，避免对方夹击。

（六）战术组织力求简练，把握进攻节奏

无论运用何种配合攻击全场区域紧逼，回传跟进、转移攻向、传球快切、中区策应、运球反跑等均要连续进行，没有停顿，造成对手在补协防、换防困难，形成连续进攻，切勿形成单打独斗，打乱自己的进攻节奏。

（七）沉着冷静、有信心

进攻区域紧逼首先要沉着冷静，不要被对方的紧逼声势所压倒，要有信心，掌握进攻节奏，减少失误。

二、进攻全场区域紧逼的方法

根据全场区域紧逼防守阵型不同，进攻全场区域紧逼除了快攻外，球队中拥有运球能力强、速度快的后卫队员也是破解紧逼的良药，更主要的方法是通过传球、策应等方式的协同配合。

（一）通过传球进攻全场区域紧逼的方法

如图10-27所示，进攻2-2-1全场区域紧逼防守，进攻采用1-2-2落位阵型，⑤发端线界外球后，迅速插到后场左侧△的位置，形成三角三打二传球队形。①接到球不轻易运球，迫使防守者△两难，若防守△迎上防守，则传球给⑤，若⑤被逼无法接球，则传球给插上接应的④。此时，一线已被越区传球突破，处于一线的进攻队员⑤和②快下，进入中前场，中场进攻队员③快下。进攻队员①跟进。当策应队员④接球后，中场防守△跟进防

守，策应队员④可用双手头上传球给快下中前场的②，若后场队员△补防，则②传球给③投篮。

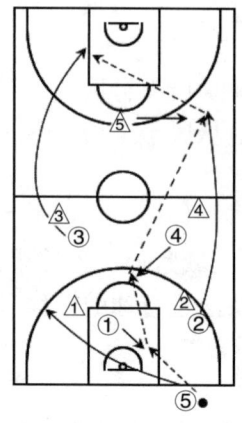

图10-27

（二）通过策应进攻全场区域紧逼的方法

如图10-28所示，进攻1-2-1-1全场区域紧逼防守，进攻采用1-2-1-1落位阵型。③摆脱到空当接①发的界外球，①掷界外球后利用②的掩护沿边路快下到前场。③接球后，④摆脱上提到防守△前策应接③传球，③传球后沿左侧边路快下到前场。当④接球后，⑤摆脱上提接④传球，这时前场就形成三线进攻和②、④跟进的进攻阵势，并形成以多打少的局面。如果对方退守快，这时就按照进攻人盯人防守战术方法攻击。

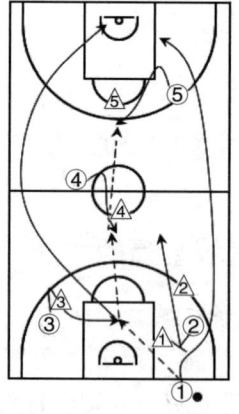

图10-28

三、进攻全场区域紧逼防守阶梯训练方法

（一）进攻全场区域紧逼防守配合技术练习

（1）端线掷界外球，单人摆脱接球后运球突破投篮综合练习。
（2）端线掷界外球，两人摆脱（或配合）接球，运球、传球投篮组合练习。
（3）端线掷界外球，三人摆脱（或配合）接球，运球、传球投篮组合练习。
（4）端线掷界外球，四人落位后，摆脱（或配合）接球，运球、传球投篮组合练习。
（5）端线掷界外球，五人落位后，摆脱（或配合）接球，运球、传球投篮组合练习。

（二）进攻全场区域紧逼防守少攻多对抗练习

（1）端线掷界外球，一攻二全场对抗练习。
（2）端线掷界外球，二攻三全场对抗练习。
（3）端线掷界外球，三攻四全场对抗练习。
（4）端线掷界外球，四攻五全场对抗练习。

（三）进攻全场区域紧逼防守对抗练习

（1）端线掷界外球（或半场进攻命中后），摆脱接球一攻一全场对抗练习。
（2）端线掷界外球（或半场进攻命中后），摆脱接球二攻二全场对抗练习。
（3）端线掷界外球（或半场进攻命中后），摆脱（或配合）接球三攻三全场对抗练习。
（4）端线掷界外球（或半场进攻命中后），四人落位后，摆脱（或配合）接球四攻四全场对抗练习。
（5）端线掷界外球（或半场进攻命中后），五人落位后，摆脱（或配合）接球五攻五全场对抗练习。

第五节　进攻半场紧逼人盯人防守

进攻半场人盯人防守战术是根据半场人盯人防守战术的特点，合理运用各种传切、突分、掩护、策应等基础配合所组成的全队进攻战术。最常见的进攻落位有单中锋进攻的"2-3"阵型和"2-1-2"阵型；双中锋进攻的"1-2-2"阵型；无固定中锋的"1-2-2"阵型；中锋位于高策应区的"1-4"阵型；双中锋纵向站位的"1-3-1"阵型等。

一、进攻半场人盯人防守战术的要求

（1）从实际出发，合理组织阵型，充分发挥本队进攻特点和个人的技术持长，利用

基础配合组成全队的进攻战术。

（2）在移动中做到相互配合，有目的地连续穿插、掩护、换位，侧重于主要的攻击区域和攻击点，点面结合、内外结合，强调进攻中的灵活性和机动性，注意攻守平衡。

（3）积极冲抢前场篮板球，提高攻守转换速度。

（4）进攻中抓住对方防守的薄弱环节，实施强攻。

二、进攻半场人盯人防守战术的方法

进攻半场人盯人防守战术方法设计是在教练员执教理念指导下，遵循进攻原则和球员的条件下来设计变化的。约翰·伍登最有名的五条执教理念是：第一，团队精神就是愿意把集体的利益放在个人利益之上，优秀的团队合作者需要这样的精神；第二，人必须热衷于寻找最好的成功之道，而不是满足于目前所拥有的方式；第三，团队合作并不是一个选项，而是一个必要条件；第四，忠诚是一股强有力的力量来融合团队；第五，让团队成员清楚地明白他们和你一起合作，而不是为你工作。伍登为球队制定的十条战术原则：空间原则、三角原则、纵向穿插跑动原则、传球原则、强弱平衡原则、灵活性原则、时机原则、平等机会原则、篮板球平衡原则和攻守平衡原则。下面以UCLA进攻战术体系中阵地进攻人盯人防守战术方法为例重点说明。

UCLA进攻战术体系中阵地进攻人盯人的战术主要包括高位进攻战术系列和高低位进攻战术系列。

（一）高位进攻战术：后卫导入——高位中锋进攻

进攻基本落位阵型2-2-1，双后卫落位。②摆脱接球，当②接到球时，⑤迅速插到罚球线，③和④下压上提弹出，或者底线交叉换位，②传球给⑤，③和④立即反跑切向篮下。强侧④的防守若协防⑤，④出现反跑上篮的机会就很大。①和②同时向中间移动，但不要靠⑤太近，避免协防，然后快速向两侧拉开，同前锋形成较好的三角空间（图10-29、图10-30）。③反跑没有机会，可以在篮下转身卡位要球，接⑤或①的传球背身单打，同样的进攻方法可以发生在右侧④反跑，篮下要位。

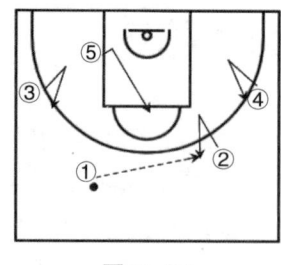 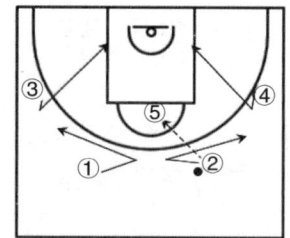

图10-29　　　　　　　　　　　图10-30

若⑤传球给①或②，就形成了①或②在侧翼的四种传球或突破的攻击状态。第一种（图10-31）：①传球给低位的③，进行单打。若⑤的防守协防③，⑤则切入篮下，若没有直接空当上篮的机会，就给④下掩护，④向篮下移动把防守带到掩护位置，然后利用掩护切向罚球线夹角，寻找中投机会。①传球后注意拉开移动，如果防守协防，可以接③的分球直接投三分，②移动并成为退守第一线队员。第二种（图10-32）：若①接球后，③的防守绕前防守，则①传球给④，④传球给③篮下单打。若⑤的防守协防，④可传球给篮下横要位的⑤单打。

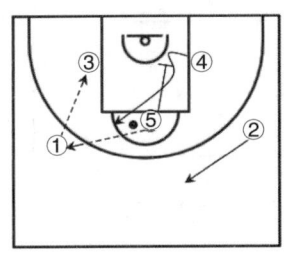
图10-31

图10-32

第三种（图10-33）：②移动到弧顶接球，①传球给②，⑤上提到罚球线接②的传球，②和⑤在新的强侧形成二对二；④下移到中立区与③并在一起形成双掩护，①传球后向篮下切入，在弱侧利用③和④的双掩护寻找空当机会。第四种（图10-34）：①接球后向弧顶运球，②接不到球向篮下反跑切入，若有机会①可以直接传球给他上篮得分；⑤利用③和④双掩护，溜底寻找空当机会。

上述战术变化可以看出，当后卫传球给高位中锋时，两个后卫可以有向外围拉开、交叉后拉开、交叉后直接切入篮下等变化。同样两个边锋队员也可以做反跑、交叉拉开、互相掩护或为后卫掩护等选择，当然他们并不是每次的移动都做同样的选择。

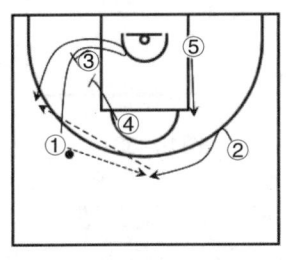
图10-33

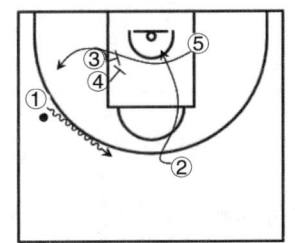
图10-34

（二）高位进攻战术：后卫-后卫-前锋——外线绕切战术

进攻基本落位阵型2-2-1，双后卫落位。①传球给②，⑤上提到罚球线。②传球给④，②从④的外侧切到三分线内侧中立区位置，②绕切速度要快。③向篮下要位吸引防守。然后①摆脱把球要回来，④假动作给②掩护，然后折回来利用⑤的掩护切向篮下，吸引③的防守队员（图10-35）。⑤掩护后立即向下移动，与②在中立区附近形成双掩护，③假动作往罚球线区域上提，然后溜底利用双掩护寻找空当投篮机会（图10-36）。③底线切出没有投篮机会的话，那么②利用⑤的掩护到高位策应，与⑤和③形成强侧的三角进攻阵型。如果③投篮，②、④、⑤形成篮下三角抢篮板球，①为退守队员。从配合可以看出，根据队员的个人能力和防守的情况，战术能够进行相应的变化。

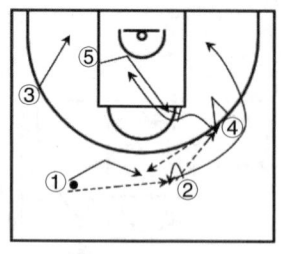

图10-35

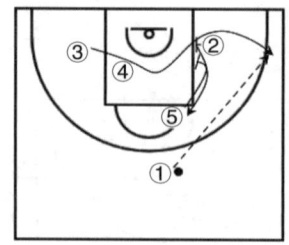

图10-36

（三）高位进攻战术：后卫-后卫-前锋——UCLA切入战术

进攻落位阵型2-2-1，双后卫落位。①传球给②，⑤上提到罚球线，②传球给④，②利用⑤的掩护纵切。弱侧③队员要在弱侧保持移动来牵制防守（图10-37）。当②利用⑤掩护切入后，⑤向②的方向假切下顺一下然后伸出外侧手要球，接④传球。⑤拿球后立刻面向球篮，看低位③是否有单打机会，④传球后立刻下移给②做定位掩护。①注意移动，可以与③和⑤形成边路三角阵型，如图10-38所示。

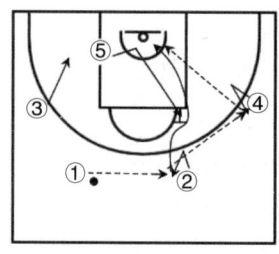

图10-37

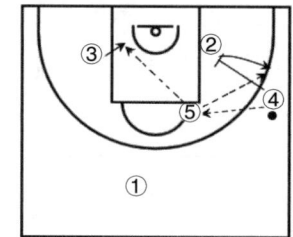

图10-38

若④不能将球顺利传给⑤，①摆脱接球，与③形成一侧二对二进攻，④和⑤快速移动到中立区位置给②做定位双掩护（图10-39）。上述高位进攻战术利用中锋在高位的策应，主要运用无球队员的横切、纵切、下掩护、双人定位掩护和转移球后的一侧二对二进攻，任何一个进攻投篮都能够保证内线三角冲抢进攻篮板的争抢位置和退守的平衡。

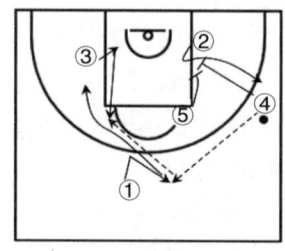

图10-39

（四）高低位进攻战术：后卫——高位策应战术

进攻基本落位2-2-1，①传球给②，②向④运球，④可以反跑，若有机会②直接传球给④上篮得分，此时⑤防守协防，则⑤可以直接在限制区内篮下要位，②根据情况可以直接传球给⑤。④反跑没有机会则提高位，①摆脱接应②的回传球，形成1-3-1落位阵型（图10-40）。①传球给高位策应的④，此时具有超强低位攻击能力的⑤可以直接低位要球进攻。若④不能传球给⑤，可以通过③攻球给⑤，②和③要移动牵制防守。若④传球给②，⑤直接低位要球，④传球后给③做定位掩护。①保持牵制防守（图10-41）。

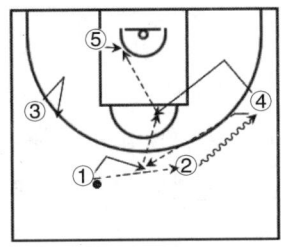

图10-40

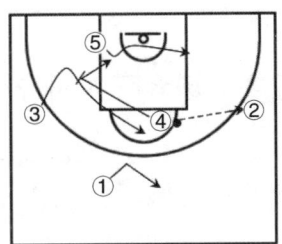

图10-41

（五）高低位进攻战术：后卫——前锋战术

进攻基本落位2-2-1，①传球给②，②向④方向运球，④可以反跑，④反跑没有机会则提高位，形成1-3-1落位阵型。①可以利用④的上提纵向切入，形成UCLA切入（篮球战术的一种），或①可以接②回传球，再传回给②，然后UCLA切入。④掩护完成后向下移动一步然后向外移动到罚球线附近，接②传球，⑤直接在篮下卡位要球，④和⑤形成高低位（图10-42）。④在高位接球后，若不传给左侧的③，②向下移动给①做无球掩护，①利用掩护拉出接球，有机会可以直接投篮；④传球后向篮下切入，没有机会，则给⑤低位掩护，⑤利用掩护篮下要球攻击（图10-43）。

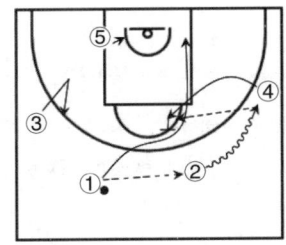

图10-42

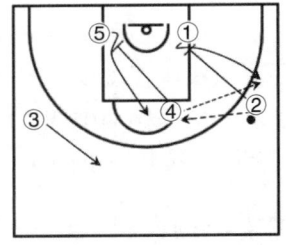

图10-43

在高低位进攻战术系列中，主要运用高位策应、低位单打、纵切、下掩护等进攻形式，也保证了三角进攻篮板的争抢位置和退守的平衡。可以看出UCLA进攻战术系列主要以双后卫落位阵型发动进攻，保证了战术双侧发动的灵活性，遵循了教练员的平衡理念。其主要运用无球队员的横切、纵切、下掩护、双人定位掩护和转移球后的一侧有球二对二进攻、高位策应、低位单打等进攻形式,当球在任何一侧的位置时,进攻都可以转化为四种传球及运球的进攻状态。

三、进攻半场人盯人防守战术的阶梯训练方法

(一)进攻半场人盯人防守路线移动训练

(1)由中场发动进攻半场人盯人防守路线移动练习。

(2)从端线掷界外球或抢篮板球后,连续攻守转换状态下进攻半场人盯人防守路线移动练习。

(二)进攻半场人盯人防守分解技术训练

(1)半场范围内每一环节核心技术练习(包括脚步、运球突破、传球、投篮)。

(2)全场范围内快速移动中每一环节核心技术练习(包括脚步、运球突破、传球、投篮)。

(3)半场和全场范围内对抗情况下每一环节核心技术练习(包括脚步、运球突破、传球、投篮)。

(三)进攻半场人盯人防守局部配合训练

1. 半场范围内局部配合练习

(1)半场范围两人配合练习(传切、突分、掩护、策应)。

(2)半场范围三人配合练习(传切、突分、掩护、策应)。

(3)半场范围四人配合练习(传切、突分、掩护、策应)。

(4)半场范围对抗状态下两人、三人、四人配合练习(传切、突分、掩护、策应)。

2. 全场范围内局部配合练习

(1)全场范围快速移动中两人配合练习(传切、突分、掩护、策应)。

(2)全场范围快速移动中三人配合练习(传切、突分、掩护、策应)。

(3)全场范围快速移动中四人配合练习(传切、突分、掩护、策应)。

(4)全场范围对抗状态下两人、三人、四人配合练习(传切、突分、掩护、策应)。

(四)进攻半场人盯人防守全队对抗训练

(1)半场范围5对5对抗练习。

(2)半场5对5转全场5对5攻守对抗练习。

第六节　进攻半场区域联防

进攻区域联防是针对区域联防的防守阵型和变化特点，结合本队球员的身体条件和技战术特点，组织相应的落位阵型，有目的地通过传球、突破、掩护等打乱对方的防守阵型，创造投篮攻机会。进攻区域联防是球队进攻战术体系中的重要组成部分，随着篮球运动的发展，进攻区域联防战术呈现出多样化、综合化的发展趋势，战术的针对性也得到提高。首先，目前球队进攻区域联防战术从单一化向多样化发展，球队具备多种进攻区域联防的战术。丰富的战术使得进攻会更加流畅，也增加了防守的难度。其次，进攻区域联防的战术呈现出综合化趋势，在一套进攻战术中，把传球、突破、策应、挡拆等多种局部战术融合起来，而不是仅仅以某一种进攻方式攻击对方。最后，战术的针对性增强，在进攻中，面对不同的防守阵型和防守阵容，球队具备机动的战术选择，进攻组织具有很强的针对性，从而提高进攻效果。

一、进攻区域联防的基本要求

（一）提高由守转攻的速度，加快反击节奏

在对方防守阵型没有布置好之前，抓住机会完成进攻。快速地由守转攻是进攻区域联防的重要方法。

（二）在联防阵型的防守薄弱区域进行攻击

在进攻时，要观察对方的防守阵型，寻找到其阵型的薄弱区域，在其薄弱区域寻找到进攻的机会。球队需要设计多种固定的进攻战术，面对不同的联防阵型，球队都要有固定的进攻战术。

（三）中远距离投篮是进攻区域联防的重要武器

高命中率的中远距离投篮不仅能够直接得分，而且能够吸引防守，逼迫对方扩大防守区域，这也会给内线创造出更多的进攻机会。

（四）将多种进攻方法纳入在进攻联防的战术设计中

要把传球、突破、策应和挡拆等多种进攻方法、战术结合起来，这种综合的进攻组合能够起到更好的进攻效果。

（五）错位的进攻

在联防时，防守队员的站位相对固定。在进攻的时候，可以根据这名球员的身体条件、技战术能力采取有针对性的进攻。这种错位的进攻能够吸引其他队员的防守，打乱对方的防

守布局和阵型。一旦协防、补防过多，其他位置的队员就能够获得更多的进攻机会了。

（六）弱侧的进攻

无论是何种联防阵型，都会遵循"以球为主，人、球、区、时兼顾"的原则。而在强侧区域，都会布置重兵防守，弱侧区域就会露出防守的空当。要利用弱侧防守的薄弱展开进攻，快速向弱侧传导球是获得进攻的机会之一。突破后向弱侧分球，也会给弱侧同伴创造出空位投篮及突破的进攻机会。

（七）争取二次进攻机会

把冲抢前场篮板球放到球队进攻联防的整体战术之中，争取二次进攻的机会。尤其是处于篮下和弱侧的进攻队员，做到有投必抢。前场篮板球的冲抢，不仅能够有机会获得二次进攻，而且能够给投篮队员更大的投篮信心，从而提高投篮命中率。此外，也能够减少对方的快攻机会。但是，在冲抢前场篮板球时，要保持好攻守的平衡，做好随时退守的准备，以免被对方打快攻。

二、进攻区域联防战术的方法

在具体进攻区域联防的战术设计中，首先要考虑防守的基本阵型，根据对方的具体防守阵型采取不同的进攻战术，抓住对方防守阵型的薄弱区域进行进攻。其次，要考虑球队队员技战术特点，根据队员技战术特点，选择不同的进攻组织方法，充分发挥队员的技术特长。进攻区域联防战术主要包括以下系列：局部承重进攻、高位策应进攻、高位挡拆进攻和低位策应进攻。

（一）局部承重进攻

这是一个双中锋低位落位的进攻战术，通过大范围球的转移、队员的移动，及内线队员的掩护，在一侧区域造成以多打少的局面。如图10-44所示，两个内线队员④和⑤队员分别落在限制区两侧的低中锋位置上，①持球于弧顶落位，②和③分别落在两侧翼位置。当进攻开始时，①传球给侧翼的③，③传球给向外弹出接球的④。当④接球后，③向篮下切入。如果获得进攻机会，则④要及时把球传给切入的③，由他完成进攻。如图10-45所示，若没有机会，则④要及时把球传给移动到强侧侧翼接应的①。①接球后，快速地把球传给弱侧的②。②接球后，可以把球传给利用⑤掩护移动到零度角的③，或者掩护后在篮下转身卡位的⑤，由他们完成进攻。若③没有机会接球，④移动到罚球线区域接②的传球进攻。如图10-46所示，若④队员没有接球机会，则到弧顶和②进行持球挡拆，②队员向右侧运球，可以传给移动到零度角的①，也可以传给移动到强侧限制区端线区域的⑤，并由他们完成进攻。

战术配合设计要点：

（1）开始落位的时候，外线三名队员要适当地向外线拉开，有利于球的转移。两名内线队员可以根据自己的攻击能力适当地向外线拉开，调动防守的空间。

（2）当④队员接球时，如果防守队员没有及时跟上，而且他具备中远距离投篮或突破的能力，则可以果断地投篮。也可以采取从端线方向突破的方式完成进攻。

（3）外线的转移球要迅速、及时，可以把快速运球和传球结合起来，加速球转移的速度。如果外线防守压力很大，不能顺畅传球，则可以采取突破分球的方式把球运转起来。在球转移的过程中，一旦内线获得机会，则要及时把球传到内线队员的手中，由他们在内线完成进攻。

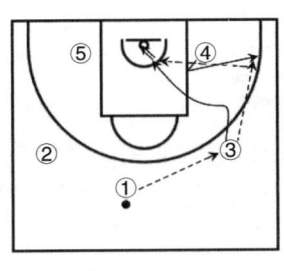
图10-44

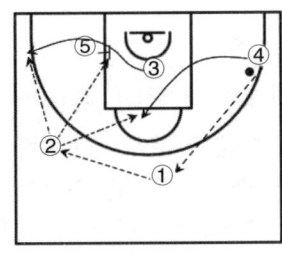
图10-45

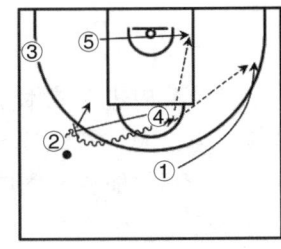
图10-46

（二）高位策应进攻

这是由内线队员在罚球线区域，或移动到高位，通过策应组织的进攻联防战术，这种战术需要内线队员具备良好的策应传球能力。如图10-47、图10-48所示，①持球落位于弧顶，②和③分别在两个侧翼落位，④在罚球线区域落位，⑤在低中锋区域落位。当进攻开始后，①传球给侧翼的②，并向限制区切入。②再传球给移动到弧顶的④，④传球给侧翼的③。③接球后，从上线向限制区突破，分球给移动到强侧外线的①，由他在外线完成投篮。如果底角的防守跟防，则②可以传球给篮下的⑤，由他在篮下完成进攻。当④在弧顶持球时，如果篮下的⑤获得机会，则要及时把球传给他，由他在篮下完成进攻。侧翼的②也可以通过返跑，在右侧获得进攻机会。当球在外线传导时，④也可以留在罚球线区域接球策应。

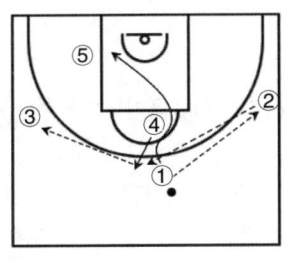
图10-47

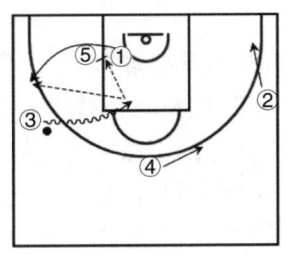
图10-48

战术配合设计要点：

（1）在进攻落位时，外线的三名队员要保持良好的空间，拉开防守，在接球时，要做出攻击的动作。

(2)在传球切入时，①要观察⑤的位置。要选择向⑤号落位的对侧外线队员传球，并切入到⑤落位的区域，造成局部防守的负重。

(3)当④向弧顶移动接球时，尽量向外线移动，拉开防守。接球后做出攻击动作，吸引防守的注意力。

(4)③的突破和①的移动要保持一致，①要根据③的突破路线、突破时间及时移动到强侧外线，做好接球就投的准备。在③的突破过程中，外线的②和④要随球转移，带动防守。⑤要观察内线防守队员的移动情况，及时向篮下移动，获得进攻的机会。

（三）低位策应进攻

低位策应进攻战术需要一名具备在低位策应的内线队员。这名队员不仅要具备良好的策应能力，而且需要具备一定的低位进攻能力，以便能够通过自己的进攻吸引防守的包夹和协防。不仅能够为同伴创造投篮机会，自己也能够持球进攻得分。进攻是以"1内4外"的落位阵型，中锋在低中锋位置落位接球，以策应进攻为主。

如图10-49、图10-50所示，当进攻开始后，①传球给侧翼的③，③传球给低中锋位置的⑤。当⑤接球后，③可以向强侧零度角区域移动，接⑤的策应球投篮。③也可以选择切入，在切入的时候，如果有机会，则⑤可以传球给③进攻。如果没有机会，则③向弱侧外线移动。①向强侧侧翼移动，②向弧顶区域移动，④向篮下移动吸引防守。⑤传球给①，①快速传球给②，由他完成进攻。如果防守队员阻截了⑤向①的传球，则⑤直接传球给②，②再传球给③或者篮下卡位的④，由他们完成进攻。

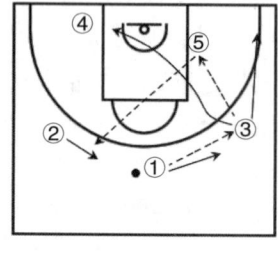

图10-49

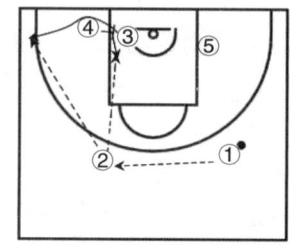

图10-50

战术配合设计要点：

(1)外线队员要保持良好的进攻传球空间距离，并在接球后做出攻击的动作，以吸引防守，为随后的传球、切入等创造条件。

(2)内线队员在低中锋位置接球后，及时观察对方的防守和同伴的移动情况，要把进攻和策应传球结合起来。如果对方不实施包夹，则可以果断进攻。如果对方包夹防守，则及时把球传给出现良好位置的队友，并做好二次接球进攻的准备。

(3)外线队员要观察低位内线队员进攻的意图，及防守队员的移动位置，及时移动到有利区域，做好接球进攻的准备。一旦内线队员强攻，则要冲抢篮板球，并保持攻守平衡。

三、进攻区域联防阶梯训练方法

（一）进攻区域联防路线移动训练

（1）由中场发动进攻区域联防路线移动练习。

（2）从端线掷界外球或抢篮板球后，连续攻守转换状态下进攻区域联防路线移动练习。

（进攻2-3区域联防）

（二）进攻区域联防分解技术训练

（1）半场范围内每一环节核心技术练习（包括脚步、运球突破、传球、投篮）。

（2）全场范围内快速移动中每一环节核心技术练习（包括脚步、运球突破、传球、投篮）。

（3）半场和全场范围内对抗情况下每一环节核心技术练习（包括脚步、运球突破、传球、投篮）。

（三）进攻区域联防局部配合训练

1. 半场范围内局部配合练习

（1）半场范围两人配合练习（传切、突分、掩护、策应）。

（2）半场范围三人配合练习（传切、突分、掩护、策应）。

（3）半场范围四人配合练习（传切、突分、掩护、策应）。

（4）半场范围对抗状态下两人、三人、四人配合练习（传切、突分、掩护、策应）。

2. 全场范围内局部配合练习

（1）全场范围快速移动中两人配合练习（传切、突分、掩护、策应）。

（2）全场范围快速移动中三人配合练习（传切、突分、掩护、策应）。

（3）全场范围快速移动中四人配合练习（传切、突分、掩护、策应）。

（4）全场范围对抗状态下两人、三人、四人配合练习（传切、突分、掩护、策应）。

（四）进攻区域联防全队对抗训练

（1）半场范围5对5对抗练习。

（2）半场5对5转全场5对5攻守对抗练习。

第七节　进攻半场混合防守

进攻半场混合防守是根据半场混合防守的形式和特点，利用防守的矛盾，针对其薄弱环节，结合本队具体情况所组织的相应的进攻战术。其特点是：部分队员采用进攻人盯人的办法，部分队员采取进攻区域联防的办法，并把两种方法有机地结合起来，通过掩护配合和人、球转移，制造防守漏洞，加重局部防守负担，从而创造进攻机会。

一、进攻半场混合防守的基本要求

（1）比赛中要及时了解对方混合防守的形式及其特点，抓住防守中的薄弱环节，采取对策，组织进攻配合。

（2）被对方盯住的队员应沉着冷静，不要急躁，不要乱跑，不要盲目进攻，否则会影响全队的进攻部署和情绪。

（3）当核心队员被对方紧逼时，可以利用掩护给被盯住的队员创造进攻机会，或被盯住的队员给其他队员做掩护，使其摆脱防守。

（4）采用不断换位、穿插移动等方法，造成局部地区以多打少。

二、进攻半场混合防守的配合方法

进攻一人盯人——四人联防的混合防守时，被紧逼的队员最好在侧面或篮下落位以牵制对方，如果在外围中间落位，则不利于球的转移，且会影响进攻中左右两侧的联系。被盯住的队员，要有目的地利用同伴的掩护或给同伴做掩护创造有利的进攻机会。同时其余进攻队员要充分利用核心队员对多名防守队员的吸引，争取主动，大胆进攻，摆脱过度依赖核心队员的思想。

（一）进攻一盯四联"1-2-1"队形的混合防守

如图10-51所示，①传球给②，②传球给底线摆脱的③，②利用假动作摆脱防守向篮下切入，若出现机会，③可以传球给②投篮。同时④在弱侧向⑤移动，利用⑤的定位掩护，向篮下切入，准备接③的传球投篮。上述配合可以从两翼反复进行。

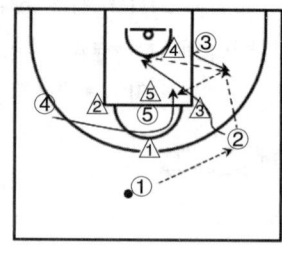

图10-51

（二）进攻一盯四联"2-2"队形的混合防守

从2-2-1阵型发起进攻配合，如图10-52所示，③被紧逼防守落位于场地右侧边。①传球给②后，向限制区内切入，若接到回传球，可以直接投篮，若不能接到回传球，如图10-53所示，向③移动给做掩护，同时底角的④上提也对③进行双掩护，此时②向左侧运球，传球给摆脱接球的⑤，③利用双掩护向篮下切入，若有机会，则选择投篮。若没有机会，如图10-54所示，⑤把球回传给②，向下移动给③做掩护，③利用掩护摆脱防守拉出接球投篮。此时①和②已经互换位置，③移动到左侧，可以继续从右侧的①发动进攻。

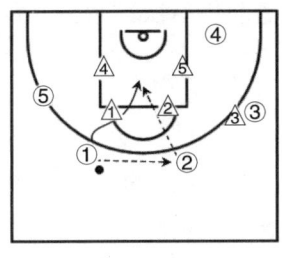
图10-52

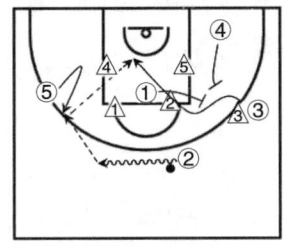
图10-53

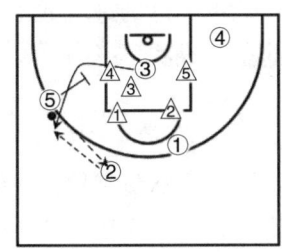
图10-54

三、进攻半场混合防守阶梯训练方法

（一）半场范围内摆脱防守练习

（1）半场范围内1对1摆脱防守练习。

（2）半场范围内2对2摆脱防守练习。

（二）半场范围内掩护进攻配合

（1）半场范围内2对2掩护进攻配合。

（2）半场范围内3对3掩护进攻配合。

（3）半场范围内4对4掩护进攻配合。

（三）半场范围内进攻混合防守对抗练习

（1）半场范围内进攻一盯四联混合防守对抗练习。

（2）半场范围内进攻二盯三联混合防守对抗练习。

第八节　特殊情况下进攻战术

一、篮球比赛特殊情况下的进攻要求

（一）投制胜球的要求

1. 简单执行

在比赛最激烈的时刻或在某场重大比赛压力下，要让队员明白自己需要做什么，越简单越好。

2. 战术有效

数以千计的进攻战术打法，在比赛特殊时刻执行时，出手投篮前传球次数越少，路线越简单，成功率越高，反之失误率越高。

（二）掌控比赛时间的要求

要教会队员掌控比赛时间。除非是对战术进行过多次的演练，否则队员担心时间会很快走完，从而在执行战术时仓促行动，导致战术失败。在解释概念时，要将时间分割成小块，并讨论在短时间内如何实现目标。一旦队员掌握了利用剩余时间的技巧，他们将会知道在比赛情形下，可以做什么，不可以做什么。在特殊情况下不同时间段掌控时间的要求如下：

（1）当比赛在最后2秒钟甚至更少的时间内，只能做快速投篮技术动作，可以通过高吊球内线空中接力投篮或接球后立刻投篮。

（2）当比赛时间还剩2~3秒钟，队员可以做接球投篮或接球后运一次球投篮的动作，接球队员需要利用掩护摆脱防守，找到接球后较好的投篮空间和角度。

（3）当比赛还剩3~4.5秒，队员可以通过1~2次传球完成进攻，或者控球队员可以利用1~2次运球摆脱防守，但是不能再进行传球。

（4）如果比赛时间还剩4.5~8秒，球在后场向前场推进，需要加快推进速度，给进攻配合预留出充足的时间。

（5）如果比赛还剩8~24秒，队员所能完成的技战术组合方式较多，可选择的进攻打法丰富，可以在充足的时间内完成全队配合。但在此阶段需要考虑比分因素。如比分胶着，除了完成得分任务，需要考虑控制比赛时间，充分利用剩余时间进行最后一次进攻，不给对方留下进攻机会。

（三）关于暂停的要求

特殊情况下的暂停，除了布置战术之外，也是利用时间规则的一种方法。在比分差距不大的比赛中，应当保留2次暂停的机会，利用在比赛的最后两分钟，而且最后时刻暂定的每一个战术布置最能检验和审查球队技战术执行能力。

二、比赛特殊情况下进攻战术的方法

（一）比赛各阶段末期最后2秒钟

1. 端线球战术

（1）有球一侧的三人成"1"字形纵向站位。

常用于掩护和空切后的三分投篮。③在端线外掷界外球，②移动到罚球区弧顶，④、⑤和①在强侧纵向"1"字形重叠站位。①横切到对侧限制线，④紧贴⑤绕切，⑤跟随④向同方向绕切为②做交错掩护，②通过交错掩护，快速移动到强侧底角接③的传球；④做完掩护后转身利用⑤号掩护向强侧同方向移动（图10-55）。

如果②没有获得接球机会，④同方向移动为②继续做掩护，然后快速拉到三分线外；①同时为⑤做掩护，⑤利用掩护快速拉到弱侧三分线外；①做完掩护后转身向篮下切入；此时，③同时有传球给②、④、⑤投三分和给①传球上篮的机会（图10-56）。

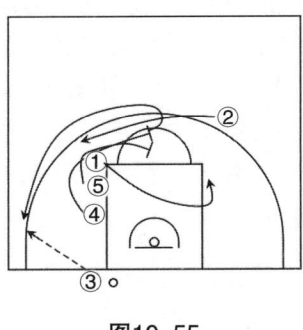

图10-55

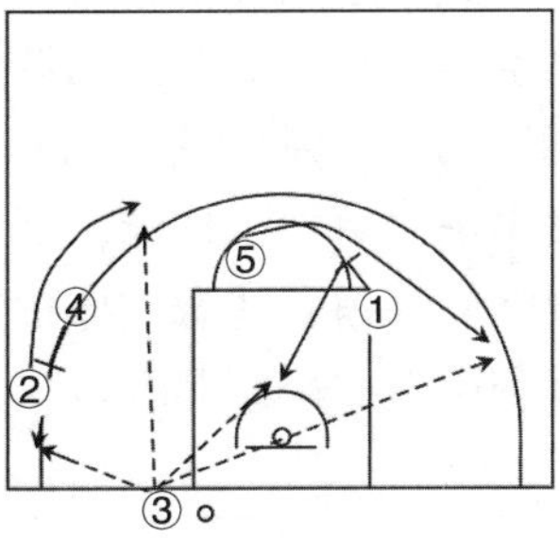

图10-56

（2）盒型站位打法。

第一种战术打法主要突出内外线之间无球掩护后的下顺和向外线的弹出。常用于强侧三分投篮准，内线攻击能力强，能够出色完成篮下突破投篮的球队。如图10-57所示，裁判员发出信号，③持球后，④、⑤快速移动到①、②的外侧做掩护，①、②利用掩护分别向下线快速移动，①移动拉出到强侧三分线外，②利用掩护移动到弱侧底线附近靠近篮下，④、⑤做完掩护后转身向篮下切入，该打法容易形成大打小，以及防守空位的机会，在最后2秒进攻中使用非常有效。

第二种盒子打法主要针对篮下进攻能力强的球队，如图10-58所示，裁判员发出信号，②持球后，弱侧③快速移动给④做掩护，④利用掩护迅速从上线对侧切入篮下，接球强攻。③向④移动同时，⑤做向篮下挤靠要位，然后突然转身提上为③做掩护，③利用掩护拉出到强侧外线空位。如果防守出现换防，⑤做转身下顺到篮下形成大打小。

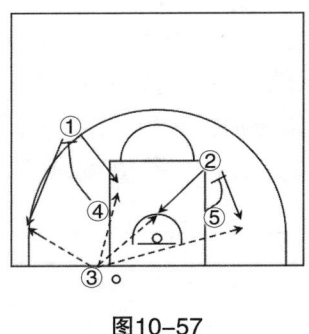

图10-57

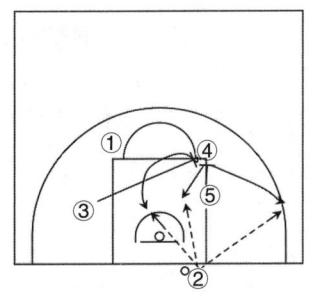

图10-58

2. 边线球战术

（1）假掩护快切篮下。

执行该战术时，④必须具备稳定准确的传球能力和良好的视野；②、③具备快速突破和稳定的上篮和投篮能力；⑤具备高大和强壮的身体、良好的掩护意识和冲抢篮板球能力。如图10-59所示，③在弱侧底角落位，②在弧顶位置，⑤落位在弱侧罚球线肘区位置，裁判员发出信号，④持球后，①拉出到强侧底角，⑤和②为③做交错掩护，当③通过⑤的掩护向②靠近前，②突然撤销掩护，快速切入篮下，④快速反应，迅速传球给切入的②。战术配合中，时机把握和掩护的位置非常重要。

（2）方形站位。

利用队员的连续移动和内线队员的双掩护延缓防守队员防守的移动时间，为接球队员创造接球空位，获得更充分的调整时间，接球完成投篮。打法上要求接球队员具有快速摆脱防守的能力，思维敏捷，而且多为外线投篮能力强的球队核心队员。如图10-60所示，裁判员发出信号后，①持球，②和③同时向篮下移动，③同时给②做掩护，②利用掩护快速移动到强侧底角，③做完掩护后向罚球线位置移动，同时④和⑤向罚球线移动，建立双掩护。③利用掩护快速摆脱防守，移动到弧顶外，接球投篮。

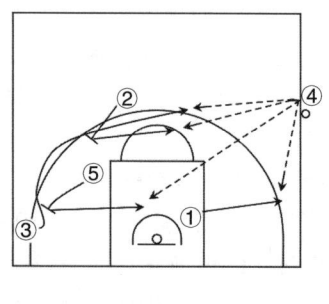

图10-59

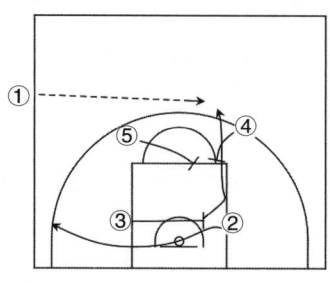

图10-60

（二）比赛各阶段末期最后2~3秒钟

由于时间限制，进攻队员的进攻技术动作受到限制，因此需要进攻方利用有效流畅的战术配合为投篮队员创造良好的接球机会，接球前的战术配合有效性直接影响接球质量和接球投篮的命中率。下面介绍高位"T"字落位配合战术。

主要通过高位掩护组织的进攻方式。④和⑤负责掩护；②负责接球投篮；③负责低位策应。④和⑤分别站在强弱侧肘区，②和③在中路重叠站位。如图10-61所示，裁判发出信号，①负责掷球入界，②和③同时通过④的掩护绕切，②通过④的掩护后，②再给③做掩护。①传球给③，同时⑤向④跨一步。④和⑤为②做交错掩护，②通过掩护接①传球。如果⑤的防守人提前协防②，⑤掩护后快速转身下顺切向篮下接球（图10-62）。

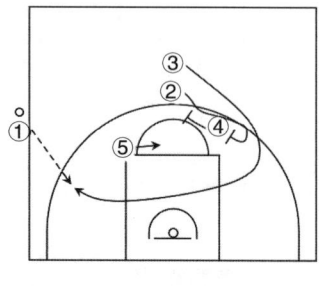

图10-61

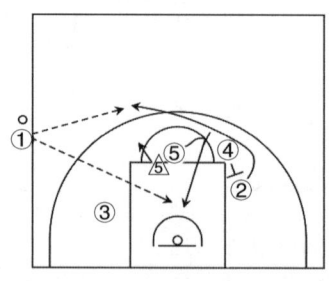

图10-62

（三）比赛各阶段末期最后3~4.5秒钟

当比赛还剩最后3~4.5秒钟时，队员接到球后完成最后投篮动作的时间增加，可有单一的接球投篮动作、接球后运球突破投篮到接球后向同伴传球、突破分球等形式变化。进攻配合战术案例如下：

队员特点：③具备身高优势，篮下进攻能力强；⑤具备精准的传球和投篮能力；④身体强壮，掩护意识强；①善于组织，传球能力强。如图10-63所示：③掷边线球，④落位于弱侧低位，⑤落位于强侧肘区，①和②面向⑤站位。①紧贴⑤向强侧底角切，目的是让⑤摆脱防守接球，③传球给⑤，⑤接球同时，④提上给②做掩护，②利用掩护快速移动到弱侧底角。

如果第一次机会没有形成，①上提为③做掩护，③利用掩护快速切到篮下，接⑤的高吊球，强打篮下。如果没有机会，①继续向上移动接⑤的手递手传球，①接球同时，⑤快速做后转身下顺篮下，此时，①可以选择拉开空间投篮，还可以传球给下顺篮下的⑤，如图10-64所示。

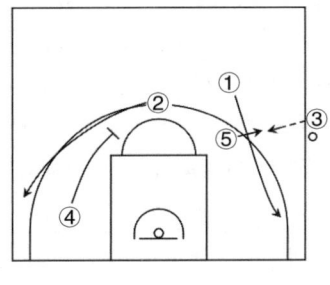
图10-63

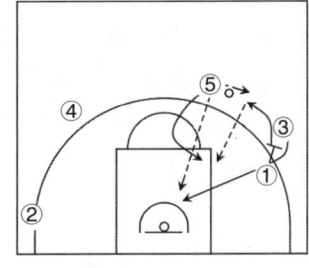
图10-64

（四）比赛各阶段末期最后4.5~8秒钟

4.5~8秒钟的时间过程中，运动员接到球后可以完成多个组合技术或者2~3人之间的战术配合，出现更多的进攻选择。进攻配合战术案例如下：

队员特点：⑤和④身体强壮，掩护意识强；②具备很强的得分能力；①和③是投手。如图10-65所示，当组织后卫①负责将球推进到前场，⑤高位落位，②低位落位，③、④左侧重叠站位。③切入限制区假装利用②的掩护摆脱，②提前撤销掩护利用⑤的下掩护切向高位，也称拉链战术。①将球传给切出的②，同时③移动到对侧底角，④移动到罚球区顶部。④给①做掩护，②向①做横向传球。如果①没有得到空位机会，④继续给②做有球掩护，②利用掩护运球突破，此时有多个选择，可以选择跳投或突破篮下，防守队员④后撤协防，如果④有远投能力，④掩护后弹出到三分线外接球投篮，或转身切向篮下接球投篮，⑤向高位移动突然反跑切向篮下接球投篮；传球给底角①，如图10-66所示。

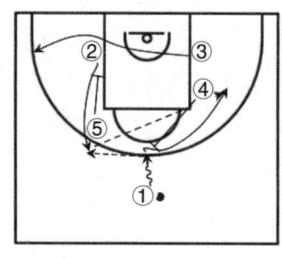
图10-65

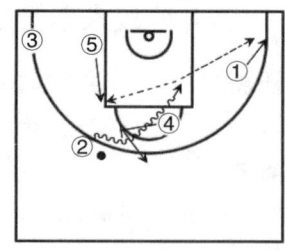
图10-66

（五）比赛各阶段末期最后8~24秒

当比赛各阶段末期最后8~24秒，运动员所能完成的技战术组合方式较多，可选择的技战术打法丰富多变，并且有足够的时间完成组合进攻。队员在执行战术行动时，除了完成得分任务外，还要考虑根据得分情况控制比赛时间，利用好时间进行攻击。三人重叠站位进攻配合战术案例如下：

比赛剩余8秒内，要参与的队员需要具备一定的技术特点和扮演不同的角色。⑤是策应队员；④身体强壮，善于掩护；③和②移动中接球投篮；①负责掷界外球。如图10-67所示，队员②、③、④在强侧限制线做重叠站位，②埋伏在篮下，裁判员信号响后，①负责掷界外球，②从掩护上方绕过，并在移动中接球投篮。如果没有空位，③利用⑤掩护，④提上继续掩护，③接球，如果没有空位，⑤向篮下移动要位强打，如图10-68所示。

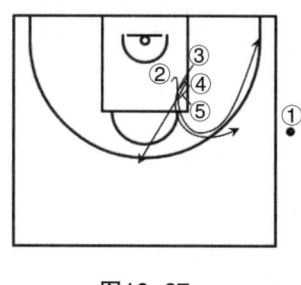
图10-67

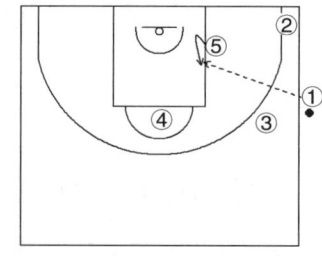
图10-68

三、特殊情况下进攻战术阶梯训练方法

（一）特殊情况下进攻路线移动训练

（1）特殊情况下边线掷界外球进攻路线移动练习。
（2）特殊情况下端线掷界外球进攻路线移动练习。

（二）特殊情况下进攻分解技术训练

（1）接边线或端线界外球，半场范围内每一环节核心技术练习（包括脚步、运球突破、传球、投篮）。

（2）接边线或端线界外球，半场范围内对抗情况下每一环节核心技术练习（包括脚步、运球突破、传球、投篮）。

（三）特殊情况下进攻局部配合训练

（1）接边线或端线界外球，半场范围两人配合练习（传切、突分、掩护、策应）。
（2）接边线或端线界外球，半场范围三人配合练习（传切、突分、掩护、策应）。
（3）接边线或端线界外球，半场范围四人配合练习（传切、突分、掩护、策应）。
（4）接边线或端线界外球（控制时间范围内），半场范围对抗状态下两人、三人、四人配合练习（传切、突分、掩护、策应）。

（四）特殊情况下全队对抗训练

（1）接边线或端线界外球，半场范围5对5对抗练习。
（2）控制时间范围内，全场范围5对5攻守对抗练习。

思考题：

1. 结合您的执教经历，阐述如何构建篮球进攻战术体系？
2. 用图示说明快攻多打少的方法。
3. 用图示说明进攻全场紧逼人盯人防守的方法，如何提高青少年篮球运动员守攻转破紧逼的意识？
4. 用图示说明进攻全场区域紧逼防守的防守。
5. 如何系统提高青少年篮球运动员半场人盯人防守能力？
6. 各设计一套边线和端线掷界外球的战术。

参考文献：

［1］让·皮埃尔. 篮球战术图解［M］. 王江沙，陈彦玫，译. 北京：北京体育大学出版社，2007.
［2］刘玉林. 现代篮球运动研究［M］. 北京：人民体育出版社，2006.
［3］杰里·克劳斯，詹姆科·科恩. 美国NABC教练员训练方法汇编［M］. 谭朕斌，译. 北京：人民体育出版社，2003.
［4］凯西·麦基. 篮球技术与战术的执教技巧［M］. 霍笑敏，胡法信，胡雁宾，等译. 北京：人民体育出版社，2008.
［5］哈里斯·哈金斯，杰里·克劳斯. 美国篮球移动进攻战术精解［M］. 武国政，译. 北京：人民体育出版社，2005.
［6］姜立嘉，周殿学. 进攻人盯人防守［M］. 北京：人民体育出版社，2007.
［7］中国篮球协会. 中国男篮备战奥运会训练方法选编［M］. 北京：人民体育出版社，2011.
［8］徐校飞. 美国篮球经典进攻战术体系研究［D］. 北京：北京体育大学，2016.

［9］中国篮球协会.中国篮球教练员岗位培训A级教程［M］.北京：人民体育出版社，2007.

［10］李·H·路斯.篮球手册［M］.郭永波，王武年，窦海波，等，译.北京：人民体育出版社，2009.

第十一章　篮球防守战术体系的构建

【导语】：篮球防守战术体系的构建是在教练员长期形成的防守理念指导下，遵循基本的防守原则，按照队伍的阵容组合设计的防守战术方法及变化。防守的过程分为防守快攻、防守衔接段进攻、防守全场进攻和防守半场进攻四个阶段，每一阶段均有不同的防守要求、原则和方法。本章重点介绍了篮球教练员防守战术理念构建的方法，分别阐述了防守快攻、防守衔接段进攻、全场紧逼人盯人防守和区域紧逼防守、半场紧逼人盯人防守和区域联防、半场混合防守的基本要求、配合方法和阶梯训练方法。本章学习的目标是篮球教练员掌握防守战术体系构建的方法和不同防守阶段进攻的要求、变化及阶梯训练法中的方法。

第一节　篮球防守战术体系的演变与构建理念

一、篮球防守战术体系的演变

篮球运动作为游戏发明时防守战术主要采用单纯的人盯人形式。防守人首先在中线排成一线，按进攻人越过中线的先后，依次盯住自己的对手。这时的防守是死死盯住自己的对手，没有换位、换人说法，防守队员各自为战，跟随自己的对手满场跑。由于进攻水平提高，为了守篮下和抢篮板球，就出现半场的3-2或2-3的落位防守。到1910年出现了换人、换位和补防的配合。1914年美国宾夕法尼亚的布里大学在比赛中首次试用区域联防，但联防的形式仅是五人立于五点上，分工不够明确，也无协防。1937年取消每次投中中圈跳球的规定后，五人连续跑动进攻的方法出现，为了应付不断移动的进攻，人盯人防守中的换人、补防等基础配合开始频繁应用，区域联防战术也随之发展。20世纪40年代中期已有了3-2、2-3和2-1-2各种形式的区域联防，并且五名防守队员也可以随球移动而滑动，调整防守的位置，但仍然显得比较机械，基本属于各守其位，给进攻的压力不大，破坏性不强，属于消极防守。

20世纪50年代高大队员大量涌现，篮下空中优势控制了比赛，限制区进一步扩大，防守中区域联防战术盛行一时，还出现了混合防守。美国出现了全场紧逼防守战术，将人盯人防守的区域扩大到全场，并对持球人进行紧逼防守，延缓对方推进速度；对高大队员的防守不再是等待落入阵地后进行防守，而是全场的跟防，并尽量使高大队员远离篮下，防止高大队员在篮下区域接球，以此来控制高大队员，削弱高大队员的作用。20世纪60年代后期，美国篮球在全场紧逼人盯人的基础上，发展了综合人盯人防守和区域联防两种防守体系优点的区域紧逼战术。区域紧逼战术的出现，大大提高了防守的攻击性和破坏性，使个人防守技术和集体配合都向前跃进了一大步。这种防守战术出现后不久就迅速得到普及和发展，大约在1976年各支球队已经能灵活运用于比赛之中了。20世纪80年代美国队首先开始研究攻击性防守，大力发展综合多变的防守战术。首先真正把多种防守战术结合起来形成综合多变防守体系的是美国著名教练员迪安·史密斯。他把自己常用的紧逼盯人、轮转堵抢、区域紧逼、区域联防四种防守形式，在全场四个不同区域里变化运用，形成了一种行之有效的综合多变的防守战术体系。

为了适应现代篮球运动高强度的要求，当今区域联防防守体系与人盯人防守体系逐渐取长补短、相互融合。融合后的防守战术既像联防又像盯人，弥补了区域联防和人盯人单独体系的缺点，加强了攻击性和集体性，此时混合防守得到大力发展。这种防守战术是以守区、盯人、防球和保护篮下为前提，与对方的进攻阵型相对应，并随其变化而变化，从而使其既具有区域性防守的整体性，又具有人盯人防守积极控制对手自由活动的主动性和攻击性，最大限度地克服了区域联防和人盯人防守各自的弱点。

现代篮球运动防守中彻底改变了过去落位等进、等对手失误的被动防守方法，从前场就开始组织防守，分别在前场、中场和后场形成多层的防守体系。各种战术形式均处处以夺取球权为中心，重视对"球""人""区域"和"时间"的综合防守体系（图11-1）。一旦失去球权，首先防守快攻反击和防守衔接段进攻，延缓对手进攻速度后有序地组织对半场进攻防守；若对手投篮命中则可以选择组织全场紧逼防守。

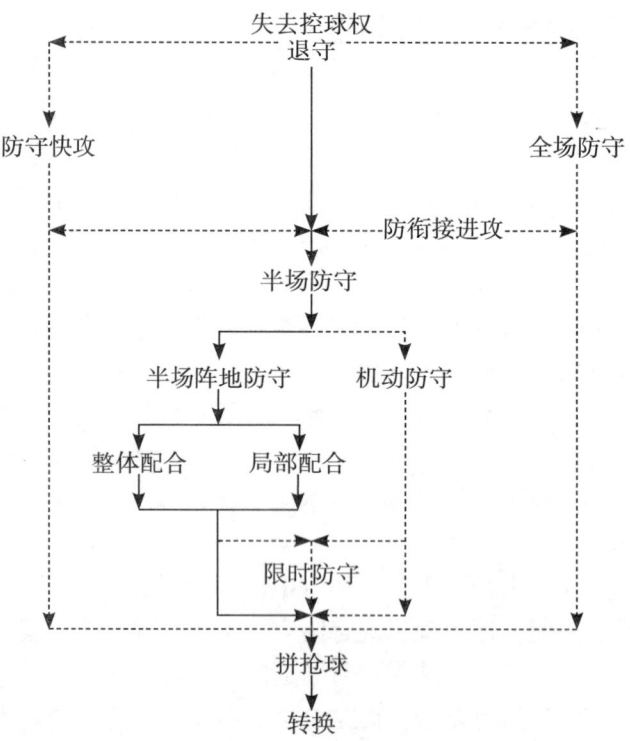

图11-1　篮球比赛完整防守过程结构示意图

当在前场发生攻守转换时，就地逼抢或者夹击，防止一传快攻，争取利用对方的慌乱，伺机断球，夺取球权；如争夺未果，则根据战术需要后退到防守区域或者就近找人盯防。本方后卫对对方的控球后卫进行紧逼盯防，不断干扰对方，造成对方始终处于保护球的紧张状态，减少进攻方前场配合的战机，增加进攻方的失误，同时通过卡脚步、堵路线等方法，使对方进攻队员不能顺利地进入前场入位，延误对方的推进速度，消耗对方进攻时间。

在中场，防运球队员堵中放边，让对方进入中线和两边线的交界处的夹击区域，防无球的队员大胆放弃自己的防守对象，进行夹击，造成对手的传球或者球回后场失误。

在后场，外线平面争夺与内线的多层空间防守相结合。在外线时，防守队员运用各种脚步动作，积极卡堵，对持球队员积极逼抢，并严防无球队员在威胁区域接球，使球尽可能远离篮圈，消耗对手进攻时间，使对手进攻组织仓促。内线重视空间网状防守，外线重视平面争夺。当对手在内线要位时，第一层防守队员要积极主动靠近对手，采用平步贴身或抢前绕防，对手获得球后，最靠近对手的防守队员快速地贴近对手，用身体和手臂抢占对手的投篮空间，迫使其改变投篮路线；第二层，临近的防守队员快速回缩夹击对手，抢占对手的有利位置，运用合理的抢、打、断球等技术破坏对手的攻击；第三层，靠近球侧的同伴快速回缩补防，抢占有利的空间，快速起跳，在空中封盖对手的投篮。

二、篮球教练员防守战术体系构建的理念

当一支球队进攻之后准备防守时，只有场上五名队员都竭力阻止对方的整体进攻及个人进攻，它才有机会赢得比赛。即便是球队整场比赛处于不利的形势，防守的恒定性也能够帮助球队赢得比赛。防守是三位立体的，包括意识、理念和敬业精神。防守需要理念，如果教练员从一开始就有坚定的防守信念，他就会在平时训练中不断强化，而决不会只在赛季里强调防守的重要性。防守方法有很多种，选择哪种，取决于您执教的球队类型和队员的个人特点，必须让队员明白，出色的防守需要场上队员进行交流。防守理念基于防守的目的，是在某种程度上破坏进攻。防守战术理念的形成，是通过教练员训练中遵循的一系列防守原则和要求贯彻实施的结果。尤其是以球为主，人、球、区、时兼顾的四位一体防守理念，无论在个人防守还是集体防守，不论是采用半场人盯人还是区域联防或全场防守战术时，都必须坚决贯彻和灵活运用。

（一）美国篮球教练员赫伯·布朗防守战术体系构建的理念

1. 防守理念的目标

防守的基本目标是扩大防守，给对手施加压力；迫使运球者停球或转向；阻截或严防所有人从弱侧或篮下插上的切入者；阻拦或控制弱侧进攻苗头；迫使对手隔人传球等；最终迫使进攻队员在防守队员面前停球。防守的另一个目标是让队员始终尽心尽力，互相鼓励，培养相互间的信任。防守意味着五个人合作阻拦一个对手，球队里没有个人，防守正是团队精神的体现。一般我们不要求大中锋协防弱侧，而要求后卫和前锋协防弱侧。防守

的最终目标是让每一名防守队员都严密防守、争抢篮板球、积极跑动、盖帽、抢断及影响所有的传球和投篮。

2. 防守理念的构建

（1）要求队员在进球后立即防守。可以改变策略，从3/4场或中场开始紧逼，打乱对方进攻的平衡。尝试各种有效方法，改变场上节奏，以期达到打乱对方阵脚的目的。我们也有可能派两名队员迎上防守对方的持球队员，给对方的进攻施加压力，改变比赛节奏或改变本队的防守。

（2）强调在丢球、被抢断、失去篮板球或失误后注意攻守转换。第一个回防的人保护篮下，同伴尽快退回，随球移动，可以回防同时寻找进攻同伴，但不能落在球的后面。

（3）在攻守转换过程中，强调保护篮下，快速转身，用身体挡住球或迫使对方停球，使所有的防守队员退守，与球保持一定的距离。反对在攻守转换时去捞对方的球。

（4）防守队员应该始终给对手施加压力，如果对方不运球，就迫使对方不停地传球。鼓励队员在防守过程中对对手施加压力，阻止对手带球突破上篮或直接投篮。要指导队员使用身体，挡住传球路线，同时张开手臂干扰对手的一切进攻方式。

（5）强调将防守对手赶出中心区域，并要努力限制对手二次进攻机会。

（6）要求队员随时协防：追球、捞球、协防，限制或杜绝对手的突破；收缩防守，占据限制区。

（7）要求控制场上局面，无球一侧跑动协防，强调协防不要让对手击败。要努力限制回传球，目的是影响或引导球向我们希望的方向转移；要决定球向两侧转移还是向中路转移。

（8）一直强调篮板球的重要性，尽可能避免对方二次进攻。要将抢篮板球突出队员挡在外面，同时挡住投篮队员，五名队员都要挡住自己的对手，并观察篮板球的每一个落点；指导队员在自己拿不到篮板球的情况下，尽量将球挑到限制区外。

（9）采用半场联防、全场紧逼、半场人盯人、对位盯人或混合防守多种防守方法，一支球队要能够打全场紧逼、3/4场紧逼和半场紧逼。一旦场上形势变化，就有必要变化防守方法。掷界外球或死球后，推荐使用紧逼防守或突然改变防守方法，以打乱对方的进攻节奏。

（二）美国篮球教练员Ron Ekker防守战术体系构建的理念

Ron Ekker研究发现，通过教练员固定进攻战术所得分数约仅占最后总分的不到1/3，在对手乱战期得分比例占多数，因此建立在预知基础上的有针对性的防守策略就失效。遵循既定原则而不是针对既定战术的设置的球队整体防守在面对对手的即兴发挥时，则可以迅速调整应对对手的自由攻击。

防守的三个基本要素是：限制持球人的突破、干扰对手的投篮和抢防守篮板球。限制持球人突破即防守队员不借助队友的协防，靠自己单独的防守来限制对手的突破。以这三个要素为基础提出球线防守理念。球线防守理念是一种原则框架下的防守。

1. 基本原则

（1）总是迅速撤回到球线；（2）干扰所有的投篮；（3）人球兼顾；（4）侧前防守对手向靠近篮圈方向的传球；（5）弱侧防守队员的位置要尽量靠近持球人，同时又能保证自己可以阻断或干扰到持球人传给自己防守的进攻队员的传球；（6）绕前防守三秒区内的进攻队员；（7）对于优势明显的所有低位进攻，都进行夹击；（8）允许对方向篮圈方向的传球；（9）尽量去封盖，而不是制造进攻方的撞人犯规；（10）只有在对手有上篮威胁的时候才进行协防。

2. 低位防守的原则

（1）通过身体接触或侧前防守，迫使低位的进攻队员离开低位进攻位置；（2）绕前防守3秒区内的对方队员。

3. 防突破的原则

（1）迫使运球者向中路突破，那里已经有站好位置的弱侧防守同伴；（2）用不犯规的方式将对手的突破限制在距离篮圈8英尺（约2.44米）以外的区域；（3）尽量迫使对方突破的队员使用跑投的方式投篮，而不是急停跳投。

4. 防守有球掩护的原则

（1）限制突破是第一要务；（2）防守掩护者的球员要在自己和掩护者之间空出一定距离；（3）防守持球者的球员要从掩护下方空出的地方穿过，阻止持球人的突破；（4）有必要的话可以换防。一旦换防，要注意绕前防守往篮下空切的进攻队员，同时注意看控制球人的突破。

5. 防守无球掩护的原则

（1）防守空切人的球员要从掩护的有球侧挤过或穿过，除非防守者判断出空切人准备使用闪切的方式；（2）防守掩护的球员要在自己和掩护者之间空出一定距离，方便队友穿过，但马上就要迅速回位来防守自己的球员；（3）只有在非常危险时才能换防。

6. 全队防守的原则

（1）对方掷界外球时，使用3/4场对球施压防守策略；（2）根据指导来使用包夹策略；（3）根据指导使用全场紧逼盯人防守的包夹策略。

第二节　转换防守

转换防守是在进攻瞬间，因为失误、投篮不进、被抢断等因素，到需要快速回防的过程，这种由进攻转换为防守称为转换防守。转换防守包括防守快攻、防守衔接段进攻和防守半场进攻三个阶段。经常的阵势包括1防1、2防2、3防3、4防4和5防5，不利的阵势有1防2、2防3、3防4、4防5等。比赛中经常会看到许多队员过度专注于进攻，不知道要在进攻时布置预防对方快攻，或队员投篮时，不参与冲抢进攻篮板球，处于一旁观望而不回防，还有队员进攻时威风凛凛，一旦进攻不成，消极回防，这些队员都有只要进攻不要防守的错误理念。因此许多篮球运动员的转换防守的理念需要教育，教练员在准备进行转换防守训练时，要综合队员出现的各种不良习惯、不当理念逐一提出并说明沟通，让全队具有一致性、统一性转换防守理念。再好的体能、再优异的技术，如果没有适当的团队理念，球队不可能获得优异成绩。

一、转换防守理念教育

（一）进攻时就要开始预防对方快攻

进攻时就要适当安排，至少拥有一位球员处于预防快攻的位置。不是说攻击没有成功才找对手快下偷跑的队员，更不是攻击没有成功，才要移位到3分弧顶位置预防对方快攻，而是在进攻时，都要适当地轮转换位，均衡布阵，3分线弧顶位置始终有人落位。当弧顶位置队员离开时，就近无球队员要轮转到弧顶位置预防对方快攻。球场两侧最好也要安排队员做好转换防守准备，他的首要责任是协助弧顶队员阻拦快下队员，所以所有进攻队员要有随时退防的心理准备，尤其是持球队员身陷危险，除了支援队友外，其他队员应机警准备及时退防。另外，人盯人防守时，对手有偷跑快下习惯，相应防守者就要随时注意对手动态。

（二）每人都要有事做，即投篮出手后每人职责分工明确

进攻投篮出手瞬间，每位进攻球员都要"有事情做"是转换防守的重要理念。投篮出手的人，最好跟进冲抢篮板球，因为他清楚自己投篮力量大小及投篮方向之左右偏差，苦力队员或投篮者对侧队员最后冲抢篮板球，若投篮者在球场右侧45°出手，对侧45°位置队员处于抢篮板球上佳位置。如果防守已经抢到篮板球，中锋或内线队员由于多数处于最靠近抢到篮板球的人，必须贴身上去对球施压，不让对手轻易将球传出打快攻。控球后卫或处于三分弧顶的队员，首要任务是预防快攻，阻拦最前端快下队员，并大声提醒告知队友另一侧快下队员，球场两侧都要做好预防快攻的措施。

（三）不能只要进攻不要防守

很多进攻能力强的队员，因为从小受到教练员的另眼相看，养成进攻时为所欲为、防守时消极怠工的自私理念，因此要加强教育，让其认识到篮球是团队的行为，不是只讲究进攻而不必防守的运动；尤其是不可以进攻一人去做，防守却变成4人防守，目前CBA联赛中许多外援就存在这种危险的思想倾向。

（四）不要让对手简单得分

快攻是最容易得分的一种战术，假如球队没有做好转换防守，对手抢到后场篮板球或抢断球，他们就可以轻松打快攻得分。因此适当布阵，在转换防守瞬间每人都要有事情做，团队努力投入在转换防守上，这样对手就难以轻松得分，球队赢球机会将提升。

（五）转换防守瞬间要冲刺回防

冲刺回到后场是做好转换防守的基本先决条件，当对手抢获后场篮板球、被抢断球或发生违例等情况时，此时为转换防守瞬间，要全力向后场中线退防，快速冲刺，要比对手快下队员快，回防过程中要看球，以掌握球的动向，一旦过中线，转身后退跑紧逼快下队员。

（六）呼应交流，临时补防，适时换防

攻守转换中，第一个回防的人必须保护篮下，并且大声叫喊呼应，迫使对方停球和干扰对方进攻，这样可以让其他防守队员回防时与球保持同一水平线，并尽快找到人。防守队员一旦发现自己的防守对象已经有同伴防守，必须尽快找离篮筐最近的无人防守者。在对手快速进攻过程中，防守队员之间要相互呼应交流，在交叉移动中适时换回自己的防守对手。

二、转换防守中以少防多的理念和要领

（一）一防二

（1）防守队员要处于两名进攻队员之间，以罚球线为最后防守位置，若提前退防到罚球线，可先做对球施压的假动作诱使其传球给另一队员，然后专心防守另一位队员。

（2）不要退到罚球线以下。防守者退到罚球线之后时，若对手继续运球推进，防守者则要堵截其前进路径，因为已经很靠近球篮，对手随时可以直接攻篮。

（3）放投不放突。宁可放弃防守对手的外线投篮，也不要迎上紧逼任一进攻队员。因为这可能漏掉篮下队员使其轻易得分。一旦外线队员投篮，防守队员做好吓唬投篮动作后马上卡位另一位无球进攻队员，准备抢篮板球。

（4）选择适当策略。根据比赛情形，可以考虑在对手出手投篮前提前犯规，让对手发界外球或让对手罚球（全队犯规累计4次）。

（5）大声交流呼救。在退到罚球线附近时就要大声向同伴呼喊，提醒同伴防守的位置。

（6）赶快准备发底线球。当对手得分时，先前的防守队员应该赶快抢发底线球，因为对手得分瞬间，我方多数队友在其前场，抢发底线球有利于创造以多打少的局面。

（二）二防三

二位防守者防守三位进攻者除了把握一防二的要点和原则外，还需要注意另外两点：

（1）适当站位，对球施压。两位防守者采取前后站位，前面的人对球施压，不可采取放投不放突的策略。因为前面防守对其施压，比较能够降低他出手攻击的命中率；同时如果做好对球施压，运球者传球就会困难，其队友难以获得接球攻击机会。后面防守人要预判持球人准备传球的方向和位置，一方面有利于抢断球，另一方面可以提前判断迎上防守。

（2）轮转补位，相互呼应。前面队员对球施压，后面队员轮转补位，后面队员轮转补位时需要大声告诉同伴自己的行动。例如后面队员向持球者移动时，需要大喊"我来、我来；后面给你"等交流语言。

（三）三防四

三位防守者防守四位进攻者时，除了上述介绍的要领和原则外，还需要把握下面两点：

（1）适当站位，联络指挥。3人成三角形站位，一人在前站位于3分线与罚球线之间，另外两人站位于限制区中立区两侧位置。前面的队员对球紧逼，临近防守者抱防不让其就近接球，另一防守者以一防二的姿势，并相互交流"这边我协防了"等语言提示。

（2）轮转补位。轮转补位在转换防守瞬间，是相当重要的技术，处理恰当可以适时阻拦进攻者单打，或阻拦进攻方多打少的优势。当进攻传球时，一般采用顺时针或逆时针三角轮转的方式，这个过程交流是非常关键的。交流不仅是进攻上的串联，更是防守上的互补，可以避免防守之间的混乱，造成失位。

三、转换防守综合理念和要领

（一）回防移动路线

（1）冲刺回防找边路快下队员。要先冲刺回到后半场，并寻找最危险的快下队员。

（2）选择适当的防守位置。移动到防守无球进攻队员的适当位置，根据进攻队员和球的位置选择合理的防守位置（一次传球距离还是二次传球距离）。尽量移动到阻拦对手快速接球的位置，避免对手接球后马上攻击。

（3）模拟中心线退防。退防队员首先向中圈中心退防移动，然后快速分散找各自防守对象，就近对球迎上施压。转换防守瞬间由于匆忙防守，防守队员有可能变更，一般情况下继续防守各自对象，除非掩护、犯规或违例和任意死球情况下可考虑换过各自防守的人。

（4）第一名回防的队员必须退回到限制区，保护球篮，他必须找到第一名参与进攻的内线队员，而不仅仅局限于自己的防守对象。所有其他防守队员都必须与球保持同一水平线或低于球所在位置。

（二）防守快攻重点是封一传，堵接应，逼运球走边路，卡两边快下

团队转换防守瞬间临近球的防守者必须迎上对球紧逼阻拦其一传，或运球突破，其余队员快下阻拦偷袭队员。要了解对手接应队员的情况，有准备地布置本队防守能力较强的队员，积极堵截对方接应队员，抢占其习惯的接应点，破坏一传接应。在快速防守的基础上，设置一名较为灵活的队员，对运球队员进行中场堵截，干扰、延误其推进速度。

（三）呼应交流，提高以少防多能力

当处于以少防多的情形时，防守方务必首先保护篮下，根据进攻队的进攻阵型及时选择有利的防守位置，人球兼顾，重点防守主攻手，兼顾副攻手，大胆运用攻击性防守破坏对方进攻。

（四）联络指挥，呼应防守衔接段进攻

当对手快攻未形成多打少时，就会继续穿插移动，交叉掩护寻找防守空当，此时防守方在呼应过程中以防守球为主，重点防守篮下区域，就近找人防守，通过各种方式的防守，减缓进攻速度。衔接段防守时，防守队员在回防过程中，还没有到达各自的防守位置，以2、3人的基础配合为主，逐渐向全队防守过渡，在防守队员全部退回到半场时，积极落位，形成防守阵势，为阵地防守做准备。

（五）分工明确，及时转换成攻击性半场紧逼防守

一旦防守逼迫进攻方无法在快速移动中获得投篮机会，就会落入半场阵地进攻过程之中。此时防守方要运用合理的防守原则，对持球人贴身紧逼防守，严格控制无球进攻队员的穿插移动，相互协防和补防，通过半场人盯人防守、区域联防和混合防守等多种方式破坏对手固定的战术配合。

四、转换防守阶梯训练方法

（一）转换防守少防多练习

1. 一防二练习

（1）掷界外球（或罚球或抢篮板球），半场或全场一防二练习。
（2）半场一攻二（失球权或听信号）转全场一防二练习。
（3）半场或全场带追防的一防二练习。

2. 二防三练习

（1）掷界外球（或罚球或抢篮板球），半场或全场二防三练习。
（2）半场二攻三（失球权或听信号）转全场二防三练习。
（3）半场或全场带追防的全场二防三练习。

3. 三防四练习

（1）掷界外球（或罚球或抢篮板球），半场或全场三防四练习。
（2）半场三攻四（失球权或听信号）转全场三防四练习。
（3）半场或全场带追防的全场三防四练习。

4. 四防五练习

（1）掷界外球（或罚球或抢篮板球），半场或全场四防五练习。

（2）半场四攻五（失球权或听信号）转全场四防五练习。

（3）半场或全场带追防的全场四防五练习。

（二）转换防守少防多至人数对等防守练习

两队对抗：连续一防二、追防成二防二；二防三、追防成三防三；三防四、追防成四防四；四防五、追防成五防五对抗练习。

（三）转换防守人数对等防守练习

1. 一防一练习

（1）半场或全场摆脱接球一防一练习。

（2）半场一攻一（失球权或听信号）转全场一防一练习。

2. 二防二练习

（1）半场或全场摆脱接球二防二练习。

（2）半场二攻二（失球权或听信号）转全场二防二练习。

3. 三防三练习

（1）半场或全场摆脱接球三防三练习。

（2）半场三攻三（失球权或听信号）转全场三防三练习。

4. 四防四练习

（1）半场或全场摆脱接球四防四练习。

（2）半场四攻四（失球权或听信号）转全场四防四练习。

5. 五防五练习

（1）半场或全场摆脱接球五防五练习。

（2）半场五攻五（失球权或听信号）转全场五防五练习。

第三节 全场紧逼人盯人防守

全场紧逼人盯人防守是由攻转守时全队以最快的速度在全场范围内紧逼各自对手，并与队友协同配合，破坏对方有组织进攻的一种攻击性极强的集体防守战术。全场紧逼人盯人防守是与对手在全场范围展开激烈的时空争夺，不仅要求运动员具备充沛的体能、良好的防守能力和协作意识，而且要有顽强的意志品质和坚韧的战斗作风。

世界强队在使用全场人盯人紧逼防守时表现出来的最大特点是：以高昂的战斗士气和坚韧的战斗作风，在全场范围内紧逼对手，越接近球紧逼得越紧，从心理、体能和技术上给对手巨大压力，使其难以正常运球和传（接）球，每前进一步都要付出极大的代价。主要表现为个人防守能力非常强，体力充沛，不论对控球队员还是无球队员都控制得很严，在默契配合基础上的整体逼防具有强大的攻击性和破坏性。当一对一防控球队员时，个人防守的攻击性和破坏性迫使其将更多精力用于护球上，影响组织进攻，从而为其他防守同伴防对手接球和抢断球创造了有利条件。严密控制球队员是阻止对方向前推进和传、接球的关键。

一、全场紧逼人盯人防守战术的要求

（一）全队要思想统一，行动一致，默契配合，制造声势压倒对方

一旦失去球权（投篮命中、罚球命中、失误或进攻犯规死球），全队必须团结一致贯彻教练员全场紧逼防守的意图（为了抢断球或是降低进攻速度），每名队员都必须占有正确的防守位置，人球兼顾。首先要控制持球人，对其贴身紧逼，从心理、体力、技术上给对手以巨大压力，使其每前进一步都要付出极大代价。

（二）合理利用规则，加强防守强度，打乱对方进攻节奏

充分运用攻击性防守技术，积极打球、抢球和断球，并充分利用5秒、8秒和球回后场等规则，造成对手失误、违例，夺回球权。同时主动加强防守的强度，加快转换速度控制比赛节奏，破坏对方习惯的进攻战术。

（三）对对方运球队员实施堵中放边，适时夹击

对持球队员要积极封堵其传球路线，对运球队员要堵卡其运球突破路线，迫使他向边线运球和停球，当对方停球或运球到中线或边角时，要大胆迎上严密封锁其传球路线，并适时进行夹击，迫使对方盲目地传球造成失误，以创造反击机会。

（四）对对方无球队员近球紧，远球松，适时补防和抢断球

防守近球区的无球队员，要错位防守，积极阻截其路线，防守远球区的无球队员，在防守自己对手基础上，人、球、区、篮、时间兼顾，适时调整位置，准备补防和抢断球。

（五）沟通交流，主动破坏对方相互之间的配合行动

积极运用协防、挤过、穿过、换防、夹击和抢前防守等配合，破坏对方向球向篮切入（或突破）、相互掩护和中场策应。当对手利用掩护配合时，应尽量少用交换防守，要采用挤过防守来破坏对方的掩护。当对方利用策应进攻时，要抢占有利的防守位置，阻挠对手插到策应区接球，若策应队员接到球，要极力封阻策应队员传球路线。

（六）团队协作，发挥整体防守的优势

注意造势，互相呼应，真假结合，虚实并用，抓住机会果断、准确地抢、打、断球，争取反击快攻。要有良好的整体作战意识，队员之间要前后呼应，左右关照，默契配合，相互协防，以发挥整体防守的优势。

二、全场紧逼人盯人防守战术的方法

全场紧逼人盯人防守找人方式分固定找人和就近找人两种：固定找人多用在有充足找人时间的情况下，如本方中篮后、罚球时命中后、暂停后、进攻失误死球后的防守。在攻守转换瞬间找固定的进攻队员比较困难，多采用就近找人，如想在对方抢到后场篮板球后采用全场紧逼，需要就近找人。全场紧逼人盯人防守一般分前、中、后场三道防线进行积极攻击性防守。

（一）前场紧逼防守方法

前场防守是第一道防线，是制造防守气势，争夺防守主动权的重要阶段。在对方发端线界外球时，有两种紧逼方式，一种是紧逼掷端线球队员，另一种是放弃掷端线界外球员，夹击接应队员。

如图11-2所示，当紧逼时机出现时，场上5名防守队员要迅速寻找到各自防守对象，并做好相应准备（防守位置和姿势等）。△可以选择防守掷界外球队员，他要挥动双臂，封堵传球角度，迫使③边侧传球，争取造成对手掷界外球失误或5秒违例；若①是一名核心队员，△就可以放弃掷界外球，与△一起夹击①，力争在第一道防线就破坏对方组织进攻。△要切断②中路的接球路线，△、△控制性松动防守，准备断长传球和配合同伴夹击或补防。

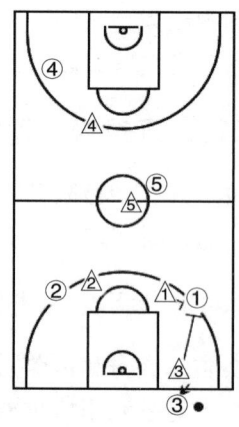

图11-2

如果对方抢到后场篮板球，防守队决定全场紧逼时，要首先紧逼抢获篮板球的对手，其他人采用就近找人的方法，尽快贴上紧逼，与对手展开争夺。对方在掷边线界外球时，有时不逼掷球人，夹击对方准备接球的队员。

（二）中场防守方法

中场防守方法主要是利用中场线和中线与边线交界的两个场角，进行夹击防守、轮转补防和抢断球。如图11-3所示，如果夹击不成，接到球的队员①运球，原防守队员△立即调整防守位置和姿势积极防运球；△堵中放边，逼迫对手沿边路运球或传球，诱使对手进入中线边角处，组织夹击和轮转补防；△逼①运球刚过中线，△与△对①进行夹击，两人要封堵其传球路线，寻找机会果断抢、打其手中的球，而△轮换补防⑤，△补防④，顺时针轮补，调整到1对1紧逼防守状态，防对手接球和抢断球。

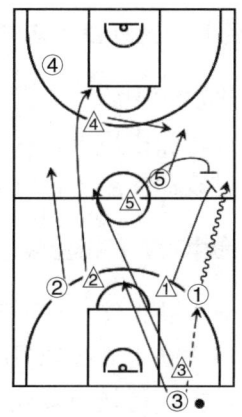

图11-3

当对方进行掩护配合时，及时采取挤过、换防或穿过，积极破坏对方的掩护。在防守运球过程中积极堵截，不断干扰对手，迫使其将更多精力用于护球，无法抬头观察全场，延缓其推进，伺机抢、打、断球；允许对手横传、后传，可放其高长吊传，要重点防其直传。后场的△、△准备配合队友堵截、夹击运球突破的队员，其他队员也迅速调整各自的位置。

当对方高大队员在中圈附近进行中场策应时，防守他的队员要尽早识破意图，提前堵截策应路线，阻断策应传球；一旦对方在中场接到球进行策应配合时，后场防守队员一定要紧盯自己的对手，切断其接球路线，其他人快速退回后场，积极抢占人、球之间的路线，破坏对方的策应配合。

（三）后场的防守方法

后场防守首先要防抢攻。若中场夹击不成功，对方推进到三分线附近，既要防突破队员在三分线附近的突然跳投，又要防其他角度的队员（0°、45°、90°角）接球投三分，同时还要谨防对手空切篮下接球上篮。这一阶段，则要按照半场扩大紧逼人盯人防守方法继续防守。如果在前场和中场由于换人和轮换补防出现防守队员内、外配对失调，强弱力量不均等现象，要寻找适当时机调整过来，以增强后场防守实力。

三、全场紧逼人盯人防守战术阶梯训练方法

（一）全场攻守转换找人防守练习

1. 罚球命中后（半场进攻命中后），固定找人防守练习

（1）三对三罚球命中后（半场进攻命中后），固定找人防守练习。
（2）四对四罚球命中后（半场进攻命中后），固定找人防守练习。
（3）五对五罚球命中后（半场进攻命中后），固定找人防守练习。

2. 罚球命中后（半场进攻命中后），就近找人防守练习

（1）三对三罚球命中后（半场进攻命中后），就近找人防守练习。
（2）四对四罚球命中后（半场进攻命中后），就近找人防守练习。
（3）五对五罚球命中后（半场进攻命中后），就近找人防守练习。

3. 抢防守篮板球后（半场进攻未命中对方获得篮板球或听信号后），就近找人防守练习

（1）三对三半场进攻未命中，对方获得篮板球或听信号后，就近找人防守练习。
（2）四对四半场进攻未命中，对方获得篮板球或听信号后，就近找人防守练习。
（3）五对五半场进攻未命中，对方获得篮板球或听信号后，就近找人防守练习。

（二）全场紧逼人盯人防守局部配合练习

（1）端线掷界外球，全场一防一逼走边路练习。
（2）端线掷界外球，全场二防二逼走边路练习。
（3）端线掷界外球，全场二防一中场夹击练习。
（4）端线掷界外球，全场三防二中场夹击练习。
（5）端线掷界外球，全场三防三轮转防守练习。
（6）端线掷界外球，全场四防四轮转防守练习。

（三）全场紧逼人盯人防守

（1）端线掷界外球，全场五防五练习。
（2）半场五攻五命中，转全场五防五练习。
（3）半场五对五未命中对方获得篮板球，转全场五防五练习。

第四节　全场区域紧逼防守

　　区域紧逼防守是防守队员按照相应的区域或阵型分工落位，以球为主，人球兼顾，在局部区域内连续组织追堵夹击，争取以多防少的优势，力求获得控制球权和反击而运用的技术方式、配合行动和集体协调的组织形式与方法。区域紧逼防守一般有全场区域紧逼防守、半场区域紧逼防守和3/4场区域紧逼防守三种形式。目前，世界上使用比较多的主要有"1-2-1-1""1-2-2""2-1-2"区域紧逼等。区域紧逼是建立在区域夹击的基础之上，对持球运动员防守压力大，夹击行动快，错位协防意识强，抢断球队员起动判断准，全队反击速度快的一种攻击性防守战术。全场区域紧逼防守战术对运动员身体素质、战术意识和防守技术要求很高。使用时，全队五人要协调一致，统一行动，才能取得理想的效果。因此这种防守形式不仅要求队员的个人防守能力强、协防意识好、速度快、反应灵敏，而且要求队员具有坚强的意志、充沛的体力，同时对整体行动意识要求也很高，要求球队能在很短的时间内展开紧逼、追防、夹击和抢断等攻击行为。

一、全场区域紧逼防守的基本要求

　　（1）由攻转守时，防守队员都要迅速按分工的防区落位，并就近进行盯人防守。

　　（2）防守时，要以防球为主，兼顾盯人，向球移动，控制中区，逼走边角，体现近球区以多防少，远球区以少防多的原则。

　　（3）防守处于前线的队员，对有球队员要积极紧逼，堵中放边，迫使对方把球传向或运向边线。对运球队员要追防堵截，迫使其在边角停球，附近同伴要迎上形成夹击。

　　（4）位于第一线的防守队员要针对对手的弱点，按计划、有组织地控制中区，迫使对手将球传运到便于夹击的边角区域，以便与邻近的同伴对运球或持球队员形成夹击，逼迫对方在慌乱中违例、失误或匆忙草率传球。夹击形成后，其他的防守队员则要相应采用偏向有球一侧的错位防守，既控制本区无球对手的行动，又随时准备抢断球。

　　（5）在前场防守时，如果球传向后场并越过自己防区，应立即以最快速度、最短路线向后场回防，准备堵防或抢断球。

　　（6）后线防守队员，要根据前线防持球队员的行动，对本区的进攻队员进行错位防守，并随时注意堵截、夹击或抢断球。

二、全场区域紧逼防守的方法

　　全场区域紧逼防守一般把球场划分为前、中、后三个区域，其主要争夺的区域是前区和中区，前区积极紧逼和围堵，在中区制造夹击，进行夹击和抢断球。全场区域紧逼防守战术由布阵、夹击、轮转和转换组成。布阵是防守战术的开始，队员按照赛前的布置占据场上的不同位置，形成一定的阵势，不同的布阵体现不同的全场区域紧逼的方法；夹击是利用场角和中线等位置特点对进攻队员实施包夹，迫使其出现失误；轮转补位是在防守夹击持球队员时，其余四名队员根据一定的原则，放弃离球最远的队员或离篮最远的队员，伺机抢断传球；转换是在进攻队将球推进到前场后，由全场防守马上过渡到半场防守。

（一）全场区域紧逼防守的阵型和夹击区域

全场区域紧逼防守阵型包括"1-2-1-1""2-2-1""2-1-2""3-1-1"等。运用中以"1-2-1-1"形式为主，队员只要向前后左右移动的位置，就可以根据比赛需要而改变防守形式。"1-2-1-1"形式是前区和中区防守力量较强，能有效地阻止正面和中区向篮下进攻，但后场防守力量较弱。"2-2-1"形式是两翼防守较强，能有效地组织边线夹击，其弱点是篮下防守不足，很难防守高大灵活的队员在篮下活动。"2-1-2"形式加强了两翼和篮下防守，但中区和正面防守相对比较薄弱。"3-1-1"形式加强了前区的防守力量，但是中区和后区防守力量相对比较薄弱。

如图11-4所示，不论哪种区域紧逼的防守阵型，主要夹击区域是球场上由边线和端线、边线和中线形成的①、②、③、④、⑤和⑥灰色阴影区域六个场角，而12个标注的X点是可以即时夹击点。防守队员应尽量逼迫持球队员移动到位于场角、边线和端线的夹击点，充分利用夹击点的地面与空间优势。半场防守中当球在两翼时，防守队员应该尽力迫使持球队员往限制区下方位于端线上的夹击点运球。中间阴影部分⑦，则要求防守运球者必须尽量逼迫运球队员离开该区域，向边角移动，为同伴创造夹击机会。

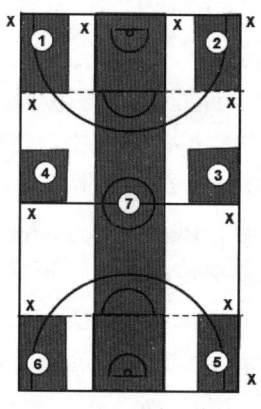

图11-4

（二）全场1-2-1-1区域紧逼防守前场防守方法

从攻转守战术布阵落位要快，全队思想统一瞬间形成"1-2-1-1"阵型。前场的"1"的责任最重要，他要负责把持球队员推向边线的夹击区，"2"中的一个队员一旦持球队员开始运球即实施夹击，后线的三个队员马上选择恰当的位置；"2"中的另一侧队员要注意防守附近接应的队员。如图11-5所示，当对方掷端线球时，前区的任务由△、△、△来完成，△的任务是防守③，影响其顺利地掷界外球，并封堵向②的传球路线。△和△应不让①和②顺利接球，当①接球时，△应迅速随球移向①，并与△堵①向中区运球移动，适时进行夹击，第一夹击区在三分线外边线附近。同时△应向中间移动，切断①可能向②和③的传球路线，迫使①由边路运球推进。△在①开始运球时，应向右侧移动，准备在中区夹击，△应向右下侧移动准备堵截和补位。

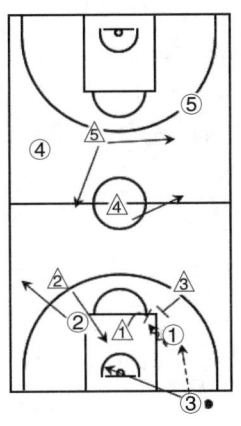

图11-5

（三）全场1-2-1-1区域紧逼防守中场防守方法

一旦运球队员突破第一道防线，向中线继续运球突破时，另一侧队员快速退防。当①向前场运球突破时，△应紧逼运球队员向中线推进，不让其轻易变向到中间区域。一旦运球过中线△横向堵截；迫使①运球过中线后停球，并与△共同夹击，同时△要从中路退到中区，△要由边路退到后区的前沿，△继续向右移动切断①向⑤的传球路线，△和△在中区和后区并随时准备补防或断①向中间或右侧的传球（图11-6）。

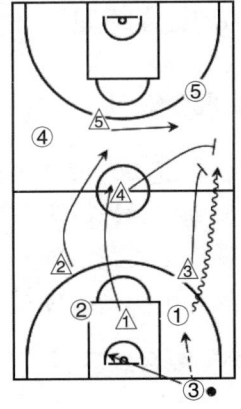

图11-6

（四）全场1-2-1-1区域紧逼防守后场防守方法

当夹击不成功，球传出时，队员要相互交流，可以选择继续夹击或者寻找人落位半场阵地防守。如图11-7所示，当①传球给⑤时，△要及时到位防守，△应迅速后撤，与△共同夹击⑤，△要向篮下移动，控制对方②或④进入罚球区接球，同时△下撤，严密防守①，切断⑤把球回传给①的路线，△后撤到后区前沿，控制进攻队员②和③的行动，并随时准备断球快攻。

如图11-8所示，若①把球传给③时，防守队员可以逆时针方向移动进行补防，组合半场人盯人防守队形。

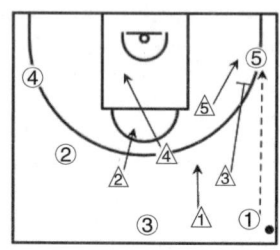

图11-7

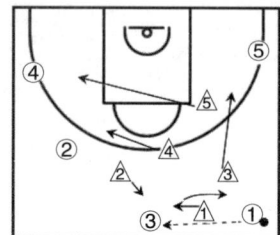

图11-8

三、全场区域紧逼防守阶梯训练方法

（一）全场区域紧逼防守快速落位练习

（1）五人"8"字围绕快攻返回快速区域紧逼防守阵型落位练习。
（2）半场五对五攻防，投篮命中，快速区域紧逼防守阵型落位练习。

（二）全场区域紧逼防守局部配合练习

1. 全场区域紧逼防守多防少局部配合练习

（1）端线掷界外球，二防一前场和中场夹击练习。
（2）端线掷界外球，三防二前场和中场夹击练习。
（3）端线掷界外球，四防三前场和中场夹击练习。
（4）端线掷界外球，五防四前场和中场夹击练习。

2. 全场区域紧逼防守人数对等局部配合练习

（1）端线掷界外球，一对一摆脱接球，逼迫边路运球练习。
（2）端线掷界外球，二对二摆脱接球夹击练习。
（3）端线掷界外球，三对三摆脱接球夹击练习。

（4）端线掷界外球，四对四摆脱接球夹击，轮转补防练习。

（三）全场区域紧逼防守对抗练习

（1）罚球命中后，全场区域紧逼防守对抗练习。
（2）半场五对五攻防命中，转全场区域紧逼防守对抗练习。

第五节　半场紧逼人盯人防守

半场紧逼人盯人防守战术是由攻转守时，全队以最快的速度退回到后场，在每名防守队员分别防守一名进攻队员的基础上进行协作防守的全队防守战术。这种战术分工明确、责任到位、针对性强、协同互补性强，是运用最多的一种防守战术形式，是篮球运动中各种防守战术的基础。根据防守区域的大小，半场紧逼人盯人防守可以分为半场扩大人盯人防守和半场缩小人盯人防守两种。半场扩大人盯人防守控制区域比较大，一般距离球篮8~9米，主要用来对付中远距离投篮较准或控球能力比较差的球队。半场缩小人盯人防守防区比较小，一般距离球篮6米左右，重点防守对方篮下的进攻。

一、半场紧逼人盯人防守的要求

（1）攻守转换时必须快速回防，构筑起严密防守，减少对方轻松得分的机会。
（2）半场紧逼人盯人防守要积极紧逼抢球，以破坏对方的进攻节奏。
（3）半场紧逼人盯人防守要限制对手突破，不要让对手跑篮或突破上篮，迫使对方在不得已或在有干扰的情况下匆忙投篮出手。要将投篮者控制在外围，并扬手封盖。
（4）严守限制区，尽可能减少对手在限制区内从容接球的次数。一旦接到球，要果断进行包夹，让进攻队员尽可能在外围接球。
（5）半场紧逼人盯人防守的关键在于球队的努力和信心，而不仅仅是个人的防守能力，防守需要队友之间的信任，更要加强相互之间的交流呼应。
（6）半场紧逼人盯人防守要紧逼持球人，选择合理防守策略，封阻传球路线，用身体挡住对手突破，迫使其向预定方向运球突破。
（7）半场紧逼人盯人防守要遵循人球兼顾的原则，弱侧防守队员必须随时进行协防，要在对方转移球时移动。
（8）要了解对手的战术打法，作出预测，破坏对手的习惯打法，然后按照自己的意愿改变球的走向，决定球向中路或是边路移动。
（9）不让对方轻易地来回转移球，紧逼防守，阻拦对方的突分传球。
（10）防守挡拆配合时，要不断改变防守阵型和防守策略，可采用攻击性很强的战术或使用软包夹，迫使对手停球。
（11）包夹球时，要迫使对手传球者传高球，以便让弱侧的队友有反应时间并进行轮转防守。包夹结束后，轮转补位，防守离你最近的无人防守者。

（12）防守无球队员时，要挡住其切入路线，不要让对手轻易空切篮下，同时协防持球队员的运球突破。

二、半场紧逼人盯人防守的方法

半场紧逼人盯人防守要遵循防人为主、人球兼顾的原则。要加强对有球队员的争夺和对无球队员的控制，积极封锁传球，堵卡接球，堵截运球突破路线，阻止中远距离投篮，破坏对方习惯的进攻战术配合，适时组织夹击，制造对方失误、违例，积极抢断球，降低对方投篮命中率和拼抢防守篮板球，进行快攻反击。下面围绕UCLA进攻战术体系中阵地进攻人盯人的战术方法（防守高后进攻战术：防守后卫导入—高位中锋进攻）说明半场紧逼人盯人防守的移动方法。

如图11-9所示，进攻基本落位阵型2-2-1时的防守落位方法。当球在进攻队员①手中时，防守△紧逼，选择偏向进攻队员右侧的防守姿势，△向△的位置横跨1~2步，敞开协防进攻队员①的突破，△侧前防守，不让③轻易接球，△收缩到限制区以内的位置，回收保护篮下，△在限制区内侧前防守⑤接球，所有人防守位置选择始终保持人球兼顾。如图11-10所示，当①传球给②时，△在①传球瞬间快速迎上防守，在②接球瞬间已形成合理的防守位置和姿势，△向斜后方横跨1~2步，协防②，△迎上侧前防守④（也可以选择协防②的策略），△收缩到接近罚球区位置协防，人球兼顾，△收缩到限制区篮下位置，保护篮下。

图11-9

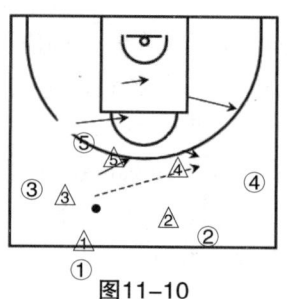
图11-10

如图11-11所示，⑤做假动作后插上罚球前接球，△有利用身体对抗阻拦⑤向罚球线移动，并在其达到罚球线时，侧前防守阻拦其接球，当⑤接到②传球后，△则要选择在人与篮之间低重心防守姿势，△向⑤收缩，选择兼顾②和⑤的合理防守位置和姿势，△也向⑤收缩，准备适时夹击，△和△均选择向⑤收缩人球兼顾的位置和姿势。当④试图反跑时，△面向④追防，随之调整合理的防守位置和姿势，当③试图反跑时，△面向③追防，随之调整合理的防守位置和姿势。如图11-12所示，当球外传给①时，△跟随球紧逼防守，△收缩到⑤身前协防，△向左侧移动侧前防守，△左手在前侧进行前防守，△收缩保护篮下，同时协防⑤。

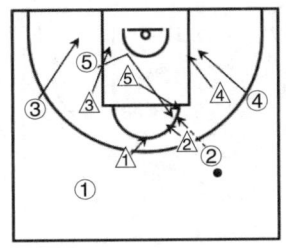
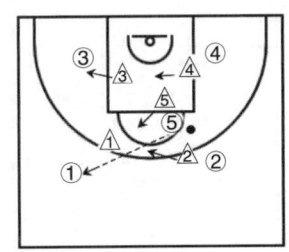

图11-11　　　　　　　　　　　图11-12

如图11-13所示，当①传球给③，△贴身紧逼③，△顺势向③的一侧收缩，△、△收缩保护篮下，△收缩到罚球线位置⑤身旁。如图11-14所示，③接球后⑤给④下掩护，△移动过程中主动与△交流，根据进攻掩护策略，选择挤过、穿过或换人等方式破坏下掩护，同时△也可以收缩干扰罚球线位置的队员接球。

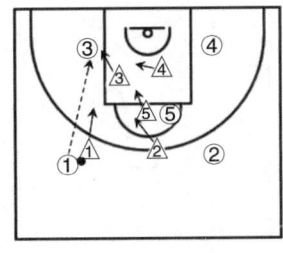
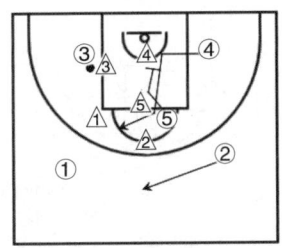

图11-13　　　　　　　　　　　图11-14

如图11-15所示，当①持球，△侧前防守③，无法接到①传球时，④利用⑤的掩护上提到罚球线接①传球，④接球后，△紧逼防守，△和△收缩协防④，△和△贴身紧逼，严禁其对手接到④的传球。

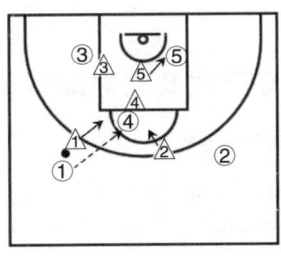

图11-15

如图11-16所示，①把球回传给移动到弧顶的②，△紧逼防守，△向球侧收缩协防，④向③靠近形成双掩护，△、△、△相互交流收缩保护篮下。如图11-17所示，②接球后，⑤上提到罚球线，△紧逼侧前防守不让其接球，①利用③和④的双掩护切入拉出接球投篮，防守△要紧跟进攻者，当其切入时紧随，△和△协防，当①利用掩护拉出时，△要跟随防守。

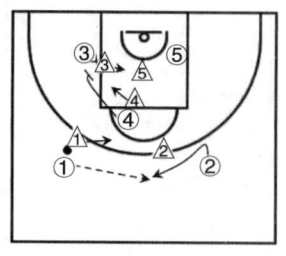

图11-16

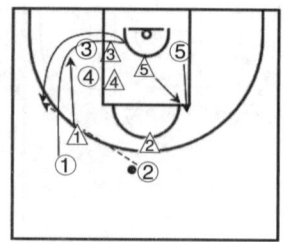

图11-17

如图11-18所示,当①接到球时,防守迅速移动到位,△向球侧移动协防,△、△、△相互交流收缩保护篮下。如图11-19所示,当②向篮下纵切时,△要阻止其向自己身前切入,并跟随其切入后调整防守位置,当⑤利用③和④掩护拉出接球时,防守△要提前挤出或跟随其后紧逼防守,不给对手空当投篮机会。

图11-18

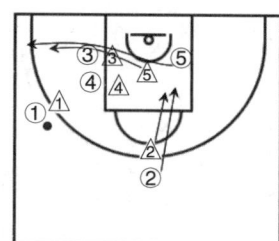

图11-19

从上述防守后卫导入—高位中锋进攻的流程可以看出,半场紧逼人盯人防守要在遵循基本防守原则基础上,实施集体防守策略,才能发挥防守的威力。

三、半场紧逼人盯人防守阶梯训练方法

(一)半场紧逼人盯人防守选位及跟随球移动练习

(1)半场二对二防守选位及跟随球移动练习。
(2)半场三对三防守选位及跟随球移动练习。
(3)半场四对四防守选位及跟随球移动练习。
(4)半场五对五防守选位及跟随球移动练习。

(二)半场紧逼人盯人防守单人技术和局部配合组合练习

1. 半场紧逼人盯人防守单人技术练习

(1)防守有球队员练习(防守运球、传球、投篮和突破练习)。
(2)防守无球队员移动练习(防守切入、摆脱、掩护练习)。

2. 半场紧逼人盯人防守局部配合组合练习

（1）半场防守两人配合组合练习。

（2）半场防守三人配合组合练习，28号三防四移动呼应练习。

（3）半场防守四人配合组合练习。

（三）半场紧逼人盯人防守对抗练习

（1）半场四对四对抗练习。

（2）半场四对四转全场四对四对抗练习。

（3）半场五对五对抗练习。

（4）半场五对五转全场五对五对抗练习。

第六节　半场区域联防

区域联防是在由攻转守时，防守队员快速退回后场，布置好防守阵型。每一名队员负责防守一定的区域，并随着球的转移和进攻队员的移动而不断调整防守位置和区域，以"人、球、区、时"兼顾的原则，把所有的防区和队员有机地结合在一起。在防守中，全队防守阵型随着球的转移和进攻队员的移动，不断地发生变化，以球为主，所有防守队员不断地调整自己的防守位置。在强侧区域以多防少，在弱侧区域以少防多。在各自的防区内，不让进攻队员通过切入获得接球进攻的机会。区域联防在比赛的运用中，一方面可以主动求变，增加防守的变化，打乱对方的进攻节奏和战术安排。另一方面，运用区域联防能够弥补个别队员防守能力的不足，限制对方重点人物的进攻，发挥全队集体防守的优势。

一、区域联防的基本要求

（1）在对方由守转攻时，距离球最近的队员要积极封阻对方的一传，逼迫对方停球。并对其主要接应点进行封堵，不让其顺利接球。其他队员要迅速后撤，及时退防，回到后场布置好区域联防阵型。

（2）在区域联防的布阵时，要根据不同联防阵型的要求及队员个人身体、技术特点，合理地安排好各自的防守位置。把移动能力强的队员放在外线区域，把身材高大、篮板球能力强的队员放在内线区域。但在由攻转守的瞬间，如果不能够及时回位，则要相互沟通，做好换位防守的准备，不要固守此前防守的位置，而应当根据当时本方退防队员的站位及对方进攻队员的落位情况，做出随机的位置调整，以便能够及时遏制对方的投篮。

（3）在强侧区域，根据人盯人防守的原则，不仅要保持对持球队员的防守压力，而且不要给强侧无球队员太多空间，不让他们轻易接球进攻。对持球挡拆进攻要采取人盯人防守时的防守原则和方法，不要让对方轻易获得空位投篮机会。在弱侧区域，防守队员要贯彻"以球为主，人、球、区、时"兼顾的防守原则，根据球的传导，不断地调整防守位置。并通过积极的卡位,减少弱侧的进攻队员通过横切、纵切进入自己的防区。如果对方进入了自己的防区,不要让对方轻易接到球。当对方溜底线时,要根据堵、卡、送的原则进行防守。如果对方接球进攻能力很强,或内线同伴不能及时接应时,可以采取跟随的防守方法,严防对方队员在底线区域的接球进攻。

(4)对重点人、重点技战术的防守。在采取何种防守阵型时,要考虑自己球队整体的技战术特点、身体条件、防守能力等,也需要考虑对手的技战术特点、球队主要的攻击手段、重点的进攻队员等。从自己和对手的全方位角度去考虑,再制定综合的防守阵型。在防守的过程中,在充分考虑球的转移、球员的位置移动情况下,要时刻保持对对方重点战术、重点攻击手的防守。

(5)防守阵型的变化。联防分为各种不同的防守阵型,如2-1-2、3-2、1-3-1、2-3等。但这些防守开始时的站位阵型都是暂时的,全队的防守阵型、球员的防守位置会随着对方球员的移动、球的转移、重点队员的落位而进行不断的调整和改变,而不是一成不变的,甚至是发生了巨大的变化的。尤其是在对方连续突破分球后,或抢获前场篮板球后,防守的阵型将随着对方球员的落位、球的位置发生很多的变化。从一种阵型变化成另一种阵型,甚至变成了局部的、全部的人盯人等。在防守阵型上,全队将随着对方球员的落位、移动、球的转移、篮板球后的变化等发生巨大的变化。但是一切以控制球为主,以控制主要队员为主,以控制对方主要的战略方针为主。

(6)对球的控制。在防守时,加强对持球人的控制,在防守持球人时,要采取堵中放边的原则,把球赶到一边,形成了强弱侧。控制对方由外向内的传球,不要让球轻易地传到低位球员的手中。通过协防减少对方向限制区的突破,减少不必要的补防、夹击、关门等。控制对方直接向弱侧的直传球,或快速地向弱侧的转移球。一旦球从强侧快速地转移到弱侧,那么弱侧的防守跟上的速度就决定防守的质量。

(7)防守的空间。防守的空间主要是非持球防守者和持球人防守者的距离。这个空间将会随着进攻方技战术特点、攻击的方式、攻击的意图、持球队员的技术特点等不断发生变化,也随着防守队员、球队的防守技术、防守经验、防守能力等发生变化。这个变化是一个相互博弈的过程。如果持球队员防守者能限制住持球人,则就让空间大点。如果持球人防守的压力很大,则就要缩小防守空间,加强协防。把空间控制在何种程度,则根据场上的具体情况不断地发生变化。这个变化直接体现的就是全队的防守体系、防守经验、防守能力问题。

(8)防守的弹性。在防守中,全队随着球的转移,防守阵型发生不断的变化。如球到内线,则全队的收缩保护,球再传到外线,则能够及时扩张出去。当球从一侧转移到另一侧时,全队能够随着球的移动不断调整防守位置,始终保持对球的压力。在不让球随便移动的前提下,保持全队防守的稳定性、伸缩性和弹性。

(9)错位的防守。在联防时,经常会发生错位的防守。即在某个区域,进攻队员的身体条件明显优于自己的防守人。如高大内线移动到弧顶区域接球进攻,外线攻击手移动到底角区域接球攻击等。这是任何联防都无法避免,而且是非常普遍的现象。因此,在防守中,需要能够应付这种错位,或尽量减少这种错位对防守的威胁。一旦形成了错位防守,则全队必须要加强保护。

（10）由守转攻。把反击和防守结合起来是现代篮球发展的一个重要标志。无论何种防守，一旦获得了球权，必须在第一时间发动反击。加强反击力度，可以打乱对方的防守，获得更好的进攻机会。同时，也可以让对方的进攻不能做到随心所欲、为所欲为。一旦对方顾忌到自己的反击，他们在进攻中就不敢投入全部的精力了，这样就减轻了防守的压力。

二、区域联防的方法

区域联防的阵型主要有以下几种：2-1-2联防、2-3联防、3-2联防、1-3-1联防。每种联防阵型有其防守的强区，但也有其防守薄弱的区域，下面以2-3和3-2区域联防为例说明区域联防的配合方法。

（一）2-3区域联防的方法

1. 球由弧顶传到侧翼区域的配合方法

如图11-20所示，当①传球给②，则由△迎上防守③，△协防。△移动到⑤侧前防守其接球，△向球侧移动协防，△收缩到篮下区域。当①向篮下位置纵切时，△要迎上阻止其向篮下切入接球，当①在限制区中间停留时，△协防封堵，护送①移动到弱侧底角位置。防守队员要相互呼应，防守纵切时，阻截其在身前切入，尤其是要严防其在限制区内接到球，迎上防守持球队员时，快速冲刺碎步迎上防守。

2. 球侧翼传回弧顶区域的配合方法

如图11-21所示，当③传球给②时，△迎上防守②，△收缩到罚球圈一侧位置协防，△收缩到限制区中间区域保护篮下，△收缩到⑤的身前阻止其接球，△上提到△右后方的位置，准备协防④接球。

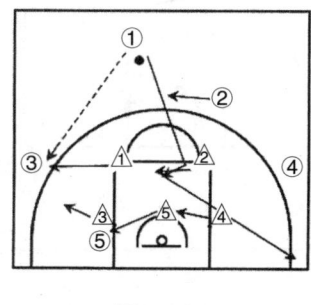
图11-20

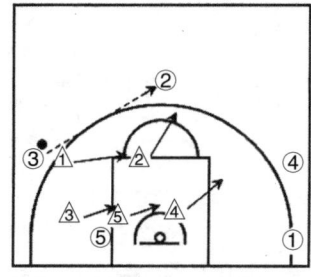
图11-21

3. 球由弧顶传到另一侧翼区域的配合方法

如图11-22所示，当②传球给右侧④时，△来不及回防，△先迎上，待到△移动到④的身前时，快速回防到底角位置，△沿罚球线向球侧收缩，△移动到球侧限制区外位置，△护送⑤向球侧移动，交接给△，然后回到限制区中间位置保护篮下。如图11-23

所示，若④接球后快速传球给底角位置①时，移动到限制区外的△必须要迎出去防守①，△侧前防守⑤接球；△移动到位置防守④时，△要快速换位到弱侧防守，△要侧前严防④接回传球；△收缩罚球线位置，伺机抢断①的长传球。△在合适的时机换回到中间位置防守。

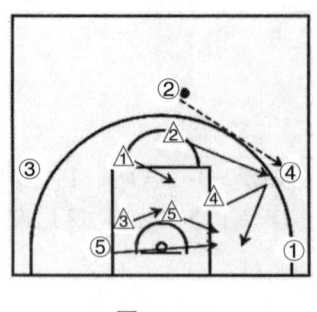
图11-22

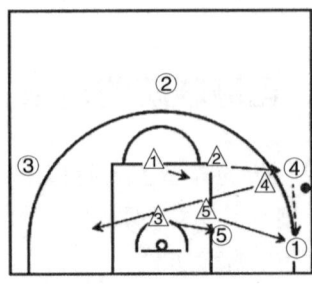
图11-23

4. 球由侧翼再次回传给弧顶区域的配合方法

如图10-24所示，△迎上防守②，△向罚球线位置收缩，△向③一侧移动，准备协防其接球，△向篮下移动保护篮下，△收缩到⑤身前阻止其接球。

5. 球由弧顶再次转移到另一侧区域的配合方法

如图10-25所示，△迎前防守③，当△回防时，△回防到底角位置，△收缩到罚球线中间位置协防，阻止②从其身前切入接球，并护送②向底角位置移动，然后返回自己防守位置。△向球侧篮下位置移动，△收缩篮下。

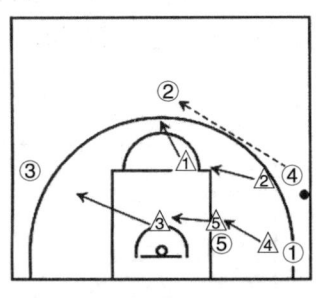
图11-24

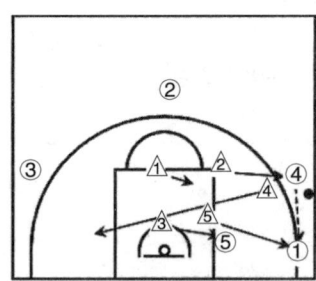
图11-25

6. 球由侧翼区域传球给中锋时的配合方法

如图10-26所示，当③传球给⑤时，△在其身后紧逼防守其持球，△和△收缩协防，一旦⑤运球，△和△要果断进行夹击，△和△收缩篮下，阻止其他队员向篮下切入。

图11-26

（二）带摇摆人的3-2区域防守的方法

在3-2区域防守时，球队的某名队员承担摇摆人的职责，要始终保持在持球进攻队员和篮筐之间的连线上，用以防守持球队员向限制区的传球或突破。这名队员需要拥有一定的高度和速度，并且具备良好的体能。由于摇摆人要始终保持在球向篮筐前进的路线上，因此，其他四名防守队员就可以大胆地向外线扩张，给外线队员施压。在防守中，任何球员都可以充当摇摆人的角色，但是具备一定高度和速度的队员会更加理想，因为，他们可以更好地做好协防和保护后场篮板球。

防守的基本原则为以下几点。

（1）对持球人的防守不需要施加太多的压力，这样有利于防守方在对方的球转移后的整体移动。

（2）积极地去干扰所有的投篮。

（3）在有球掩护的情况下，防持球的人总是采取挤过。

（4）时刻注意从弧顶和弱侧空切过来的进攻队员。

（5）当空切人离开自己的防区去队友的防区后，要大声地醒队友。

（6）全队集体抢篮板球，对每一个球都要全力以赴地争抢。

（7）一旦持球人突破，先临时变为人盯人防守，直到摇摆人阻止了突破后，再恢复联防。

（8）在一些大范围的横传球进攻情形下，注意球的位置，同时要警觉空切人的跑位。

按照要求摇摆人始终保持在持球进攻队员和篮筐之间的连线上，根据持球人和篮筐之间的连线，摇摆人始终要处在限制区线上或者之外。如图11-27所示，当球在弧顶时，△是摇摆人。此时，△和△防守队员要切断从弧顶向低位的传球路线。如图11-28所示，当球传向侧翼时，△摇摆人立即移动到球和篮筐之间的连线上，阻止从侧翼向低位的传球，防守队员△可以不必绕前防守⑤。

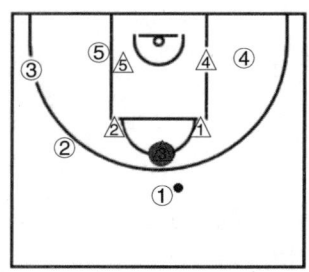

图11-27

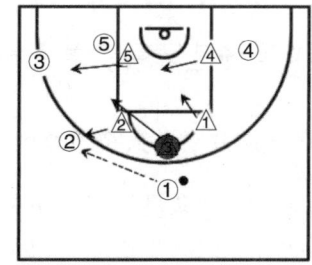

图11-28

如图11-29所示，当球传到底角时，△去防守持球的③，△摇摆人移动到球和篮筐之间的连线上，但是不要被⑤挡在身后，而是要在其身前封住来自底角的传球。△和△防守队员需要注意空切人进入他们的防区，△防守队员要向下回收，阻止进攻队员的传球或空切。当球处在底角很深的位置时，摇摆人只要守住自己的位置，不要被低位进攻队员挡在身后，也不需要绕前防守低位进攻队员，只需做好干扰一切向限制区的传球。如图11-30所示，当球从很深的底角位置转移到弧顶位置时，摇摆人无法及时归位来阻止弧顶持球人的行动。此时，需要原来弱侧罚球线区域的防守人△充当新的摇摆人，而原来的△摇摆人则去补上△原来的防守区域。此时，△防守队员就变成了新的摇摆人。

如图11-31所示，当球从一侧长传到另一侧时，摇摆人要立刻移动到自己正确的位置上，即球和篮筐的连线上。△和△都可以去防守④号进攻队员，但是究竟谁去防守，取决于④所处的进攻位置。

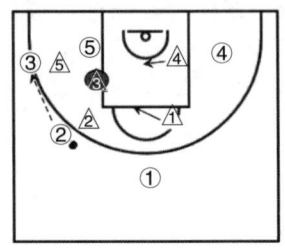
图11-29

图11-30

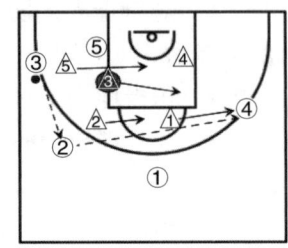
图11-31

三、区域联防阶梯训练方法

（一）半场区域联防选位及跟随球移动练习

（1）半场二对二防守选位及跟随球移动练习。
（2）半场三对三防守选位及跟随球移动练习。
（3）半场四对四防守选位及跟随球移动练习。
（4）半场五对五防守选位及跟随球移动练习。

（二）半场区域联防单人技术和局部配合组合练习

1. 半场区域联防单人技术练习

（1）防守有球队员练习（防守运球、传球、投篮和突破练习）。
（2）防守无球队员移动练习（防守切入、摆脱、掩护练习）。

2. 半场区域联防局部配合组合练习

（1）半场防守两人配合组合练习。
（2）半场防守三人配合组合练习。
（3）半场防守四人配合组合练习。

（三）半场区域联防对抗练习

（1）半场四对四对抗练习。
（2）半场四对四转全场四对四对抗练习。
（3）半场五对五对抗练习。
（4）半场五对五转全场五对五对抗练习。

第七节 半场混合防守

半场混合防守是在半场范围内将区域联防和人盯人防守混合在一起运用的一种特殊形式的防守战术。五个防守队员分别按不同的防守原则，承担各自的任务，针对对方进攻的特点来组织具体防守。常用的半场混合防守的形式有四种：（1）一盯四联。适合对付有一名队员投篮很准或组织能力很强的球队。（2）二盯三联。适合进攻队有两个威胁较大的队员，而其他三名队员攻击能力不强时。（3）三盯二联。适合对方有三名威胁较大的队员，而另外两名较弱时，或本队有两名身材高大而灵活性差能控制篮下队员。（4）四人盯人，一人机动防守。适合对方外线有一名很弱的队员，一人机动防守篮下形成以多防少。

采用半场混合防守一般是控制对方进攻和攻击力最强的队员，并控制对方进攻队员有威胁的区域，减少对手得分机会，因此针对性强。采用半场混合防守容易破坏对方的习惯打法，使对方的进攻产生混乱，造成组织进攻困难。采用半场混合防守能充分利用对方进攻的薄弱环节，及时调整防守，弥补本队防守的弱点，争取主动。

一、半场混合防守的要求

（1）按照采用的不同形式的混合防守，每个队员必须按规定的任务、方法和原则进行防守，并要求全队高度协调。

（2）负责人盯人防守的队员，要紧盯对手，尽量不换人。按区域联防站位的队员，要积极移动，协同防守，并帮助盯人的同伴防守。

（3）队员应具有良好的个人防守能力、较强的战术意识，时刻了解场上情况，了解自己在防守中的职责，做到行动要快，变化要及时，"混"而不乱。

（4）要处理好局部和全局的关系，虽然混合防守采用局部联防或盯人分工，但5个队员的防守仍是一个整体，局部防守是在全局之中，要把二者有机结合起来，每个防守队员都时刻有全局的观念。

（5）当对方已适应某种混合防守形式时，要重新组织力量，调整防守重点，或变换另一种组合防守形式。

二、半场混合防守的方法

一人盯人、四人联防是在半场混合防守中运用较多的一种形式,该防守是用本队最佳防守者盯住对方威胁最大的核心队员或神投手,破坏他们的习惯进攻动作,控制他们接球及与同伴的协同配合。采用联防的队员常按2-2方形站位(图11-32)和1-2-1菱形站位(图11-33)两种形式。2-2方形站位对那种有明星外线或明星控卫的球队较为有效,1-2-1菱形站位适合用来应对一个拥有全能攻击手的球队,这个全能攻击手不仅能够在翼侧和底角攻击,也可以冲击内线。

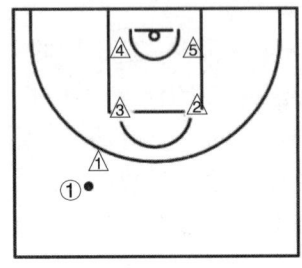 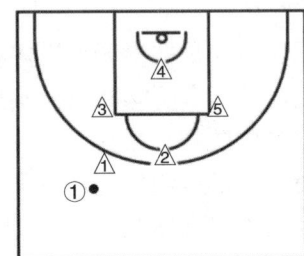

图11-32　　　　　　　　　　　图11-33

(一)一人盯人,四人联防(1-2-1)的方法

如图11-34所示,当②运球,△防守运球队员,不让其向中区突破,△贴身紧逼防守①,严禁其接球,△上提防⑤接球,△内收协防⑤,△可以选择内收协防或不让④接球。如图11-35所示,当②传球给④,△紧逼防守,△上提协防④的突破,并阻止⑤接球,△向球侧收缩,协防④突破,△收缩到⑤身旁,阻止其接球,△跟随①移动,坚决不让其接球。

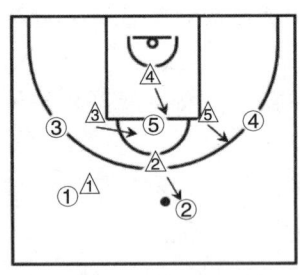 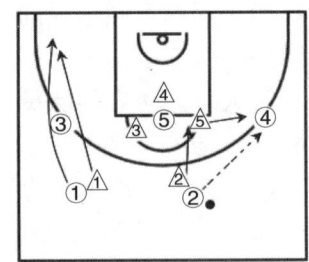

图11-34　　　　　　　　　　　图11-35

如图11-36所示,当④传球给⑤,△贴身紧逼防守⑤,△收缩协防,当②切入时,△阻拦其从身前切入,护送②到弱侧,然后收缩到限制区中间位置协防③,△收缩到篮下位置协防②,△跟随①移动,坚决不让其接球。如图11-37所示,⑤大范围传球给③,△快速迎上防守,△紧逼防守②接球,△向球侧收缩协防③突破,△向篮下收缩保护篮下,当①绕切接球时,△紧随不让其接球。

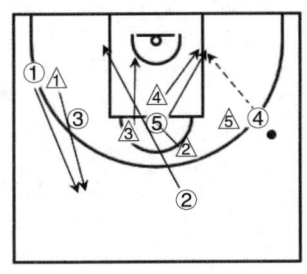

图11-36

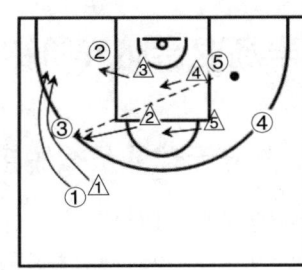

图11-37

（二）一人盯人，四人联防（2-2）的方法

如图11-38所示，②持球，△迎上防守，△协防②突破，同时准备防守③接球，△和△向篮下收缩保护篮下，△紧逼①不让其接球。如图11-39所示，②传球给⑤，△迎上紧逼防守，△向球侧收缩协防，△向篮下收缩，△向限制区中间收缩共同保护篮下，△跟随①移动，坚决不让其接球。

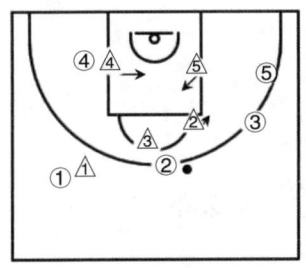

图11-38

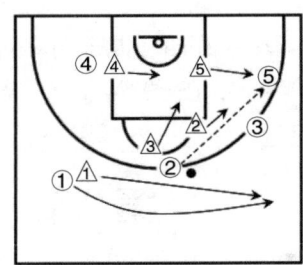

图11-39

如图11-40所示，⑤传球给插中接应的④，△首先跟随④移动防守，当④接球时，△紧逼防守持球队员，△和△向球侧移动协防，△向篮下收缩保护篮下，△跟随①移动，坚决不让其接球。如图11-41所示，当③向底角切入时，△跟随返回，随之交给△防守，②向篮下切入，△紧逼阻拦不让其接球，△跟随①移动，坚决不让其接球。

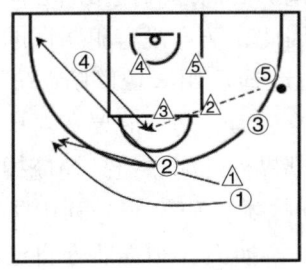

图11-40

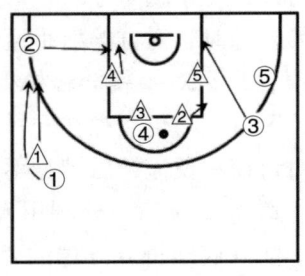

图11-41

三、半场混合防守阶梯训练方法

（一）防守无球队员摆脱接球练习

（1）半场范围内1对1防守无球队员摆脱接球练习。
（2）半场范围内2对2防守无球队员摆脱接球练习。

（二）防守掩护配合练习

（1）半场范围内2对2防守掩护练习。
（2）半场范围内3对3防守掩护练习。

（三）壳式防守练习

（1）半场4对4防守传球练习。
（2）半场4对4防守传球结合穿插移动练习。

（四）半场混合防守对抗练习

（1）半场一盯四联混合防守对抗练习。
（2）半场二盯三联混合防守对抗练习。

第八节　特殊情况下防守战术

一、特殊情况下防守战术的要求

（一）防守底线界外球的要求

大部分教练员认为基本的半场防守原则同样适用于防守底线界外球，事实上并非如此。半场防守时，球在防守队员正面，掷底线界外球时，球在防守队员背面，所以是完全不同的。另外，在半场防守时，对方的射手通常是通过掩护后向远离篮筐的方向接球，而在掷底线界外球时，对方的射手通常是直接切入篮下。因此，防守没有犯错误的余地，如果出现错误，那么对手就会轻松得分。一些球队总是自动地运用区域联防防守底线界外球，然而，区域联防仍然存在同样的问题：因为球在篮筐后面，防守时要背对球。另外，区域联防对付掩护及掩护后转身不是很有效，而在底线掷界外球时，掩护及掩护后转身是常用战术。教练员应该充分利用人数上的优势设计防守战术，应该充分利用防守掩护的各种技巧。防守底线掷界外球的要求如下：（1）封堵：不换人，顽强防守自己的对手；（2）换人：切断传球路线；（3）夹击：夹击接到一传的队员；（4）混合防守：一盯四联和二盯三联。

（二）防守边线界外球的要求

发边线界外球时，防守方同样拥有人数上的优势，当然，防守时也要精心准备，特别是比赛结束阶段。防守边线掷界外球的要求如下：（1）换人：保持高大队员始终在内线，封堵掷界外球队员切入；（2）1-2-2半场紧逼：夹击接球队员，迫使对方传球；（3）2盯3联混合防守：限制区形成三角联防，外线两人盯人。

（三）防守明星球员

（1）用盯人防守紧跟明星球员，始终控制其接球，迫使他为了接到球而疲于奔命。
（2）控制球向远离明星球员的方向转移。
（3）挡抢篮板球，防止对手得到进攻篮板球和二次进攻。
（4）不要犯规，减少对手罚球次数。
（5）制造进攻犯规，迫使明星球员陷入犯规麻烦。
（6）运用协防、夹击或1盯4联等各种手段进行防守。

（四）比赛结束阶段的防守

比分落后时，时间是最大的敌人，每一秒都非常关键，所以每一次攻守都尽量减少时间的流失。恰当地运用暂停和犯规战术，不要轻易放弃。比分领先时，尽量不让表停下来，确保队员清楚暂停和犯规次数。

二、特殊情况下防守战术方法

（一）防守端线界外球

1. 封堵

尽管根据对手特点和比赛情况的不同，选择防守端线界外球的方式也不同，但封堵是最有效的手段，它不仅能干扰端线界外球，而且能够造成5秒违例，甚至造成进攻犯规。如图11-42所示，在裁判员递交球给发球队员之前，防守队员稍向篮下回缩，防止向篮下切入，防发球的队员离开发球队员，判断接球队员的移动路线，保持3秒钟。如图11-43所示，当裁判员把球递给发球队员时，防守队员△、△、△和△上步封堵各自对手，不进行换人，不要让对手切入篮下，△保护篮下大约3秒钟时间，然后返回防守发球队员，两手上举，紧密封堵传球。第三阶段：如图11-44所示，△和△迫使掩护队员①和⑤远离球篮以破坏掩护，△和△胸部紧贴对手阻止其利用掩护，面对防守队员，迫使②和④向远离球篮位置移动。第四阶段：如图11-45所示，3秒后，△防守发球队员，两手上举，紧密封堵传球。一旦传入场内，就进行半场防守，△运用阻止、干扰接球动作防守③。注意：很多情况下，发球队员是一个投手，在传球后经过端线掩护接球投篮。

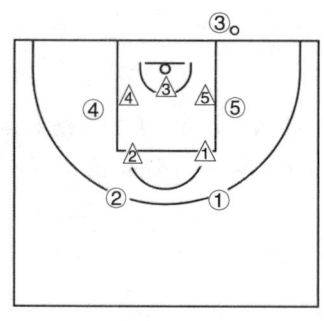

图11-42

图11-43

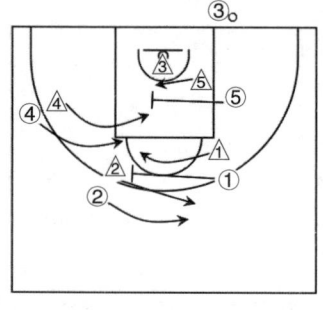

图11-44

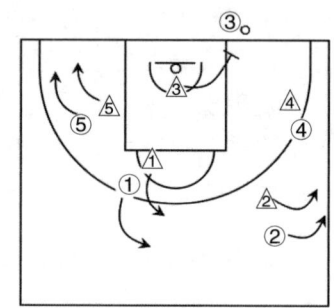

图11-45

2. 换人

对方掩护时进行换人，切断传球路线能够造成对手失误或仓促投篮，甚至能够造成对手进攻犯规，从而获得球权。注意：如果不想控制对手接球，不要进行换人。如图11-46所示，先稍远离对手保护篮下，然后△和△对端线掩护进行换人，△和△对高位掩护进行换人。换人后，△和△要进行卡位，阻止⑤和①掩护后向篮下转身；△和△切断④和②的接球路线；△在篮下判断传球大约3秒钟时间。如图11-47所示，3秒后，△返回防守发球队员③，干扰传球。一旦球传入场内，进行半场防守，△运用不让接球动作防守③。如果③是一个好的投手，△应该警惕端线掩护。

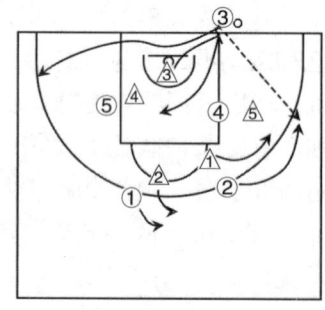

图11-46

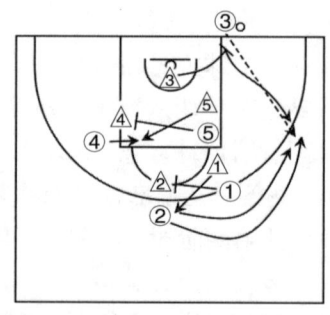

图11-47

3. 夹击

夹击防守是要求夹击第一名接球的队员，使对手出其不意，从而破坏固定的进攻配合。如图11-48所示，△和△对对方的端线掩护换人，△和△对对方的高位掩护换人，△位于篮下判断③传球，并协助防守对方掩护后向篮下转身的队员，保持3秒钟，然后去防守③，干扰传球，当③传球后，△随球移动夹击接球队员②。如图11-49所示，当②把球传出时，按照就近原则进行轮转换位。△迫使①朝边线逼向点运球。△不让②接回传球，△、△和△分别防守④、③和⑤。

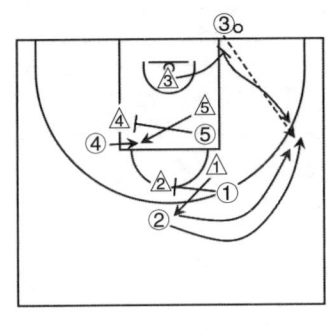

图11-48

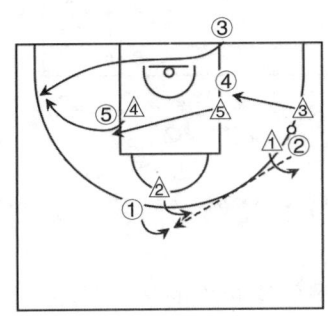

图11-49

（二）防守边线界外球

1. 换人

如图11-50所示，④和⑤向下进行掩护时，防守方进行换人以保持高大队员在内线，△封堵③。如图11-51所示，传球进入场内后，△运用对持球队员的防守原则迫使①朝边线逼向点运球，△不让③接回传球。

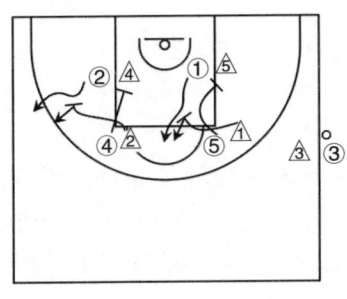

图11-50

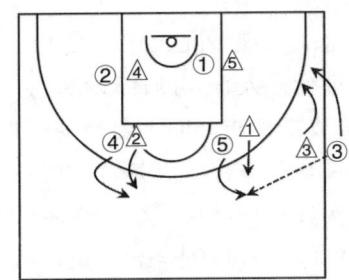

图11-51

2. 1-2-2半场紧逼

如果11-52所示，以1-2-2阵型落位，当①接到球时，△和△对其进行夹击，△、△和△判断传球情况，大部分情况下接球队员遭到夹击后才会寻找传球目标。如图11-53

所示，当球回传给③时，△可以移动去夹击③，也可以向下移动到"1"形协防区域防守②，△轮转换位防守③，△轮转换位防守⑤，△移动到"2"形协防区域低位防守④。

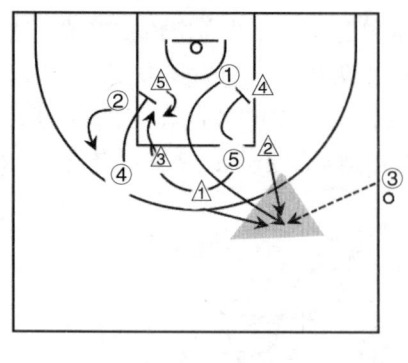

图11-52

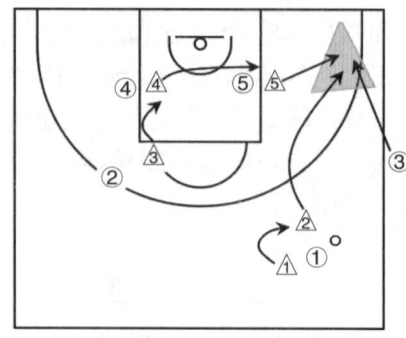

图11-53

（三）比赛结束阶段的防守

1. 比赛结束阶段的防守策略

（1）比分落后时：每一秒都非常关键，要减少时间的流失。恰当地运用暂停和犯规战术，不要轻易放弃。制造进攻犯规，制造5秒违例。发界外球时进行抢断，要全力拼抢篮板球。不要慌张，避免防守失误。

（2）比分领先时：时间是你的同盟，尽量不要让表停下来，确保队员清楚还有几次暂停和几次犯规。在尽量不犯规的情况下，保持防守压力。不让对手运球突破，防守时留出一定空间。两手高举，干扰三分投篮。运用半场紧逼防守对方的快攻，减慢比赛节奏。拼抢篮板球。

2. 防守最后一次投篮

（1）比赛策略。

清楚全队犯规情况，队员是否还可以犯规。两手上举干扰对手投篮，不要犯规。对方掩护时要进行换人，切断传球路线，不让对手接球。

（2）攻击性防守而不要被动应答。

采用混合防守，尤其是针对明星队员。迷惑对手，在对方发界外球时，假装进行人盯人防守，实际进行区域联防；或者假装进行区域联防，实际进行人盯人防守。进行夹击，破坏对手的固定进攻配合。拼抢篮板球。对手投篮不中时，一定不能让对方抢到篮板球。对手投篮后，一定要进行转身挡人。不要注视空中飞行的球，看它是否入筐。很多比赛，在最后几秒都是因为二次进攻得手或抢到投篮不中的篮板球后投中而获胜。

3. 防守三分投篮

比赛的结束阶段，对手落后时通常会采用三分球战术追赶比分，所以一定要做好准备。不要靠运气，希望对手投不中。可以考虑运用扩大的1-2-2区域防守。为了防止三分投篮，可以把高大队员安排到外线，不要给对手处于空位进行投篮的机会。对手投篮时，一定要封盖，但不要犯规。判断好拼抢篮板球，不给对手二次进攻的机会。

三、特殊情况下防守战术阶梯训练方法

（一）防守战术路线移动训练

（1）由中场发动防守路线移动练习。
（2）从端线掷界外球，连续攻守转换状态下防守路线移动练习。
（3）从边线掷界外球，连续攻守转换状态下防守路线移动练习。
（4）交换、夹击防守路线移动练习。
（5）半场有球一对一、二对一、三对二攻防移动练习。

（二）防守技术分解技术训练

半场范围内每一环节核心技术练习（挤过、穿过、绕过、交换、关门、夹击）。

（三）防守局部配合训练

（1）边线、端线掷界外球，半场范围三人、四人、五人防守配合练习。
（2）防守明星球员，半场范围三人、四人、五人防守配合练习。
（3）比赛最后阶段不同形势下，防守场景模拟配合练习。

（四）防守全队对抗训练

（1）半场范围5对5对抗练习。
（2）全场5对5攻守对抗练习。

思考题：

1. 阐述篮球教练员应如何构建防守战术体系。
2. 图示说明全场紧逼人盯防守的防守，如何提高青少年篮球运动员攻转守的意识？
3. 图示说明全场区域紧逼防守的防守，如何提高青少年篮球运动员夹击和轮转防守意识和技术？
4. 设计一套进攻半场人盯人防守的战术，并图示说明如何防守进攻队员移动？
5. 设计一套进攻3-2区域联防的战术，并图示说明如何防守进攻队员移动？

参考文献：

［1］张永刚.篮球运动防守发展历程的研究［D］.北京：北京体育大学，2008：39-51.
［2］陈文彬.探索中国篮球发展之道［M］.北京：中国篮球博物馆，2009.
［3］Ron Ekker.篮球训练法［M］.高博，译.北京：人民体育出版社，2013.
［4］霍华德·加芬克尔，威尔·克林.五星篮球训练［M］.王英峰，译.北京：人民

体育出版社，2009.

　　［5］赫伯·布朗.论篮球防守——提高防守能力的要点、技术和练习［M］.孙欢，译.北京：人民体育出版社，2007.

　　［6］俞继英.奥林匹克篮球［M］.北京：人民体育出版社，2001.

　　［7］厄尼·伍兹.美国篮球进攻性紧逼防守［M］.张雄，张学领，译.北京：人民体育出版社，2006.

　　［8］白金申.篮球实战荟萃（一）［M］.北京：人民体育出版社，1998.

　　［9］白金申.篮球实战荟萃（二）［M］.北京：人民体育出版社，1998.

　　［10］郭永波.现代篮球训练法［M］.北京：北京体育大学出版社，2005.

第十二章　篮球竞赛规则与技战术训练

【导语】：篮球规则能够引领篮球运动向更精彩、更激烈、更有观赏性的方向发展，是所有参与篮球运动的人必须遵守的规定。本章重点介绍了比赛通则、违例、犯规等主要内容，按规则条款、规则解释、训练提示进行解读，把抽象复杂的规则简单通俗地表达出来，辅助教练员更好地运用规则来指导训练。目标是使教练员不仅懂得技战术的训练，更要清晰地了解篮球规则的规定和变化，在实践训练中运用规则指导运动员，使其明确哪些是合理的技术动作，哪些是非法的身体接触，从而在比赛中更好地发挥出自身的水平。

第一节　球场和器材规则解释与训练提示

本节主要介绍了篮球比赛中场地的大小和各区域线的长短，篮板的尺寸以及场地线对比赛中的掷球入界、投篮、罚篮等一些限定。

一、规则条款1

比赛场地尺寸为长28米、宽15米，均从界线的内沿丈量。

（一）规则解释

本条规则限制了篮球比赛场地的大小，并明确规定了28米×15米的场地面积不包括线宽的5厘米。

（二）训练提示

队员掷球入界时，脚踩到线（而不是踩过线）不是违例，因此允许掷球入界队员踩线，因为界线是界外的一部分。

二、规则条款2

某队的后场由该队本方的球篮、篮板的界内部分，以及由该队本方球篮后面的端线、两条边线和中线所界定的比赛场地部分组成。

（一）规则解释

中线是属于后场的一部分。进入前场的进攻队员，如果持球或运球队员触及了中线，即发生了球回后场违例。

（二）训练提示

某进攻队员在中线附近的前场持球或运球，是防守贴近或夹击持（运）球队员的时机，迫使其5秒违例或回场违例。

三、规则条款3

无撞人半圆区：无撞人半圆区应在场地上画出，其界线是：

- 以球篮中心正下方的场地上的点为圆点，半径（半圆内沿）为1.25米的半圆；无撞人半圆区的界线是无撞人半圆区的一部分。

（一）规则解释

防守队员单脚或双脚的任何一部分踩在界线上或界限内都属于位于无撞人半圆区以内，只有防守队员双脚完全同时站在无撞人半圆区的界限外才属于在无撞人半圆区之外。

（二）训练提示

（1）从半圆的任何方向起跳腾空的持球进攻队员，撞到了无撞人区内的合法防守队员是合法的，然而从篮板的背面（即未封闭半圆的方向）腾空撞到无撞人区的合法防守队员，是不受此规则保护的。

（2）对于无球的抢篮板球情况不受此规则的限定，也就是说，在抢篮板球时，没有无撞人区的概念。

（3）持球腾空，在空中将球传出（传向两侧或前面），随后撞倒无撞人区的防守队员合法。

（4）若想制造一起撞人犯规，防守队员首先应双脚置于无撞人区域以外，其次要在进攻队员腾空前建立合法防守位置，且防守队员不能有附加动作，最后发生接触的部位应该是防守队员的躯干部位。

第二节　球队规则解释与训练提示

本节介绍了篮球比赛中球队组成、队员、队长、教练员等球队席人员的权力和职责。

一、规则条款1

因为受伤,已经被教练员指定为比赛开始时上场的队员或在罚球之间接受治疗的队员可以被替换。在这种情况下,如果对方也想替换,他们有权替换相同数量的队员。

(一)规则解释

如果有队员在比赛过程中或罚篮中受伤(如流血、抽筋等不能继续比赛),并被接受治疗,该队教练员就可以替换他,如果该队队员被替换,则对方教练员也可以替换相同数量的队员。

(二)训练提示

(1)某进攻队员进攻,被犯规时他正在做投篮动作,因为受伤,该队员不能继续罚球。教练员可以派一个罚篮命中率较高的替补队员替换受伤队员罚篮。

(2)如果因队员受伤必须被替换(不是一次正常的换人机会,如第一次罚球后),对方教练员也有权利替换相同数量的队员。

(3)比赛中队员受伤,球队席人员应慎重对待,无论球队席任何人员进入场地,这名受伤队员都要被替换,因为规则规定这种情形被认为已经接受了治疗。如果这名队员是主力,而且伤势无碍,此时被换下可能会影响比赛结果。

二、规则条款2

队长是一名由教练员指定的在比赛场地上代表他的球队的队员。在比赛期间,他可与裁判员联系以获得信息,做此举要有礼貌,只能在球成死球和比赛计时钟停止时。

(一)规则解释

比赛的首发名单中必须由教练员指定名单中的队长,而且比赛期间只有球队队长能在球成死球和比赛计时钟停止时,有礼貌地与裁判员交流以获得信息。

(二)训练提示

(1)比赛中对裁判员的判罚不满意时,只有队长有权力与裁判员进行有礼貌的沟通,告知本方队员与裁判员的沟通结果,防止因队员的不冷静而被判罚技术犯规;

(2)如果比赛中教练员被罚出场,又没有可代替的助理教练员,只有队长可以行使教练员的权力;

(3)如果比赛结束后对比赛结果有质疑,队长于赛后应立即在比赛记录表上"球队抗议"栏内签字,这样才能受理此次抗议,否则时效已过是不予受理的。

三、规则条款3

在规则没有限定罚球队员的所有情况中,教练员应指定本队的罚球队员。

(一)规则解释

通常在技术犯规或部分取消比赛资格的犯规行为中,在没有限定哪个队员执行罚球时,教练员可以指定一名场上有资格参赛的本队队员执行罚球。

(二)训练提示

(1)教练员可以派一个罚篮命中率较高的场上队员来执行此次罚球;

(2)必须是犯规发生时,且执行罚球者必为场上的5名队员之一。如果此时教练员想替换一名队员来执行罚球是不允许的。只有罚球结束后,中线掷界外球前来完成此次替换(受伤除外)。

第三节　比赛通则解释与训练提示

本节主要是规定和介绍了篮球比赛中的一些相关概念,以及有关规则的限定。

一、规则条款1

一名队员的位置由他正接触着的地面所确定。当队员跳起在空中时,他保持最后接触地面时所拥有的相同位置。这包括界线、中线、3分线、罚球线、标定限制区的各线和标定无撞人半圆区的各线。

(一)规则解释

规则中规定一名队员的位置就是他正接触着的地面。一名跳起在空中的队员位置确定是根据他最后接触的地面来确定的。

(二)训练提示

(1)当球飞出界外时,如果球员在界内起跳,在界外的空中把球拍击回界内则不是出界;

(2)腾空队员在空中触及球,就如同在起跳点的地面触及球一样;

(3)3分线外起跳投篮,投篮队员在空中向前滑行,在2分投篮区的空中防守队员从侧面打手犯规,球未中,应判给3次罚球。

二、规则条款2

投篮动作结束于:球已离开队员的手时,如果是跳起在空中的投篮队员,他必须双脚落回地面。

当一名队员正在做投篮动作,被犯规后,他把球传了出去,他不再被认为是正在做投篮动作。

(一)规则解释

跳起在空中的投篮队员,他只有在双脚落回地面后,他的投篮动作才算结束。队员在做投篮动作被犯规后,无论因为什么原因没有完成投篮而是将球传了出去,这是队员主动改变了投篮的性质,所以不判给罚球。

(二)训练提示

(1)往往在防守外线投篮队员时,投篮队员在双脚落回地面之前他的投篮动作没有结束,如果这时对进攻队员造成犯规,也属于是对有投篮动作的队员犯规;

(2)快速上篮的过程中,投篮队员的球虽已离手,但落地前被防守队员撞倒或推开等动作,也是对投篮的犯规;

(3)投篮队员篮球离手后,便不再控制球,之后他对对方队员的犯规不属于进攻队员犯规;

(4)队员做投篮动作被犯规后,首先一定要尽力完成投篮动作,其次投篮动作应该是朝向球篮方向。

三、规则条款3

为了使队员在掷球入界获得球权时,或者最后一次,或者仅有一次罚球后抢篮板时可以尝试投篮,比赛计时钟必须显示0:00.3(3/10秒)或者更多。

(一)规则解释

只有在比赛计时钟必须显示0:00.3(即0.3秒,余同)或者更多时,掷球入界获得球权时和最后一次,或者仅有一次罚球后抢篮板时可以尝试投篮,如果计时钟显示0:00.2(0.2秒)或者0:00.1(0.1秒),唯一的投篮方式就是拍球或者直接扣篮得分。

(二)训练提示

(1)当计时钟显示还有0:00.3(0.3秒)时,可以是一次完整的投篮,但不能有任何附加延伸动作或是缓慢的投篮动作。

(2)当计时钟显示0:00.2(0.2秒)或者0:00.1(0.1秒)时,因为时间剩下得很少,只有拍球或者直接扣篮才有机会得分。教练员在安排战术时,应强调队员只能快速地拍或扣。扣篮的动作也不允许有过长的舒展动作。

（3）只要是按规定完成投篮动作，当出现对是否在规定时间内完成投篮的质疑时，教练员提出申请录像回放以确定是否在规定时间内完成投篮是不予支持的。

四、规则条款4

在第4节和每一决胜期的比赛计时钟显示为2：00（2分钟）或少于2：00（2分钟）时，在后场拥有球权的队暂停之后，该队教练员有权决定接下来的掷球入界是在该队前场的掷球入界线处还是在该队后场比赛停止时的地点进行。

（一）规则解释

第4节和每一决胜期的比赛计时钟显示为2：00（2分钟）或少于2：00（2分钟）的时候，在对方队员投中篮、使球出界、犯规（不罚篮）、脚踢球等死球情况后，本方请求了一次暂停，暂停之后教练员将根据比赛情况可以选择在后场还是前场掷球入界，如若在前场掷球入界，进攻时间将设置为14秒。

（二）训练提示

（1）比分落后的球队会选择在前场掷球入界争取更多的时间反败为胜，如请求暂停，一是为了布置有效的战术，二是为了减少球从后场推进到前场的时间；

（2）领先的队在这种情况下是尽量拖延时间，防守方一定是紧逼防守争取时间，暂停不仅仅是稳定"军心"，即使被对方抢断，也最大限度地消耗了时间。

五、规则条款5

投篮成功或最后一次或仅有一次的罚球成功后，执行掷球入界的队员可横向移动和/或后移，并且球可在端线后的同队队员之间传递。但是，当界外第一位队员可处理球时，5秒钟计时开始。

（一）规则解释

投中篮后和罚中篮后的掷界外球都是在端线执行（罚球后有进一步罚则的情况除外），掷球队员可以向侧或后移动，且不受距离的限定，但必须在5秒钟内将球传入场内。也可以安排不止一名同队队员在端线，并可以相互传递，将球掷入场内，但要从第一个队员持球开始5秒计时。

（二）训练提示

（1）投篮成功或最后一次或仅有一次的罚球成功后，掷球入界队员可处理球时，防守方队员进行严密地紧逼防守，这时掷球入界队员可以突然加速横向移动来摆脱防守队员，也可以传到站在端线后的同队队员让他把球发到界内同队队员手中，在训练中要让队员明确这条规则，争取主动；

（2）任何违例、犯规、记录台对侧的中线和最后2分钟后场请求暂停的队之后的掷界外球都是在指定地点执行。

六、规则条款6

执行掷球入界的队员不应：超过5秒钟球才离手；球在手中时步入比赛场地内；掷球入界的球离手后，使球触及界外；在球触及另一名队员前，在场上触及球；直接使球进入球篮。

（一）规则解释

掷球入界的队员在球没有触及另一名队员前，不能首先在场上触及球；掷界外球队员利用反弹传球，球首先触及界外的地面反弹至场内是非法的；直接从界外把球投进属违例，但只是触及了篮板（非背面）、篮网或篮圈是允许的。

（二）训练提示

（1）掷界外球时遭到防守方的紧逼，导致场上其他队员接球困难，这时发球队员可以故意将球打在防守人的身上，然后进入界内拿反弹回来的球，这通常运用于前场端线掷球入界的情况；

（2）裁判员指定发球地点，一旦将球递交给掷界外球队员的手中时，队员将球置于界外的地面上，由另外一个队员发球属违例；

（3）防守掷界外球的队员不允许超过界线或界线上方干扰发球，否则将给予警告直至判罚技术犯规，另外在第四节和决胜期的最后两分钟，在一起掷球入界中防守队员不得将他身体的任何部位移动超过界限以干扰掷球入界。管理掷球入界在裁判员应使用预防性手势进行警告。警告后，如果再次违例将导致一起技术犯规。

七、规则条款7

每队可准予：上半时2次暂停；下半时3次暂停，但最后2分钟最多2次暂停；每一决胜期1次暂停。

（一）规则解释

一场比赛的暂停次数，在第4节比赛中比赛计时钟显示小于等于两分钟时每队最多有2次暂停。另外如CBA、WCBA等联赛还有特殊规定，在第4节和决胜期的最后2分钟增加1次30秒的短暂停。

（二）训练提示

（1）前2节（即上半场）一个队共有2次暂停，没有用的暂停不能延用到下半场，下半场一个队最多有3次暂停，最后2分钟最多有2次暂停，没有用完的暂停不能延用到决胜期；

（2）暂停是由教练员提出的，不能由球队席其他人员代为请求；

（3）短暂停只有1次，通常是由持球或运球队员提出的，队员必须用清晰的口语或手势向就近的裁判员提出。

八、规则条款8

只有替补队员有权请求替换。他（不是教练员或助理教练员）应到记录台清楚地要求替换，用双手做出常规替换手势或者坐在替换的椅子上。他必须立即做好比赛的准备。

（一）规则解释

规则中清楚地说明了替换是由替补队员向记录台提出的，而不是教练员。

（二）训练提示

（1）替换机会开始前，要求队员换好比赛服装，并向记录台用口语或清晰的手势表示换人的请求，然后坐到替补席上等待换人机会；

（2）无论什么时刻，教练员因任何原因向记录台提出换人请求（替补队员没有做好换人准备），记录台有权拒绝。

第四节 违例规则解释与训练提示

违例是违反规则的行为，如带球走、两次运球、携带球、干扰球、球回后场、3秒违例、5秒违例、8秒违例、24秒违例、脚踢球等，它的罚则是判给对方球权。

一、规则条款1

当球触及了篮板支撑架、篮板背面或比赛场地上方的任何物体时，判球出界。

（一）规则解释

球触及了篮板的支撑物、篮板背面、篮板上方的计时器或者比赛场地上方的任何物体时，判球出界。

（二）训练提示

（1）在投篮反弹的球或者上篮时，球触碰到篮板边框（侧沿），是允许的；

（2）投篮反弹的球从篮板背面掉落下来，并没有触及篮板任何的支撑物，是允许的，队员拿到球可以运、传或投；

（3）传的高远球触及了天花板或吊灯等物体，判球出界。

二、规则条款2

队员意外地失掉球并随后在场上恢复控制活球，被认为是漏接球。

（一）规则解释

队员在运球结束或接球时无意地失掉球（双手触及球，但没拿住），球再次落地，随后在场上再次拿住球，这是漏接球，不算一次运球。

（二）训练提示

（1）如果队员出现漏接球的情况，则该队员拿住球后可以继续运球，在出现漏接球时，只要这种行为不是故意的，就不考虑漏接的次数；

（2）队员运球结束拿住了球，在转身或跨步时，球意外掉落，是不允许再次拿球的，因为这不是漏接球。

三、规则条款3

一名队员在移动中或在结束运球时拿球，他可以移动两步完成停步、传球或者投篮：

——如果接到球的队员开始运球，他应在第二步（脚接触地面）之前将球离手。

——队员获得控制球之后，（再有）一只脚接触地面或双脚同时接触地面时，就视为是第一步。

——在队员确立了第一步后，当他的另一只脚接触地面或双脚同时接触地面时，就视为是第二步。

——如果队员在第一步就完成了停步，此时他双脚站在地面上时，或是两脚同时接触地面时，他可以用他的任一只脚作为中枢脚进行旋转。如果随后他双脚跳起，那么在他球离手之前，任一只脚都不得落回地面。

——如果队员是脚分先后落地完成（合法）停步时，他仅可以用那只先着地的脚作为中枢脚进行旋转。

——如果队员第一步是一只脚落地，随即又跳起该脚，他可以双脚同时落地作为他的第二步。在这种情况下，该队员不可以再用任一只脚为中枢脚进行旋转。如果随后他的一脚或双脚离开地面，那么，在球离手前哪一只脚都不得落回地面。

——如果队员双脚离开地面后又双脚同时落地作为第一步时，那么，在一只脚抬离地面的瞬间，另一脚只就成为中枢脚。

——队员结束运球或获得控制球后，他不得用同一只脚或双脚连续地接触地面行进。

（一）规则解释

对于原地的持球或运球开始时的带球走规定没有变，只是对行进间的结束运球时或接到球时的情况进行修改，即在行进间队员结束运球或接球的瞬间一脚或双脚正接触地面，这是零步（不认为是已经确立的中枢脚）。随后落地的另一脚才是确立的中枢脚，确立了中枢脚后相关规定没有变。

（二）训练提示

（1）规则对行进间结束运球的持球或接球时脚步的限定看似放宽，实则是对经常出现的正常接球上篮、运球后转身投篮等出现与规则上存在争议的情况，进行了明确说明。

（2）结束运球或接球时一只脚正接触地面，那么这只脚不是中枢脚，下一步落地的脚才是中枢脚。无论是开始运球前的接球还是结束运球时的拿球。

（3）队员运球结束用一只脚或双脚连续接触地面，即"三级跳"似的接球上篮动作仍是走步违例。

四、规则条款4

队员跌倒、躺或坐在地面上：如果之后该队员持球滚动或试图站起来属违例。

（一）规则解释

为争抢球队员持球倒地并在地面上滑动（是惯性）是可以的，但为了保护球把球压在身体下或滚动或站起来是不允许的。

（二）训练提示

（1）如果双方队员在拼抢球时，任一队员持球倒地，因为惯性滑动了较长的距离，这不是违例，比赛继续；

（2）持球坐或倒在地上，必须使球传或投出去，试图站起来或翻滚就构成了违例。

五、规则条款5

当某队在前场控制活球并且比赛计时钟正在运行时，该队的队员在对方队的限制区内不得停留超过3秒钟。

（一）规则解释

3秒钟规则的判罚要依据以下几个条件：一是在前场控制活球；二是计时钟正在走动；三是在对方限制区内；四是停留持续的3秒钟，同时满足以上四个条件才判3秒违例。

（二）训练提示

（1）球在后场，进攻同队队员在前场的限制区内停留时间不受限制；

（2）若在前场掷球入界，当球在场外的队员手中，同队队员在限制区内停留时间不受限制；

（3）比赛中，在前场控制活球，同队队员在对方限制区停留即将达到3秒或刚好达到3秒，进攻队员投篮了或正在离开限制区，是不判罚违例的；

（4）通常情况下，中锋队员在限制区边缘，一脚在里一脚在外，即将达到3秒时抬起里面的脚再落下，3秒是要连续计算的，要想证明是在限制区外，必须双脚都置于限制区以外；

（5）连续地投篮或抢篮板球是没有3秒限制的，因为这种情况下球队没有控制球，不受3秒规则的限制；

（6）比赛中，在前场控制活球，同队队员在对方限制区停留即将达到3秒时，为避免3秒违例从底线跑出限制区，并再次回到限制区，属于3秒违例。

六、规则条款6

一名队员在后场获得控制活球时，该队必须在8秒钟内使球进入该队的前场。

（一）规则解释

球触及了前场的地面、队员、篮板、篮圈等，即球进入了前场；而对于运球队员，球和双脚都进入前场才是进入前场；对于持球队员，双脚都进入前场才是进入前场。

（二）训练提示

（1）从后场向前场运球推进时，骑跨中线运球，再回到后场，8秒连续计算；

（2）队员骑跨中线接到来自后场的传球，再次回到后场，8秒连续计算；

（3）从后场向前场传球，球触及了前场的队员或裁判员再次回到后场被原控制球队获得球，应重新计算8秒。

七、规则条款7

进攻时间违例，每当一名队员在场上获得控制活球时；在一次掷球入界中，球触及任何一名场上队员或者被该名队员合法触及，掷球入界队员所在的球队依然控制着球。该队必须在24秒钟内尝试投篮，否则即为进攻时间违例。

（一）规则解释

一个队在场上重新控制活球，该队必须在进攻时间内将球投篮离手，并且球必须触及篮圈或投中。

（二）训练提示

（1）开始计算24秒有两种情况：第一，在跳球或争抢到防守篮板球时，场上队员重新获得控制球；第二，在场上活球状态下，重新获得球；

（2）获得前场篮板球，或者因任何其他原因（犯规、出界等）再次获得前场的球权，进攻计时应是14秒；

（3）投篮的球未触及篮圈和中篮，因记录台操作失误，裁判员可以根据实际情况，给予纠正。

八、规则条款8

在前场控制活球的球队不得使球非法地回到他的后场。

（一）规则解释

球回后场必须满足三个条件：①进攻球队在前场控制活球；②在前场进攻球队的队员最后一个触及球；③在后场进攻球队队员最先一个触及球。

（二）训练提示

（1）在前场防守，空中起跳断球，持球落回后场是允许的，规则解释中认为队员是在落地后重新控制球。然而空中断球，在空中直接把球传给后场的同伴则被认为是在空中已经控制球，这就是一起球回后场违例；

（2）进攻队员在后场向前场传球，触及了前场的地面或队员后又反弹回后场，被该队员获得，是允许的，因为进攻球队没有在前场控制活球；

（3）进攻队员在后场获得一次进攻篮板球不是球回后场违例。

九、规则条款9

在一次投篮中，当一名队员触及完全在篮圈水平面之上的球时，并且，球是下落飞向球篮中，在球已碰击篮板后，干涉得分发生。

（一）规则解释

我们通常所说的干扰球，在规则中实际上是干涉得分和干扰球的统称。它们是有区别的，干涉得分是直接对球的非法触及，而干扰球是对篮圈、篮板、篮网甚至是篮架的触及，以阻止球进入球篮的情况。

（二）训练提示

（1）投篮的球虽然在篮圈水平面以上，但球明显不会进入球篮，攻守双方是都可以抢球的；

（2）投篮的球触及篮圈弹起之后，无论在上升还是在下落阶段（球不是正在触及篮圈或球在球篮中），攻守双方都可以碰球；

（3）通常情况下，投篮碰板的球，在碰板后会被认为是下落阶段，也就是说碰板后攻守双方都不可以触碰球；

（4）上篮的球，碰板后仍处在上升阶段，在上升阶段超过了篮圈水平面以上，不可以触碰球。

第五节　犯规规则解释与训练提示

犯规是含有与对方队员的非法身体接触的行为举止，判定的方法上提出四个要素，即某队队员的动作破坏了对方队员的速度、平衡、节奏、加速度，就被认为是犯规。

一、规则条款1

圆柱体原则（图12-1）：指的是一名站在地面上的队员占据一个假想的圆柱体内的空间，它包括该队员上面的空间，并受下列限定：

- 前面以手的双掌为限。
- 后面以臀部为限。
- 两侧以双臂和双腿的外侧为限。

双手和双臂可以在躯干前伸展，其肘部的双臂弯曲不超过双脚的位置，因此两前臂和双手是举起的。双脚间的距离应按照自身高度变化。

图12-1

（一）规则解释

圆柱体原则是判定犯规与否的基本依据。圆柱体概念限定队员在场上不能允许身体的任何部位超出圆柱体主动与对方造成身体接触。如果违犯，就是侵人犯规或是违反体育运动精神的犯规，有可能被取消比赛资格。

（二）训练提示

超出或延伸到圆柱体外的身体部分所造成的身体接触，很有可能被裁判员吹罚犯规，常见的情况有：突破时手臂扩展到突破队员的行进路径上；投篮时手臂"罩"在进攻队员上方造成身体接触，或瞬间下压；双脚过分地横向跨立造成腿部的身体接触；腾空时挤开或撞开对方合法占据的圆柱体空间；突破上篮时伸展手臂创造额外的空间（清除障碍）；投篮队员故意伸腿接触正试图躲开的防守队员等。这些情况都是犯规。

二、规则条款2

垂直原则：这个原则保护队员所占据的地面空间和当他在此空间内垂直跳起时的上方空间。队员一旦离开他的垂直位置（圆柱体）并与已经建立了他自己的垂直位置（圆柱体）的对方队员发生身体接触，离开他的垂直位置（圆柱体）的队员就对此接触负责。防守队员垂直地离开地面（在他的圆柱体内）或在他自己的圆柱体内把双手和双臂伸展在他的上方，则不必判罚。无论是在地面上还是在空中的进攻队员不应用下列方式与处于合法防守位置的防守队员发生接触。

- 用他的手臂为自己创造额外的空间（清除障碍）。
- 在投篮过程中或紧接投篮后伸展他的双腿或双臂去造成接触。

（一）规则解释

起跳腾空的队员有权回到他原有的起跳点，防守队员不是垂直跳起，而是从A点移动到B点，发生的身体接触由该防守队员负责。如果防守队员是A点到B点，进攻队员也是A点到B点，发生的身体接触还是由防守队员负责。如果防守队员垂直地跳起（A点到A点），但他倾斜的双臂与对方发生身体接触，依然由防守队员负责。

（二）训练提示

训练中强调防守动作的同时，起跳封盖应是垂直跳起和落下，如果是向前或向一侧跳起封盖，应尽量避免与对方队员发生身体接触，否则造成的犯规由防守队员负责；另外一种情况是，进攻队员故意造成身体接触以制造犯规，从而获得罚球机会，对于这一情况，防守队员首先要将身体保持在圆柱体范围内，避免主动与对方发生身体接触，否则即便是进攻队员故意制造犯规，也会被吹罚犯规。

三、规则条款3

防守控制球的队员：当防守控制（正持着或运着）球的队员时，时间和距离的因素不适用。每当对方队员在持球队员面前占据了一个最初的合法防守位置（甚至是一瞬间完成的），持球队员必须料到被防守并必须准备停步或改变他的方向。防守队员建立一个最初的合法防守位置，必须在占据位置前没有造成接触。一旦防守队员已建立了一个最初的合法防守位置，他可以移动以便防守其对手，但不得伸展双臂、双肩、双髋或双腿，并通过这样做来造成接触以阻止从他身边通过的运球队员。

（一）规则解释

防守控制球的队员时，占据合法防守位置可以无限贴近进攻的持球或运球队员。进攻队员必须意识到被防守和改变他的进攻方向或停步，不得用扩展的手臂、肘、肩、臀、腿等部位推或撞开防守队员。

（二）训练提示

在防守控制球的队员时，防守队员首先要建立合法的防守位置，往往在对抗中队员被吹罚犯规是因为没有在正面建立合法防守位置，而是在侧面强行挤、推进攻队员造成犯规；其次在贴近进攻队员时，不得有附加的动作（要遵循圆柱体原则、垂直原则），延伸出的手、臀、腿等部位，无论是静态还是动态中与之发生接触，都是防守犯规。

四、规则条款4

防守不控制球的队员：不控制球的队员有权在球场上自由地移动，并占据任何未被另一队员已经占据的位置。

当防守不控制球的队员时，应注意时间和距离的因素。

（一）规则解释

防守无球队员时，要考虑时间和距离的因素，防守队员不能过快地移至进攻队员前面，以至于进攻队员来不及改变他的方向，尽管防守的动作是合法的，但这样所造成的接触，仍由防守队员负责。规则中明确指出这个距离应该给出不少于正常的1步（约1米），同时防守不得有附加的动作，如延伸出的手臂、肩、臀和膝等的动作。

（二）训练提示

比赛中常见的情况有进攻队员切入篮下或溜底线切入时，内线协防队员瞬间做支肘、顶肩、撅臀等动作；一次快攻中，防守队员突然插入到快下进攻队员的前面，造成身体接触。

五、规则条款5

腾空的队员：从球场某地点跳起在空中的队员不仅有权再落回同一地点，也有权落在场上的另一地点，只要在起跳时落地点以及起跳和落地点之间的直接路径上，在起跳的时间尚未被对方队员占据。

（一）规则解释

判断腾空队员的犯规情况中，关键是起跳瞬间对方是否已经在落地的路径上或是已经在落地点占据了合法防守位置。起跳前防守队员先占据了合法防守位置，进攻队员对接触负责；起跳之后尽管防守队员在接触前占据了合法防守位置，这同样也是防守犯规，而且通常或至少是违反体育运动精神的犯规，也可能是取消比赛资格的犯规。

（二）训练提示

移到腾空队员身下是危险的，在训练和比赛中杜绝这种危险动作的发生，如想制造撞人犯规必须提前做好预判和防守的准备，往往这样的动作也是伤人动作，很有可能引起打架冲突。另外需要提醒的是，即便移动到腾空队员的身前没有造成身体接触，也将被判罚技术犯规。

六、规则条款6

掩护是指试图延误或阻止一名不持球的对方队员到达他希望到达的场上位置。

当正在掩护对手的队员：①发生接触时是静止的（在他的圆柱体内）；②发生接触时双脚着地，都是合法的掩护。

当正在掩护对手的队员：①发生接触时正在移动；②在静止对手的视野之外做掩护，发生接触时没有给出足够的距离；③发生接触时，对移动中的对手没有顾及时间和距离的因素；都是非法的掩护。

（一）规则解释

视野之内（通常在防守队员的侧面或前面）的掩护可以无限制贴近防守队员，而且掩护发生身体接触的瞬间掩护队员是静止的（不是在移动中）。视野之外（通常是在防守队员的后面）的掩护要留出足够的距离，这个距离约是正常步的1步。

（二）训练提示

在比赛中常见的掩护犯规有：掩护队员在移动中用身体挡着防守队员；掩护队员瞬间用身体、肩或手臂顶（撞、推）开防守队员；掩护队员用弯曲身体或延伸出的臀部、肘部、膝部造成身体接触。防守队员看到过来做掩护的进攻队员，故意用身体撞开正在移动中做掩护的进攻队员，这属于防守犯规。

七、规则条款7——撞人/阻挡

撞人：是持球或不持球队员推开或移动到对方队员躯干的非法身体接触。

阻挡：是阻碍持球或不持球对方队员行进的非法身体接触。

（一）规则解释

如图12-2所示，在判断阻挡和撞人的情况中，攻守双方都想先占据一个没有被任何人占据的位置，那么这个位置被任何一方先占据，而另一方则要对这次身体接触负责。如何判断这个位置是被谁先占据了？裁判员是根据双方发生身体接触的部位来判断的。即身体接触部位发生在进攻队员的肩和防守队员的肩、手臂、膝等部位，则被认为是阻挡犯规，而身体接触部位发生在进攻队员的肩和防守队员的躯干（通常是胸部），则被认为是撞人犯规。如果是进攻队员的肩与静止在圆柱体内的防守队员的肩发生身体接触，可以看接触发生的程度，接触程度不大可以忽略，接触程度很大可以判罚撞人犯规。

图12-2 阻挡和撞人

（二）训练提示

防守队员在此类身体接触中，可以横移或后撤，前提是在没有造成身体接触前已经占据合法防守位置；防守队员迎上防守造成身体接触，破坏了进攻队员的速度、节奏、平衡和加速度，则被认为是犯规。但试图假意制造一起带球撞人犯规，或者一次身体接触后做出夸张的动作，则会被认为骗取犯规。目前对骗取犯规的管理和判罚非常严格，比赛中如果在一次阻挡或撞人的接触中，防守队员倒地，裁判员认为这个接触不足以使防守队员摔倒，裁判员不鸣哨停止比赛，而是采用手势提醒（警告）该队员这是一次骗取犯规，在下一死球间断时要警告该队员和该队的教练员，下一次同队任何队员如再犯则要判罚技术犯规。没有身体接触故意骗取犯规，应立即判罚技术犯规。

八、规则条款8

用手或手臂接触对方队员；中锋位置的攻防；背后非法防守；拉人；推人；伪造一起犯规等。

（一）规则解释

前五条规则主要是规定了改守双方的手部动作和概念，由于手部犯规的动作在比赛中纷繁复杂，这里就不做具体陈述，但伪造一起犯规是规则中新提出的概念，即指一名队员假装被侵犯或者通过夸张的戏剧性表演以造成判定他被犯规，从而获得利益的任何行为。

（二）训练提示

在判罚手部犯规的情况中，首先要尽量避免主动造成身体接触，其次保持合法的圆柱体原则和垂直原则，最后看是否破坏了速度、节奏、平衡、加速度而非法获利。因此在训练中贯彻队员苦练防守基本功，比赛中避免"手勤腿懒"，伪造犯规的行为是欺诈行为，是破坏赛场公平竞赛环境的行为，得一时之利并不是取胜的关键，养成坏的习惯会影响到比赛和训练成绩。

九、规则条款9

双方犯规是指2名互为对方的队员大约同时相互发生侵人犯规的情况。
如果将两个犯规视为一起双方犯规，下列条件是必须的：
- 两个犯规都是队员犯规。
- 两个犯规都包含身体接触。
- 两个犯规是比赛双方两个队员之间的互相犯规。
- 两个犯规的罚则相同。

（一）规则解释

本条规则最新的变动是双方犯规的罚则必须对等，否则不能相互抵消。罚则不能抵消的情况下，必须按照犯规的特殊情况来处理，裁判员应分出犯规发生的次序，按照犯规的罚则次序先后执行。

（二）训练提示

比赛中双方犯规罚则等同的情况会更少。本方全队犯规累计次数多，在这种情况中是不利的。

十、规则条款10

技术犯规是没有身体接触的犯规，行为种类包括但不限于：
- 无视裁判员的警告。
- 无礼地触碰裁判员、技术代表、记录台人员或球队席人员。
- 与裁判员、技术代表、记录台人员或对方队员交流中没有礼貌。
- 使用很可能冒犯或煽动观众的粗话或手势。
- 戏弄对方队员或在他的眼睛附近摇手妨碍其视觉。
- 过分挥肘。
- 在球穿过球篮之后故意地触及球或阻碍迅速地掷球入界以延误比赛。
- 跌倒以"伪造"1次犯规。
- 悬吊在篮圈上，致使队员的重量由篮圈支撑，除非扣篮后，队员瞬间抓住篮圈，或者根据裁判员的判断，他正试图防止自己或另一名队员受伤。
- 在最后一次或仅有一次的罚球中防守队员干涉得分，应判给进攻队得1分，随后执行登记在该防守队员名下的技术犯规罚则。

（一）规则解释

规则中所涉及的技术犯规内容还不能完全覆盖比赛中出现技术犯规的情况，然而判罚技术犯规要依据尊重比赛、尊重对手、尊重裁判的原则，任何无礼的、过分的行为都将被判罚技术犯规，如冲着裁判员挥空拳、谩骂、怒吼；用手指着裁判员或夸张、过激地奔向裁判员；直接对裁判员就某判罚、未判罚体现出愤恨的表现；冲着裁判员挑衅似的竖大拇指；冲着裁判员摊手；为了让裁判员判罚而比画手势（如带球走、打手、干涉得分等）；当裁判员宣判后，夸张地快速跑动一段距离，以此行为质疑和抱怨裁判员的判罚；在裁判员警告后，还是不停地干扰裁判员的工作；队员将球用力摔打到地面或扔向广告板，或在裁判员要球时故意把球扔向或踢向一边；冲着对方队员怒吼、喊叫、谩骂；裁判员鸣哨后，故意地与对方发生身体接触（用身体贴靠对方、用肩部轻微地撞击对方、用单手或双手推对方、用脸部和头部贴靠对方）；对方队员正在做投篮和罚球动作时，用击掌、喊叫、跺脚等行为干扰对方；双方队员之间对骂或互喷垃圾话；故意将球砸向对方队员等。

还有一些教练员技术犯规的行为，如教练员在指挥比赛时越过球队席进入比赛场地；以踢、摔各种物品来抱怨裁判员的判罚；除主教练以外球队席的任何人员同裁判员讲话；到记录台前指责裁判员；拉扯、推搡裁判员；对裁判员指指点点、骂骂咧咧；球队席的任何人员用各种手势侮辱裁判员；球队席的任何人员，用各种手势来干扰裁判员的工作，如带球走、犯规等。

队员骗取犯规的行为：没有身体接触，运动员就做出假摔或假动作，裁判员可以立即判罚技术犯规；如果发生了身体接触，但此接触完全没有达到运动员所做出的假摔或假动作的程度，裁判员可以直接判罚技术犯规；如果发生身体接触，此接触构成了犯规，但队员有假摔或假动作的表现，裁判员要提出警告。

（二）训练提示

一场比赛一名队员累计技术犯规两次，将取消比赛资格。在我国职业联赛中为了加强管理球队成员的不正当行为，新增加了累计技术犯规停赛处罚的规定。球队所有人员应在比赛中正确对待裁判员错、漏判，并保持冷静，避免过激行为而导致的严重后果。谩骂、挑衅、骗取犯规等行为是严重违反体育运动精神的行为，任何联赛或比赛中都是被严格禁止的。

十一、规则条款11——违反体育运动精神的犯规

违反体育运动精神的犯规是身体接触犯规，并且根据裁判员的判断，包含：
- 不在规则的精神和意图的范围内合法地试图去直接抢球。
- 在努力抢球或身体对抗的过程中一名队员造成过分的、严重的身体接触。在攻防转

换中，防守队员为了阻止对方进攻而对进攻队员造成不必要的接触；此规定适用于进攻队员开始投篮球动作之前。

● 防守队员试图阻止一次快攻，从对方队员的身后或者侧面造成身体接触，并且在进攻队员和对方球篮之间没有防守队员。此规定适用于进攻队员开始投篮的动作之前。

● 在第4节和每一个决胜期的最后2分钟，当掷球入界的球在界外并且仍在裁判员手中或掷球入界队员可处理时，防守队员对进攻队员造成身体接触。

（一）规则解释

通俗地讲，犯规发生时防守队员是冲着球去还是冲着人去。这也要区分最后时刻所采用的犯规战术，采用犯规战术不能用很大的动作犯规来停止比赛，否则也是违反体育运动精神的犯规。发生违反体育运动精神的犯规，多数都不是由于努力地抢球，而是故意连人带球一起拉下来。在一起快攻中如果是正面防守快攻的运球队员，用犯规战术来停止比赛，则判罚一般犯规（因为防守队员并没有失去防守的位置），而如果是从侧面或后面对快攻的运球队员采用犯规战术并停止比赛，则判罚违反体育运动精神的犯规（因为防守队员失去了防守位置）。最后2分钟的犯规停表战术，通常运用于落后的队在最后时刻为争取更多的剩余时间而采用的战术，犯规的对象必须是持球或运球队员。在这个时间段内，进攻队掷界外球，球必须离开掷球入界队员的手后才能对场上获得球的进攻队员犯规，否则判罚违反体育运动精神的犯规。另外，新规则规定一场比赛中一名队员被登记了一次违反运动精神的犯规和一次技术犯规，将被取消比赛资格，等同于两次技术犯规和两次违反体育运动精神的犯规。

（二）训练提示

恶意的，不是努力去抢球的犯规通常都是违反体育运动精神的行为，抱腰、搂人、猛力地推打投篮队员、前面已经没有防守队员还要破坏对方快攻的行为等都要判罚违反体育运动精神的行为。最后2分钟的犯规战术，在掷界外球之前防守队员最好预先告知裁判员，"我们队要采用犯规战术"，避免犯规战术因动作小而使裁判员忽略了判罚，进一步采用更大动作时又被判罚违反体育运动精神的行为。

思考题：

1. 您认为篮球竞赛规则的变化对您的篮球训练有哪些影响？
2. 最后一次罚球时，罚球队员、占位队员、三分线外的队员，什么时候可以进入限制区？
3. 如果非罚球队员执行罚球，教练员在罚球前发现此错误和罚球开始后发现此错误，有区别吗？
4. 一名因被登记了一次技术犯规和一次违反体育运动精神的犯规队员可以留在球队席吗？

参考文献：

［1］中国篮球协会.篮球规则［M］.北京：北京体育大学出版社，2016.

［2］杨茂功，由世梁，崔鲁祥.篮球竞赛规则与裁判法问答（修订版）［M］.北京：人民体育出版社，2016.

第十三章 篮球比赛临场表现分析策略与方法

【导语】：篮球比赛临场表现分析模式对于球队获取优异竞技成绩具有重要的科研保障和智力支撑作用，本章重点介绍了该临场表现分析模式。本章学习目标：首先，全面了解篮球比赛临场表现分析的概念、性质、意义、特征；其次，掌握FIBA指标分解与整合两个方面的相关策略与方法；最后，具体了解并掌握临场表现分析的工作流程与策略。

第一节 篮球比赛临场表现分析的理论概述

现代篮球比赛竞争异常激烈，科技支撑手段也日趋深刻，其中一个重要体现就是非常重视采集、分析篮球比赛临场表现信息与细节，以及在此基础上加强信息成果转化和使用，学术界统一使用术语"临场表现分析"（Performance analysis）进行界定。在实践应用中，临场表现分析人员也被称为视频分析师或球探。以下从概念、性质、意义、特征四个方面加以说明。

一、概念

"篮球竞技临场表现分析"系指针对篮球比赛临场竞技和组织博弈系统，借助信息技术手段采集素材，运用数字/符号计算机编码方式，通过观测、分析、评价、决策等一系列步骤展开研究，以及提供相应训/赛解决方案的模式。关于此概念界定，应该首先明确从心理学角度来看，篮球比赛临场表现属于临场决策行为，即球员/队根据临场条件及其变化进行心理反应和行为应答的结果。因此说，术语"临场表现分析"较之传统的"技战术分析"能够更全面表达篮球比赛的行为特征与分析范畴，以及提示教练员反思训练设计是否达到临场表现在认知—行动层面上的协同一致。

二、性质

从实用主义哲学角度出发，临场表现分析需要关注篮球比赛中的实际问题，提倡定量与定性方法的合理联合使用。虽然许多方法按照演绎与归纳将定性研究与定量研究区分开来，但在实际分析中不可能单纯按照理论驱动或者数据驱动来操作，诱导式推理方法通过在归纳与演绎之间来回转换从而更有助于问题的解决。

Lee & Ryan探讨了临场表现分析如何在实用主义框架内使用定量与定性两种方法，通过描述临场表现分析专家、传统型教练员以及体育教师三者间的一场辩论对话，研究者得出如下有价值观点：①个体偏见、执教经历和注意力局限等都能影响教练员看法，因此定量分析不仅能够印证或者质疑教练员的主观分析，而且可以提供给教练员额外信息，以及通过多场比赛建立的统计数据库可以描绘出教练员没有意识到的趋势。②定性分析确实属于一种主观过程，但不意味着其在本质上是模糊的、任意的和缺乏条理的，事实上，定性分析需要来自多学科扩展性信息的支持以及采取系统计划步骤，有经验的教练员往往花费很多时间进行思考和分析。③定量分析通过信、效度证明自身的"合法性"，而定性研究者经常使用的术语"诚信"和"真实性"同样应该受到尊重。④临场表现分析应被界定为"定量—定性联合体"，因为客观数据的归纳分析能够影响主观解释的演绎分析，反之亦然。在实际研究中，应该合理使用定性与定量方法提供更多证据来佐证观点，从而实现约翰·杜威倡导的"确保性宣言"。

三、意义

《孙子·谋攻篇》曰，"知己知彼，百战不殆；不知彼而知己，一胜一负；不知彼，不知己，每战必殆"。由此可见，自从世界上第一场篮球比赛开始，围绕攻守双方的信息探查就始终没有停止，而历史文化的现实规定又不断赋予这种信息战新的意义。当今世界是信息化、网络化、智能化社会，任何行业想要居于潮头都必须主动适应信息化趋势，篮球比赛临场表现分析也不例外。诚如Lawlor所言，在高水平竞赛和训练中，IT支持可成为关键性和具有竞争力的战略资源。较之以往人工观察、纸笔记录、滞后反馈等"古老"手段而言，信息时代里借助网络即可获取海量技战术信息，临场观察也已实现实时追踪和同步反馈，而针对视频、图片、文字、数据等信息资料的搜集、存储、提取和处理则逐步达到了智能化。因此说，主动拥抱信息技术革命浪潮并善于从海量信息中检出有价值的细节信息将很大程度决定某个教练团队执教工作的成功与否。2013年10月23日，71岁高龄且即将卸任的NBA总裁大卫·斯特恩在接受CCTV-5专访时曾就统计学和数字化背景下的NBA发展做出预测，他认为大数据时代将改变NBA的方方面面，其中包括影响比赛的执教过程。例如，当数据表明对方某球员在球场左侧命中率较低时就要在防守中迫使该球员到球场左侧持球。高科技手段的广泛应用改变了关于篮球比赛临场表现信息获取与分析作用的传统和局限认识，"知己知彼"的临场诉求达到了前所未有的深入和细致程度。

就中国篮球竞技实践而言，当前各级国家队和职业篮球俱乐部普遍提高了对篮球比赛临场表现分析工作的重视程度，多数球队配备了视频分析师，在比赛准备、训练改进和球员选拔等方面都强调视频、数据、测试等客观材料支撑。然而，毕竟借助高科技手段支持的临场表现分析方法介入中国篮球竞技实践是近些年来才出现的新事物，与欧美篮球强国相比仍然存在较大差距，主要表现在以下两方面，首先，技术力量和硬件投入不足。NBA球队的临场表现分析工作一般由1名球探总监统筹负责，下设球探、数据分析人员以及2~3名视频分析师，均为专职工作岗位。一个更鲜明的例子来自英超球队莱斯特城队。该队阔别10年重返英超联赛并勇夺2015—2016赛季冠军，其科研保障被誉为"教练团队背后的团队"，包括运动科学组7人，运动表现分析与选材组6人，正是强大的技术力量促使莱斯特城队能够在逆境中崛起并一举铸就"黑马传奇"。相比之下，国内球队在人员数量方面就相差很多，一些球队仅设1名视频分析师，还有一些球队甚至会让助理教练员兼职视频分析工作。技术力量薄弱凸显国内球队对临场表现分析工作的认识仍然不到位。硬件方面，国外普遍使用的诸如多摄像机比赛跟踪系统、"Viewer TM"软件、视频追踪系统"Datatra X""LPM Soccer 3D"系统、"SPI Elite GPS"接收器等可实现对比赛的全方位、实时追踪或者收集球员临场工作效率和对抗强度信息。2013年，NBA联盟30个场馆全部安装了"Sport VU"数据收集系统，光是2012—2013赛季的数据就有80GB之多（相比之下，传统的得分、篮板和助攻等技术统计只占几十KB大小）。"Sport VU"由摄像机和分析软件组成，架设在场馆上方的6台摄像机每秒钟可以追踪25次球员和篮球的运动，记录下速度、距离、球员间隔和控球的数据。随后，分析软件会计算出一系列技术参数，并源源不断地送到NBA官网和电视频道中。提供软件支持的STATS公司表示，未来的NBA术语将包括速度档案、进攻战术、防守对位和球场覆盖地图等。从根本上讲，科技设备的每一次更新换代都意味着临场表现分析从理念到方法的巨大转变，硬件投入不足实际上反映出国内球队对高科技融合趋势仍然存在不适应。

其次，尚未建立完整有效的临场表现分析方法体系。总体来看，目前国内球队的临场表现分析工作尚处于模仿欧美阶段，即具体作业缺乏规范指导；临场表现解释力不够甚至存在疑问；专业化探讨与交流平台尚未搭建；工作严谨性、深入性、主动性与创造性有待加强。如果说技术力量和硬件问题可以随着球队不断加大投入得到解决的话，那么临场表现分析方法体系的建设难度更大。因为临场表现分析方法体系是一个核心层面上学习、借鉴、启发、创造的过程，核心技术是花钱买不来的，所谓外教、外援、对外交流学习等手段非常必要但不能从根本上解决问题。即使欧洲与美国相比，其核心技术也是各有千秋，这一点非常类似欧美篮球风格的差异，融合之中坚持保有自身特色，取胜之道最终取决于独立自主和实践创造。运动训练学有一个原则，即赛什么、练什么；缺什么、补什么，临场表现分析方法体系建设的重大意义正是在这种实际需求和现实反差中显得更加紧迫。

四、特征

篮球比赛临场表现分析具有以下5个显著特征：

①科技融合。信息采集与临场观察技术（如计算机数字视频技术、比赛追踪系统等）以及数据量化分析技术（如统计建模和数据挖掘等）全面融入篮球比赛临场表现分析各个环节中，呈现多学科、高敏锐特点。

②团队探讨。临场表现分析并非科研人员一个人的事，也不是在教练员主观授意下机械地进行视频剪辑，一个完整的工作过程（发现问题、解决问题）实际上是教练团队群策群力的结果。教练员、助理教练员和科研人员针对具体作业目标展开广泛深入的探讨甚至争鸣，确定主要问题及分析线索，然后科研人员根据问题导向和实际需求进行分析并固定证据，最后将分析结果及对策方案提供给主教练以备临场指挥需要。在整个流程中，临场表现分析人员须秉持独立思考与批判精神，熟练运用各种专业理论与知识工具展开工作，务求提供建设性意见并勇于承担分析失败的风险和责任。

③细节大师。临场表现分析工作"细节为王",能否检出比赛中那些"金子般细节"将直接决定分析报告的"含金量"。临场表现分析人员要成为细节大师,除了踏实严谨、观察入微的工作作风外,更重要的是提高自身专业理论水平,掌握良好的分析工具,譬如说,建立大数据分析思路,对分析目标实施长期动态跟踪观察,趋势分析法能够帮助研究人员更加敏锐地捕捉到目标的细微变化;充分借鉴欧美先进经验,对现有FIBA指标从分解和整合两个方向进行重构,从而丰富旧指标并提升其解释效力;运用系统科学理论工具建立观察比赛的新视角,篮球比赛临场表现的极端复杂性为运用系统科学工具实施解构提供了广阔空间,如不同理论工具指导下的篮球比赛将呈现出许多不同面貌。

④资料累积。临场表现分析人员从第一天工作开始就应当自觉养成收集整理资料的习惯,纵向占有资料的多寡以及横向收集资料的范围大小是衡量临场表现分析人员经验是否丰富的客观参数。从纵向资料而言,历年/届/次比赛资料及相应的临场表现分析报告。不同时期比赛资料是否齐整对于展开临场表现的趋势分析非常重要,另外,细致总结每份报告的方法、指标、成果将有助于临场表现分析人员逐步形成自身核心竞争力。从横向范围来讲,临场表现分析人员应该注意收集以下三类资料:第一类是比赛资料,包括关联比赛资料,世界大赛资料(奥运会、世界杯、欧洲锦标赛、美洲锦标赛等),欧美职业联赛资料(NBA职业联赛、欧洲篮球冠军联赛等)、美国大学体育协会(NCAA)篮球Ⅰ级联赛资料等。第二类是先进训练方法资料。欧美篮球训练方法倾向于专题研讨,如跑轰、"UCLA"、三角进攻等。收集先进训练资料有助于临场表现分析人员加深专业理解与实践,积累训练方法知识储备。第三类是学术前沿资料。临场表现分析工作是一项充满创新和挑战的研究性工作,而临场表现分析人员基本上都具备良好的科研背景,紧盯本领域学术前沿有助于分析人员保持理论领先性并更好地服务实践。

⑤训练延伸。一个完整的临场表现分析过程不仅包括对比赛的缜密分析,还包括对训练环节提出干预和改进措施。Dario等人曾提到球类技战术报告和视频分析中非常重要却被普遍忽略的一点,即在运动操作高级阶段,外部反馈须针对球员/队的特殊需求。换言之,临场表现分析并非只要做到结果准确就够了,还要从球员/队的实际需求出发,按竞技项目的内在规律对分析结果加以区分呈现,从而帮助运动水平不同、作业目标不同的球员在运动操作改善阶段里循序渐进、有所取舍地进行训练。

第二节　FIBA指标的系统解读

目前,篮球比赛通用的指标体系为FIBA指标体系,包括2分、3分、罚球、篮板球、扣篮、被侵、助攻、抢断、盖帽、失误、犯规。近几年,国际篮联官网上的比赛统计开始提供投篮落点图。FIBA指标本质上属于结果性、离散型指标,单纯使用这些指标对临场表现的解释效力并不充分。从"用好旧指标"的角度出发,需要对FIBA指标进行两个方向的系统解读,即指标分解与指标整合。

一、FIBA指标分解

（一）投篮类指标

现有指标涉及2分、3分和罚篮，以及提供相应的投篮命中率统计。投篮类指标的分解有助于更深入地了解具体球队/员的打法特点，结合临场表现分析需求，可以尝试按照以下思路进行多维度分解（表13-1）。

表13-1 投篮指标分解表

分解维度	分解指标	分解依据	分析目标
系列表现	系列赛球员/队投篮变化曲线	系列赛中包含多场比赛、针对不同对手	考察球员/队的进攻能力和稳定性
比赛节次	球员/队各节投中/投失/试投	比赛按节次进行	考察球员/队投篮各节分配规律（特点）
阵容搭配	不同阵容投中/投失/试投	场上阵容存在不同组合与变化	考察球队阵容搭配的侧重与默契
投篮位置	球员/队投中/投失散点图	半场可分远、中、近、左、中、右（图13-1）	考察球员/队投篮点位特征
进攻节奏	快攻/抢攻/阵地战投篮	进攻节奏分为快攻、抢攻、阵地战	考察球队不同进攻节奏得分变化
球员分配	球员投中/投失/试投	球队投篮由每个球员投篮构成	考察球队投篮的球员分配特征
组织方式	战术性投篮；技术性投篮；二次进攻投篮；难度投篮	战术性：配合投篮；技术性：个人能力表现；二次进攻：进攻篮板转化投篮；难度投篮：被迫、仓促、不习惯动作投篮	考察球队投篮的组织特征
投篮攻击性	中/远距离投篮；突破上篮；篮下强攻投篮	投篮方式可按攻击性大小区分	考察球员/队的进攻侵略性
外线球员投篮方式	中/远距离空位接球投篮；中/远距离无球摆脱接球投篮；运（持）球摆脱急停/行进间中距离跳/跑/抛投；运（持）球突破近距离上篮；篮下强攻投篮	外线球员投篮分类方式，其中篮下强攻含错位攻击含义（外线内打）	考察外线球员投篮特点
内线球员投篮方式	篮下站位强攻；二次进攻投篮；持球突破上篮；中/远距离投篮	内线球员投篮分类方式，其中突破上篮与中/远投篮含错位攻击含义（内线外打）	考察内线球员投篮特点
其他维度	—	—	—

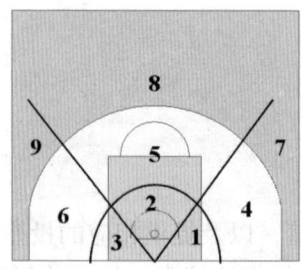

注：引自Dean Oliver. Basketball on Paper Rules and Tools for Performance Analysis（Washington D.C., Brassey's Inc）. 2003：10.

图13-1 半场投篮区域分布图

（二）篮板球指标

现有指标涉及进攻篮板、防守篮板。结合临场表现分析需求，可以尝试按照以下思路进行多维度分解（表13-2）。

表13-2 篮板球指标分解表

分解维度	分解指标	分解依据	分析目标
拼抢特点	防守卡位次数；防守失位次数；进攻冲抢次数；进攻顶（绕）抢次数	攻防篮板球基本面	考察篮板球基本意识、基本能力和拼抢态度
篮板球落点	第一落点篮板球；二或三落点篮板球	判断/争抢落点	考察篮板判断意识和点、打、拨等拼抢技术
拼抢人数	内线队员篮板球；外线队员篮板球；内外线配合篮板球	全员拼抢及同伴配合	考察篮板球全员拼抢情况和同伴配合意识
篮板球犯规/被侵	抢篮板球犯规；抢篮板球被侵	篮板球对抗激烈	考察球员篮板球对抗经验
其他维度	—	—	—

（三）助攻指标

助攻是一项体现团队整体性和战术配合水平的指标，从临场表现分析需求出发，可以尝试按照以下思路进行多维度分解（表13-3）。

表13-3 助攻指标分解表

分解维度	分解指标	分解依据	分析目标
助攻方式	突破分球式助攻；策应分球式助攻；手递手传球式助攻；传球转移式助攻	助攻的实施逻辑	考察球员/队助攻的组织特点
助攻球员	外线球员助攻；内线球员助攻	每个球员都可以实施助攻行为	考察球员/队助攻表现的参与特征
其他维度	—	—	—

（四）防守指标

FIBA防守指标包括防守篮板（DREB）、抢断（STL）、封盖（BLK）以及防守犯规，可以考虑借鉴WNBA关于防守指标的建构思路，丰富和细化如下指标：防守对手受迫性投失次数（FM）；防守对手受迫性失误次数（FTO）；防守对手受迫性罚失次数（FFTA）；导致防守对手投中次数（DFGM）以及导致防守对手罚中次数（DFTM）。如果进攻球员空位投失，计入球队防守对手受迫性投失次数（TFM）；如果进攻球员空位投中，计入球队导致防守对手投中次数（DFGM）。须注意，"总计次数=所有球员次数+计入球队的次数"，临场统计以表13-4为例。

表13-4 球员和球队防守指标统计

	球员	防守对手受迫性投失次数（FM）	封盖（BLK）	防守对手受迫性失误次数（FTO）	抢断（STL）	防守对手受迫性罚失次数（FFTA）	导致防守对手投中次数（DFGM）	导致防守对手罚中次数（DFTM）
本方球队	球员A							
	球员B							
	球员C							
	球员D							
	球员E							
	计入球队							
	总计							
对方球队	球员A							
	球员B							
	球员C							
	球员D							
	球员E							
	计入球队							
	总计							

注：假设上场队员为五人。

（五）其他指标及说明事项

至于其他指标，有待进一步发掘有价值的分解维度。需说明的是，FIBA指标分解的目的是为了更细致贴切地观察篮球比赛临场表现，所以分解指标需要符合篮球比赛临场表现规律以及确保操作定义明确无歧义。此外还要具体问题具体分析，根据不同球队、球员、比赛、任务选择使用不同维度指标。简言之，FIBA指标分解并非一蹴而就，而具体使用更是一个有的放矢、活学活用的过程。

二、FIBA指标整合

迪恩·奥利弗（2003）阐述了基于球权和效率（possession and efficiency）的指标整合思路并推演得出了一系列整合性指标，具体介绍如下：

（一）球队球权类指标

1. 计算公式

球队进攻次数＝试投次数＋失误＋0.4×罚篮次数　　　　　　　　　　　　　　　公式1.1

球队球权次数＝试投次数＋失误＋0.4×罚篮次数－$\frac{进攻篮板}{进攻篮板＋对手球队防守篮板}$×（试投次数－投中次数）×1.07　　　　　　　　　　　　　　　　　　　　　　　　　　　　　　　　公式1.2

球队无犯规球权次数＝试投次数＋失误－$\frac{进攻篮板}{进攻篮板＋对手球队防守篮板}$×（试投次数－投中次数）×1.07　　　　　　　　　　　　　　　　　　　　　　　　　　　　　　　　公式1.3

球队得分球权次数＝投中次数＋[1－(1－罚篮命中率)^2]×罚篮次数×0.4　　公式1.4

2. 概念解析

公式1.1～公式1.4系球队球权类指标，其中进攻次数（公式1.1）包含二次进攻；球权次数（公式1.2）不包含二次进攻，即进攻次数减去二次进攻估算数；无犯规球权次数（公式1.3）不包含二次进攻和"0.4×罚球次数"，也即进攻次数减去二次进攻和罚篮估算数。

（二）球队进攻率指标

1. 计算公式

球队成功球权率＝$\frac{球队得分球权次数}{球队球权次数}$　　　　　　　　　　　　　　　　　　　　公式2.1

球队进攻成功率＝$\frac{球队得分球权次数}{球队进攻次数}$　　　　　　　　　　　　　　　　　　　　公式2.2

球队进攻效率＝$\frac{球队得分}{球队球权次数}$×100　　　　　　　　　　　　　　　　　　　　　公式2.3

球队无犯规成功球权率＝$\frac{球队投中次数}{球队无犯规球权次数}$　　　　　　　　　　　　　　　公式2.4

2. 概念解析

公式2.1～公式2.4系球队进攻率指标，其中成功球权率（公式2.1）和进攻成功率（公式2.2）的被除数都是得分球权次数，但成功球权率以球权次数为参照（除数），而进攻成功率以进攻次数为参照（除数）。此外，进攻效率（公式2.3）表达的是每100次球权的得分，这一点与进攻成功率（公式2.2）的表达有明显区别。

在临场表现分析中，球队进攻率指标需要综合考察、相互印证。譬如，球队成功球权率高、进攻效率高，说明球队进攻良好且不存在过度依赖3分球；球队成功球权率低、进攻效率高，说明球队进攻稳定性不够且存在3分球依赖倾向；球队无犯规成功球权率低、进攻效率高，提示球队3分球比例高和/或罚篮多；球队进攻成功率高、进攻效率高，提示球队一攻成功率高，不依赖二次进攻得分等。

（三）球员进攻率指标

1. 计算公式

$$球员成功球权率 = \frac{球员得分球权次数}{球队球权次数} \qquad 公式3.1$$

$$球员进攻效率 = \frac{球员制造得分}{球员球权次数} \times 100 \qquad 公式3.2$$

$$球员球权次数占比 = \frac{球员球权次数}{球队球权次数} \times 100\% \qquad 公式3.3$$

2. 球员成功球权率推演

球员成功球权率是球员得分球权次数除以球员球权次数。首先，球员得分球权次数反映的是球队得分球权次数中的球员个体所占部分，主要包括三个部分，球员得分部分、球员助攻部分以及球员罚篮部分。此外，因为上述三部分中包含进攻篮板球因素，所以要减去球队进攻篮板导致的部分，但是要加上球员本人进攻篮板导致的部分。综上所述，球员得分球权次数可以使用公式3.1.1表示：

$$球员得分球权次数 = (球员得分部分 + 球员助攻部分 + 球员罚篮部分) \times \left(1 - \frac{球队进攻篮板}{球队得分球权次数} \times 球队进攻篮板权重 \times 球队进攻成功率\right) + 球员进攻篮板 \times 球队进攻篮板权重 \times 球队进攻成功率 \qquad 公式3.1.1$$

其中，

$$球队进攻篮板权重 = \frac{(1-球队进攻篮板率) \times 球队进攻成功率}{(1-球队进攻篮板率) \times 球队进攻成功率 + 球队进攻篮板率 \times (1-球队进攻成功率)}$$

$$公式3.1.1.1$$

$$\left(注：球队进攻篮板率 = \frac{球队进攻篮板}{球队进攻篮板 + 球队防守篮板}\right)$$

$$球员得分部分 = 球员投中次数 \times \left(1 - \frac{1}{2} \times \frac{球员得分 - 球员罚中次数}{2 \times 球员试投次数} \times q_{AST}\right)$$

公式3.1.1.2

注：$q_{AST} = \frac{球员上场时间}{球队上场时间/5} \times q_5 + \left(1 - \frac{球员上场时间}{球队上场时间/5}\right) \times q_{12}$，

$q_5 \approx 1.14 \times \frac{球队助攻次数 - 球员助攻次数}{球队投中次数}$，

$$q_{12} = \frac{\frac{球队助攻次数}{球队上场时间} \times 球员上场时间 \times 5 - 球员助攻次数}{\frac{球队投中次数}{球队上场时间} \times 球员上场时间 \times 5 - 球员投中次数}$$

$$球员助攻部分 = \frac{1}{2} \times \frac{(球队得分 - 球队罚中次数) - (球员得分 - 球员罚中次数)}{2 \times (球队试投次数 - 球员试投次数)} \times 球员助攻次数$$

公式3.1.1.3

$$球员罚篮部分 = [1 - (1 - 球员罚篮命中率)^2] \times 0.4 \times 球员罚篮次数 \qquad 公式3.1.1.4$$

其次，球员球权次数包括以下四个部分，即球员得分球权次数、无二次篮板的球员投失次数、无二次篮板的罚失次数以及球员失误次数，具体见公式。

球员球权次数 = 球员得分球权次数 + 球员无二次篮板的投失次数 + 球员无二次篮板的罚失次数 + 球员失误次数

公式3.1.2

其中，

球员无二次篮板的投失次数 = （球员试投次数 - 球员投中次数）× （1 - 1.07 × 球队进攻篮板率）

公式3.1.2.1

球员无二次篮板的罚失次数 = （1 - 球员罚篮命中率）^{2} × 0.4 × 球员罚篮次数

公式3.1.2.2

3. 球员进攻效率推演

球员进攻效率是球员制造得分除以球员球权次数再乘以100，表达的是每100次球员球权次数中球员制造得分多少。球员球权次数如公式3.1.2，球员制造得分见公式3.2.1：

球员制造得分 = （球员得分部分 + 球员助攻部分 + 球员罚篮部分）×

$\left(1 - \frac{球队进攻篮板}{球队得分球权次数} \times 球队进攻篮板权重 \times 球队进攻成功率\right) + 球员进攻篮板部分$

公式3.2.1

其中，

$$球员得分部分 = 2 \times \left(球员投中次数 + \frac{1}{2} \times 球员三分投中次数\right) \times$$

$$\left(1 - \frac{1}{2} \times \frac{球员得分 - 球员罚中次数}{2 \times 球员试投次数} \times q_{AST}\right) \qquad 公式3.2.1.1$$

$$球员助攻部分 = 2 \times \frac{球队投中次数 - 球员投中次数 + \frac{1}{2}(球队三分投中次数 - 球员三分投中次数)}{(球队投中次数 - 球员投中次数)}$$

$$\times \frac{1}{2} \times \frac{(球队得分 - 球队罚中次数) - (球员得分 - 球员罚中次数)}{2 \times (球队试投次数 - 球员试投次数)} \times 球员助攻次数 \qquad 公式3.2.1.2$$

$$球员罚篮部分 = 球员罚中次数 \qquad 公式3.2.1.3$$

$$球员进攻篮板部分 = 球员进攻篮板 \times 球队进攻篮板权重 \times 球队进攻成功率$$

$$\times \frac{球员得分}{球队投中次数 + [1 - (1 - 球队罚篮命中率)^2] \times 0.4 \times 球队罚篮次数} \qquad 公式3.2.1.4$$

4. 球员进攻率统计表

球员进攻率包括3个一级指标（球员成功球权率、球员进攻效率、球员球权次数占比），3个二级指标（球员得分球权次数、球员球权次数、球员制造得分），这些指标对于全面评价球员进攻表现和查找存在问题非常有效（表13-5）。

表13-5 球员进攻率统计

	球员	得分球权次数	球权次数	成功球权率	进攻效率	制造得分	球员球权次数占比
本方球队	球员A						
	球员B						
	球员C						
	球员D						
	球员E						
	球队总计						
对方球队	球员A						
	球员B						
	球员C						
	球员D						
	球员E						
	球队总计						

注：假设上场队员为五人。

（四）防守类指标

1. 计算公式

球员阻止进攻得分次数 = 防守对手受迫性失误次数 + 抢断 + $\dfrac{\text{防守对手受迫性罚失次数}}{10}$ +（防守对手受迫性投失次数 + 封盖）× 防守压迫性权重 ×（1−对手球队进攻篮板率）+ 球员防守篮板 ×（1−防守压迫性权重） 　　　　　公式4.1

其中，

防守压迫性权重 = $\dfrac{\text{对手球队投篮命中率} \times (1-\text{对手球队进攻篮板率})}{\text{对手球队投篮命中率} \times (1-\text{对手球队进攻篮板率}) + (1-\text{对手球队投篮命中率}) \times \text{对手球队进攻篮板率}}$ 　　　公式4.1.1

鉴于公式4.2中许多指标（如防守对手受迫性失误次数）并非FIBA常规统计，因此也可使用FIBA常规指标进行估算：

球员阻止进攻得分次数 = 球员阻止部分$_1$ + 球员阻止部分$_2$ 　　　　　公式4.2

其中，

球员阻止部分$_1$ = 抢断 + 封盖 × 防守压迫性权重 ×（1−1.07 × 对手球队进攻篮板率）+ 球员防守篮板 ×（1−防守压迫性权重） 　　　　　公式4.2.1

球员阻止部分$_2$ = $\Bigg[\dfrac{\text{对手球队试投次数} - \text{对手球队投中次数} - \text{球队封盖}}{\text{球队上场时间}} \times $ 防守压迫性权重 ×（1−1.07 × 对手球队进攻篮板率）+ $\dfrac{\text{对手球队失误} - \text{球队抢断}}{\text{球队上场时间}}\Bigg]$ × 球员上场时间 + $\dfrac{\text{球员犯规}}{\text{球队犯规}}$ × 0.4 × 对手球队罚篮次数 ×（1−对手球队罚球命中率）^{2} 　　公式4.2.2

球员防守效率 = 球队防守效率 + 球员所防守对手的球权次数占比 ×［100 × 球员所防守的对手每次得分球权的得分数 ×（1−球员阻止进攻得分率）− 球队防守效率］ 　　公式4.3

其中，

球员所防守对手的球权次数占比 = $\dfrac{\text{球员所防守对手的球权次数}}{\text{对手球队的球权次数}}$ × 100% 　　公式4.3.1

球员所防守的对手每次得分球权的得分数 = $\dfrac{\text{球员所防守的对手得分数}}{\text{球员所防守的对手得分球权次数}}$ 　　公式4.3.2

球员阻止进攻得分率 = $\dfrac{\text{球员阻止进攻得分次数} \times \text{球队上场时间}}{\text{球队球权次数} \times \text{球员上场时间}}$ 　　公式4.3.3

如果使用非FIBA通用指标（公式4.2），则球员阻止进攻得分率也可按照以下公式计算：

$$球员阻止进攻得分率 = \frac{球员阻止进攻得分次数}{球员阻止进攻得分次数 + 对手得分球权次数} \qquad 公式4.3.4$$

球员所防守的对手球权次数=球员阻止对手进攻得分次数+对手得分球权次数

$$公式4.3.5$$

其中，

对手得分球权次数=对手投中次数+$0.45 \times$（对手受迫性罚失次数+导致防守对手罚中次数）$\times \left[1-\left(1-\dfrac{导致防守对手罚中次数}{对手受迫性罚失次数+导致防守对手罚中次数}\right)\right]^2$ 公式4.3.5.1

$$球队防守效率 = \frac{球队失分}{球队球权次数} \times 100 \qquad 公式4.4$$

2. 概念解析

防守类指标包括3个一级指标（球员阻止进攻得分次数、球员防守效率、球队防守效率），6个二级指标（防守压迫性权重、球员所防守的对手球权次数占比、球员防守的对手每次得分球权的得分数、球员阻止进攻得分率、球员所防守的对手球权次数、对手得分球权次数），在具体应用中仍须统筹考虑、相互印证。

（五）球员进攻效能曲线

球员进攻效能曲线（图13-2）反映的是球员进攻效率与球员球权次数占比之间的动态变化关系，非常适合于针对球员进攻表现提出建设性意见。通常而言，图中A折线代表优秀球员表现，B折线代表非优秀球员表现。以某球员为例，当球权次数占比从35%降低

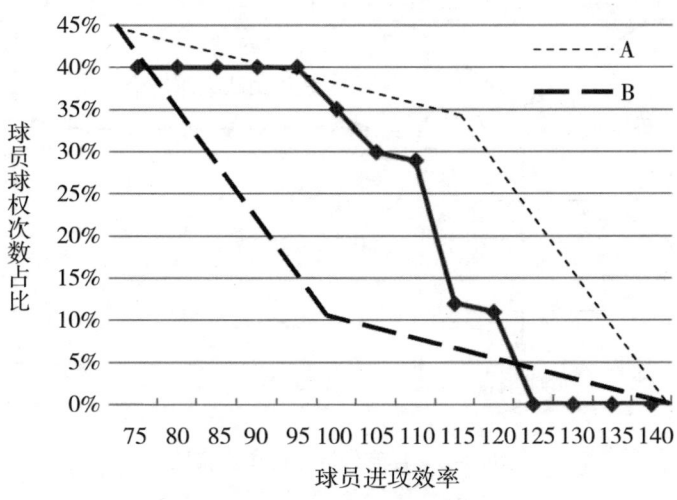

图13-2　球员进攻效能曲线

至25%，进攻效率值从99提高至110。如果球队和教练员认同该球员需要降低球权次数占比，则考虑以公式3.1.1、公式3.1.2作为依据，结合球员个人特点以及球队需要制订球权次数减少的具体方案。此外，延续相同思路亦可绘制球员防守效能曲线（横坐标为球员防守效率，纵坐标为球员防守对手的球权次数占比）。

三、FIBA指标系统解读的发展思路

众多专家学者长期致力于FIBA指标分解与整合研究，提出了多种各具特色的理念、方法、指标（如助攻失误比），显著增强了FIBA指标的临场解释效力。在实践应用中，临场表现分析人员要博采众长、细心揣摩，通过不断的学习和总结，努力提高对FIBA指标的驾驭能力，逐步建立并完善科学有效的分析范式。

第三节　篮球比赛临场表现分析实践与案例

依据实际工作需要，临场表现分析报告涵盖四类：赛前分析、赛中监控、赛后小结以及赛季总结。赛前分析报告应主要体现以下对应性内容：①本方球队VS对手球队。不仅要深入探查对手球队，而且要客观考量本方球队实际。②球队VS球员。不仅要体察球队整体打法，而且要聚焦球员的个体特点。③视频资料VS统计数据。要统筹兼顾视频资料与统计数据，通过建立分析的标准程序与作业范式，提高工作效率和报告质量。④观测评价VS对策建议。报告不仅要强调分析结果的科学性、准确性、有效性，而且要给出具体的对策建议，如临场策略安排与比赛准备方案。赛前分析克服主观倾向的有效途径是建立全面细致、定量和定性相结合的标准分析流程。它的具体流程如图13-3所示：第一步，统计全面筛查与视频全面观察。首先在统计筛查方面，以FIBA指标、FIBA分解指标、FIBA

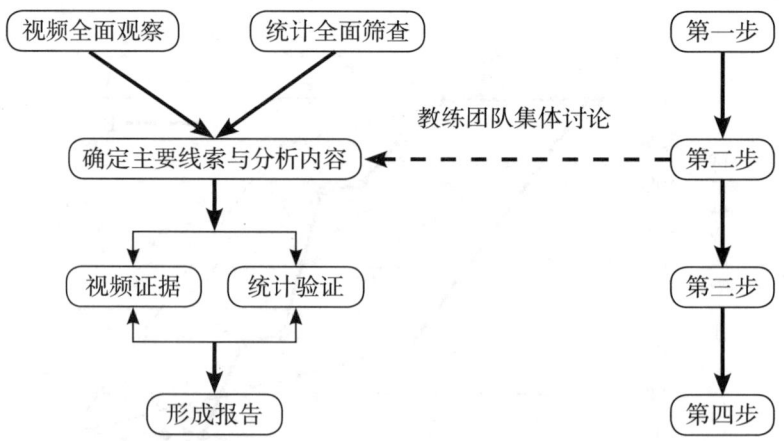

图13-3　赛前分析报告作业流程

整合指标为依据，全面筛查临场表现信息，重点关注对手球队近期临场表现走势以及与本队相类似具体比赛的临场表现两部分。如果对手球队近期比赛走势存在波动数据应尤其注意，相类似的具体比赛场次中的特征数据（最好和最差）也必须注意。其次在视频观察方面，对手球队的攻防策略安排（先发阵容、阵容轮换、领先/相持/落后情况下的策略、关键时刻打法等）、主要攻防战术（包括界外球战术等）、攻防节奏变化（包括攻防转换特征）、篮板球拼抢特点以及重点队员技战术特点等属于观察基本点。对波动数据和特征数据要查看视频，反之，对视频关注点也要查看相关统计等，通过统计筛查与视频观察的相互启发与印证，初步确定进一步分析的线索及内容。第二步，教练员团队集体讨论。如果讨论意见与初步筛查结果相一致，即确定为进一步分析的线索与内容，如果不一致，则以整合性方案确定为进一步的分析线索与内容。第三步，视频证据与统计验证。该步骤强调问题导向，如果对手球队转换进攻成功率高，则分析需要回答三个问题，即控制对手球队转换进攻成功率到什么水平对本方球队最有利；本方球队能够控制对手球队转换进攻成功率在什么水平；本方球队具体应采取哪些措施控制对手球队转换进攻的成功率？第三步分析验证在整个赛前分析过程中是最重要也是最具挑战性部分，需要具体问题具体分析，推断统计依据问题可以做出多种设计，总的原则是大胆假设，小心验证，如在转换进攻成功率与比赛得/失分之间做相关性检验等。第四步，形成报告。书面报告不仅包含主要分析结论，还要结合本方球队/员实际给出具体对策建议，如临场策略安排与比赛准备方案。另外，还要针对对手球队/员技战术特征制作视频资料供本方球队/员观看分析。

关于赛中监控报告，必须考虑时间因素，在紧张激烈的比赛过程中不可能进行详细分析和充分讨论，所以要有重点地实施布控。作业内容应围绕"一主要、三因素"展开："一主要"指赛前布置主要任务的动态完成情况，"三因素"指临场节奏、对抗、变化，"主要任务"是临场观测的逻辑主线，而"三因素"则是临场实际的判断依据，通过抓大放小为教练员临场指挥提供及时准确的信息支持。"三因素"中，节奏因素主要观察对手攻防转换的发动时机、组织形式、发生次数等；对抗因素主要观察诸如中路或上线进攻突破次数、进攻进入限制区方式与次数、篮板球等，此外建议考察表13-4球队/员的防守指标；变化因素主要观察对手攻防战术变化规律、阵容搭配偏好、超常球员发挥水平以及犯规次数等。监控方案需要针对具体比赛提前准备，包括观测指标、统计数据等应以报表的形式呈现，分析人员应反复训练临场观测技巧与方法，熟练使用各种仪器设备，必要情况下还要进行视频速查速剪。在临场实际中，监控应随查随报，要充分利用节间间隙浏览主要监控信息。

赛后小结报告属于溯因分析，即根据比赛结果倒查比赛过程。无论胜负如何，都应通过赛前（中）分析与比赛实际情况的对比研究，对比赛进行认真总结，客观评价比赛结果，争取及时发现存在的问题。此外，通过赛后小结对赛前分析与赛中监控进行反思有助于改进分析方法、丰富分析经验和提高分析水平。最后，要将赛前分析、赛中监控以及赛后小结三类报告进行整理归档（图13-4）。

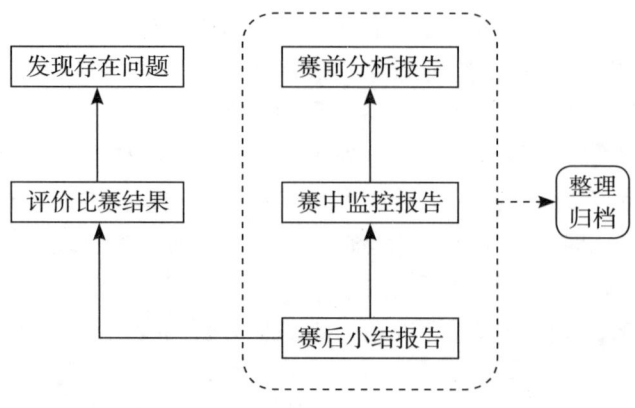

图13-4 赛后小结报告工作流程

　　以上三类均属于针对具体比赛的分析报告，与之相比，赛季总结则是针对球队完整赛季表现所进行的分析报告。一个漫长的赛季下来，成功的经验、失败的教训、成长的体会、积累的问题等，都需要静下心来很好地加以总结。不仅如此，新赛季球队还将面临许多新形势、新变化，基于竞技篮球的实践创造性和主体选择性，球队也需要创新发展，而依据则首先来自对上赛季的认真总结。好的教练员能够审时度势，善于为球队成长寻找建设性路径，从而进一步凝聚球队意志和激发球队士气。在具体撰写赛季总结报告时，应注意以下几点：（1）全面与客观分析。赛季总结报告不是针对赛季竞技成绩进行的简单归因，更不是为了总结经验或者寻找借口进行的主观臆断，而是必须站在全面客观的立场上冷静反思赛季的表现。内容不仅涉及球队/员临场表现，还涉及教练团队的管理水平、执教艺术和应变能力等。赛季总结报告越全面、越客观，越能深入把握球队现状、发现潜在问题与研判努力方向。（2）宏观与微观分析。与上述三类针对具体比赛的临场表现分析报告不同，赛季总结报告除了微观层面上认真推敲临场表现细节之外，更要从宏观层面上对赛季的竞技策略安排进行总结。之所以这么说，主要原因就在于赛季持续时间长、比赛场次多，竞争期间敌我多变（如球员伤病等），有些时候往往由于战略层面上判断失误、估计不足或取舍不当导致球队在关键阶段/场次比赛中饮恨失利，在这一点上，老教练员比年轻教练员更富有经验。（3）定量与定性分析。通过描述动态趋势探究球队/员的临场表现规律，通过数理统计发现问题和验证判断。只有定量分析与定性分析相结合、视频资料与统计数据相印证，才能确保总结报告的科学性、准确性和有效性。（4）赛季表现与对策建议。在深入分析上赛季临场表现的基础上，提出新赛季竞技能力的改善方案，主要涉及三方面，即竞技打法更新、运动训练跟进，以及赛季策略安排。竞技打法更新主要为解决技战术问题和突破技战术瓶颈提供新思路、新方法、新创意。时移事易，新赛季一定是继承与发扬辩证统一的过程，而所有故步自封、千篇一律的做法不仅无助于球队形成和保持独特技战术风格，相反会导致球队因为缺乏内涵式发展而最终走向失败，在日新月异的世界篮坛竞争大格局中，中国篮球尤其需要提高"人无我有、人有我新、人新我变"的认识。当竞技打法更新方案确定之后，就需要运动训练的对接跟进。再好的技战术想法都需要充分和富有针对性的训练措施予以保障，只有练到了，新想法才能落到实处。就中国篮球训练现状而言，尤其需要突出个性化训练和情景训练法。关于最后是，赛季策略安排。如前所述，新赛季里，球队/员竞技状态的保持、调整和激发，潜在竞争对手的发展变化，不同阶段竞技任务的落实与布局，各种意外事件的处置应对，各种困难问题的预测评估等都属于赛季策略安排范畴。不能等到问题出现后才思考补救，而是应该前瞻性地对新赛季里所有可能出现问题做出细致预案。只有心中有数、料阵于先，才能遇事不慌，稳中求进，积小胜为大胜。

后附CBA2012—2013赛季某队临场表现总结报告（部分），鉴于篇幅所限，赛前侦查、赛中监督和赛后小结报告（文例）在此从略。

CBA2012—2013赛季某队临场表现分析报告（部分）

前 言

该队2012—2013赛季具备较强竞争力，但赛季末成绩与赛季初预想存在较大差距，报告从临场表现分析视角出发，尝试探究存在的问题并给出相应训赛对策。具体研究路线为，首先通过攻防效率分析确定球队问题主要出现在攻、守哪个方面，继而展开针对性分析，最后依据结果给出训赛干预方案。

一、该队攻防效率分析

选择同档次竞争球队3支，不同阶段四支队伍攻防效率场均统计显示，该队各阶段场均球权次数（93.2、93.3、91.2）均处于或接近最低，球权次数与进攻速度呈正相关，说明该球队属于四支队伍中进攻速度最慢的球队。从完整赛季来看，该队进攻效率118.0、防守效率107.1，四支球队中均排位第二，综合评定表现最优。防守效率（完整赛季→季后赛→关键场次）方面，该队变化最小（107.1→107.6→106.1），折线呈水平状态，而参照球队防守效率逐步改善（108.2→106.0→103.4），除完整赛季弱于该队，季后赛和关键场次均优于该队，说明随着比赛深入，参照球队防守针对性有所加强。与防守效率小幅变动相对照，进攻效率（尤其季后赛阶段）下降非常明显，该队：118.0→114.0→103.7，说明该队在保持攻击力方面明显不足，综上所述，该队进攻速度相对缓慢，进攻稳定性不够，关键比赛场次进攻被抑制是球队无法取得满意成绩的症结所在。

二、该队进攻表现分析

（一）进攻节奏缺少变化

完整赛季中，该队进攻节奏主要依赖于常规阵地战（59.3次/场）和快/抢攻（29.7次/场），而转换阵地战仅为3.6次/场，总体占比4%。与转换阵地战次数极少形成反差的是，转换阵地战成功率却是三种节奏中最高的，场均57%。进一步的推断统计结果显示，不同进攻节奏之间差异非常显著。统计分析提示，增加转换阵地战可能是该队改善进攻节奏、丰富进攻层次的有效途径。

（二）战术打法较为单一

该队常规阵地战术有六套，包括牛角、中锋高低位、两翼掩护、外线"∞"字、高位挡拆和破联防，其中破联防需要根据对手是否采用联防战术予以实施（该队本赛季使用破联防战术总计27场）：①五套战术中，使用频次最多的是中锋高低位16.2次/场、高位挡拆15.7次/场，远多于其他三套战术。②六套战术的场均成功率均低于50%，对比快/抢攻、转换阵地战场均成功率为56%、57%，说明可能因为阵地攻坚本身难度较高导致常规阵地战术成功率偏低，也可能因为该队常规阵地战术配合质量不高所致。

从该队自身分析，常规阵地战术配合质量不高的原因可能涉及战术理念和具体操作两个层面：①战术理念：主要问题在于战术节点的设计采取"串联式"而非"并联式"（图13-5）。虽然赛季中、后期该队也曾尝试新战术，但由于思想认识没有根本变化，所谓新战术仍未脱离原有框架。"串联式"设计必然导致战术执行缺乏创造性，这就是外界诟病该队"战术陈旧化、执行龙套化"的真正原因所在。②战术执行：主要问题有两个，首先，挡拆/掩护与传切配合之间存在失衡现象。五种配合中，传切配合场均仅为8.0次，远低于挡拆47.0次和掩护48.6次。其次，挡拆配合质量不高。七种挡拆形式中，使用最多的是常规挡拆（32.8次/场，总体占比70%），远多于其他挡拆形式，说明该队在全面自如运用各类挡拆技术方面存在不足。进一步分析发现，制约挡拆配合质量的主要原因有两点：其一，形式选择问题。其二，"挡"与"拆"的匹配性问题。

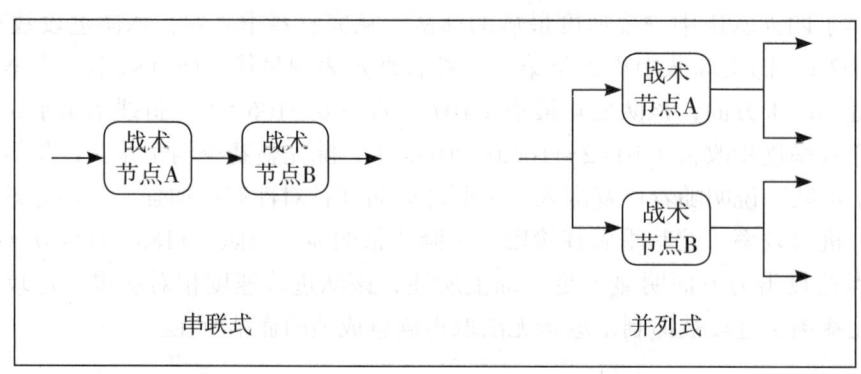

图13-5　战术节点两种设计对比图

（三）过分依赖外援，本土主力球员攻击力存在结构性欠缺

关于本土球员攻击能力：①后卫B：中距离跳/跑/抛投场均2.0次，远低于三分远投4.4次和突破上篮6.5次，命中率也是三种方式中最低的33%，说明后卫B应加强中距离投射能力。②中锋C：中距离投篮场均0.9次、命中率14%都是三种方式中最低的，说明中距离投篮异常欠缺。此外，移动篮下投篮场均5.6次、命中率66%，明显高于篮下站立强攻场均2.6次、命中率43%，说明中锋C属于脚步灵活、球性良好、善于移动进攻的中锋球员。③大前锋D：中距离跳投命中率41%与持球突破上篮命中率44%相差不大，而中距离跳投场均5.4次却远高于持球突破上篮场均2.4次，两相比较，说明大前锋D应提高持球突破能力，提高持球突破能力不仅有助于大前锋D丰富攻击手段，还可以增加作为大前锋的进攻杀伤力。④小前锋E：中低位1打1场均0.2次、命中率7%，基本不具备此项能力。另外，移动摆脱接球投篮场均3.4次、命中率33%，也明显低于空位站立接球投篮场均4.8次、命中率44%，说明小前锋E基本属于"喂球型"而非"创造型"投手。分析表明，四名本土主力球员的个人攻击力都存在明显欠缺，一旦比赛中受到防守抑制，自我调整手段都非常有限。

关于外援球员，即后卫A难度投篮场均8.6次，与中锋C、大前锋D、小前锋E正常出手次数（9.1、7.8、8.3）大致相当，然而命中率仅为28%，远低于上述球员的正常出手命中率（57%、44%、39%）。推断统计结果显示，后卫A难度投篮次数并不受命中率、季后赛两因素及其交互作用的影响。综上所述，关于后卫A进攻应反思以下三点：①该队过于依赖后卫A的个人攻击力，但后卫A的表现说明他既不能等同于斯蒂芬·库里级别球员可以投中相当数量的难度投篮，也不能归属于斯蒂芬·马布里类型球员可以很好地掌控比赛。②难度投篮特征表明，后卫A不能根据命中率和赛季阶段影响做出相应调整，具体情境中的出手更多取决于所谓"个体技术习惯与动作直觉"。③过度依赖后卫A导致该队进攻火力点暴露，防守更加容易进行针对性布置，由此导致恶性循环。可以预见，如果不解决过度依赖后卫A的问题，新赛季会给该队造成更加严重的后果，即后卫A难度投篮次数进一步增加而命中率进一步降低。

三、该队征战新赛季的对策方案

（1）丰富进攻节奏变化，实现高质量提速；
（2）深入挖掘队伍潜力，合理分配球员上场时间；
（3）转变常规阵地战术理念，改善常规阵地战术质量；
（4）备战加强针对性，训练突出个性化；
（5）充实技战术研究团队，加强科研保障服务。

思考题：

1. 试举例说明什么是训练设计达到临场表现在认知-行动层面上的协同一致？
2. 请阐述篮球竞技临场表现分析模式的实践意义。
3. 试以球员进攻效能曲线、球员球权次数、球员得分球权次数为依据，分析2017—

2018赛季CBA球队（任选一支）中5名主力球员（明星外援、本土主力）上场时间调整分配方案。

4.在我国，教练员执教团队临场表现分析人员应担当什么角色以及发挥什么作用？

参考文献：

[1] Richard Light & Rod Fawns. Knowing the Game: Integrating Speech and Action in Games Teaching Through TGfU. Quest, 2003, 55: 161-176.

[2] Dean Oliver. Basketball on Paper Rules and Tools for Performance Analysis. Washington D.C., Brassey's Inc, 2003.

[3] 霍子文. 现代篮球挡拆配合的临场表现分析与实践应用研究[D]. 北京：北京体育大学，2012.

[4] Jean-Francis Gréhaigne & Paul Godbout. Dynamic Systems Theory and Team Sport Coaching. Quest, 2014, 66: 96-116.

[5] 霍子文，张戈. 现代篮球比赛挡拆配合临场表现的数字符号分析[J]. 中国体育科技，2013（2）：40-51.

[6] Tim McGarry & Ian M. Franks.System approach to games and competitive playing: Reply to Lebed (2006). European Journal of Sport Science, March 2007, 7（1）: 47-53.

第十四章　篮球教练员球队管理

【导语】：篮球训练、比赛过程具有长期性、复杂性和多样性的特点，这就要求教练员要具备一定的管理能力，包括运用计划、管理、组织、协调、控制等管理手段的能力以及处理复杂人际关系的能力。本章重点介绍了教练员不同阶段在规章管理、信息管理、人事管理、训练管理、赛事管理和后勤管理等方面的职责以及如何处理好人际关系管理。学习目标是使教练员掌握球队管理的技巧，成为一名优秀的球队管理者，以此促进团队凝聚力和战斗力。

作为一名教练员，需要了解和掌握规章、信息、人事、训练、赛事和后勤管理等每一项工作在季前、季中和季后的职责，并确定哪一项职责与你执教的情况有关，利用给定的清单和问题协助你承担这些职责。如果不是你承担这些职责，请确定是谁负责。因为如果处理不好，团队很可能会受到不利影响。当查看每一种管理者的职责时，请记住，"成功执教的基础是季前奠定的。"在压力较轻的时期（季前），教练员的计划和准备越充分，季中出现的管理方面的麻烦就会越少。季中是通过有技巧地组织、指导和控制活动将计划付诸实施的阶段。

第一节　规章管理者

规章管理者的职责见表14-1。

表14-1　规章管理者的职责

季前职责	季中职责	季后职责
检查组织机制的规章制度，制定团队规章制度	应用和实施团队规章制度	对规章制度进行评价

一、季前

如果有书面的团队规章制度，季前应该回顾并进行修改。如果没有，应在季前制定。当制定和修改团队规章制度时，应该查看一下负责团队赛事参与的上级组织机构的相关政策。

二、季中

赛季开始时,应该在一次赛前团队会议上向运动员介绍运动员手册里的团队规章制度。作为团队规章管理者,季中的任务是在各种情况下应用规章制度,当运动员违反规章制度时采取规定的惩罚措施。

三、季后

赛季结束时,趁着对赛季中比赛有清晰的记忆,将赛季中出现的关系团队规章制度的"重要事件"记下来。做好记录便于后续根据这些事件对规章制度进行修订。

第二节　信息管理者

一套计划和维护得很好的信息体系是成为成功教练员的重要组成部分。信息管理者的职责见表14-2。

表14-2　信息管理者职责

季前职责	季中职责	季后职责
建立信息体系,制定实用的规章制度	根据需要恰当地收集、贮藏和传播信息	记录更新,系统评估,安全贮藏

一、季前

季前是建立或改进信息系统的时机,要为信息的收集、存取、传播和存档制订计划。下面是教练员需要管理的典型信息。

(一)教练员需要管理的信息类别

见图14-1。

(二)信息管理的内容

(1)运动员信息
联系和紧急联系信息、运动史、医疗史、入队前的检查结果、资格证、签署的行为豁免表、签署的行为规范准则表、伤情报告表、违反团队规章制度报告、运动体适能测试评价、技战术评价。

(2)保障人员信息
联系(包括紧急联系)方式信息、工作情况描述、个人简历、绩效评价、推荐信。

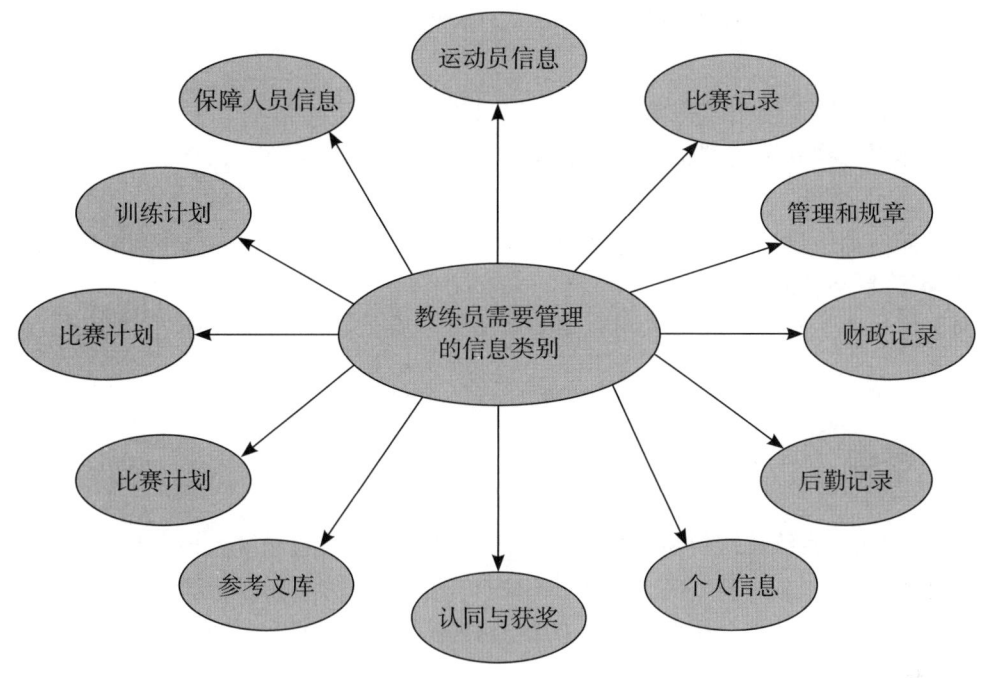

图14-1 教练员需要管理的信息类别

（3）训练计划

训练日程、训练计划、身体训练和力量训练计划。

（4）比赛计划

团队会议日程、保障人员会议日程、其他特殊赛事的计划安排。

（5）参考文库

规章手册，技战术书籍、磁带和文章，身体训练和运动营养方面的文章、心理训练方面的文章、个性发展方面的文章。

（6）认同与获奖

出版发行物、出版裁剪物、运动员奖赏、保障人员奖赏。

（7）个人信息（仅供教练员使用）

简历、输赢记录、认同与奖励、工作说明、工作合同。

（8）后勤记录

装备记录、场所记录、资助记录、交通记录。

（9）财务记录

收入来源、支出来源、发票、报销申请与发票。

（10）管理和规章

来自国家及地方政府部门的政策、团队规章制度、风险管理计划、保险记录、意外事件和受伤记录。

（11）比赛记录

比赛日程表、侦查记录、赛后评估、团队输赢记录表。

教练员不需要对上述所有记录负责,但对多数记录有责任。回答下列问题可以帮助教练员制订赛前计划:

(1)你需要什么样的信息来有效地执教团队?

(2)你将怎样获取这些信息?不管是比赛的规则和规章制度、赛事日程,还是运动员及保障人员的信息。

(3)如何组织这些信息使之能够方便存取?如何实现允许他人存取他们需要的信息并保证特定信息不被泄露?

(4)你将向运动员、保障人员、管理者及媒体发布哪些信息?通过书面形式还是口头形式?

二、季中

在赛季期间,教练员需要从建立信息系统转变到使用信息系统。该系统应该能给教练员及教练员的支持团队所需要的信息提供快速访问路径,并且易于更新赛季期间发生的重要事件。在此部分里,将介绍两项特殊的信息任务:通过"侦察"对手收集信息;通过公开宣传或以新闻的形式向媒体提供信息。

(一)侦察

也许你执教的水平不是太具竞争性以致需要去侦察对手活动。不过侦察活动在许多运动项目中都很常见。如果你打算去侦察对手,可以考虑以下问题:

(1)谁去侦察?

(2)侦察什么样的比赛?

(3)有标准的侦察形式吗?

(4)怎样使用收集到的信息?

(5)是直接侦察还是借助录像?

(6)侦察的代价是什么?这项费用合理吗?有侦察费用吗?

(7)有强制性规定或不成文的道德规范限制侦察吗?

(二)宣传

多数体育团队都需要宣传,宣传是教练员的责任。如果要做宣传,请回答以下问题:

(1)想要为你的团队做多大范围的宣传以及什么类型的宣传?

(2)需要聘请一位宣传管理者吗?

(3)怎样得到媒体的全面报道?

(4)想要其他的宣传吗?如与当地社团对话进行宣传,或利用团队小册子、媒体、海报等进行宣传。

(5)如何提供合理的信息来源以吸引媒体为团队做宣传?

三、季后

对教练员来说,一旦赛季结束,教练员必须确定记录的完整性,然后把它提交给适当的人或把它安全地归档。履行这些管理职责时,请考虑以下问题:

(1)运动员的记录是否完整,包括当前地址,这样可以在季后与运动员进行交流。
(2)是否保留了所有的医疗检查记录?
(3)是否备份了所有的意外事件记录?
(4)是否留存了所有的参与者信息、个人成绩信息以及团队成绩信息?
(5)是否平衡了预算?是否准备了所有的财务报告?
(6)是否需要更新其他的记录?
(7)如何安全地存储这些记录?

第三节 人事管理者

教练员除了管理全队的运动员之外,还要管理助理教练、运动队管理员、运动保健师及其他保障人员。这也是成为一名成功教练员的重要组成部分。人事管理者的职责见表14-3。

表14-3 人事管理者职责

季前职责	季中职责	季后职责
决定职员需求;筛选和培训职员;招募和挑选运动员,为比赛做准备	组织、控制职员和运动员的活动	认可、奖赏和评价职员和运动员

一、季前

(一)保障人员

教练员的首要任务是决定你需要或想要设置哪些支持岗位。笔者建议每个篮球团队的保障人员至少由一名助理教练员、一名运动队管理员和一名运动保健师组成。至少有一名助理教练员可以在教练员不在的时候替代他,如果队员较多,可以多安排几名。运动队管理员帮助教练员处理信息、赛事、后勤以及财务方面的事务,可以为教练员节省大量时间。这样教练员就可以利用这些时间专心执教。对运动队来说,拥有合格的运动保健师或其他运动医学方面的专家是非常重要的。

(1)你应该需要几名助理教练?你希望他们具备哪些能力?
(2)你准备给运动队管理员安排哪些职责?他们应该具备哪些素质?
(3)你将如何安排医疗协助?

（4）你还需要或想要哪些保障人员，如财务主管、宣传主管、团队记分员、统计员和运输人员？

（5）你负责招募和挑选保障人员吗？

（6）你会给保障人员提供书面的岗位职责和培训吗？

通过书面文件，如岗位描述、运动队规章制度、运动员手册等，以及一次或更多季前职员会议安排，教练员可以交流保障人员履行岗位职责需要的重要信息。

（二）运动员招募

为即将而来的赛季招募和挑选运动员时，需要考虑下列问题：

（1）你负责选拔和寻找运动员吗？

（2）你如何让潜在的运动员了解你的运动队？

（3）在鼓励运动员方面你有什么办法？

（4）在招募运动员时，你有什么规章可循？

（三）运动员的评价和挑选

季前，教练员需要准备一些用来评价运动员知识、运动技能和身体状况方面的工具，然后决定如何选择运动员。下面是其他一些需要回答的重要问题：

（1）你会采用测试来选拔运动员吗，如果采用的话，挑选运动员时的测试程序是什么？

（2）什么时候进行测试？

（3）你会为了其他目的对运动员进行评价吗，如为运动员制订训练方案、将运动员分为不同水平或分配不同位置？

（4）你会用文件的形式将对运动员的评价记录下来以保证选拔的合理性吗？

（四）与运动员交流

与运动员进行系统化的沟通是非常重要的，不仅平时训练需要沟通，当计划变更或出现紧急状况时也应进行沟通。请思考下列问题：

（1）在赛季期间，如何与运动员沟通？

（2）你会为赛季准备哪些团队会议？

（3）你会通过电话、电子邮件、网址或布告栏与运动员沟通吗？

（4）若因天气原因导致比赛取消、放弃或其他的计划变动，如何通知运动员？

（5）你为每个运动员或各种紧急情况准备了应急联络信息吗？

（五）运动员资格

赛季前教练员还应考虑运动员的参赛资格。接下来需要回答这些问题：

（1）你对运动员有参赛资格要求吗？

（2）运动员知道、懂得参赛资格的要求吗？

（3）你需要核实运动员的年龄吗？

（4）运动员或父母（运动员及其父母）必须签订行为豁免表吗？你负责回收吗？

（5）如果有运动员必须在校学习，你是否有办法监视他们在校学习期间的表现？

（六）队会议题示例

☐全面介绍计划安排　☐介绍教练员及其职责　☐训练理念　☐介绍运动员
☐资格要求　☐队规　☐对运动员行为的期望　☐运动风险
☐听从团队职员指挥的重要性　☐赛季目标和目的　☐训练常规和内容
☐运动员的选择（全体运动员和首发阵容）　☐赛季训练和比赛日程表
☐室外比赛遭遇恶劣天气时的临时应变计划　☐筹资活动（强制性和非强制性）
☐装备的保养　☐团队的责任　☐赛前饮食　☐热天水和物的补充
☐安全注意事项

（七）与保障人员沟通议题示例

下面是季前与保障人员沟通的议题：
☐职员介绍　☐团队理念和规章制度　☐职员组织机构　☐职员的职责
☐职员的行为规范　☐预算（资金、薪酬、装备等）　☐解决问题的程序
☐运动员执勤表和必备条件　☐应急医疗程序　☐运动员与职员的关系
☐运动员的行为　☐运动员家长事宜　☐季前与运动员的第一次会议计划
☐赛季训练和比赛日程表　☐旅行安排　☐要传授的技术和战术

（八）队长职责示例

（1）与教练员讨论运动员关心的问题。
（2）代表运动员向教练员反映他们的意见和建议。
（3）组织运动员训练之外的集体活动。
（4）场内、场外表现出领导才能，帮助团队作出决定。
（5）在学习和训练方面起表率作用。
（6）表现出良好的体育运动精神和积极态度并鼓励其他运动员也这样做。
（7）遵守队规和行为规范，使得其他的运动员效仿你。
（8）帮助解决队员间的冲突。
（9）担当与裁判沟通的发言人。

（九）奖励体系示例

（1）根据成绩的类型和水平给运动员不同的建议。
（2）每次比赛、每周或每月对运动员进行表扬。
（3）对赛季训练期间达到一定标准的运动员颁发嘉奖信。
（4）每次比赛、对抗或交锋设置专项绩效荣誉（如得分最高者、篮板球数最高者或助攻最高者等）。
（5）每周公开表扬训练中最卖力的运动员。
（6）每周公布最有价值的预备队员。

（十）队长

下面是在赛季前需要考虑的有关队长的问题：

（1）你想挑选队长吗？

（2）由谁来挑选队长，是教练员吗？运动队采用什么样的程序来挑选队长？

（3）队长的职责是什么？

（十一）表扬运动员

另一项季前工作是决定和准备如何表扬和奖赏运动员。下面这些问题有助于进行这方面的准备：

（1）你有一套或更多的奖励体系吗？

（2）奖励体系是如何运转的？

（3）怎样为运动队及个人的工作进行宣传？

二、季中

赛季期间，在管理员工和队员方面教练员有很多要做的事情。下述问题有助于教练员思考赛季期间的管理职责。

（1）你会与你的职员有效地交流他们的工作吗？

（2）你会监督员工的工作吗？当工作做得很好的时候，你会鼓励和认可他们吗？

（3）当其他人员工作离你的期望很远时，你会帮助他们改进工作吗？

（4）你知道自己在监督管理运动员方面的法定义务吗？

（5）你能够保持团队的组织性并激励他们完成团队的目标吗？

三、季后

当赛季接近尾声，你可能会渴望得到休息，但你的工作还没结束。接下来的问题将帮助你完成季后职责：

（1）你会召开队会总结回顾赛季目标，表扬队员和职员，推荐休赛期野营、就医以及身体训练计划吗？

（2）你会举行奖赏性的晚餐或宴会吗？你会采用哪些方法对全队及运动员进行适宜的表扬？

（3）队员什么时候可以重穿战袍，归队训练？

（4）赛季结束后，你会怎样评估你的队员和员工？你会给他们提供一份书面材料吗？

（5）你会让队员来评价你的计划吗？

（6）你会帮助退役的队员获得补助吗？

（7）哪些记录是你需要更新和合理归档的？

庆功宴计划创意：
（1）在你的家中招待队员和其他保障人员。
（2）让父母或其他家庭成员摆设一顿家常便饭。
（3）由队员和教练员担当特邀嘉宾，举办一场由普通市民或热心的组织赞助的盛宴。
（4）安排一位著名的演讲人，如大学教练员。
（5）计划一次与前队友的聚会。
（6）通过售票来支付奖品、食物、嘉宾演讲人，以及设备的使用费。
（7）与一家最受欢迎的酒店交换，用他们的宴会厅来交换下一赛季的免费广告。
（8）制作比赛中的精彩场面。
（9）让队长或其他队员概述这一赛季。
（10）与其他团队混合来一次全面的运动宴会。
（11）形成老队员向其他队员传授经验的传统（如老队员的期望或薪金管理）。

第四节　训练管理者

训练管理者的职责见表14-4。

表14-4　训练管理者职责

季前职责	季中职责	季后职责
设置训练目标；选择主要内容；制订比赛和训练计划	组织指导；根据成绩调整计划	评估比赛计划

一、季前

无论你已执教多久，如果你在整个赛季有一个可靠的训练计划，你就可能成为一名更好的教练员。为了完善赛季计划，需要回答下面3个问题：
（1）这个赛季的训练目标是什么？
（2）为了达成每一个目标你要教授的主要内容是什么？
（3）组织训练主要内容的最佳方法是什么？

二、季中

你知道完善训练计划的必要性，但既然已进入赛季，你分配了足够的时间来完善计划吗？当你完善计划的时候，请考虑以下问题：
（1）你执行赛季计划时，是否根据运动员进展情况调整了计划？
（2）你从队员和助手那里寻找信息了吗？
（3）你打算完善训练计划了吗？
（4）你将计划存档以供将来参考了吗？

三、季后

赛季结束后，仔细检查赛季训练计划，评估计划的效度，看看你和你的助理教练将计划执行得如何。在干得好的地方和不是很好的地方做标记，可以帮助你在下一赛季前修订计划，然后将赛季训练计划归档，安全保管。

第五节 活动和赛事管理者

活动和赛事管理者的职责见表14-5。

表14-5 活动和赛事管理者职责

季前职责	季中职责	季后职责
计划活动和比赛日程	计划活动和比赛日程	评估比赛计划

一、季前

利用季前的平静决定你要实施的活动。不管你或其他人是否安排了这些活动，在你的计划中，要优先考虑比赛的日程和进程。即使安排日程不是你的工作，你也要完整地进行检验。如果安排日程是你的工作，下述问题可以提供指导：

（1）对赛季的长度和比赛的次数有竞赛规程的限制吗？
（2）打算安排多长时间的比赛？比赛的对手、时间和地点是怎样的？
（3）需要多长时间才能开始实施计划？
（4）需要安排比赛设备吗？
（5）负责安排季前的比赛吗？
（6）如果负责安排裁判，如何确保称职的裁判？或者需要参谋人员来看一下谁能达到最起码的资格。
（7）需要与裁判签订合同吗，他们是志愿者还是要付费的，想要保留哪些记录？

一旦你知道了比赛日程，就可以规划训练日程了。当决定实施非比赛活动和训练时，可以考虑以下活动：

（1）职员会议。
（2）队会。
（3）家长会。
（4）团队体能测试准备。
（5）制服与装备的分发和收集。
（6）赛前动员会。

（7）教练员教育课程。
（8）新闻媒体见面会。

当然，你要负责计划、组织和实施团队的训练以及比赛的参与，首先要清楚谁负责计划、组织、执行其他已经安排的特定活动。同时，随时携带你的日常计划，确保高兴地参与不是由你组织的所有季前、季中和季后活动。

二、季中

赛季期间，教练员的注意力集中于实施训练、参与比赛相关的其他的一些预备活动。当然，也需要组织和实施一些由于特殊环境和需要而造成的意想不到的活动。

现在，让我们看看教练员与比赛相关的管理职责。这里指的不是教练员的战术谋略而是与参加比赛相关的计划、组织和控制能力。如果幸运的话，教练员可以找一位体育管理人员来承担这些职责。如果没有这样的管理人员，下面的问题将有助于教练员判断所做的准备是否充分。

（一）赛事准备

（1）安排设备了吗？
（2）核实出席的裁判员了吗？安排人员接待他们并带他们去更衣室了吗？
（3）安排服务员、检票员、引导员、广播员和任何其他比赛所需要的人员了吗？
（4）安排人协助新闻单位转播比赛了吗？
（5）为比赛准备节目了吗？
（6）向员工介绍他们的责任了吗？
（7）安排医生和救护车待命了吗？
（8）安排专人接待客队了吗？
（9）如果预计有大量观众，需要采取什么方法引导人群？
（10）所有的比赛装备都准备好了吗？

（二）赛前队伍管理

教练员在考虑运动队准备比赛的职责时，可以问问自己下列问题：
（1）需要安排一次赛前餐或向队员提供赛前营养指导吗？
（2）比赛期间，为运动员安排好补液了吗？
（3）挑好阵容，计划好替补了吗？
（4）为队员准备好包括准备活动在内的赛前常规了吗？
（5）比赛前开队会吗？如果开，其目的是什么？

（三）赛事管理

在比赛期间，你会有很多队伍管理的责任。下面问题能帮助你为比赛期间面临的责任做好充分的准备。

（1）你准备以代表队伍利益的积极行为影响运动员了吗？
（2）你准备通过较好地管理你的员工和队员的行为以展示你的队伍了吗？
（3）如果一位裁判员出了差错，你会怎么办？如果队员受伤了呢？如果队员打架斗殴了呢？如果观众表现比较恶劣呢？
（4）你将怎样观察比赛以作出最终的战略决定？
（5）你什么时候换人？怎样控制换人的过程？
（6）你什么时候叫暂停？暂停时会做些什么？
（7）你将怎样记录对团队和单个队员的观察以备今后的训练使用？
（8）在每节比赛之间，你是如何管理队伍的？

（四）赛后管理

教练员的管理责任没有因为比赛的结束而结束，还应考虑以下问题：
（1）你和你的团队应遵循什么样的赛后常规，尤其是在关于对方队伍和教练员方面？
（2）你在获胜之后会与队员交流什么？输了呢？
（3）与裁判员说什么或避免说什么？谁支付他们的报酬？
（4）对于离去的客队，你需要做一些事情吗？
（5）你想感谢谁？
（6）你对媒体有什么义务？

三、季后

赛季后抽时间来反思和评估这一赛季的活动，以便能在下个赛季做得更好。下面是可以自问的一些话题：
（1）训练日程有效吗？训练任务的量合适吗？每次训练的持续时间是否合适？
（2）比赛日程适合团队吗？如果不合适，下一赛季应怎样改变日程？
（3）非比赛期和训练活动的日程合适吗？需要增加或减少什么活动吗？
（4）组织和实施了有效的训练吗？下一赛季，在改善组织训练方面应做些什么？
（5）在比赛时，很好地管理队伍了吗？你和你的队员表现了你想达到的体育运动精神了吗？
（6）在比赛过程中，你是怎样有效决定你的战略的？下一次有何不同？

第六节　后勤管理者

后勤管理者的职责见表14-6。

表14-6　后勤管理者职责

季前职责	季中职责	季后职责
计划工具、装备和服装、供应物和运输	监控卫生、可用性和安全；按照所需更换物品	评估每项后勤工作

一、季前

季前尽可能安排和委派后勤责任以便在赛季期间不再遇到这些困难。

（一）设施

你也许负责，也许不负责训练和比赛的设备。但通过回答下述问题就能确定你是否完成了后勤管理责任。

（1）训练和比赛需要什么设备？
（2）你负责挑选设备吗？
（3）你必须准备和保养这些训练设备供以后使用吗？
（4）日常训练中需要用到室外设备吗，如遇到不好的天气有何替代选择？
（5）你经常检查设备的安全性吗？
（6）你负责准备比赛设备吗？如果是，你准备什么；如果不是，设备准备不妥时，跟谁联系？

（二）装备和供应物

教练员经常购买他们的装备，或相当大地投入这一过程。在管理装备和供应物时，请考虑下面的问题：

（1）你负责购买装备和供应物吗？
（2）目前的存货以及装备的维修情况如何？
（3）目前有服装替换、装备替换或大的设备的购买程序吗？
（4）这一赛季需要什么供应物？
（5）有足够的预算来购买吗？
（6）在购买时需要征求他人的同意吗？
（7）需要向他们说明购买物品、购买地点和货物金额吗？
（8）去哪里购买所需物品？
（9）除了质量、成本和服务，购买时还有需要考虑其他因素吗？
（10）有正确的确认装备清单和库存吗？
（11）存放装备和服装时有一定的程序吗？
（12）如何确保装备被正确安装以及被运动员正确使用？
（13）赛季期间，你需要什么样的视听设备，如何安排？
（14）你需要什么供应物？
（15）你准确地记录装备和供应物了吗？

（三）交通

运动员和其他的与团队相关人员的交通是具有相当大风险的几个活动之一。当确认团队管理职责时，回答下面关于交通的问题：

（1）你负责安排交通吗？
（2）你将使用私有的还是公有的交通工具？
（3）如果使用公共运输工具，允许其他人与运动员一起乘车吗？
（4）当运送运动员时，你清楚你的法定义务吗？
（5）你会允许队员与家人和朋友一起旅行吗，如果允许，需要遵循什么程序？

二、季中

赛季期间，有更多处理装备和供应物的管理问题。一定要回答下面的问题：
（1）谁负责维护装备？
（2）你经常检查保护性的装备和其他可能导致受伤的装备吗？
（3）谁负责清洗服装和其他的装备，多长时间一次？
（4）替换毁坏了的、丢失的或被盗的装备有什么程序？
（5）谁监管供应物的使用，是否有天气变化时的替代措施？

三、季后

如果你负责设备、装备、供应物及交通，那么下面这些季后的任务需要考虑。
（1）关闭设备你需要什么？
（2）修理设备时，你需要向谁报告？
（3）归还设备的程序是什么？
（4）谁负责检查毁坏的装备并做记录，如何处理？
（5）谁负责修理装备？
（6）供应物和装备存放在哪里？
（7）下一赛季使用前，谁负责装备和物品的存放？

第七节　人际关系管理

教练员几乎很少会因为缺乏专业知识和策略而失败，他们的失败更多的是源于缺乏处理与体育管理者、运动员家长、助理教练员或媒体关系的技巧。通过对这些人际关系的熟练处理，你可以获得运动员及协助团体的合作与尊重。

一、人际关系处理技巧

我们必须学会许多与他人成功共事的人际关系技巧，而且有些技巧对于教练员来说是尤为重要的。例如，①了解和信任自己和他人；②有效沟通；③解决冲突；④接受和支持他人。这四种人际关系处理技巧为你培养和维护成功的各种关系指明了正确的方向。

（一）了解并信任自己和他人

美国大学男子篮球队"K"教练曾经说过，"几乎一切领导才能都可以归根为关系。领导他人的唯一方法就是理解他人，理解他人的最佳方式就是了解他人。"关系的确来源于你与同事之间的相互了解。为了增进彼此的了解，应互相展示自己。

当你向他人展示自己时，会冒一定的风险。那就是这个人可能不喜欢你，或者更糟糕点，他可能拒绝你。然而，如果你清楚自己要成为什么样的人，也喜欢自己成为这样的人，那么你就会有足够的信心向他人展示自己。当你用适当的方式让与你共事的人渐渐地了解你，他们就会信任你，也愿意让你去了解他们。一种积极有意义且成功的关系就这样开始了。

破坏信任关系的最快方式莫过于拒绝、嘲弄或不尊重他人了。如果你取笑或嘲弄他人的自我展示，如果你说教或轻视他人的行为，他们很快就会封闭自己。如果他人向你展示自己，而你不愿意向他人展示自己，也会破坏关系。如果你的内心封闭而他人的内心向你敞开，那么对方就会觉得过于暴露自己，而受到伤害。

如果人们信任你，你就能够影响他们。信任不仅要靠适当的自我展示培养起来，而且要靠"真心"来培养，也就是诚实、真诚及可靠。信任也是以正直为基础的，即遵守道德规范及伦理标准。如果你威胁裁判，如果你言行不一，如果你对别人出言不逊，就会降低自己正直与诚实的声誉。而如果你鼓励别人并帮助他们努力实现目标，如果你一直关心他们，如果你尊重所有的人，那么你的正直与诚实之誉就会随之而来。

应当鼓励教练员帮助运动员知晓一些道德要求，运动员品德准则里包含了这些标准。这些标准就是恭敬、负责、诚实、公平及成为一名好公民。当用这些道德标准指导你处理各种关系时，你就会被别人所认可。在你执教的艰难时期，或将来的某些时候，诚实、正直将是你最好的品质。

图14-2展示了成为一名具有积极影响力教练员的阶梯步骤。想要沿着这个阶梯攀登，首先要逐步认识自我，好好审视一下自己是什么样的人以及想要成为什么样的人；接下来就是，你必须喜欢你自己（或成为自己喜欢的类型）；然后，你必须通过充满自信地向他人展示自己来发展有意义的关系；一旦你奠定了诚实正直的基础，人们就会信任你；通过这种信任关系你就会成为一位有积极影响力的教练员，这同时也给你带来一种自我满足感。

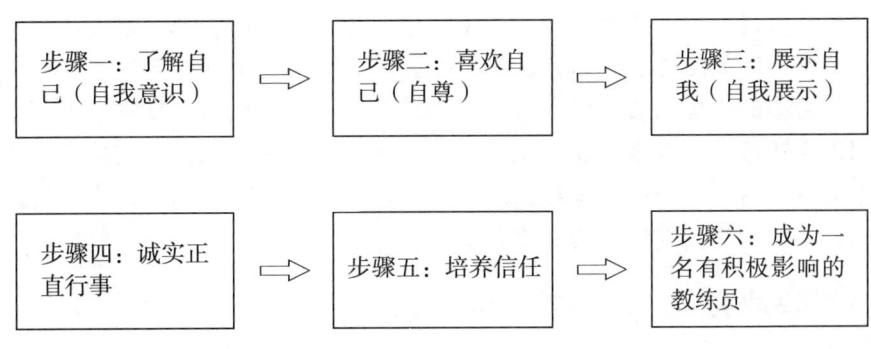

图14-2　成为具有积极影响力教练员的步骤

（二）有效沟通

沟通对于获得成功的关系具有极其重要的作用。在这里需要重点强调沟通的一个方面——倾听。倾听对于发展各种关系来说是一种强有力的沟通技巧，如果你希望自己成为一名有积极影响的教练员，你就必须掌握它。向他人倾诉是无法影响他人的，你必须学会如何倾听。

下面是在建立各种关系时倾听他人的4个充分的理由：

（1）倾听表示尊重。当运动员管理者跟你说一些问题的细枝末节时，你集中注意力去听的这个过程就传递了你重视他的信息。倾听他的讲话表明了你对他的尊重。

（2）倾听有助于建立良好的关系。抽时间询问助理教练员、运动员及运动员家长的一些情况，当他们做出回应时，注意倾听他们的诉求，以便能更好地了解他们，这样就有机会成为一名有积极影响力的教练员。

（3）倾听会增长知识。不知晓所有的事情没关系，向他人学习就够了。通过倾听，你能了解到许多关于运动项目、运动员及保障人员的事情。田纳西州一所著名大学女教练员帕特·萨米特曾说过，"你必须通过倾听来发展与他人有效的、有意义的各种关系……倾听使我们成为更好的教练员。"

（4）倾听会建立忠诚。通常，人们停止与不倾听他人讲话，就意味着破坏了信任和忠诚。如果经常表现出良好的倾听技巧，人们将会被吸引，将会忠诚于你。

记住这一点：无影响力的教练员惯于夸夸其谈，有影响力的教练员惯于倾听。

（三）接受和支持他人

为了建立各种关系，你对他人不仅要坦率而且要公开，如果你希望他人认可和支持你，你就必须认可和支持他们。认可并不代表赞同他们的每一种行为。你可能不赞同他的某一种行为，但还是要认可并尊重他。就像笔者曾经见过的T恤上招徕顾客的用语，"我可能不是完美的，但我的一部分是很棒的！"

为了发展各种关系，你必须传递认可他人的信号。如果人们知道你认可他们了，他们对你就有一种"心理安全感"。你可以通过成为一名良好的倾听者及表达对他们的理解来传递你的这种认可。你也必须表明你喜欢并在意他们。你还可以通过以下方式来表达你的认可，当他们需要帮助时，出手相助，请求他们给予帮助，愿意与他们共度时光。

记住，教练员是一门助人的职业。如果你想成为一名有影响力的教练员，就必须明白他人的价值并密切地关注他们。只有这样，才会得到他人的认可和支持。

此外，你身边的人也需要感受到被关注和认可。正如人们需要食物、水等来维持生命一样，他们也需要鼓励、尊重、安全感等。当你向与你共事的人提供支持时，你就是在培养他们。作为一名有影响力的教练员，用鼓励来培养他人就是指用奖励来代替惩罚。鼓励与你共事的人，他们就会激情万分地效力于你。

（四）解决冲突

在训练中，助理教练员可能会不赞同你的训练方式；运动员家长可能会因你没有优先关注他的子女而质问你；比赛中，因你不停地抱怨，裁判员可能会公开指责你让你难堪。我们所有的人都有人际关系方面的冲突，作为一名教练员，当然也少不了。如果一方的行为阻止、妨碍和干扰了另一方的行为就可能会发生冲突。当你执教时，很可能会与运动员、保障人员及他人在下列情况下发生冲突。例如，你与他们想要达到的目标不同，你与他们追求团队目标的方式不同，你与他们的个人需求不同，你对他们的期望与他们对你的期望不同。

　　静下来想想，无伦成功与否，你是如何处理冲突的。想想现在你的生活中有哪些冲突，你准备如何去处理。作为一名教练员，能发挥的最有用的人际关系处理技巧就是建设性地解决冲突。如果不能做到这一点就会导致关系的破坏。没有了意义非凡的关系，就不能成为一名有积极影响力的教练员。虽然冲突常常被认为是消极的事情，但是如果有技巧地处理这些冲突，澄清问题，找到好的解决办法，它们对你就会很有价值。这一部分将讨论解决冲突的基本方法，希望这些方法能够对你有所帮助。

1. 控制情感

　　由于冲突充斥着很多情绪因素，因此在考虑行动的结果之前，我们的行动经常受到情绪的支配。当不考虑后果、伤人的话脱口而出时，关系就可能遭到无法弥补的破坏。因此，解决冲突最重要的一步就是控制自己的情感，并认识到冲突是关系中正常的、不可避免的部分。通过理智、有技巧地处理冲突，能增加你成为有积极影响力教练员的可能性。

　　如何对待冲突取决于对当时情况的理解，这取决于两个主要因素：
（1）实现个人目标的重要性；
（2）与他人保持良好关系的重要性。

2. 面对面交流

　　面对面是试图与冲突方讨论，看是否能解决双方问题的方法。面对面交流时，首先表达你对冲突的看法和感觉并邀请对方也这样做。面对面交流通常应该在私下进行，远离运动员、家长和旁观者。希望通过讨论、澄清、解释事情，达成一致，满意地解决问题。

　　当你很在意的某人一直阻止你达成你很重要的目标时，采用面对面交流的方式是很恰当的。也许你担心面对面交流会破坏你们的关系，也许你压根就不喜欢面对面交流的方式，然而，在有些情况下，面对面交流是唯一的方法。当运动员或保障团队的成员出现了谩骂问题时，你的职责就是面对面解决问题，即便起初此人对你的介入很愤怒，面对面交流的方式也能缓解你们之间的紧张氛围，从而建立一种更健康的关系。

　　一旦决定与某人面对面交流，请遵守以下步骤：
（1）对冲突的内容达成共识。如果对事情不清楚就不要着手去解决。这对你来说也许极具挑战性，因为情感会驱使我们扭曲对事情的了解。由于受到邪恶的敌人不公平的攻击，我们会生气或憎恨或相信自己是无辜的。我们企图去弄明白事情的是非，我们是对的，他们是错的。为了在冲突方面达成一致，描述相互的行为时不要有所指或伤害彼此。把事情当作双方的问题来解决，不要当成一场输赢之争。

（2）表达合作意向。让别人知道你很在意你们之间的关系，很想建设性地解决冲突。注意不要触及别人的脆弱之处，因为那样可能会破坏沟通。沟通遭到了破坏，冲突就没那么容易解决了。

（3）站在别人的角度去考虑问题。站在别人的立场去看问题，弄明白对方是怎样看待冲突的，这时候就需要倾听技巧了。

（4）激励他人去解决问题。你可能想解决问题，但是如果他人不想的话，也是枉然。应考虑下面的问题，从"付出——得到"的角度看看这种情况：①继续冲突，他人能得到什么或失去什么？②如何通过改变付出和得到的状况去激励别人。例如，如果助理教练员赞成命令方式的训练方法，而你与其有很大的分歧，你可以说明你的合作型训练方式对于教练员和运动员的好处，以及所有教练员训练方式一致的价值。

（5）达成共识。通过交流，相互交换意见会达成令双方满意的共识。双方一定要清楚将来还会有分歧，但当一方失误或行为不当时，另一方知道如何维系合作，还应就双方将来如何避免冲突的事宜达成一致。

3. 如何对待他人的面对面交流

作为一名教练员，更多的是主动地找他人进行面对面交流。然而，当他人找教练员面对面交流时，要遵循下列准则以确保妥善地解决冲突。

（1）确保理解他人的情况，认真地倾听和平心静气询问，以便把事情弄清楚，千万不要打断对方。

（2）试图去理解他人的感觉。当他人讲述他对冲突的情感反应时，不要有戒心。

（3）如果你理解了他人，可以主动阐述他的立场和感觉。

（4）接着表述你的立场和感觉，并在对问题的定性方面达成共识。

发展以上技能会帮助你成为一名有影响力的教练员，一名正直可靠的教练员，并能领导你的团队不断超越自己。然而，这些技能就像驾驶技能一样，只是在表面上理解是远远不够的，必须去实践。要客观地分析你的错误，并争取下一次做得更好。可喜的是作为一名教练员，你每天都有机会去实践。

二、特殊关系处理技巧

特殊关系是指教练员的关系内圈，即教练员与生活在内部圈子里人（包括同队教练员、体育管理者、医务人员、裁判员、父母、媒体）的关系。作为一名教练员，关系内圈同样非常重要，下面来看看你与他们每个人关系的特殊性，这将为你提供一些建立和维持重要关系的准则。

（一）与同队教练员的关系

你可能是有多名助理教练员的主教练，也可能是跟随主教练的一名助理教练员，我们将从两个角度来考虑这种关系并且将主要考虑你与外队教练员的关系。

1. 与助理教练的关系

对于大多数的运动队来说，一名教练员可能独自处理队里的所有事情，主教练可以从助理教练员身上受益。但他需要合适地委托责任以及与主教练发展维持有效的关系。许多人都从助理教练员或是学徒经历中学习主教练员的许多职责。你与助理教练员建立的关系对助理教练员训练运动员，对助理教练员学习专业执教等都有很大的影响。

一旦你选定助理教练员，运用以下方法就能够成功处理你与他们之间的关系。

（1）为你的助理教练员设置一个有意义的角色，赋予他们该项训练的某方面责任。部分主教练常安排助理教练员去做一些令人乏味、令人不快的工作，如取送东西。如果能让助理教练员有机会学习执教的方方面面，让他们做些乏味的工作是可以的。

（2）给你的助理教练员分派他们能胜任、感兴趣且能发挥潜力的职位。一定要清楚地指定职责。

（3）帮助你的助理教练员尽快地适应本队工作。教会他们如何与运动员沟通，理解你的训练方法以及在训练和比赛中需要完成的特殊任务。

（4）确保有时间让助理教练员与你交流。

（5）让助理教练员尽可能参与到你的决策中来，他们的意见可能非常有用，同时他们也能从这种参与过程中得到启发和激励。

（6）通过比赛，给助理教练员提供一些正式和非正式的评价。

（7）不能让运动员设法使你与助理教练员意见不统一的状况出现。

（8）在季中和季后，不论在公众场合还是私底下，都要认可助理教练员为该队做出的贡献。

（9）应让助理教练员跟运动员一样因成为该队的一员而骄傲，尽量让他们体验与你一起共事的乐趣。

2. 与主教练的关系

作为一名助手，跟运动员在一起时，你兼任领导；与主教练在一起时，你兼任随从。要想成为一名好助手，必须有被主教练指导和引导的肚量。换句话说，必须是一位好的跟随者。作为一名助手，要好好表现，成为主教练能依靠的人，必要时，可以去控制局面，这样主教练才会赏识你。然而不必盲从，你应该是一位有批判眼光的思考者，并向主教练礼貌地提出你的看法。

作为一名助理教练员，如果按照下列准则去做，将很有可能与主教练、其他助理教练员及运动员建立良好的人际关系。

（1）主动而非被动工作，展示你的主动性。

（2）与主教练保持联系。

（3）合适之时要独立思考、行动。

（4）把你的执教方式与主教练的训练理念和团队目标结合。

（5）换一种角度去观察球队，发表看法，提出不同寻常的意见。

（6）当主教练与其他教练员的训练行为和目标不一致时，有勇气在私下里不失尊重地提出不同看法。

（7）不断学习篮球专业及相关方面的知识。

（二）与外队教练员的关系

把教练员同行视作你的同事，与他们交流你的执教经验，至少在专业方面，他们值得去尊重，值得与之建立友谊。你可能是位需要帮助的新手教练员，也可能是位能伸出援助之手的教练员。不管是赛前还是赛后，都要与教练员同行交谈，就执教业务交换心得。

（三）与管理员的关系

你也许很幸运，有一位管理员或主管来帮助你处理许多管理职责。如果这样的话，你就需要与管理员建立一种合作关系。下面是建立合作关系的几条准则。

（1）明确大家对你的期望，以及针对多种管理职责你将要遵循的程序。

（2）保持组织性；提交你对由管理员控制事务的要求，以确保有足够的时间完成工作。

（3）通过正式和非正式的交流让管理员了解团队的训练活动，邀请他们参加训练和比赛。

（4）在预算范围内做好要求事项的记录。

（5）不需要他人提醒，知道什么时候主动提供帮助。

（6）在赛季期间和季后都要表扬管理员以表明知晓其对团队所做出的贡献。

如果管理员没有履行他的职责，那么会给团队带来很多麻烦，一定要直接但礼貌地说出来。千万不要就这些事情向别人发牢骚，也不要通过别人向管理员交流你的想法。如果情况不是很糟的话，千万不要越过管理员，你首先应该尽力直接地解决问题。

（四）与医疗人员的关系

篮球运动是身体对抗比较激烈的运动项目，作为教练员一定要与医疗人员建立良好的工作关系。你的团队可能已经安排了一名或多名队医，但如果没有的话，应该寻找一名在运动医学上接受过训练的医生来作为你的队医。医生可能不会定期参与团队的训练与比赛，但在你需要的时候，他们应该优先效力于你的团队。

尽管有医疗人员对团队的协助，但是作为一名教练员还是应具备心肺复苏和运动急救机构认可的处理应急事件的能力。此外，你应该制订一份自己及所有协助人员都十分了解的处理应急事件的书面计划。

如果你将与医生、运动员一起工作，下面就是一些可以助你与他们保持良好关系的准则：

（1）你、运动队管理员及给球队提供帮助的医疗人员都需要确切地了解医疗人员的责任。他们能第一时间对所有受伤情况做出反应吗？一名以前受伤的运动员要回来参加训练，他们能够做出决定吗？

（2）医疗人员或体疗师正在履行他们的职责时，千万不要干涉或试图影响他们。如果一些事情看起来明显与你的常识相悖，那么首先就要与医生或体疗师讨论此事，去寻求另外的医疗建议。

（3）要求医疗人员不得干涉非医疗事件，这是你的职责。这样可以避免医疗人员不合时宜地提出建议或试图采取行动干扰你的管理职责。但是，要意识到医疗人员在运动队管理方面是极有价值的信息之源。

（4）医生和体疗师需要得到认可，获得奖赏及受到奖励，给予他们关注、认可和尊重，你将会发现他们渴望帮助你的团队去达成目标。

（五）与裁判员的关系

做体育赛事的裁判是项非常困难的工作。当教练员、运动员及观众指责裁判员时，这项工作就更难了。众所周知，裁判员在口头上或是在身体上遭到攻击的案件呈上升之势。照这样下去，合格裁判员将严重缺乏，没人要为了微薄的工资而屈服于所有的指责。

另外，当你与运动队经过努力训练取得了不错的效果，一次糟糕的鸣笛声却剥夺了你应得的胜利时，作为一名教练员要做到保持冷静可能是很困难的。当你眼看对方教练员与裁判员威胁策略就要奏效时，你可能也打算使用同一策略。当裁判员不仅多次出现判罚失误或判罚时所处位置和角度不当，而且当被质询时还显出怒气冲冲的态度，要控制你的情绪几乎是不可能的。

当裁判员的错误成为教练员面对挑战的一部分时，一定要控制好你的情绪。想想大声喊叫诽谤性的话、恫吓裁判员或是不停斥责他们的后果是什么？你想要得到什么？一场执法更合理的比赛？不，不可能。相反，你可能得到下列结果：

（1）你的抱怨变成使人心烦的事，使得裁判员丧失了对比赛的注意力；

（2）对某些裁判员，你可能会得到更多不公平的鸣笛；

（3）你破坏了自己与裁判员之间的关系。这不仅伤害了你们之间的关系，而且可能影响到后面的比赛，因为你可能在后面的比赛中再次遇到这位裁判员；

（4）你给自己的运动员及支持者树立了一个不可取的形象，破坏了自己的公正。

想想你对裁判员的期望是什么，你期望他们清楚地阐释和应用规则，期望他们确保球员的安全。你要认识到裁判不是一门精确的科学；解释和评判实施复杂技术的运动员行为也是一项非常有挑战性的工作，容易出现相当大的错误。要承认裁判员会失误，要承认对裁判员的错误评判时你也会失误！

当然你不想看到一场比赛被判得乱七八糟，让运动员失去一次平等较量的机会。然而，如果你负责挑选裁判员的话，请选择你能找到的最优秀的裁判员，然后，在共事中帮助他们按以下准则去开展工作。

（1）赛前为裁判员的到来做好准备。你自己或指派一个人去招呼他们。如果他们需要一些穿戴物，拿给他们并让他们先熟悉一下。

（2）对待裁判员就像对待自己一样，并要求全体职员及运动员也这样做。

（3）不要从边线上不停地扰乱裁判员。这样做对你没有好处，既会干扰裁判员履行职责，又会破坏你的形象。

（4）如果你对一项规则的解释有质疑，一定要在合适的时间通过合适的方式说出你的疑虑。

（5）避免使用恫吓策略。这些策略会带给运动员、团队及观众极差的印象。如果你这么做，将很难避免让你的团队和运动员加以效仿。

（6）尽可能采用各种方式帮助裁判员实施保护所有运动员健康的规则。

（7）赛后一定要感谢裁判员。即使你认为是那些裁判员让你们队输了，也要感谢他们，以维持一种尊重性的人际关系。

（8）如果裁判员的工作很差劲，就不要雇佣他们，或者就他们的不足之处写一份报告，交给负责雇佣他们的人。

（六）与媒体的关系

对于媒体，教练员是既爱又恨。这点你可以想象到，当运动队获胜，一切进展都很顺利的时候，教练员特别喜欢媒体的关注。然而，当运动队失败或出问题时，他们希望封锁任何信息。如果你的社区试图通过媒体了解你的运动队时，你就需要让自己、助理教练员与媒体人员一起为成功的表现做好准备。

媒体对你的描述可能对你的职业有本质性的影响。媒体报道可能会影响你的职业发展、薪水、吸引运动员的能力和门票收入。在帮助运动员获取奖金和发展机会方面，媒体报道也能起到很好的作用。

如果媒体报道与你的执教息息相关，那么你自身和团队都应做好发展与媒体工作人员良好关系的准备。为了避免侵犯隐私，你和你的团队管理者可能需要与媒体就与运动员合理接触事宜制定一些准则。就媒体与你、你的助理教练员和团队管理者的联系事宜，也需要制定一些准则。下面这些附加的准则有助于你与媒体成功建立关系。

（1）如果合适的话，可以给媒体提供一些运动员的信息（姓名、身高、体重、位置等），以及赛季前的团队前景预测。

（2）邀请媒体做一次赛季前的"图片专辑"。

（3）如果赛场通道有所控制，为媒体安排专用通道，赛场尽量为媒体确保足够的空间和舒适感。

（4）在赛前和赛后让媒体知道你们抵达的时间和地点。

（5）鼓励运动员在方便之时接受采访。

（6）指定对运动员名字的拼写和发音都很熟悉的一个人帮助记者和播音者。

（7）提出一些合适的关于不同运动员的逸闻趣事。

（8）赛后，立即安排人将正式比赛统计结果送往新闻发布会。

三、自我训练：控制自己的愤怒

运动本身潜藏着不公平及对身心的伤害，这就增加了教练员产生愤怒的可能性。愤怒是我们所有人都会经历的一种十分正常的情绪，但是如何去应对这种情绪，我们可以选择不同的反应方式。我们可能失控，进行破坏性的反应；我们也可能自我控制，做出建设性的反应。

当教练员感觉到对自己或团队有误判时，他们常常是最愤怒的。因为裁判员是比赛的评判和法官，愤怒往往针对他们的行为。当教练员感觉到有人企图通过侮辱和羞辱策略表示不尊重，从身心上伤害运动员和自己时，愤怒之火也会燃起。当他们的自治权和私人空间被侵犯或者他们的自我价值与诚实正直受到威胁时，教练员也会经历愤怒的洗礼。

当你经历愤怒时，你可能通过以下三种方式中的一种来做出反应：

①自发和破坏性的。

②有目的和破坏性的。

③有目的和建设性的。

自发和破坏性的愤怒通常以大声喊叫、咒骂、推搡、打击或更严重的暴力为表现形式。这种愤怒方式是不可能带来任何建设性结果的。它会毁坏你的威信，破坏各种关系，并给运动员及看到这种行为的人一个极为糟糕的印象。

对愤怒反应的另一种方式就是控制自己，而不是选择破坏性行为。当怀着最深的敌意时，你可能选择使用屈尊或挖苦的言辞、贬损的话语以及伤人的幽默来报复。这种形式的愤怒致力于通过伤害令你愤怒的人实施报复。

当然，应对愤怒的最佳选择是采用有目的和建设性的方式。看看以下要点：

（1）在一些情况下，愤怒是一种平常而且合适的情感。如何应对这种情感全在于自己，既可以选择建设性的方式，也可以选择破坏性的方式。

（2）弄清楚引发你愤怒的原因。如果有合理的选择，尽量避免愤怒情况的发生，或者从心理上做好准备，对触发原因进行更富有建设性地回应。

（3）改变你的思维方式。你也许总认为他人应该公平地对待你，甚至应该偏颇于你。而如果你或运动队受到不公平对待，你会认为那是很糟糕的事。转变自己的思维方式，消极的愤怒是不会带来任何积极结果的。提醒自己世界不会总是公平的，你不可能总能为所欲为。接受挫折和失望，不要让他们转化成愤怒。

（4）解决问题。在一定的情况下感觉到愤怒是合适并且健康的，确定自己能建设性地解决问题的各种办法，既不要做出破坏性地解决问题的方法，也不要做出破坏性的回应。

如果愤怒对你来说是个严重的问题，甚至可能破坏你与家庭、朋友的关系或者阻碍事业的发展，那么你就需要寻求专业的帮助。

思考题：

1. 作为规章管理者，你是如何在本队制定、执行和评估规章的？
2. 简述你队的信息管理内容，你认为在哪些方面需要充实？
3. 简述你在队员的招募、评价和挑选、交流和赞誉方面的做法。
4. 赛季开始时有可靠的比赛和训练计划吗，如何实施？
5. 除了比赛，你还负责管理哪些事务，比赛时全神贯注地指挥了吗？
6. 在确保落实你或他人的责任后，你还有哪些日常事务要做？
7. 谈谈你对执教中四种人际关系处理技巧的感想。

参考文献：

［1］Rainer Martens. 成功运动教练学［M］. 台湾运动生理暨体能学会，译. 新北市：艺轩图书出版社，2013.

［2］雷纳·马滕斯. 执教成功之道［M］. 钟秉枢，译. 北京：北京体育大学出版社，2007.

［3］刘珊. 卓有成效的自我管理［M］. 北京：中国华侨出版社，2010.

［4］李·H.路斯. 篮球手册：运动员、教练员获胜必读［M］. 郭永波，王武年，窦海波，等，译. 北京：人民体育出版社，2010.